Die Psychologie der Personenbeurteilung

Die Psychologie der Personenbeurteilung

von

Uwe Peter Kanning

Hogrefe · Verlag für Psychologie
Göttingen · Bern · Toronto · Seattle

Dr. phil. Uwe Peter Kanning, geb. 1966. 1987–1993 Studium der Psychologie, Pädagogik und Soziologie in Münster. 1993/94 Studium an der University of Kent at Canterbury, England, als Stipendiat des DAAD. Ab 1994 DFG-Promotionsstipendium. 1997 Promotion. Seit 1997 Wissenschaftlicher Mitarbeiter am Psychologischen Institut IV in Münster.

Die Deutsche Bibliothek - CIP - Einheitsaufnahme

Kanning, Uwe Peter:
Die Psychologie der Personenbeurteilung / von Uwe Peter Kanning. - Göttingen ; Bern ; Toronto ; Seattle : Hogrefe, Verl. für Psychologie, 1999
ISBN 3-8017-1312-1

Umschlagbild: Olgert Lindau, Göttingen
Druck: AZ Druck und Datentechnik GmbH, 87435 Kempten/Allgäu
Printed in Germany
Auf säurefreiem Papier gedruckt

ISBN 3-8017-1312-1

Vorwort

Es liegt in der Natur der Sache, daß sich die Psychologie als Wissenschaft vom menschlichen Verhalten und Erleben auch intensiv mit Prozessen der menschlichen Informationsverarbeitung auseinandersetzt. Das Wahrnehmen, Denken und Urteilen ist ein genuiner Bestandteil des Forschungsgegenstandes „Mensch". Darüber hinaus liefert das spezifische Wissen um die Gesetzmäßigkeiten und Fehleranfälligkeit unserer Informationsverarbeitung aber auch einen zentralen Schlüssel zum Verständnis empirischer Forschung. Die Forschungsergebnisse lehren hier vor allem eins: Wenn es dem einzelnen Wissenschaftler tatsächlich darum geht, den verborgenen Wahrheiten unserer Welt ein Stückchen näher zu kommen, so darf er nicht allein auf seine Wahrnehmung und Urteilskraft vertrauen. Er muß sich vielmehr zielgerichtet gegenüber der Subjektivität seiner eigenen Person absichern. Dies fällt wohl vor allem dort besonders schwer, wo es nicht nur um eine „akademische" Auseinandersetzung mit einer unbelebten Materie geht, sondern Werthaltungen, Menschenbilder und vielleicht auch Ideologien ihren Tribut fordern.

Wird in der Wissenschaft den Fehlern und Fallen der Erkenntnisgewinnung im allgemeinen noch eine große Aufmerksamkeit geschenkt, so wird man Vergleichbares in unserem privaten und gesellschaftlichen Lebensumfeld wohl meist vergeblich suchen. Dabei werden gerade hier z.B. von Eltern, Lehrern, Richtern, Politikern oder Wirtschaftsführern täglich wichtige Entscheidungen getroffen, die denen der Wissenschaft in ihrer unmittelbar praktischen Bedeutung in nichts nachstehen. Auch hier würde man sich eine intensive Auseinandersetzung mit systematischen Fehlern der Informationsverarbeitung wünschen, da hierdurch folgenschwere Entscheidungen objektiviert und nachvollziehbar gestaltet werden könnten. Eine unverzichtbare Voraussetzung hierfür ist jedoch, daß die einschlägigen Forschungsergebnisse so vermittelt werden, daß sie auch außerhalb der Wissenschaft Resonanz finden können.

Das Ziel der vorliegenden Arbeit ist daher zweigeteilt. Zum einen soll ein schon längst überfälliger Überblick über die sehr zahlreichen, systematischen Fehler der Urteilsbildung – insbesondere im Hinblick auf die Beurteilung von Menschen und sozialen Situationen – gegeben werden. Zum anderen soll dies in einer Sprache geschehen, die sich explizit auch an Nicht-Psychologen wendet.

Das gesamte Projekt wird von der Überzeugung getragen, daß gerade in der Psychologie viel zu wenige Theorien und Forschungsergebnisse, selbst dann, wenn sie z.T. seit Jahrzehnten zu den etablierten Erkenntnissen unserer Disziplin zählen, eine nennenswerte Beachtung außerhalb der Wissenschaft finden oder gar einer praktischen Verwendung zugeführt werden. Ein wichtiger Grund hierfür mag darin liegen, daß der Bezug zwischen Wissenschaft und Alltag von vielen Menschen – leider auch von manchem Psychologen – nur sehr schwer hergestellt werden kann. Dies bedeutet jedoch nicht, daß ein entsprechender Bezug nicht auch tatsächlich möglich und sinnvoll wäre. Die notwendige Abstraktion der Theorien und Forschungsergebnisse, welche die wissenschaftliche Arbeit zwangsläufig mit sich bringt, muß jedoch erst in gewisser Weise in ein „praktisches Wissen" transferiert werden. Dies ist nicht nur eine äußerst wichtige Aufgabe für die Ausbildung von Psychologen an der Universität, sondern auch eine notwendige Voraussetzung für die Nutzbarmachung psychologischer Erkenntnis in weiten Teilen der Gesellschaft.

Eine Abhandlung, die sich mit systematischen Fehlern der Urteilsfindung beschäftigt, muß sich im übrigen auch selbst gegen die mitunter vielleicht einseitige Sicht ihres Autors absichern. Für ihre wertvolle Unterstützung bei dieser mühsamen Aufgabe danke ich an dieser Stelle recht herzlich meinen ehemaligen Kommilitonen Herrn Dipl.-Psych. Hendrik Fuchs sowie Herrn Dr. Henrik Zöller.

Münster, im April 1999

Uwe P. Kanning

Inhaltsverzeichnis

1. Alltägliches unter die Lupe genommen

Kaum ein Tag vergeht, ohne daß wir unzählige Male andere Menschen oder soziale Situationen bewerten. Schon kurz nach dem morgendlichen Erwachen fragen wir uns vielleicht, was der vor uns liegende Tag so bringen wird. Berufliche und private Ereignisse werden mehr oder weniger zutreffend vorhergesehen und dahingehend beurteilt, ob sie angenehme oder unangenehme Konsequenzen nach sich ziehen. Im Straßenverkehr ärgern wir uns über die unangemessene Fahrweise anderer Verkehrsteilnehmer oder sind überrascht, weil ein besonders zuvorkommender Mensch sein verbrieftes Recht einmal nicht einzufordern sucht. Bei der Arbeit treffen wir auf Personen, die wir ohne Schwierigkeiten mit einigen wenigen Worten charakterisieren könnten, selbst dann, wenn wir zu ihnen kaum unmittelbaren Kontakt unterhalten. Beim Mittagessen in der Kantine werden, wie schon so oft zuvor, die Kochkünste des Küchenchefs kritisiert. Vielleicht diskutiert man aber auch mal wieder über Vorgesetzte, Kollegen oder Mitarbeiter. Möglicherweise geht es diesmal aber auch um Fragen der Politik. Wir können sicher sein, daß hier eigentlich jeder eine mehr oder minder eigene Position vertreten kann, auch dann, wenn er objektiv betrachtet nur über äußerst geringe Informationen verfügt. Später am Nachmittag sind möglicherweise noch einige Besorgungen zu erledigen. In der Warteschlange im Supermarkt schieben wir die Verantwortung für die Wartezeit auf die unfähige Kassiererin oder auf die anderen Leute, die unbedingt wieder alle zur gleichen Zeit einkaufen müssen. Besonders schlimm erscheinen in diesem Zusammenhang zuweilen Rentner und Studenten, die schließlich den ganzen Tag Zeit haben, ihre Einkäufe zu tätigen. Nahezu überall begegnen wir solchen Menschen, von denen wir uns ganz spontan angezogen fühlen und anderen, die uns gleichgültig lassen oder sogar abstoßen. Wer eigene Kinder hat, wird sich wahrscheinlich mindestens einmal pro Tag vor die Entscheidung gestellt sehen, ein Verhalten zu kritisieren, zu ignorieren oder zu belohnen, eine Bitte zu erfüllen oder abzuschlagen. All dies setzt eine Bewertung von anderen Menschen und/oder sozialen Situationen voraus. Den Rest des Tages verbringen wir u.U. mit dem eigenen Partner oder mit Freunden, denen wir von unseren Erlebnissen berichten, sofern wir sie nicht für zu unbedeutend halten.

Ein jeder kennt solche oder ähnliche Situationen aus seinem eigenen Leben. Sie erscheinen reichlich unspektakulär, ja geradezu banal. Ihnen allen ist gemeinsam, daß sie mit Bewertungen einhergehen, die der urteilenden Person meist gar nicht bewußt sind. Und dennoch kommt derartigen Bewertungen mitunter eine große Bedeutung zu. Von der Bewertung anderer Menschen oder sozialer Situationen hängt in starkem Maße unser eigenes Verhalten und oft auch das Wohlergehen anderer Menschen ab. Die Mutter, die ihrem Kind Faulheit attestiert, wird sich möglicherweise genötigt sehen, ihm strenge Arbeitszeiten vorzuschreiben, in denen das Kind intensiv für die Schule lernen soll. Der Kunde im Supermarkt, der die Ursache für die langen Warteschlangen in der mangelnden Anstrengung der Kassiererin sieht, wird diese unfreundlich behandeln, ja, möglicherweise sogar beschimpfen. Wer allgemeinhin andere Menschen zu negativ einschätzt, verbaut sich die Chance, Freundschaften zu schließen und einen Partner zu finden. Wer in das Gegenteil verfällt, der dürfte oft Enttäuschung erleben und sei es nur, daß er unsinnige Versicherungen abschließt oder Zeitschriften abonniert, die ihm im nachhinein wenig lesenswert erscheinen. Wer schließlich eine komplexe Situation im Straßenverkehr falsch einschätzt, der wird dies im schlimmsten Falle mit seinem Leben bezahlen.

All dies sind eher private Konsequenzen. Die Folgen einer Bewertung können jedoch auch von viel weitreichenderer Natur sein. Dies wird besonders deutlich, wenn wir einmal *professionelle Bewertungen* betrachten. Personen, die aufgrund ihrer beruflichen Position tagtäglich andere Menschen und soziale Situationen beurteilen müssen, sind z.B. Lehrer, Polizisten, Richter, Vorgesetzte, Erzieherinnen, Sachbearbeiter im Sozialamt, Personalchefs, Berufskraftfahrer, Psychologen, Krankenschwestern, Ärzte, Marketingstrategen und Politiker. Sie alle treffen Entscheidungen, die oft für viele Menschen eine große Tragweite haben. Von der Beurteilung der Lehrer hängt es im Einzelfall ab, ob z.B. ein Schüler den Hauptschulabschluß erlangt und damit vielleicht noch eine geringe Chance auf einen Ausbildungsplatz erhält oder ob der soziale Abstieg programmiert wird. Die Entscheidungsbefugnis eines Richters oder eines Sachbearbeiters im Jugendamt kann ebenfalls einer ganzen Biographie eine neue Richtung geben. Von den Beurteilungen eines Marketingexperten hängt es möglicherweise ab, ob sich eine Firma am Markt behaupten kann oder in den Konkurs geht, was für viele Arbeitnehmer den Verlust ihres Arbeitsplatzes und für viele Aktionäre den Verlust ihres Vermögens bedeuten kann. Ein Politiker, der davon überzeugt ist, daß Asylbewerber, Sozialhilfeempfänger und Arbeitslose in erster Linie faule und geldgierige Schmarotzer sind, gefährdet mehr als nur den sozialen Frieden innerhalb einer Gesellschaft. Die richtige Deutung der Symptome eines Schwerverletzten durch einen Arzt oder Sanitäter entscheidet schließlich im Extremfall gar über Leben und Tod.

Bewertungen von Menschen und sozialen Situationen kommt mithin sowohl auf ganz privater Ebene als auch auf den komplexeren Ebenen von Wirtschaft, Wissenschaft, Politik und Gesellschaft eine so wichtige, gestaltende Rolle zu, daß es lohnenswert erscheint, sich einmal genauer mit denjenigen Strukturen und Prozessen zu beschäftigen, die solchen Bewertungen zugrunde liegen. Spätestens dann, wenn wir selbst von Beurteilungen anderer Personen betroffen sind, erwacht in uns ein Interesse an einer möglichst objektiven, den Tatsachen entsprechenden, Beurteilung. *Zu fragen ist also, auf welchen Wegen Beurteilungen über Menschen und soziale Situationen zustandekommen, inwieweit sie als objektiv bezeichnet werden können bzw. welche systematischen Fehler zu verzeichnen sind und was zu ihrer Vermeidung unternommen werden kann.*

Wie nimmt der Mensch seine Umwelt wahr? Welche Aspekte gelangen in das Zentrum seiner Aufmerksamkeit, welche werden vernachlässigt? Wie werden auf der Basis vorliegender Beobachtungen Schlüsse über die Persönlichkeit eines Menschen gezogen? Welche Rolle spielen die eigenen Erfahrungen mit dem zu bewertenden Sachverhalt? Inwieweit werden Entscheidungen von anderen Menschen oder der aktuellen emotionalen Verfassung des Beurteilers beeinflußt? Diese und ähnliche Fragen sind mit unterschiedlicher Schwerpunktsetzung seit vielen Jahrzehnten Gegenstand der psychologischen Forschung. Das vorliegende Buch lädt daher dazu ein, sich mit *psychologischen* Theorien und Erkenntnissen zur menschlichen Urteilsbildung zu beschäftigen.

1.1 Personen und soziale Situationen

Bewertungen beziehen sich sowohl auf die Beurteilung von Personen als auch auf die Beurteilung sozialer Situationen.

Ersteres erklärt sich fast von allein. Hierbei geht es um die Frage, wie wir *Personen*, mit denen wir unmittelbar in Kontakt treten oder auch solche, die wir nur indirekt kennen, bewerten, unabhängig davon, ob es sich nun um Bewertungen handelt, die wir privat oder in einer professionellen Eigenschaft, als Lehrer, Vorgesetzter o.ä. vornehmen. Jeder Freund, Bekannte, Nachbar aber auch Personen, die uns auf der Straße begegnen, werden in irgendeiner Form, sei es in bezug auf ihr Aussehen, ihr Auftreten o.ä. beurteilt. Gleiches gilt für Gruppen von Menschen, wie die eigene Familie oder den Kollegenkreis. Bewertungen werden aber ebenso vorgenommen, wenn zu den fraglichen Individuen oder Gruppenmitgliedern kein persönlicher Kontakt besteht. Wer kennt schon den Bundeskanzler, den Papst oder alle Skinheads und Banker persönlich? Und doch fällt es uns nicht wirklich schwer, eine Bewertung dieser Personen vorzunehmen, selbst dann, wenn sie lange vor unserer Zeit gelebt haben.

Weniger offensichtlich ist, was sich hinter der Beurteilung von *sozialen Situationen* verbirgt. Hierbei handelt es sich um komplexere Situationen, an denen mehrere Menschen direkt oder indirekt beteiligt sind. Soziale Situationen stellen etwa der Straßenverkehr, das Einkaufen in einem Supermarkt oder die Benutzung eines öffentlichen Verkehrsmittels dar. Als Beispiel für eine soziale Situation von sehr großer Komplexität kann die Börse oder das Wirtschaftsleben gelten. Der Privatmann, der sein Geld an der Börse anlegen will, aber auch der Wirtschaftsminister oder der Manager eines Unternehmens sind darauf angewiesen, die Komplexität des Marktes in irgendeiner Weise zu reduzieren und diese von Menschen künstlich geschaffene und von ihnen fortwährend moderierte Situation zu beurteilen. Der Begriff „sozial" hat in diesem Zusammenhang kaum etwas mit „sozialem Gewissen", „sozialer Orientierung", „Sozialarbeit" o.ä. zu tun. Er wird rein deskriptiv und nicht, wie bei den zuletzt genannten Begriffen, wertend eingesetzt. „Sozial" meint lediglich, daß es sich um Situationen handelt, die von Menschen geschaffen wurden oder doch zumindest durch Verhaltensregeln, Konventionen, Wertvorstellungen u.ä. maßgeblich gestaltet werden. Der Straßenverkehr ist mithin auch nachts um 3.00 Uhr, wenn nur ein einziges Fahrzeug unterwegs ist, eine soziale Situation, weil die sozial generierten Regeln auch dann noch gelten.

Die Grenzen zwischen der Beurteilung von Menschen und der Beurteilung sozialer Situationen sind oft fließend, da in einer konkreten sozialen Situation natürlich auch Menschen unmittelbar anwesend sein können. Beide Beurteilungen können dementsprechend auch gleichzeitig erfolgen bzw. wechselseitig aufeinander Einfluß nehmen. So wird man sehr oft das Verhalten einer einzigen Person unter Berücksichtigung der sozialen Situation, in der sie sich befindet, beurteilen. Eine Person, die einen anderen Menschen getötet hat, wird z.B. in Abhängigkeit von der Tatsache, inwieweit sie in Notwehr gehandelt hat oder nicht, unterschiedlich hart bestraft.

Viele der nachfolgend analysierten Phänomene der menschlichen Urteilsfindung gelten schließlich auch für ganz andere Sachverhalte des Lebens. Angefangen von der Einschätzung der Wahrscheinlichkeit, daß beim Wurf einer Münze eine bestimmte Seite nach oben zu liegen kommt, über die Beurteilung der Steuerlast, bis hin zu religiösen Fragen. Dies hat damit zu tun, daß die behandelten Phänomene Ausdruck der allgemeinen Funktion des Wahrnehmens und Denkens des Menschen sind. Auch in diesen Bereichen werden z.B. systematische Fehlleistungen festzustellen sein. Sie stehen jedoch nicht im Zentrum der späteren Betrachtung.

1.2 Urteile, die in die Irre führen

So interessant die Psychologie der Beurteilungsprozesse an sich schon ist, ihre eigentliche Relevanz offenbart sich vor allem dann, wenn es um die Beschreibung und Erklärung von Beurteilungsfehlern geht. Da im Alltag jedoch oftmals nicht eindeutig zu klären ist, welche Entscheidung objektiv richtig und welche falsch ist, wird in diesem Zusammenhang auch vorsichtiger von „Verzerrungen" in der Urteilsbildung gesprochen.

Unzählige empirische Untersuchungen beschäftigen sich nun mit der Analyse *systematischer Urteilsverzerrungen*. Hierin liegt denn auch der Schwerpunkt der nachfolgenden Abhandlung. Es geht mithin nicht darum, alle denkbaren Fehler aufzulisten, die einer Person bei der Beurteilung anderer Menschen und sozialer Situationen prinzipiell unterlaufen könnten. Eine solche Liste würde wohl eher die Kreativität ihres Verfassers widerspiegeln, als daß sie die tatsächlich ablaufenden Prozesse einfängt. Nein, es geht vielmehr um die Frage, welche Verzerrungen immer wieder in gleicher oder sehr ähnlicher Form anzutreffen sind. Es geht um Verzerrungen, die weitestgehend unabhängig von der individuellen Person des Beurteilers auftreten und daher auch als Ausdruck des „ganz normalen", alltäglichen Denkens interpretiert werden können. Viele Forschungsergebnisse legen den Schluß nahe, daß die menschliche Informationsverarbeitung auch dann, wenn sie „ganz normal" funktioniert, viel unvollkommener ist, als sie uns auf den ersten Blick hin scheinen mag. Viele Fehler sind schon in der Art und Weise, in der Menschen ihre Umwelt wahrnehmen, interpretieren, speichern und gedanklich verarbeiten, angelegt. Da solche Fehlfunktionen offenbar zur Grundausstattung des Menschen gehören, laufen sie für den einzelnen meist auch völlig unbemerkt und automatisiert ab.

Die Definition eines Automatismus besagt jedoch nicht, daß sich eine betroffene Person nicht aktiv gegen systematische Verzerrungen zu Wehr setzen könnte, wenn sie denn daran interessiert ist. Die Voraussetzung hierfür ist allerdings, daß sie diesen systematischen Verzerrungen erst einmal auf die Schliche kommt. Sie muß wissen, in welchen Bereichen der Urteilsbildung welche systematischen Fehlerquellen lauern, damit sie diesen dann gezielt aus dem Wege gehen kann. Ein einfaches Beispiel mag dies kurz verdeutlichen: Es gibt eine generelle Tendenz, das Verhalten anderer

Menschen primär als Ausdruck ihrer individuellen Persönlichkeit zu deuten. Eine Mutter, die ihr Kind in der Fußgängerzone lauthals beschimpft und mit Prügel bedroht, wird von den Passanten sehr leicht als aggressiv wahrgenommen. Die Ursache wird spontan in den Merkmalen der Mutter gesucht, obwohl doch die meisten Menschen sich auch noch eine ganze Reihe weiterer Ursachen denken können: Vielleicht ist sie momentan völlig überarbeitet und muß unter großem Zeitdruck bei hochsommerlicher Hitze noch einige Besorgungen für den geplanten Urlaub erledigen. Möglicherweise hat das Kind die Mutter absichtlich provoziert. Vielleicht handelt es sich aber auch um ein typisches Elternverhalten, das viel mit der allgemeinen Sozialisation von Erziehungsberechtigten aber sehr wenig mit der individuellen Persönlichkeit der beobachteten Mutter zu tun hat. Ein Beobachter, der sich der systematischen Verzerrung seiner Ursachensuche und der damit einhergehenden Bewertungstendenzen bewußt ist, kann die automatisierten Urteilsprozesse unterbrechen und sich gewissermaßen dazu zwingen, andere Ursachen zu generieren, als diejenigen, welche ihm zunächst unmittelbar plausibel erscheinen. Die Kenntnis spezifischer Theorien, die sich mit der Ursachensuche beschäftigen, kann ihm dabei helfen, seinen eigenen Entscheidungsprozeß systematisch zu hinterfragen und somit auch zu optimieren. Dies wird in dem genannten Beispiel sicherlich nicht so sehr wichtig sein, da man der Mutter mit ihrem Kind wahrscheinlich nie mehr begegnen wird und aus der Bewertung der Mutter letztlich keine Konsequenzen erwachsen. Geht es jedoch um die Bewertung des Erziehungsverhaltens des eigenen Partners oder die Einschätzung der Qualifikation einer Kindergärtnerin oder eines Lehrers, so dürfte eine bewußtere, objektiviertere Urteilsfindung durchaus interessant erscheinen. Ein höheres Maß an Reflexion des eigenen Denkens hilft dabei, unnötige Konflikte mit anderen Menschen zu vermeiden und das eigene Handeln auf eine objektiviertere Entscheidungsgrundlage zu stellen. Dies gilt in besonderem Maße für professionelle Beurteiler. Man denke hier nur einmal an einen Vorgesetzten, der sich mit der Frage beschäftigen muß, wie das mangelnde Engagement seiner Mitarbeiter zu erklären ist. Spontan wird er die Ursache in den Eigenarten seiner Mitarbeitern selbst suchen. Ein bewußtes Hinterfragen der tatsächlich vorhandenen Belege für eine solche Interpretation wird ihn vielleicht dazu veranlassen, sich auch einmal Gedanken über seinen eigenen Führungsstil oder das allgemeine Klima am Arbeitsplatz zu machen.

1.3 Die Unausweichlichkeit des Beurteilens

Die Korrektur systematischer Urteilsverzerrungen erweist sich in vielen Situationen mithin als durchaus wünschenswerte Maßnahme. Diese gilt um so mehr als *daß es meist keine Alternative zur Bewertung gibt*. Wir können nicht einfach versuchen, die Beurteilung anderer Menschen – und damit auch Beurteilungsfehler – zu vermeiden, da sie einen zentralen Bestandteil unserer eigenen Verhaltenssteuerung darstellen. Wann immer wir vor die Wahl gestellt sind, in einer spezifischen Situation eine bestimmte Verhaltensweise auszuwählen und eine andere zu unterdrücken, beruht dies auf dem Prozeß der Beurteilung. Da die allermeisten Situationen unseres Leben in vielfältiger Weise mit anderen Menschen verwoben sind, ergeben sich zwangsläufig auch Bewertungen von anderen Menschen und sozialen Sachverhalten.

Wer ein Brot kaufen will, der *muß* seine Mitmenschen z.B. dahingehend beurteilen, wer von ihnen etwa aufgrund seines Berufes in der Lage ist Brot zu verkaufen. Der Gang in die Bäckerei beruht daher – auch wenn wir uns hierüber niemals Gedanken machen – letztlich auf der Beurteilung von anderen Personen. Selbst dann, wenn die Bäckerei bereits erfolgreich ausgesucht wurde, entscheidet die Beurteilung der sozialen Situation darüber, welches Verhalten nun angebracht ist. Zu Besuch bei der eigenen Schwester wird man vielleicht von allein nach einem verfügbaren Brot greifen und den eigenen Hunger stillen. Im Geschäft gilt ein solches Verhalten aufgrund sozialer Übereinkünfte als nicht adäquat. Hier muß erst der vergleichsweise komplexe Prozeß des Einkaufens vollzogen werden, ehe der Bedürftige seinen Hunger stillen kann. Der Kunde in diesem Beispiel richtet sein eigenes Verhalten mithin an der Bewertung von anderen Menschen und sozialen Situationen aus.

Ganz ähnlich verhält es sich immer dann, wenn wir ein Gespräch führen. Auch hier wird zwischen den einzelnen Individuen differenziert. Einem Lebenspartner oder engen Freund gewährt man einen anderen Einblick in die Welt der eigenen Einstellungen, Ängste und Bedürfnisse, als einem Kollegen oder einer Person, die auf der Straße nach dem Weg zum Bahnhof fragt. Auch hier spielt neben der Beurteilung einer einzelnen Person, die Einschätzung komplexerer sozialer Zusammenhänge eine wichtige Rolle. Ein und derselben Person werden wir nämlich nicht unabhängig vom sozialen Kontext, in dem wir uns aktuell bewegen, die gleichen Dinge in der selben Art und Weise erzählen. Während einer Theatervorstellung wird man sich anders verhalten als in einem überfüllten Zugabteil oder wenn man etwa ungestört in privaten Räumen beisammen sitzt.

Analog ließen sich wohl die meisten Verhaltensweisen unseres Alltages analysieren. Der Notwendigkeit zumindest impliziter Bewertungen von anderen Personen und sozialen Situationen können wir uns einfach nicht entziehen. Für explizite Beurteilungen im Rahmen einer professionellen Tätigkeit gilt dies ohnehin. Verhalten ist ohne Bewertungsprozesse nicht denkbar. Die Vermeidung von Bewertungen stellt daher nur in den seltensten Fällen eine praktisch durchführbare Maßnahme gegen drohende Beurteilungsfehler dar. Notwendig erscheint vielmehr eine Analyse der Bedingungen, unter denen systematische Fehler gehäuft auftreten. Hierauf aufbauend können realistischere Gegenmaßnahmen definiert und anschließend auch in Angriff genommen werden.

1.4 Nützliche und schädliche Beurteilungsfehler

Allzu leicht könnte nach dem bisher Gesagten der Eindruck entstehen, es ginge nachfolgend nur darum, das große Fehlersuchen zu betreiben und jedwede Beurteilungsverzerrung im Keim zu ersticken. Ganz so, als wolle man den Menschen nach dem Vorbild eines Computers neu programmieren. Einmal abgesehen davon, daß letzteres sicherlich nicht möglich wäre, erschiene eine solche Absicht auch gar nicht sinnvoll.

Zum einen sind viele Verzerrungen in der Urteilsbildung unerheblich, weil sie oft gar keine bedeutsamen Konsequenzen nach sich ziehen (s.o.).

Zum anderen sind die meisten Phänomene der verzerrten Beurteilung Ausdruck eines allgemeineren Prozesses, der für den Menschen an sich sehr sinnvoll ist. Als

Beispiel kann hier auf Vorurteile verwiesen werden. Spontan wird wohl fast jeder die Auffassung vertreten, daß sie in erster Linie von Übel sind und aufgrund ihrer scheinbar ausschließlich negativen Folgeerscheinungen grundsätzlich vermieden werden sollten. In Kapitel 8 wird später jedoch herausgearbeitet, daß negative Vorurteile gegenüber Minderheiten, ethnischen Gruppen, Frauen oder Männern nur eine spezifische Erscheinung eines viel allgemeineren kognitiven Prozesses sind, der dem Menschen hilft, sich in seiner Welt zurechtzufinden und auch dann noch handlungsfähig zu bleiben, wenn die Komplexität einer Situation sehr groß ist. So ist es beispielsweise streng betrachtet ein Vorurteil, wenn wir bei dem Überqueren einer Straße annehmen, daß die Autos schon anhalten werden, wenn die Ampel ihnen das Rotlicht zeigt. Ebenso ist es im wörtlichen Sinne ein Vorurteil, wenn der Vorgesetzte davon ausgeht, daß seine Sekretärin einen Brief fehlerfrei tippen wird oder wichtige Termine korrekt in den Kalender einträgt. Ob dies wirklich der Fall ist, weiß man eigentlich erst, nachdem das Ereignis eingetroffen ist. Dennoch sind solche Vorurteile überaus wichtig. Der Protagonist in unserem ersten Beispiel würde ohne entsprechende Vorurteile möglicherweise zum falschen Zeitpunkt die Straße überqueren oder aber er würde sich nicht trauen, überhaupt einen Schritt auf die Straße zu wagen. Ebenso käme der Vorgesetzte aus dem zweiten Beispiel sicherlich nicht dazu, sich um seine eigentlichen Aufgaben zu kümmern, weil er ständig die Arbeit der Sekretärin überwachen müßte.

Wenn ein an sich sinnvoller Prozeß auch zu systematischen Fehlentscheidungen führt, so hieße es doch wohl, das Kind mit dem Bade auszuschütten, wollte man den gesamten Prozeß an sich verteufeln. Dies wäre ganz so, als würde man alle Krankenhäuser abschaffen wollen, weil jedes Jahr mehrere tausend Menschen an Infektionen sterben, die sie sich erst bei einem Krankenhausaufenthalt zugezogen haben. Eine besonnene Analyse würde natürlich Kosten und Nutzen des Krankenhauswesens gegeneinander aufrechnen und dann versuchen, die unerwünschten Begleiterscheinungen eines ansonsten überaus sinnvollen Systems zu mindern. Übertragen auf das Problem der Vorurteile bedeutet dies, daß es töricht wäre, von Menschen zu fordern, Vorurteile immer und überall zu vermeiden. Gesetzt den Fall, dies ginge überhaupt – was mehr als fraglich erscheint – so wäre dies auch gar keine sinnvolle Forderung, da hierdurch auch alle positiven Begleiterscheinungen des Phänomens eliminiert würden. Richtig ist es vielmehr, Vorurteile überall dort zu hinterfragen und zu beseitigen, wo sie deutlich unerwünschte Konsequenzen wie z.B. Fremdenfeindlichkeit, Haß oder Gewalt nach sich ziehen. Dabei kann es durchaus sinnvoll sein, sich des gleichen Phänomens zu bedienen, welches die unerwünschten Konsequenzen hervorgebracht hat, um selbigen entgegenzuwirken oder sie ggf. auch zu verhindern. Ein negatives Vorurteil würde so etwa durch ein positives ersetzt, ganz so wie man ja auch versucht, Verkehrsunfälle auf der Autobahn durch den Einsatz von Polizeiautos, die auf die Gefahr einer Staubildung hinweisen, zu verhindern oder mit Hilfe von Rettungsfahrzeugen bereits eingetroffene, unerwünschte Folgen lindert. Statt nach der Abschaffung des Straßenverkehrs zu rufen, bedient man sich seiner, um negative Konsequenzen zu beseitigen.

Bei allen Phänomenen der systematischen Urteilsverzerrung, die in den folgenden Kapiteln vorgestellt werden, handelt es sich um solche Phänomene, die eine negative Begleiterscheinung von allgemeineren und durchaus sinnvollen Prozessen der Wahrnehmung und Informationsverarbeitung darstellen. Aus der Perspektive einer evolutionstheoretischen Betrachtung wird man sogar geneigt sein, diese allgemeinen Prozesse als eine ganz wesentliche Bedingung für das erfolgreiche Überleben und die dominante Entfaltung der Gattung Mensch anzusehen. Wir werden hierauf später noch mehrfach zurückkommen.

1.5 Unbewußtes und Ungewußtes

Die systematischen Urteilsverzerrungen, die eine natürliche Begleiterscheinung des alltäglichen Funktionierens unserer Wahrnehmung, des Interpretierens und Denkens darstellen, verlaufen im Normalfall unbewußt. Das heißt, die betroffene Person beurteilt einen anderen Menschen oder eine soziale Situation so, wie sie auch andere Dinge in ihrem Leben betrachtet, ohne sich große Gedanken über die dabei ablaufenden Prozesse zu machen. Im Alltag fragen wir uns ebensowenig, wie wir denken und zu Beurteilungen gelangen, wie wir uns um eine aktive Kontrolle des Blutzuckergehaltes oder der Herzfrequenz kümmern. Es liegt in der Natur automatisierter Prozesse, daß diese unbewußt ablaufen. Darin liegt ja auch gerade ihr Nutzen. Die fraglichen Prozesse müssen nicht ständig bewußt überwacht werden, da sie in aller Regel reibungslos funktionieren. Dem Organismus wird hierdurch die Freiheit gegeben, sich anderen Aufgaben zu widmen. Wenn man sich ständig bewußt mit der Steuerung körperinterner Abläufe, wie der Ausschüttung von Hormonen, der Wirkweise aller Nervenzellen, dem Wachsen der Haare oder eben auch dem Denken und Urteilen beschäftigen müßte, so bliebe wohl kaum noch genügend Kapazität und Zeit frei für eine Kommunikation mit der Außenwelt. Ein solches Lebewesen wäre wohl schon vor unzähligen Jahrtausenden der natürlichen Selektion anheimgefallen.

Das Individuum verläßt sich also auf die Funktionstüchtigkeit der eigenen Informationsverarbeitungsprozesse und merkt dementsprechend dann natürlich auch nicht, wenn systematische Fehler unterlaufen. Der Begriff der *unbewußten Urteilsbildungsprozesse* kennzeichnet mithin ein ebenso fundamentales wie sinnvolles Prinzip. Der Begriff *unbewußt* wird – auch in den nachfolgenden Kapitel – im Sinne eines schlichten *ungewußt* gebraucht. Das mangelnde Bewußtsein weißt keine entscheidenden Parallelen zum „Unbewußten" im Sinne der Psychoanalyse auf. Es geht hierbei in keiner Weise um biologisch determinierte Triebe, verdrängte Konflikte, internalisierte Zwänge einer Gesellschaft oder ähnliches. Dem Begriff des Unbewußten, so wie wir ihn hier verwenden, haftet mithin nichts mystisches an. Er meint lediglich, daß eine Person nicht jederzeit um die in ihr ablaufenden Prozesse des Wahrnehmens, Interpretierens, Denkens, Schlußfolgerns etc. weiß oder diese gar wissentlich steuert.

Neben unbewußten Urteilsverzerrungen gibt es selbstverständlich auch solche, die bewußt ablaufen: Ein Zeuge vor Gericht tätigt eine Falschaussage, um sich selbst zu schützen oder andere absichtlich zu belasten. Ein Journalist dramatisiert ein Ereignis wider besseres Wissen, um einen Skandal zu provozieren, weil er sich hiervon einen finanziellen Gewinn verspricht. Eine Lehrerin nutzt ihren Interpretationsspielraum bei der Notengebung dahingehend aus, daß ein unliebsamer Schüler nicht versetzt werden kann. Derartige bewußt und absichtlich herbeigeführte Urteilsverzerrungen sind vergleichsweise banal und könnten leicht korrigiert werden, wenn die beurteilende Person hieran interessiert wäre. Sie werden daher im folgenden auch nicht weiter thematisiert.

Viel interessanter erscheinen da schon die unbewußten Verzerrungen, die auch dann abgelaufen sein können, wenn die betreffende Person im nachhinein davon überzeugt ist, völlig korrekt vorgegangen zu sein. Die subjektive Einschätzung der eigenen Urteilsprozesse ist selten ein guter Prädiktor für ihre tatsächliche Qualität. Dies mag auch damit zusammenhängen, daß der Glaube an einen „gesunden Menschenverstand“, der offenbar zielsicher immer zu einer zutreffenden Beurteilung führt, offenbar noch recht weit verbreitet ist. Hierdurch wird die Bereitschaft zur kritischen Selbstreflexion sicherlich nicht gefördert. Da verhält es sich ganz so, wie bei Personen, denen etwas so merkwürdiges wie „Menschenkenntnis“ unterstellt wird, was im schlimmsten Falle als Freibrief für jedweden Beurteilungsunfug herhalten kann. Ähnlich problematisch wirkt sich die vielfach geteilte Überzeugung aus, daß „Erfahrung“ schon an sich einen besonderen Wert darstellt. Von der Häufigkeit, mit der eine Person eine bestimmte Tätigkeit vollzogen hat, wird kurzschlußartig auf die Qualität geschlossen. Dem Urteil eines erfahrenen Lehrers, Psychologen oder Arztes glaubt man offenbar viel eher als dem eines Berufsanfängers. Hierbei wird natürlich übersehen, daß Routine sehr viel eher auch zur Verfestigung fehlerhafter Entscheidungen beiträgt, als dies der Fall ist, wenn jede Entscheidung aufgrund mangelnder Routine Schritt für Schritt durchdacht werden muß. Eine solch undifferenzierte Überbewertung von Erfahrungswissen wird sowohl bei dem beurteilenden Individuum als auch bei anderen betroffenen Personen wie z.B. Schülern, Eltern und Patienten dazu führen, daß die Entscheidungsprozesse besonders leicht unreflektiert akzeptiert werden. Aber dazu später mehr.

1.6 Die Utopie des Objektiven

Bisher war bereits mehrfach die Rede davon, daß es bei der Analyse systematischer Beurteilungsverzerrungen auch darum gehen soll, die Objektivität von Entscheidungen zu erhöhen. Wer möchte schon gerne, daß wichtige Entscheidungen, wie der Ausgang eines Bewerbungsgespräches, die Benotung in Schule, Ausbildung oder Studium, Gerichtsurteile oder die Verwaltung von Steuergeldern dem willkürlichen Belieben einzelner Personen obliegen? Dies gilt wohl um so mehr, je intensiver die Konsequenzen derartiger Entscheidungen für uns oder für solche Menschen sind, an denen uns in besonderer Weise gelegen ist. Dennoch zeigt uns gerade die psychologische Forschung der letzten hundert Jahre, daß wahrhafte Objektivität letztendlich nicht zu erreichen ist. Ein jeder ist ein Stück weit gefangen in seiner eigenen Sozialisation, der eigenen Persönlichkeit, den Erfahrungen, Vorlieben und Schwächen. Insbesondere Kapitel 2 wird zeigen, daß jeder Mensch aktiv und auf der Grundlage seiner bisherigen Erfahrungen den Wahrnehmungsprozeß mitgestaltet. Dies gilt selbst für die Wahrnehmung und Beurteilung ganz einfacher geometrischer Figuren, bei denen man zunächst einmal annehmen sollte, daß sie von allen Menschen in gleicher Weise erlebt werden. Wenn dies aber schon bei solch vergleichsweise eindeutigen, physikalischen Informationen der Fall ist, dann ist bei der Beurteilung viel komplexerer Erscheinungen, wie sie menschliches Verhalten oder soziale Situationen darstellen, noch sehr viel eher mit einer aktiven Deutung der objektiv vorhandenen Realität zu rechnen. Das Ziel einer wahrhaft absoluten Objektivität scheint daher eher utopisch.

Ist hieraus aber auch schon der Schluß zu ziehen, daß es sich gar nicht lohnen würde, so etwas wie Objektivität überhaupt anzustreben? Dies wäre sicherlich ein sehr voreiliger Schluß, der allerdings von manchen Vertretern der wissenschaftstheoretischen Schule des Konstruktivismus gern gezogen wird. Auch hier mag eine Analogie das Problem verdeutlichen: Die meisten Leser werden sicherlich zustimmen, wenn die Behauptung aufgestellt wird, daß die Medizin sicherlich niemals in der Lage sein wird, alle Krankheiten vollständig zu heilen. Manche Infektionskrankheiten, die man bislang besiegt zu haben glaubte, treiben erneut ihr Unwesen, weil die Erreger gegen bisher verwendete Impfstoffe immun geworden sind. Andere Krankheiten wie z.B. die HIV-Infektion treten als bisher völlig unbekanntes Phänomen plötzlich neu in Erscheinung, während die Therapie bekannter Störungen aufgrund von vielfältigen Nebenwirkungen neue Störungen auslösen kann. Schließlich erlaubt die immer sensiblere Kunst der Diagnostik solche Krankheiten aufzuspüren, die sich bisher in keiner Weise bei dem Patienten störend bemerkbar machten. Krankheiten wird es sicherlich so lange geben, wie es Lebewesen gibt, die als Träger derselben fungieren. Würde aber irgend jemand aus diesem betrüblichen Umstand ernsthaft den Schluß ziehen, daß die ganze Mühe völlig wertlos sei, da man die völlige Krankheitsfreiheit ohnehin nie erreichen wird? Würde ein ernstzunehmender Zeitgenosse die Abschaffung der wissenschaftlich betriebenen Medizin fordern, weil diese das Optimum alles Denkbaren noch nicht erreicht hat und auch nicht erreichen wird? Wohl kaum, man gibt sich hingegen mit vergleichsweise kleinen Erfolgen zufrieden und bemüht sich, dem großen Ziel näher zu kommen, obwohl es letztlich niemals zu erreichen ist. Wer von vornherein aufgibt, der erreicht gar nichts. Im Gegenteil, die gesundheitliche Lage unzähliger Menschen würde sich rasant verschlechtern.

Ganz ähnlich verhält es sich mit dem Streben nach Objektivität. Auch wenn man absolute Objektivität letztlich nicht erreichen kann, hilft das Festhalten an dem utopischen Ziel doch dabei, sich der Zielmarke Stück für Stück ein wenig zu nähern. Entscheidungen von Wissenschaftlern, Juristen oder Politikern sind natürlich niemals streng objektiv, sie können aber mehr und mehr objektiviert werden. Ebensowenig, wie man sich keine Justiz wünschen würde, die nicht zumindest den Versuch unternimmt, Gerechtigkeit – und nicht nur Urteile – zu produzieren, ebensowenig läßt sich eine Wissenschaft sinnvoll denken, die sich nicht darum bemüht, das Stadium der individuellen Interpretation der Welt durch jeden einzelnen Forscher zu überwinden. Objektivierung heißt nicht Objektivität, sie stellt aber einen Schritt in die Richtung eines wichtigen Zieles dar, daß man nicht ohne Not aufgeben sollte.

Gleiches gilt für die nachfolgende Abhandlung. Es geht nicht darum, einem Objektivitätsfetischismus das Wort zu reden. Die Ausführungen laden jedoch dazu ein, das Ausmaß der Objektivierung bei bedeutsamen Entscheidungen zu hinterfragen, um so auf der Grundlage einer gesteigerten Reflexivität ggf. auch Korrekturen vornehmen zu können.

1.7 Die Perspektive der akademischen Psychologie

Bevor wir abschließend einen kurzen Einblick in die später folgenden Kapitel gewinnen können, wird es höchste Zeit noch einige Worte über die Form der Erkenntnisgewinnung zu verlieren, die den zu berichtenden Forschungsergebnissen zugrunde liegt.

Trotz ihrer prinzipiellen Relevanz für alltägliche Entscheidungsprozesse sind die einschlägigen Forschungsergebnisse zur Beurteilung von Menschen und sozialen Situationen bislang nahezu ausschließlich im kleinen Kreise der Fachwissenschaft diskutiert worden. Dies gilt keineswegs nur für die Grundlagenforschung im Bereich der Urteilsbildung, sondern scheint vielmehr symptomatisch für sehr weite Teile der empirischen Psychologie. In der Öffentlichkeit wird Psychologie immer noch gleichgesetzt mit tiefenpsychologischer Psychotherapie, mit dem Deuten von Träumen und Symbolen, der Analyse von Kindheitserfahrungen und mit quasi-religiösen Kultfiguren, allen voran Sigmund Freud. Die aktuelle Psychologie erscheint somit leicht als die Geheimwissenschaft einer eingeschworenen Gemeinde merkwürdiger Figuren, die aus jeder noch so banalen Mücke einen ebenso schwer verständlichen wie geradezu mystischen Elefanten zu zaubern wissen. Alles hat offenbar irgendwie mit verborgenen Trieben, Wünschen und Traumata zu tun. Je abenteuerlicher die Deutung ausfällt, desto leichter wird sie geglaubt. Kaum jemand fragt nach Beweisen für die aufgestellten Behauptungen.

Die moderne akademische Psychologie hat mit all diesen Dingen jedoch reichlich wenig zu tun. Seit vielen Jahrzehnten folgt sie hingegen in der weitaus überwiegenden Anzahl ihrer Theorien und Untersuchungen einem naturwissenschaftlichen Ideal. Als der Beginn dieser fruchtbaren Forschungstradition wird allgemein die Gründung des ersten psychologischen Laboratoriums angesehen, die im Jahre 1879 an der Universität Leipzig durch Wilhelm Wundt erfolgte. Der Ablauf eines Forschungsprozesses nach naturwissenschaftlichem Vorbild kann in der folgenden Weise prototypisch beschrieben werden (siehe Abbildung 1-1): Am Anfang steht die Beobachtung eines Verhaltens. Die mehrfache Betrachtung verwandter Phänomene sowie eine Spekulation über mögliche Ursache-Wirkungs-Beziehungen führt zu dem Eindruck einer möglicherweise vorliegenden Systematik. Auf diesem Weg der „Induktion" entsteht eine Theorie von der Verursachung des beobachteten Verhaltens. Ist eine solche Theorie erst einmal explizit formuliert, geht es in einem nächsten Schritt darum, sie mit Hilfe der empirischen Forschung auf ihren Realitätsgehalt hin zu überprüfen. Hierzu müssen zunächst aus der Theorie möglichst präzise formulierte Hypothesen abgeleitet werden („Deduktion"). Die Hypothesen beinhalten eine Vorhersage des zuvor beobachteten Verhaltens unter klar definierten Randbedingungen. Im Rahmen der Untersuchung wird nun überprüft, inwieweit sich die Vorhersage tatsächlich als zutreffend erweist und damit die zugrundegelegte Theorie bestätigt werden kann oder ggf. verworfen bzw. modifiziert werden muß. Die Untersuchungsbedingungen – werden sie nun in einem Labor oder in der Realität selbst realisiert – müssen so gestaltet sein, daß eine faire Chance besteht, die Hypothese zu widerlegen oder zu bestätigen. Die dabei verwendeten Konventionen der Mathematik erlauben es, nur dann eine Hypothese als bestätigt anzusehen, wenn das gewonnene Untersuchungsergebnis mit mindestens 95-prozentiger Wahrscheinlichkeit nicht durch einen Zufall zu erklären ist. Die Untersuchungsbedingungen, die Berechnung der Ergebnisse und auch ihre Interpretation müssen sich durch eine weitgehende Offenlegung der wissenschaftlichen Diskussion stellen. Die Ergebnisse müssen prinzipiell auch von anderen Wissenschaftlern in der gleichen Weise repliziert werden können. Das Bestreben ist es also, die Subjektivität, die in der Interpretation des Geschehens durch den einzelnen Wissenschaftler besteht, möglichst weit zu reduzieren, Schlußfolgerungen nachvollziehbar und überprüfbar zu gestalten. Die moderne akademische Psychologie grenzt sich hierin ganz eindeutig von einer eher geisteswissenschaftlich orientierten Psychologie älterer Schule ab, in der die subjektive Interpretation geradezu gesucht wird.

Die Theorien und Forschungsergebnisse, von denen in dem vorliegenden Buch berichtet wird, stehen in der Tradition der quasi-naturwissenschaftlichen, empirischen Psychologie und vermitteln somit einen sehr viel zutreffenderen Einblick in die aktuelle Forschungstätigkeit und den gegenwärtigen Wissensstand als dies die in der öffentlichen Aufmerksamkeit so präsente geisteswissenschaftliche Psychologie vermag.

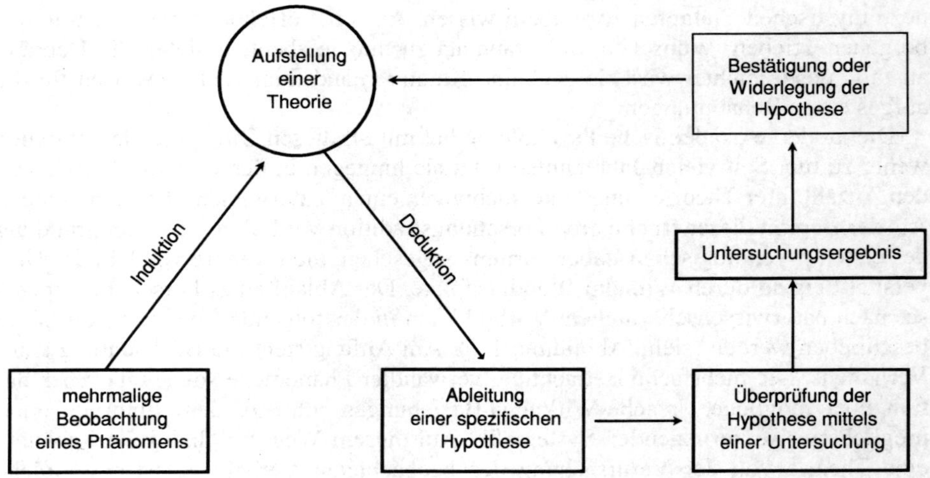

Abbildung 1-1: Prozeß der empirischen Forschung

1.8 Ausblick

Wir beginnen unseren Ausflug in die psychologische Erforschung der menschlichen Urteilsbildung mit einigen Ausführungen zu den Grundprinzipien der menschlichen Wahrnehmung (Kapitel 2). Analog zur Forschungstradition steht hierbei die visuelle Wahrnehmung im Vordergrund der Betrachtung. Es wird sich zeigen, daß Wahrnehmung alles andere als ein trivialer Prozeß ist, bei dem lediglich äußere Reize von den Wahrnehmungsorganen registriert und zur Weiterverarbeitung an das Gehirn weitergeleitet werden müssen. Das Individuum ist vielmehr aktiv hieran beteiligt. Der Selektion der prinzipiell zur Verfügung stehenden Informationen kommt dabei eine besondere Bedeutung zu.

In Kapitel 3 geht es um die grundlegenden Prozesse der Informationsverarbeitung, die sich an den Wahrnehmungsvorgang anschließen. Zwei große Themenkomplexe bilden hier, zum einen die Struktur und Funktion des menschlichen Gedächtnisses, zum anderen das Denken dar. Die Trennung von Wahrnehmung, Gedächtnis und Denkprozessen ist dabei z.T. von analytischer Natur, da auch bei der Wahrnehmung selbst schon auf Gedächtnisinhalte und Denkprozesse zurückgegriffen wird. Beide Kapitel werden zeigen, daß solch ganz grundlegende Funktionen trotz ihrer unbestrittenen Nützlichkeit die Basis für systematische Verzerrungen in der Beurteilung von Menschen und sozialen Situationen in sich tragen.

Kapitel 4 widmet sich einem Ausschnitt des Denkens, der sich gerade bei der Personenbeurteilung als besonders wichtig erweist. Es geht um die Frage, wie sich der Mensch das Verhalten anderer Individuen erklärt. Der Prozeß der Ursachenzuschreibung wird in der Sozialpsychologie mit dem Begriff „Attribution" belegt. Es werden zunächst verschiedene Attributionstheorien vorgestellt, die den Idealfall einer korrekten Ursachensuche beschreiben. Diese idealtypischen Modelle werden dann in einem zweiten Schritt mit Untersuchungsergebnissen zu tatsächlich ablaufenden Attributionen kontrastiert.

Im fünften Kapitel geht es um die Bedeutung von Erwartungshaltungen, mit denen ein jeder von uns seinen Mitmenschen begegnet. Erwartungen wirken oft im Sinne einer „sich selbst erfüllenden Prophezeiung", d.h. der Beobachter gestaltet eine Beurteilungssituation unbewußt oftmals so, daß er im nachhinein seine eigenen Erwartungen bestätigen kann. Hierzu wird eine Reihe von interessanten Untersuchungen vorgestellt, die entsprechende Prozesse u.a. in Schulen und psychiatrischen Kliniken belegt haben.

Während sich alle vorherigen Kapitel mit Denkprozessen beschäftigt haben, rückt das Kapitel 6 die Bedeutung der Emotionen in das Zentrum der Betrachtung. Nachdem zunächst diskutiert wurde, was Emotionen eigentlich sind und wie sie zustandekommen, geht es vor allem um die Frage, inwieweit sie auf Bewertungen Einfluß nehmen. Es wird sich zeigen, daß Emotionen, Kognitionen und Verhalten in einer komplexen Wechselwirkung miteinander verbunden sind und daß Emotionen als richtungweisende Einflußgrößen im Urteilsprozeß nicht unterschätzt werden dürfen.

Kapitel 7 schärft das Interesse dafür, daß Beurteilungen sehr häufig auch in einen sozialen Einflußprozeß eingebettet sind, aus dem heraus der Beobachter zur Urteilsbildung schreitet. Im Zentrum steht die Frage, inwieweit individuell getroffene Urteile einem sozialen Druck folgen und hierdurch in systematischer Weise verzerrt werden. Auch hier wird neben theoretischen Modellen von einer Reihe eindrucksvoller, ja z.T. auch erschreckender Forschungsergebnisse berichtet.

In Kapitel 8 wird die Aufmerksamkeit auf eine ebenso spezifische wie alltägliche Form der Personenbeurteilung gelenkt. Gegenstand der Betrachtung ist die Kennzeichnung einer gesamten Person durch ein oder zwei herausragende Merkmale. Obwohl jeder einzelne sich selbst als durchaus vielschichtig erlebt, neigen wir doch dazu, andere Menschen oft in einer sehr vereinfachten Form zu betrachten und zu beurteilen. Besonders bevorzugt sind hierbei Bewertungen auf der Grundlage des äußeren Erscheinungsbildes einer Person. In einem gesonderten Abschnitt werden daher Forschungsergebnisse zur Rolle der physischen Attraktivität besprochen. Als zweites Beispiel für reduktionistische Personenbeurteilung wird auf die psychologischen Grundlagen und Funktionen sozialer Vorurteile eingegangen.

Alle bisherigen Ausführungen bezogen sich auf die Beurteilung *anderer* Menschen. Ebenso wichtig sind für einen jeden von uns jedoch auch Bewertungen der eigenen Person. Kapitel 9 beschäftigt sich daher mit dem Thema „Selbstkonzept". Zunächst geht es um die Frage, auf welchen Wegen wir zu einer Vorstellung und Bewertung über unsere eigene Person gelangen. Danach wird sich zeigen, daß systematische Urteilsverzerrungen keineswegs nur auf die Bewertung anderer beschränkt sind. Gerade wenn es um die Bewertung der eigenen Person geht, stehen dem Beobachter eine ganze Reihe von Strategien zur Verfügung, mit denen er sich selbst aufwerten kann. Einen dritten Schwerpunkt bildet die Frage, inwieweit wir aktiv versuchen, die Beurteilungen, die andere Menschen in bezug auf unsere Person vornehmen, zu beeinflussen.

Den Abschluß der Betrachtung bildet das Kapitel 10, in dem zunächst die zentralen Erkenntnisse der psychologischen Erforschung zur Beurteilung von Menschen und sozialen Situationen zusammengefaßt werden. Nach diesem Überblick über den aktuellen Forschungsstand werden Möglichkeiten der Kontrolle systematischer Urteilsverzerrungen diskutiert. Hierbei werden auch übergeordnete Fragen, etwa nach der Ausbildung professioneller Beurteiler, und der Bedeutung der Analyseergebnisse für wissenschaftliches Arbeiten aufgegriffen.

2. „Ich sehe was, was du nicht siehst“ – Wahrnehmung

Immer dann, wenn wir in irgendeiner Form ein Verhalten zeigen, geht dem eine Wahrnehmung voraus. Bei der Fahrt im Auto oder auf dem Fahrrad ist dies unmittelbar offensichtlich: Wir bremsen, nachdem wir kurz zuvor gesehen haben, daß eine Ampel auf Rot umgesprungen ist oder weil ein Fußgänger die Fahrbahn kreuzt. Wir schalten das Fahrlicht ein, weil wir sehen, daß das Umgebungslicht allmählich zu schwach wird oder wir uns einem Tunnel nähern. In all diesen Fällen geht die Wahrnehmung unserem Handeln ganz unmittelbar voraus.

Die Wahrnehmung kann aber auch auf sehr viel indirekterem Wege und mit großer zeitlicher Verzögerung Einfluß nehmen. Als vermittelndes Element tritt hierbei das menschliche Gedächtnis in Erscheinung: Wenn der Handwerksmeister am Ende des Ausbildungsjahres eine Beurteilung seiner Lehrlinge vornehmen muß, so wird sein Urteil sich nicht nur auf die letzten Minuten beziehen, sondern auf Wahrnehmungen der letzten Monate fußen. Ebenso wird sich eine Person beim Kauf einer Musik-CD wahrscheinlich an früher gehörte Aufnahmen des gleichen Komponisten oder Interpreten erinnern, um eine sichere Entscheidung für oder gegen den Kauf treffen zu können.

Eine aktuell vorliegende Information wird in jedem dieser Fälle also zunächst wahrgenommen und dann im Gedächtnis zwischengelagert, bis sie einer geeigneten Verwendung zugeführt werden kann. Ohne die auditive Wahrnehmung einer Musikaufnahme hätte der Käufer keine Informationen über den Komponisten abspeichern können und müßte nun vielleicht per Zufall irgendeine CD auswählen. Ohne Wahrnehmung der Leistungen seiner Auszubildenden hätte der Handwerksmeister keine entsprechenden Informationen in seinem Gedächtnis festhalten und somit kaum eine faire Beurteilung vornehmen können.

Analog verhält es sich mit unserem gesamten Wissen. Wir müssen zunächst hören können, um selbst eine normale Sprachfertigkeit auszubilden und auditive Information abspeichern zu können. Gehörlos geborene Personen müssen sehen können, um die Gebärdensprache erlernen zu können. Ebenso müssen wir Buchstaben und Wörter erst einmal korrekt wahrnehmen, um Schreiben und Lesen zu lernen. Dies legt wiederum die Basis für die gesamte Speicherung schriftlich fixierter Informationen in unserem Gedächtnis. Ähnlich verhält es sich mit allen anderen Sinnesmodalitäten.

Die Wahrnehmung steht also am Anfang einer *Kette von Informationsverarbeitungsprozessen*, welche die Grundlagen für unser Verhalten bilden. Über die Wahrnehmung wird diejenige Information durch den Organismus aufgenommen, die dem Aufbau von Wissen, Normen, Werten etc. dient, welche letztendlich unser Verhalten steuern.

Wenn im Laufe dieses Buches die Frage untersucht werden soll, inwieweit unser Alltagsdenken, Entscheidungsprozesse, Beurteilungen etc. rational die Realität widerspiegeln, so ist es sinnvoll, sich ganz zu Anfang mit der ersten Stufe derartiger Prozesse, also mit den Grundlagen der menschlichen Wahrnehmung zu beschäftigen. Dies ist die Aufgabe des ersten Kapitels. Gegenstand der Betrachtung sind dabei nicht so sehr die komplexen Wahrnehmungen von Menschen in sozialen Situationen. Hiermit werden sich die nachfolgenden Kapitel noch eingehend beschäftigen. Im Vordergrund stehen vielmehr die ganz elementaren Gesetzmäßigkeiten der (vor allem visuellen) Wahrnehmung. Wir werden sehen, daß sich die menschliche Wahrnehmung selbst bei physikalisch sehr einfachen Informationen als recht fehleranfällig erweist.

Die Diskussion beginnt mit einem Überblick über die zentralen Merkmale der Wahrnehmung. In einem zweiten Schritt wird es dann um Faktoren gehen, die diesen Prozeß im allgemeinen beeinflussen. Derartige Faktoren finden sich sowohl innerhalb als auch außerhalb des menschlichen Organismus. In einem dritten Schritt widmen wir uns schließlich dem Prinzip der Wahrnehmungsorganisation, welches die aktive Gestaltung der Wahrnehmung durch den Menschen beschreibt.

2.1 Grundlagen der Wahrnehmung

Mit dem Begriff der Wahrnehmung wird ein Prozeß bezeichnet, mit dessen Hilfe ein Organismus Informationen aufnimmt und zur weiteren (kognitiven) Verarbeitung bereitstellt.

Die Art der Information kann dabei sehr unterschiedlich sein: Bilder, Laute, Gerüche, Temperatur, Druck, Geschmack oder z.B. auch ertastbare Informationen. Jede dieser Informationen wird mit Hilfe spezialisierter Wahrnehmungsorgane, sog. *Rezeptoren* erfaßt. Insgesamt verfügt der menschliche Organismus über viele hundert Millionen Rezeptoren, die es ihm zum einen ermöglichen, mit seiner Umwelt zu kommunizieren. Zum anderen liefern sie die Grundlage für die Steuerung interner Prozesse des Körpers.

Wir wollen an dieser Stelle nicht näher auf die physiologischen Grundlagen eingehen, die mit der Funktion der Rezeptoren verbunden sind. Für unsere Zwecke reicht es zu betonen, daß die Wahrnehmung und Steuerung der internen Prozesse wie z.B. der Körpertemperatur, primär eine Aufgabe des vegetativen Nervensystems ist, während die Kommunikation des Organismus mit seiner Außenwelt in den Zuständigkeitsbereich des Zentralnervensystems (Gehirn und Rückenmark) fällt. Die Physiologie liefert dabei einen sehr wichtigen Zugang zum Verständnis der Wahrnehmung. Sie allein reicht aber nicht aus, den Prozeß vollständig zu erklären. Erst die gemeinsame Anstrengung von Physiologie und Psychologie vermag es, dem Phänomen tatsächlich gerecht zu werden.

2.1.1 Bewußte und unbewußte Wahrnehmung

Das Unbewußte erscheint vielen Menschen als der zentrale Gegenstand der psychologischen Forschung und noch mehr wohl der psychologischen Therapie. Dies hängt ohne Zweifel mit der ungebrochen großen Popularität der Freudschen Theorie zusammen. In der modernen Psychologie geht jedoch wohl kaum noch jemand davon aus, daß es eine eigenständige Institution des Unbewußten gibt, die weitestgehend autonom ihr Unwesen treibt und das menschliche Verhalten in geheimnisvoller Weise steuert. Gleichwohl wird nicht bestritten, daß viele Aspekte des Verhaltens ohne die bewußte Kenntnis der betroffenen Person ablaufen. Bewußtsein und Unbewußtsein werden jedoch eher als die Extrempole eines Kontinuums verstanden. Wahrnehmen, Denken, Fühlen und Verhalten sind demzufolge je nach Situation, in der sich das Individuum befindet, mehr oder weniger bewußt. Primär unbewußtes ist dabei ebenso ein natürlicher Ausdruck der Funktionsweise des gesamten Nervensystems wie bewußtes. Eine genaue Lokalisation des Unbewußten oder des Bewußten innerhalb des Nervensystems ist nicht möglich (Kolb & Whishaw, 1996), da sie eben nicht als eigenständiges Etwas existieren. DAS Unbewußte im Sinne einer geradezu gegenständlichen Institution der Psyche existiert ebenso wenig wie es ein greifbares Objekt „Geschwindigkeit“ gibt. Greifbar ist ein Auto, das mit einer gewissen Geschwindigkeit fährt, nicht aber die Geschwindigkeit selbst. Dennoch wird niemand bestreiten, daß das Konzept „Geschwindigkeit“ von zentraler Bedeutung ist.

Informationen, die im Wahrnehmungsprozeß verarbeitet werden, können sowohl innerhalb als auch außerhalb der Person liegen. Körperinterne Informationen stehen dabei weitaus weniger stark im Vordergrund der Wahrnehmungsforschung als die externen Informationen.

Die Wahrnehmung *körperinterner Informationen* läuft fast immer unbewußt ab. Hierbei geht es z.B. um die Regulation von Hormonausschüttungen, Körpertemperatur oder die Aufrechterhaltung des Gleichgewichtes. In unserm Bewußtsein treten die internen Wahrnehmungs- und Steuerungsprozesse vor allem dann auf, wenn etwas schief geht. Wir empfinden in einer solchen Situation z.B. Schmerz, schwitzen stark oder werden unruhig. Darüber hinaus sind wir in der Lage, viele körperinterne Informationen absichtlich in unser Bewußtsein zu rücken. Wir alle können z.B. Informationen über unseren Herzschlag oder unsere Körpertemperatur einholen, indem wir unsere Hand auf den Körper legen oder exaktere Meßinstrumente wie z.B ein Stethoskop oder ein Thermometer einsetzen.

Die Wahrnehmung *externer Informationen* über Augen, Ohren, Nase, Zunge oder Haut ist uns sehr viel geläufiger, da sie vergleichsweise oft bewußt erlebt wird. Sie stehen daher auch im Vordergrund der Wahrnehmungsforschung, wobei man sich im besonderem Maße der visuellen Wahrnehmung gewidmet hat. Aber auch sie ist *nicht immer bewußt*. So findet man z.B. bei blinden Menschen häufig, daß diese Hindernisse, die auf ihrem Wege stehen, schon recht früh wahrnehmen, so daß sie rechtzeitig anhalten oder ausweichen können. In der subjektiven Empfindung der Betroffenen wird dieser Wahrnehmungsvorgang diffus als eine Art Fühlen erlebt. Da die Blinden die Hindernisse aber gar nicht berühren, kann de facto keine taktile Wahrnehmung vorliegen. Untersuchungen haben vielmehr gezeigt, daß die Entfernung zu einem möglicherweise hinderlichen Gegenstand über den Gehörsinn wahrgenommen wird (Krech, Crutchfield et al. 1992). Hierbei machen sich blinde Personen die Reflexion von Schallwellen zunutze. Über einen Vergleich mit alternativen Reflexionen erfahren sie etwas über die Entfernung der Gegenstände. Dieses Phänomen nutzt man auch, wenn Blindenstöcke eingesetzt werden, um Defizite im Bereich des Sehens durch besonders trainierte Fertigkeiten auf dem Gebiete des Hörens kompensieren zu können. Ein alltäglicheres Beispiel für unbewußt ablaufende Wahrnehmungsprozesse stellt das Autofahren dar. Gerade in solchen Situationen, in denen wir vom Geschehen auf der Straße abgelenkt werden, weil wir uns z.B. intensiv mit einem Beifahrer unterhalten, nehmen wir viele Informationen, die vom Straßenverkehr ausgehen, gar nicht mehr bewußt wahr. Dennoch verunglücken wir meist nicht. Die Informationen, die zum erfolgreichen Absolvieren des Autofahrens notwendig sind, werden offenbar auch dann in unserem Nervensystem erfolgreich verarbeitet, wenn sie uns nicht bewußt sind.

Voraussetzung für eine bewußte Wahrnehmung ist, daß die fragliche Information eine hinreichende physikalische Intensität aufweist, um von den passenden Rezeptoren überhaupt erfaßt werden zu können. Nicht jede Information, die eine physiologische Reaktion im Organismus hervorruft wird jedoch auch schon bewußt wahrgenommen. Letzteres setzt voraus, daß die Information so intensiv ist, daß sie auch die *Schwelle der bewußten Wahrnehmung* überschreitet. Von der Höhe der Wahrnehmungsschwelle hängt ab, ob eine Information bewußt wahrgenommen wird oder nicht. Liegt die Schwelle hoch, so muß die Information auch entsprechend intensiv sein, um ins Bewußtsein dringen zu können. Beim Autofahren wäre dies z.B. ein lautes Hupen, das uns wahrscheinlich sogleich das Gespräch mit unserem Beifahrer unterbrechen ließe. Eine schwache Information, wie z.B. das Klingeln eines Fahrrades in einer Seitenstraße, hat hingegen keine Chance, bewußt wahrgenommen zu werden.

Eine Besonderheit der Wahrnehmungsschwelle liegt nun in ihrer Flexibilität. In verschiedenen Situationen wird sie unterschiedlich hoch bzw. niedrig ausfallen. Fahren wir beispielsweise ganz allein im Auto und haben vielleicht vor einigen Tagen einen schweren Autounfall miterlebt oder am Abend zuvor einen Fernsehbericht über tödliche Unfälle im Straßenverkehr gesehen, so ist es nicht unwahrscheinlich, daß die Wahrnehmungsschwelle für verkehrsrelevante Informationen deutlich niedriger ausfällt. Dies ist der Fall, wenn wir unsere *Aufmerksamkeit* verstärkt auf die Geschehnisse des Straßenverkehrs richten und andere Informationen wie z.B. die Musik aus dem Radio weitgehend ausblenden. Aufgrund der besonderen Sensibilisierung für die Gefahren des Straßenverkehrs, senken wir mit Hilfe der Aufmerksamkeitssteuerung bewußt oder unbewußt unsere Schwelle für die Registrierung solcher Informationen, die bei der Vermeidung eines Unfalles behilflich sein können. Ein und dieselbe Information, die wenige Tage zuvor noch im „Rauschen des Verkehrs“ völlig untergegangen ist, ein sog *unterschwelliger Reiz*, dringt nun ganz deutlich in unser Bewußtsein und wird somit zu einem *oberschwelligen Reiz*[1]. Abbildung 2-1 verdeutlicht dieses Phänomen.

---

[1] Als Reiz bezeichnet man in der Psychologie eine Bedingung oder Information, die innerhalb oder außerhalb des Organismus erzeugt wird und auf die Wahrnehmungsorgane einwirkt.

Abstrahieren wir nun einmal von der Wahrnehmung einzelner physikalischer Reize auf komplexere Sachverhalte: Die Eltern, die gerade einen Erziehungsratgeber lesen oder vielleicht kurz zuvor im Fernsehen einen Bericht über eine Familie gesehen haben, deren Kinder bei einem fahrlässig verursachten Wohnungsbrand ums Leben gekommen sind, werden ihre Wahrnehmungsschwelle für relevant erscheinende Informationen wie z.B. das Verhalten der Kinder, eigene Sanktionsmaßnahmen oder den Umgang mit Streichhölzern und Feuerzeugen absenken, indem sie ihre Aufmerksamkeit auf entsprechende Inhalte richten. Ebenso wird ein Börsenmakler, der aufgrund einer Unachtsamkeit viel Geld seiner Kunden verloren hat, zumindest vorübergehend die Wahrnehmungsschwelle für entsprechende Informationen durch eine gezielte Aufmerksamkeitssteuerung senken.

In der klassischen Wahrnehmungsforschung beschäftigt man sich kaum mit solch komplexen Prozessen wie der Wahrnehmung von Menschen und sozialen Situationen. Hier geht es mehr darum herauszufinden, unter welchen Bedingungen vergleichsweise einfache physikalische Reize wie z.B. ein Wort, das sehr kurzzeitig auf einem Bildschirm eingeblendet wird, von der Versuchsperson noch erkannt werden kann oder nicht. Aus solchen Grundlagenexperimenten lassen sich dann mit einiger Vorsicht Rückschlüsse auf die Wahrnehmung komplexerer Sachverhalte ziehen. Zumindest liefern die Grundlagenexperimente aber Hypothesen und Modelle darüber, wie die Wahrnehmung komplexerer Sachverhalte ablaufen könnte. So unternehmen z.B. Maas und Weibler (1990) den Versuch, das Verhalten von Börsenakteuren u.a. über Prinzipien der visuellen Wahrnehmung zu erklären.

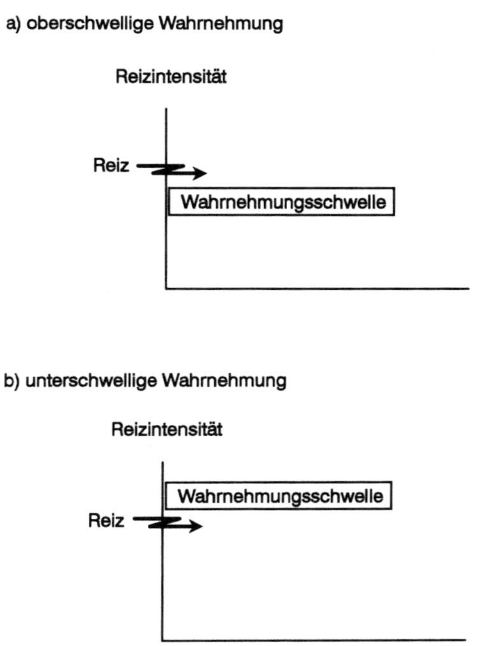

Abbildung 2-1: Wahrnehmungsschwellen

Die Existenz einer Wahrnehmungsschwelle läßt die Frage aufkommen, welche Relevanz die unterschwellige Information für das Individuum besitzt. Wird diese Information vollständig ausgeblendet oder kommt ihr vielleicht doch noch eine indirekte Bedeutung zu? Das Beispiel über die Steuerung eines Fahrzeuges im Straßenverkehr verdeutlicht, daß auch unbewußt aufgenommene Informationen durchaus verhaltensrelevant sein können. Dennoch wird die Bedeutung unbewußter Wahrnehmungsprozesse leicht auch überschätzt:

In den 50er Jahren wurden erstmalig Untersuchungsergebnisse zur unterschwelligen Wahrnehmung (*subliminale Wahrnehmung*) verbreitet, die bis auf den heutigen Tag hin zu zahlreichen Spekulationen und auch Nachfolgeuntersuchungen Anlaß gegeben haben (Mayer, 1993). Berichtet wurde von bewußt nicht wahrnehmbaren Werbebotschaften, die in Kinofilmen versteckt waren und angeblich zu einer Umsatzsteigerung bei dem fraglichen Produkt geführt haben sollen. Die Gültigkeit dieser Ergebnisse wird heute im wissenschaftlichen Kontext äußerst kritisch bewertet (siehe: Mayer, 1993; Moser, 1990; von Rosenstiel & Neumann, 1991). Problematisch ist vor allem die Frage, ob es sich bei den Werbeeinblendungen tatsächlich um unterschwellige Reize gehandelt hat oder ob die Informationen nicht doch bei einer großen Anzahl von Zuschauern zumindest kurzzeitig bewußt wahrgenommen werden konnten. Diese Frage ließe sich nur dann eindeutig beantworten, wenn man alle Zuschauer im Hinblick auf ihre momentane Wahrnehmungsschwelle für den spezifischen Reiz untersucht hätte. Darüber hinaus ist nicht geklärt, ob es tatsächlich zu einem signifikant veränderten Verhalten bei den Kinobesuchern gekommen ist.

Trotz des Fehlens wissenschaftlicher Belege hat die Europäische Gemeinschaft ein Gesetz verabschiedet, in dem die Werbung mit subliminalen Techniken verboten wird (Rosenstiel & Neumann, 1991). Hierin drückt sich eine sehr große Furcht vor der Manipulation des menschlichen Verhaltens durch die Medien aus. Eine Manipulation wäre natürlich um so gefährlicher, je unbewußter sie wirksam wäre. Die Kontrollmöglichkeiten wären sehr eingeschränkt, da das zu Kontrollierende ohne technische Hilfsmittel gar nicht bewußt wahrzunehmen wäre.

Seit den ersten Untersuchungen zur subliminalen Wahrnehmung Ende des 19. Jahrhunderts hat es immer wieder Phasen gegeben, in denen das Phänomen heftig umstritten war (siehe Kihlstrom, 1996) und dies wird sich wohl auch in Zukunft so bald nicht ändern. Als vorläufiges Fazit darf aber festgehalten werden, daß es unterschwellige Wahrnehmungen wohl gibt, ihre wissenschaftliche Erfassung in Alltagssituationen und damit auch die Abschätzung ihrer Verhaltensrelevanz jedoch mitunter große Schwierigkeiten bereitet.

Zum Schluß unserer kurzen Betrachtung bewußter und unbewußter Wahrnehmungsphänomene bleibt noch einmal zu betonen, daß eben nicht jeder oberschwellige Reiz auch in gleichem Maße bewußt zur Kenntnis genommen wird. Häufig strömen sehr viele Informationen auf uns ein, die jede für sich bewußt wahrgenommen werden kann. Aufgrund der Masse gleichzeitig auftretender Informationen entsteht jedoch ein Problem. Eine sinnvolle Informationsverarbeitung ist nur dann möglich, wenn eine Auswahl unter allen verfügbaren Informationen vorgenommen wird. Die Oberschwelligkeit eines Reizes ist somit eine notwendige, aber keineswegs hinreichende Bedingung dafür, daß er auch im Zentrum der bewußten Informationsverarbeitung steht.

2.1.2 Wahrnehmungsselektion

Eines der herausstechendsten Merkmale der Wahrnehmung ist, daß nicht alle Informationen, die auf den menschlichen Organismus treffen, von diesem auch wahrgenommen werden. Schon die Ausführungen zum Bewußtseinsgrad der Wahrnehmung haben gezeigt, daß viele Informationen, die auf den Menschen einströmen, einer Selektion anheimfallen können. Hierfür sind sowohl physiologische als auch psychologische Faktoren verantwortlich.

Der Wahrnehmungsprozeß wird häufig mit einem Flaschenhals verglichen (Abbildung 2-2). Der Flaschenhals dient dabei als Metapher für Einengung. Die Informationsreduktion ist vergleichbar mit dem Füllen einer Flasche, bei dem man einfach einen Eimer voller Wasser über einer geöffneten Flasche ausleert. Der überwiegende Teil der Flüssigkeit wird seinen Weg in die Flasche nicht finden, sondern an ihren Seiten ablaufen, weil das Wasser viel zu schnell, viel zu üppig und ungelenkt auf die vergleichsweise kleine Flaschenöffnung drängt. Analog verhält es sich mit der Wahrnehmung. Eine unvorstellbar große Anzahl von Informationseinheiten strömt gleichzeitig auf den Körper ein. Aber nur einem vergleichsweise kleinen Anteil wird der Zugang zum Bewußtsein (Flasche) durch die enge Öffnung der Wahrnehmungsorgane bzw. der Aufmerksamkeit (Flaschenhals) gewährt. Schätzungen gehen davon aus, daß pro Sekunde etwa eine Milliarde Informationseinheiten („bit") auf den Menschen einwirken. Im Bewußtsein kommen hiervon jedoch oft nur schätzungsweise 100 bit an (Becker-Carus, 1981). Wahrscheinlich sind derartige Schätzungen mit größeren Fehlern behaftet. Sie vermitteln jedoch eine ungefähre Vorstellung von dem wahrscheinlichen Ausmaß der Informationsreduktion.

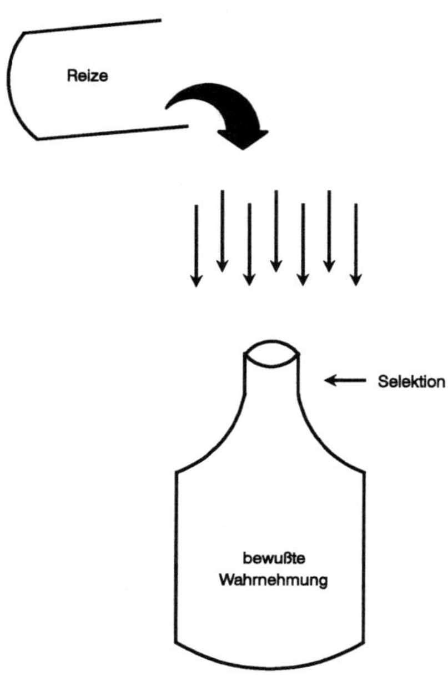

Abbildung 2-2: Flaschenhalsmodell der Wahrnehmungsselektion

Nun gibt es aber unterschiedliche Vorstellungen darüber, an welcher Stelle die Selektion der Information erfolgt. Das ursprüngliche Flaschenhalsmodell von Broadbent (1958), nahm an, daß die Informationsreduktion allein durch die *beschränkte Kapazität der neuronalen Übertragungswege* zustande kommt. Die Reizinformation wird so gefiltert, bevor übergeordnete Instanzen des Zentralnervensystems Einfluß nehmen können (siehe auch: Prinz, 1992).

Inzwischen gibt es jedoch Hinweise darauf, daß die Informationsreduktion zumindest teilweise auch das Ergebnis von *kognitiven Verarbeitungsprozessen* ist (Becker-Carus, 1981; Schönpflug & Schönpflug, 1995). Solche kognitiven Prozesse sind Ausdruck des entwicklungsgeschichtlich jüngsten Bestandteiles des menschlichen Nervensystems, des Gehirns (genauer gesagt, des neo cortex). Dies bedeutet, daß die Informationen nicht nur aufgrund ihrer physikalischen Eigenschaften aussortiert werden: ein lautes Geräusch in der Stille wird viel schneller bewußt als ein leises Geräusch in einem Meer von Lärm. Zusätzlich spielt die Bedeutung, die einer Information zugeschrieben wird, eine wichtige Rolle. Hier greifen psychologische Variablen wie z.B. Lernen, Beurteilen oder Denken.

Als klassisches Beispiel für die Bedeutung, die kognitiven Prozessen zukommt, kann das *Cocktailparty-Phänomen* herangezogen werden (z.B. Prinz, 1992). Während einer Party sprechen sehr viele Menschen durcheinander. Zusätzlich spielt mehr oder weniger laut eine Musik. Einem Wesen, dem die menschlichen Fähigkeiten der Informationsverarbeitung nicht geläufig sind, müßte es recht merkwürdig anmuten, daß hier überhaupt Gespräche zwischen einzelnen Personen zustande kommen. Auf der rein physikalischen Ebene unterscheiden sich die dargebotenen Reize nur geringfügig. Dennoch sind die Partygäste in der Lage, sich auf ein Gespräch zu konzentrieren. Mehr noch, sie können, ohne daß sich etwas an den objektiven Reizgegebenheiten verändern würde, auch ein Gespräch zweier Personen, die nicht allzuweit entfernt sind, belauschen. In diesem Falle richtet die Person ihre Aufmerksamkeit auf einen neuen Ausschnitt der gesamten Informationsmenge und filtert somit ganz gezielt eine bestimmte Information heraus, ohne daß sich die physikalischen Eigenschaften der Reize verändert hätten.

Neben einer solch bewußt vorgenommenen Informationsselektion gibt es jedoch auch noch eine automatisierte. Eine Person, die gerade in ein Gespräch verwickelt ist und die übrigen Gespräche, die um sie herum geführt werden, gar nicht bewußt zur Kenntnis nimmt, wird ganz plötzlich aufhorchen, wenn in nicht allzuweiter Entfernung ihr Name genannt wird. Der Grund hierfür liegt in der besonderen Bedeutung, die wir dem eigenen Namen beimessen. Wenn irgendwo der eigene Name in einem Gespräch auftaucht, dann ist dies ein Hinweis darauf, daß mit großer Wahrscheinlichkeit Informationen über die eigene Person ausgetauscht werden. Dies ist prinzipiell von Bedeutung für den Träger des Namens. Der Name stellt dabei rein physikalisch keine besondere Reizqualität dar. Rein physiologisch kann mithin nicht erklärt werden, warum die Person gerade auf dieses Wort und nicht etwa auf das Wort „Bleistift“, „Armbanduhr“ oder „Prophylaxe“ reagiert.

Das Cocktailparty-Phänomen unterstreicht somit, die Bedeutung psychologischer Faktoren bei der Informationsselektion. Gleichzeitig wird die Bedeutung physikalischer Einflußfaktoren aber nicht geleugnet, denn die Herausfilterung des eigenen Namens wäre ja gar nicht möglich, wenn der entsprechende Reiz nicht eine gewisse Mindestintensität aufweisen würde. Wird der Name z.B. in einem anderen Raum genannt, so ist seine physikalische Intensität meist viel zu gering, als daß die psychisch gesteuerte Informationsselektion zum Zuge kommen könnte.

Abschließend muß noch betont werden, daß die Tatsache, daß unsere Wahrnehmung einen sehr stark selektiven Charakter hat, sowohl positive, als auch negative Konsequenzen nach sich ziehen kann.

Die positive Funktion der Selektion liegt vor allem darin, daß sie es uns überhaupt erst ermöglicht, mit der Umwelt zu kommunizieren. Man stelle sich nur einmal vor, wir wären ständig sämtlichen vorhandenen Informationen über die uns umgebende Umwelt und den eigenen Körper nicht nur ausgesetzt, sondern müßten diese Informationen auch verarbeiten. Die Folge wäre eine völlige Handlungsunfähigkeit. Man kann wohl mit einiger Sicherheit behaupten, daß ein Wesen, welches keine Informationsselektion vornehmen könnte, seinerseits schon längst den Selektionsmechanismen der Evolution anheimgefallen wäre.

Dennoch liegt in der notwendigen Selektion auch eine Gefahr. Dies ist gerade dann der Fall, wenn Informationen, die für eine korrekte Verhaltenssteuerung eigentlich notwendig wären, von vornherein erst gar nicht verarbeitet werden. Die sehr begrenzte Informationsverarbeitungskapazität des Menschen verursacht Tag für Tag viel tausendfach größere oder kleinere Unfälle. Sie reichen von dem Kind, das beim Rollschuhfahren eine hervorstehende Steinplatte übersieht und hinfällt über den Autofahrer, der beim Überholvorgang einen Verkehrsteilnehmer im toten Winkel des Rückspiegels nicht erkennt und dadurch einen Unfall verursacht, bis hin zur Belegschaft eines Chemiewerkes, die wichtige Warnsignale in einer Krisensituation übersieht und so vielleicht den Tod vieler Menschen (mit)verursacht.

2.2 Zentrale Einflußfaktoren

Das vorangestellte Unterkapitel hat verdeutlicht, daß Wahrnehmung keineswegs immer im vollen Bewußtsein der wahrnehmenden Person abläuft. Ebenso charakteristisch ist, daß Wahrnehmung immer auch Selektion bedeutet. Im folgenden wird es nun um die zentralen Faktoren gehen, die den Wahrnehmungsprozeß und damit auch dessen Ergebnis beeinflussen. Solche Faktoren finden sich zum einen auf der Ebene der Wahrnehmungsumgebung bzw. der Beschaffenheit der Informationen. Zum anderen sind sie in der wahrnehmenden Person selbst anzutreffen. Beide Gruppen von Einflußfaktoren werden hier aus rein didaktischen Gründen getrennt voneinander dargestellt. In der Realität wirken sie z.T. in wechselseitiger Abhängigkeit zusammen.

2.2.1 Faktoren in der Umgebung

Reizintensität

Ein erster wichtiger Einflußfaktor liegt in der *Intensität des wahrzunehmenden Reizes*. Je intensiver der Reiz ist, desto größer ist auch die Wahrscheinlichkeit, daß er vom Wahrnehmungssystem bewußt erfaßt wird. Einen sehr leichten Schmerzreiz können wir in unserem Alltag vielleicht noch durch intensive Beschäftigung überspielen, je heftiger der Schmerzreiz jedoch wird, desto mehr wird er auch in das Zentrum der Wahrnehmung treten. Bei besonders intensiven Schmerzen sind wir schließlich gar nicht mehr in der Lage, andere Informationen in gewohnter Weise zu verarbeiten. Wir können nicht arbeiten, nicht lesen oder fernsehen, und ebensowenig können wir uns zum Schlaf entspannen, ohne daß ständig unser ganzes Erleben um den Schmerz kreist.

Die Werbewirtschaft macht sich dieses Phänomen gern zunutze, wenn sie in Werbespots besonders herausragende Reize einsetzt, die schnell unsere Aufmerksamkeit binden und so die Wahrscheinlichkeit für eine bewußte Wahrnehmung der Werbebotschaft deutlich erhöhen. Ebenso beliebt ist eine Erhöhung der Lautstärke bei Werbespots im Radio oder Fernsehen im Vergleich zum übrigen Programm des Senders. Bei Radiowerbung fällt dies ganz besonders auf, weil die Rundfunkteilnehmer hier ihre Aufmerksamkeit fast ausschließlich auf auditive Informationen ausgerichtet haben. Mit den Schlagzeilen der Regenbogenpresse verhält es sich nicht anders.

Übertragen wir die Bedeutsamkeit der Reizintensität auf komplexere soziale Situationen, so bedeutet dies, daß *besondere Aktionen, herausragende Personenmerkmale oder ungewöhnliche Verhaltensweisen* auch eher bewußt wahrgenommen werden als vergleichsweise übliche. Dieses Phänomen dürfte vor allem Lehrern bestens bekannt sein – vorausgesetzt, sie hinterfragen ihre eigenen Wahrnehmungen einmal. Derjenige Schüler, der besonders auffällig gekleidet ist, sich in ungewöhnlicher Weise zu Wort meldet und vielleicht auch noch besonders markante Aussagen trifft, kann von einem Lehrer ganz einfach nicht übersehen werden. Dies kann sich für den Betroffenen sowohl positiv als auch negativ auswirken, je nachdem, wie der Lehrer die Beiträge des betreffenden Schülers bewertet. Viel problematischer ist jedoch, daß gleichzeitig alle übrigen Schüler in der Aufmerksamkeit des Lehrers absinken. Im Extremfall wird der intensive Wahrnehmungsreiz des einen Schülers fast die gesamte Informationsverarbeitungskapazität des Lehrers in Anspruch nehmen, so daß für die Mitschüler kaum noch etwas übrig bleibt. Besonders unauffällige Schüler können sich dann nicht mehr durchsetzen, was zur Folge hat, daß ihre Leistung vom Lehrer auch nicht mehr adäquat gewürdigt werden kann. Er kann sie im Unterricht weniger leicht ausmachen, ist dazu verführt, sie von sich aus nicht zur Teilnahme aufzufordern und wird sich auch bei der Benotung weniger leicht an Unterrichtsbeiträge dieser Schüler erinnern können. Aus Gründen der Chancengleichheit wäre zu fordern, daß die Klassen hinsichtlich der Persönlichkeitsmerkmale und der Verhaltensweisen der Schüler möglichst homogenisiert werden sollten. In diesem Zusammenhang wird seit einigen Jahren z.B. auch wieder diskutiert, die Koedukation, also die gleichzeitige Beschulung von Jungen und Mädchen in einer Klasse, zumindest in den naturwissenschaftlichen Fächern aufzuheben. Reine Mädchenklassen könnten für Frauen im

Idealfall eine bessere Förderung gewährleisten, da sich die Schülerinnen nicht erst gegen die (im Mittelwert) offensiveren Mitschüler männlichen Geschlechtes durchsetzen müßten, um vom Lehrer leistungsadäquat wahrgenommen zu werden (Groeben, 1991).

Auf vergleichbare Probleme wird man überall dort treffen, wo Menschen beurteilt werden müssen. Es ist für einen Vorgesetzten sehr viel leichter, sich ein Bild von einer Person zu machen, die sich deutlich intensiver verhält als ihre Kollegen. Auch bei gleichwertiger Qualifikation und Leistung hat derjenige, der intensivere Reizbotschaften aussendet, häufig die besseren Karten. Voraussetzung hierfür ist neben der Intensität der Botschaft auch eine möglichst positive Konnotation ihres Inhaltes.

Aber auch dann, wenn unmittelbar keine Menschen mit im Spiel sind, wirken sich intensive Reize leichter auf die Wahrnehmung und die ihr nachfolgenden Entscheidungsprozesse aus. So mögen manche Ergebnisse statistischer Analysen allein aufgrund der Tatsache, daß sie komplizierte Zusammenhänge in konzentrierter Form bündeln, dazu beitragen, daß sie Entscheidungen forcieren. Der Politiker oder Wirtschaftsführer, der darauf angewiesen ist, schnell wichtige Entscheidungen zu treffen, nutzt wohl vor allem besonders herausstechende Informationen, um sein Vorgehen zu steuern. Dabei besteht natürlich die Gefahr, daß die Reduzierung der real vorhandenen Komplexität auf ein, zwei markante Daten Fehlentscheidungen vorprogrammiert. Nicht immer sind diese Informationen auch die besten. So mag sich z.B. ein besonders dominant vorgetragenes Argument in einer Debatte oder eine besonders üppig ausgestattete Wahlkampagne dem Betrachter sehr nachhaltig auch dann aufdrängen, wenn der Gehalt an sachlichen Informationen vergleichsweise gering ausfällt. Nicht selten wird wohl gerade dann besonders dick aufgetragen, wenn sich hinter der Fassade besonders wenig verbirgt.

Reizkontext

Ein zweiter Faktor, der auf den Wahrnehmungsprozeß Einfluß nimmt, ist indirekt bereits genannt worden. Es handelt sich um den *Reizkontext*, in dem ein bestimmter Reiz auftritt. Die Reizintensität muß nicht unbedingt, absolut betrachtet, besonders hoch sein, so wie dies z.B. bei einem Flugzeug der Fall ist, das Passanten, die an einer Landebahn entlang spazieren, schon allein aufgrund der extrem großen Lautstärke in ihrer Wahrnehmung nicht ausblenden können. Die Intensität eines Reizes ergibt sich auch aus dem Vergleich zur Intensität alternativer Reize in der unmittelbaren Umgebung. So erscheint das Licht einer Taschenlampe, wenn sie bei Sonnenschein am Strand benutzt wird, nicht besonders intensiv. Die gleiche Lichtmenge wird jedoch unmittelbar in das Zentrum unserer bewußten Wahrnehmung treten, wenn sie uns in tiefschwarzer Nacht erscheint. Ebenso muß der Schüler aus dem oben angeführten Beispiel nicht, absolut betrachtet, auffällig sein. Es kommt auch auf das Verhalten der Mitschüler an. Ein und dieselbe Person kann in der einen Klasse als herausragende Persönlichkeit das Interesse des Lehrers wecken und in einer anderen Klasse als graue Maus nahezu unentdeckt bleiben. Auch hier kann wieder die Werbewirtschaft als gutes Beispiel für die praktische Nutzung dieses Phänomens herangezogen werden. Während sehr viele Werbespots auf intensive Reizinformationen setzen und mit viel Farbe, schneller Bewegung oder hoher Lautstärke arbeiten, gibt es auch immer wieder Firmen, die das genaue Gegenteil machen und gerade dadurch Aufmerksamkeit in einer von Reizen überfluteten Umgebung erregen. Die extremste Form dieser Werbung besteht bisher wohl in einem Werbespot, in dem mehrere Sekunden lang nur einfach ein Wald o.ä. gezeigt, und im Anschluß nur kurz mitgeteilt wird, daß diese Sekunden der Erholung eine bestimmte Automobilfirma finanziert hat. Auch bei diesem Prinzip der menschlichen Wahrnehmung lassen sich leicht wieder negative Konsequenzen finden. So mag die Information, daß eine bestimmte Investition Arbeitsplätze schafft, in Zeiten der Arbeitslosigkeit besonders hervorstechend sein. Politiker werden geneigt sein, Subventionen schnell und unkompliziert zu bewilligen. Dabei können langfristige Informationen über mögliche Umweltschäden oder Gefährdung von Arbeitsplätzen in benachbarten Branchen allzu leicht in den Hintergrund treten. Viele Fehlentscheidungen in Wirtschaft, Politik, Wissenschaft und privatem Alltag werden wohl häufig auf die zu starke Gewichtung einzelner, markanter Informationen beruhen. Dietrich Dörner (1996) belegt dies recht eindrucksvoll in seinem Buch über die Probleme des Menschen im Umgang mit komplexen Situationen.

Reize sind mithin dann besonders leicht von den Wahrnehmungsorganen zu erfassen, wenn sie entweder eine absolut betrachtet hohe Intensität aufweisen oder aber relativ zu dem sie umgebenden Kontext hervortreten.

Ein Beispiel aus der wahrnehmungspsychologischen Grundlagenforschung soll noch einmal den Einfluß des Wahrnehmungskontextes verdeutlichen (siehe Abbildung 2-3). Das Zeichen in der Mitte des Kreuzes erscheint uns als der Buchstabe B, wenn wir die beiden Zahlen rechts und links zudecken. Der gleiche Reiz wird jedoch als die Zahl 13 wahrgenommen, wenn die Buchstaben oberhalb und unterhalb abgedeckt werden. Obwohl sich die physikalischen Eigenschaften des Reizes nicht verändert haben, hat sich die Wahrnehmung des Reizes aufgrund des ihn umgebenden Kontextes völlig verändert.

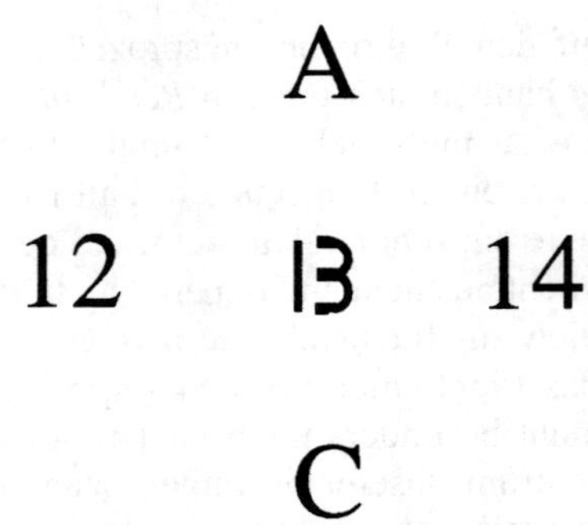

Abbildung 2-3: Beispiel für die Kontextabhängigkeit der Wahrnehmung

Physikalisch intensive und besonders unerwartete, also kontextunübliche Reize rufen im Organismus eine sog. *Orientierungsreaktion* hervor (Becker-Carus, 1981). In Bruchteilen von Sekunden richtet die betroffene Person ihre gesamte Aufmerksamkeit auf diesen Reiz. Die Wahrnehmungsschwellen werden gesenkt, die Hirnströme (EEG) weisen auf einen aktiven Wachzustand des Organismus hin. Der Muskeltonus steigt an, die Herzschlagfrequenz fällt ab, während gleichzeitig der Durchmesser der Blutgefäße in den Gliedmaßen verringert wird. Die Pupillen erweitern sich. Sobald der Reiz bewußt wahrgenommen und als ungefährlich beurteilt wurde, sinken alle Parameter wieder auch den Normalzustand zurück. Sie ermöglicht es dem Individuum, in einer potentiellen Gefahrensituation alle Kräfte zu sammeln, um entweder die Flucht zu ergreifen oder aber in den Angriff zu gehen.

Reizeindeutigkeit

Als dritter Einflußfaktor auf der Ebene des Wahrnehmungsgegenstandes kann hier die *Reizeindeutigkeit* genannt werden. Eindeutige, klar abgrenzbare Reize sind leichter bewußt wahrzunehmen, als solche, deren bloße Identifikation schon Schwierigkeiten bereitet. Gerade im sozialen Kontext dürften Reize oft nicht ganz eindeutig sein. Man denke hier nur einmal an die Tücken der zwischenmenschlichen Kommunikation.

Gerade die Kommunikation ist ein Paradebeispiel für die Vielschichtigkeit und damit auch Uneindeutigkeit von Reizen, denen wir jeden Tag ausgesetzt sind und von deren korrekter Wahrnehmung sehr viel abhängt. So unterscheidet etwa Schulz von Thun (1994) vier Informationen, die in jeder verbalen Äußerung gleichzeitig enthalten sein können (siehe auch Watzlawick, Beavin & Jackson, 1990). Da gibt es zunächst den Sachinhalt, also jene „objektive“ Information, die vermittelt werden soll. Darüber hinaus kann aber gleichzeitig auch etwas über die Beziehung zwischen den Kommunikationspartnern übermittelt werden. Die dritte Facette der Kommunikation bezieht sich auf mögliche Selbstoffenbarungen, also – oft sehr indirekte – spezifische Informationen, die an die Person, welche die Information sendet gebunden sind. Schließlich kann die Kommunikation gleichzeitig auch noch einen – oft versteckten – Appell für den Empfänger der Information beinhalten. All dies zusammen betrachtet läßt ein Gespräch leicht zu einer Ansammlung uneindeutiger Reize werden. Die übermittelte Information wird um so schwieriger korrekt wahrgenommen, je komplexer sie gedeutet werden kann. In der Regel hilft die Berücksichtigung des Kommunikationskontextes (abstrakter, des „Reizkontextes“ s.o.) dabei, die zentrale Botschaft (den „Reiz“) zu entschlüsseln („wahrzunehmen“). So weiß man z.B., daß Aussagen, die im Rahmen des politischen Kabaretts getroffen werden, nicht wörtlich zu nehmen sind. Die Übertreibung gehört zum Wesen der Satire. Es gilt, den Sinn zwischen den Zeilen zu erkennen. Würde der gleiche Text als Regierungserklärung im Bundestag verlesen, so besäße er eine viel größere Brisanz, da hier im allgemeinen keine satirischen Äußerungen angestrebt werden. Ein an sich vielleicht uneindeutiger und obendrein noch sehr komplexer Reiz kann somit unter Berücksichtigung des Kontextes eindeutig werden. Im ersten Falle (Kabarett) handelt es sich um eine absichtsvolle Übertreibung, im zweiten Falle (Bundestag) um eine ernst gemeinte Äußerung. Nicht immer ist die Analyse der Reizeindeutigkeit im Alltag jedoch so leicht wie in diesem Beispiel.

In der wahrnehmungspsychologischen Grundlagenforschung dienen als Beispiele für uneindeutige Reize, die sog. *Kippfiguren* (siehe Abbildung 2-4). Bei diesen Reizen handelt es sich um Bilder, die zwei völlig unterschiedliche Informationen enthalten. Zunächst sieht man nur eine dieser Informationen, nach einiger Zeit der Betrachtung „kippt das Bild plötzlich um" und man kann eine ganz andere Information wahrnehmen. In Abbildung 2-4a, der sog. Rubin-Vase kann man z.B. zwei Gesichter erkennen, die sich gegenseitig anschauen. Ebensogut ist es möglich, in der Zeichnung eine Vase auszumachen. Wenn man beide Informationen kennt, kann das „Umkippen" auch bewußt herbeigeführt werden. In der Abbildung 2-4b sehen wir abwechselnd das Gesicht einer alten Frau oder die Büste eines jungen Mädchens. Der holländische Maler Maurits C. Escher hat in viele seiner Bilder Kippfiguren eingebaut und ist gerade hierdurch wohl auch einem breiteren Publikum bekannt geworden.

Die Tatsache, daß wir den Kippeffekt auch willentlich herbeiführen können, leitet über zu einer zweiten großen Gruppe von Faktoren, die auf die Wahrnehmung einen Einfluß ausüben: den Faktoren, die innerhalb der wahrnehmenden Person selbst liegen.

a

b

Abbildung 2-4: Beispiele für Reizmehrdeutigkeit

2.2.2 Faktoren innerhalb der Person

Funktion der Wahrnehmungsorgane

Ein ganz grundlegender Einflußfaktor, der in der wahrnehmenden Person angesiedelt ist, liegt in der *physiologische Begrenztheit* der Wahrnehmungsorgane. Als Beispiel soll hier einmal die Wahrnehmung von elektromagnetischen Wellen hervorgehoben werden. Der Mensch ist nur in der Lage, einen sehr kleinen Anteil des Wellenspektrums visuell zu erfassen. Dies gilt für den Strahlungsbereich mit einer Wellenlänge von ca. 400 bis 780 Nanometern. Strahlung mit geringerer Wellenlänge, wie z.B. das ultraviolette Licht, Röntgenstrahlen oder Gamma-Strahlen, können weder gesehen, noch anderweitig bewußt wahrgenommen werden. Strahlung mit größerer Wellenlänge ist der bewußten Wahrnehmung z.T. als Wärmeempfindung (Infrarot-Strahlung) oder nur mit Hilfe technischer Geräte (Fernseh- und Radiowellen) zugänglich. Der weitaus größte Teil elektromagnetischer Wellen bleibt dem unmittelbaren Erleben des Menschen verborgen. Entweder existieren keine geeigneten Rezeptoren, bzw. die vorhandenen Rezeptoren sind auf sehr spezifische Informationen spezialisiert oder aber die Information ist außer Reichweite der Wahrnehmungsorgane. So kann der Mensch z.B., ohne den Kopf zu bewegen, nur 130 Grad in vertikaler und 180 Grad in horizontaler Richtung visuell erfassen. Was hinter oder genau über dem Kopf geschieht, bleibt zunächst verborgen. Durch Drehung des Kopfes kann dieses Defizit z.T. beseitigt werden. Da der Kopf nun aber nicht ständig und noch dazu gleichzeitig in alle Richtungen gedreht werden kann, entgeht dem Auge die meiste Information.

Die physiologische Begrenztheit der Rezeptoren findet sich selbstverständlich nicht nur bei der visuellen Wahrnehmung. Man denke hier z.B. einmal an besonders hohe Töne, die durch die menschlichen Wahrnehmungsorgane ebenfalls nicht erfaßt werden können. Die tatsächlich verfügbare Information wird somit schon aufgrund der anatomisch-physiologischen Grundausstattung des Menschen von vornherein selektiert. Hieraus folgt, daß die Welt viel komplexer ist, als der Mensch sie wahrzunehmen vermag.

Aufmerksamkeit

Ein zweiter Einflußfaktor ist in der *Aufmerksamkeit* der wahrnehmenden Person zu sehen. Schönpflug und Schönpflug (1995) definieren die Aufmerksamkeit als einen Zustand intensiver und konzentrierter Wahrnehmung, die sich auf bestimmte Ausschnitte der körperinternen oder -externen Realität bzw. auf spezifische Sinnesorgane bezieht. Die Aufmerksamkeit ist dann besonders gering, wenn eine Person müde ist oder gar schläft, wobei jedoch auch im Schlaf Informationen aus der Umgebung aufgenommen werden. Dies gilt für die Phasen intensiven Träumens (REM-Schlaf), in denen Umweltinformationen wie etwa ein lautes Geräusch auf der Straße auch in das Traumgeschehen eingearbeitet werden können (Strauch & Meier, 1992).

Besonders die willentliche Steuerung der Aufmerksamkeit ist ein wichtiger Aspekt der Wahrnehmungsselektion, was bedeutet, daß Informationen nicht nur aufgrund ihrer Reizintensität, ihrer Eindeutigkeit und des Reizkontextes mehr oder weniger leicht in das Bewußtsein dringen können. Informationen können ebenso auch gezielt aufgesucht bzw. gezielt ausgeblendet werden. In diesem Zusammenhang spricht man auch von *selektiver Aufmerksamkeit*, ein Phänomen, das schon seit sehr langer Zeit bekannt ist. So unterscheidet William James schon 1890 eine aktive und eine passive Form der Aufmerksamkeit. Die aktive Form entspricht der durch das

Individuum hergestellten Aufmerksamkeit, während die passive Form durch die Reizgegebenheiten der Umwelt gesteuert wird.

In der Grundlagenforschung hat man sich dieser Fähigkeit z.B. in den Untersuchungen zum dichotischen Hören gewidmet (Überblick: Kebeck, 1994). Hierbei werden den Versuchspersonen per Kopfhörer auf beiden Ohren unterschiedliche Informationen präsentiert. Während auf dem linken Ohr ein Text vorgelesen wird, könnten so z.B. auf dem rechten Ohr Zahlenreihen zu hören sein. Es zeigt sich, daß die Untersuchungsteilnehmer in der Lage sind, die Informationen auch getrennt aufzunehmen, bzw. die Aufmerksamkeit auf eines der beiden Ohren zu richten. Interessanterweise hat sich dabei aber auch feststellen lassen, daß diejenige Information, die nicht im Fokus der Aufmerksamkeit stand, nicht auch aus der unbewußten Wahrnehmung ausgeblendet wurde. Analog zum Cocktailparty-Phänomen (s.o.) wurden solche Informationen, die für die Person von besonderer Bedeutung waren, wie z.B. der eigene Name, auch dann sofort bewußt wahrgenommen, wenn sie auf dem Ohr zu hören waren, von dem die Person ihre Aufmerksamkeit willentlich abgezogen hatte.

Gerade in komplexen sozialen Situationen ist die bewußt gesteuerte Wahrnehmung von sehr großer Bedeutung. Ja, mehr noch, sie ist die Voraussetzung für das willentlich, zielgerichtete Verhalten des Menschen. Wenn der Mensch sich ausschließlich von den physikalischen Qualitäten der Reizgegebenheiten in seiner Umgebung beeinflussen ließe, so würde er zum bloßen Spielball seiner Umwelt. Er würde nur auf Reize reagieren, ohne selbst zu agieren. Die Fähigkeit des Menschen, seine Wahrnehmung willentlich auf bestimmte Ausschnitte der Realität zu lenken und dabei andere Ausschnitte absichtsvoll zu vernachlässigen, bildet eine zentrale Grundlage für kreatives Denken und Handeln. Die willentliche Aufmerksamkeitssteuerung wird dabei oft auch durch Handlungen unterstützt oder erst ermöglicht. Ein Wissenschaftler oder Erfinder, der nicht in der Lage wäre, seine Umgebung so zu gestalten, daß er sich in Ruhe der Lösung eines Problems widmen kann, wäre nicht in der Lage, etwas Bedeutendes zustandezubringen. Er wäre ständig ein Objekt der ihn umgebenden Reize und könnte seine intellektuellen Kapazitäten zur Problemlösung gar nicht bündeln. Entsprechende Prozesse der willentlichen Aufmerksamkeitssteuerung kennt ein jeder aus seinem Alltag und insbesondere aus Leistungssituationen. Ein Problem taucht auf, wenn die Aufmerksamkeit nicht dauerhaft auf die gewünschten Realitätsausschnitte gelenkt werden kann. Im Rahmen von speziellen Trainingsprogammen können derartige Konzentrationsstörungen gezielt therapiert werden.

Systematische Fehler entstehen, wenn die Aufmerksamkeit zwar bewußt gesteuert werden kann, hierbei aber nur ein einziger Realitätsausschnitt ausgewählt wird, während andere möglicherweise objektiv bedeutsame Informationen ignoriert werden. Dieses Phänomen ist besonders weit verbreitet, wenn z.B. ideologische Überzeugungen eine Rolle spielen. So wird man aller Wahrscheinlichkeit nach z.B. dem Problem der Arbeitslosigkeit ebensowenig gerecht, wenn man ausschließlich die hohen Löhne und Lohnzusatzkosten in das Zentrum der Aufmerksamkeit rückt, wie dieses Problem wohl nicht gelöst werden kann, wenn man ausschließlich den Steuersatz der Besserverdienenden im Blick hat. Die prinzipiell sehr nützliche Fähigkeit der Aufmerksamkeitssteuerung erweist sich hier als Falle. *Hierin verdeutlicht sich ein zentrales Charakteristikum menschlicher Informationsverarbeitung: Die besonderen*

Freiheiten stellen gleichzeitig auch die Grundlage für mehr oder weniger weitreichende Fehlentscheidungen und Fehlhandlungen dar. Wir werden hierauf im Verlaufe des Buches noch häufig zurückkommen.

Doch auch der willentlichen Aufmerksamkeitssteuerung sind Grenzen gesetzt. So kann sich z.B. ein Lehrer im Unterricht darum bemühen, das Störverhalten einzelner Schüler zu ignorieren, um diese nicht noch zu weiteren Aktionen zu ermuntern. Dies ist aber nur so lange möglich, bis die Information, die vom Verhalten störender Schüler ausgeht, zu intensiv wird. Hier zeigt sich erneut die enge Verknüpfung physiologischer und psychologischer Prozesse bei der Wahrnehmung. Die Aufmerksamkeit kann in begrenztem Umfange willentlich gesteuert werden. Ebenso kann sie aber auch unter Ausblendung des bewußten Willens einer Person durch die Reizbeschaffenheit in eine bestimmte Richtung gelenkt werden. Dieses Phänomen wurde unter dem Begriff „Orientierungsreaktion“ bereits diskutiert. Innerhalb biologisch-physikalischer Grenzen sind dem Menschen somit Spielräume gegeben, die sicherlich größer sind als bei den Tieren und die er aufgrund seiner weiterentwickelteren geistigen Fähigkeiten auch besser zu nutzen weiß.

Gewöhnung und Relativität

Wird ein und derselbe Reiz mehrfach hintereinander oder aber dauerhaft ohne Unterbrechung dargeboten, so tritt die Fähigkeit des Wahrnehmungsapparates zur *Adaptation* in den Vordergrund: Der Organismus gewöhnt sich an diesen Reiz und die Orientierungsreaktion schwächt sich immer mehr ab, bis sie schließlich vollends ausbleibt. Die Adaptation beinhaltet mithin eine veränderte Sensibilität der Rezeptoren für diesen spezifischen Reiz. Das Phänomen der Adaptation läßt sich im Selbstversuch sehr leicht erleben, wenn man z.B. die Hände nacheinander in Wasserbecken mit unterschiedlicher Temperatur hält. Dies entspricht im Grundsatz den klassischen Untersuchungen von Gewöhnungseffekten, wie sie John Locke bereits Ende des 17. Jahrhunderts durchgeführt hat (Zimbardo, 1995). In Abhängigkeit von den zuvor verarbeiteten Informationen wird ein nachfolgender Reiz mehr oder weniger intensiv wahrgenommen. Auch hierin liegt ein deutlicher Hinweis darauf, daß unsere Wahrnehmung die objektive Realität nicht im Verhältnis 1 : 1 abbildet, denn die objektive Intensität eines Reizes, der zehnmal hintereinander dargeboten wird, verändert sich ja nicht tatsächlich. Sie ändert sich lediglich in unserem Erleben oder eben Nicht-Erleben.

Ähnliche Phänomene finden sich auch auf komplexeren Ebenen der Urteilsbildung. Die Beurteilung einer neuen Information ist abhängig von den Vorerfahrungen des Individuums. Neue Informationen werden sehr oft in Relation zu vorherigen Informationen der gleichen Art wahrgenommen und ggf. bewertet. *Urteile sind in diesem Sinne immer auch relativ.* In der Grundlagenforschung ist dieses Phänomen vor allem mit der Theorie von Helson (1947, 1964) verbunden. Helson bat seine Versuchspersonen, eine Reihe kleinerer Gewichte zwischen 200 und 400 Gramm in zufälliger Reihenfolge kurz anzuheben, ohne daß ihnen die objektive Schwere jedes Gewichtes bekannt war. Jedes Gewicht sollte dann im Hinblick auf seine empfundene Schwere eingeschätzt werden. Die Versuchsteilnehmer wurden in drei Gruppen eingeteilt. Bevor die Gewichte eingeschätzt wurden, hatten diese entweder ein 100g,

300g oder 900g schweres Gewicht zu heben. Die Ergebnisse zeigten, daß in Abhängigkeit von diesem Ankerreiz die nachfolgenden Gewichte als mehr oder weniger schwer erlebt wurden. Je schwerer der Ankerreiz, desto leichter erschienen den Versuchspersonen die nachfolgenden Reize. Obwohl also z.B. das 900g Gewicht nicht unmittelbar in die Schätzung der Gewichte aufgenommen werden sollte, hat es doch offensichtlich indirekt sehr wohl eine Wirkung gezeigt. Es tritt ein Effekt der Bezugnahme ein, so daß nun die nachfolgenden Reize um so leichter erscheinen, im Vergleich zu einem Ankerreiz von nur 100g. Der Mittelwert der vorausgehenden Reizungen bestimmt das Adaptationsniveau. Ein Reiz, der genau dem Adaptationsniveau entspricht, wird als neutral erlebt und ruft keine besonderen Reaktionen hervor. Liegt der Reiz oberhalb des Adaptationsniveaus, wird er als intensiv, liegt er unterhalb, so wird er als schwach erlebt. Das Adaptationsniveau liefert somit den Bezugsrahmen für die Empfindung, bzw. Bewertung einzelner Reize (siehe auch Abbildung 2-5). Es ist ein Maß dafür, inwieweit sich die Rezeptoren an eine Reihe vorliegender Reize gewöhnt haben. Darüber hinaus geht Helson davon aus, daß auch weiter zurückliegende Erfahrungen in diesen Prozeß einfließen können. Die Menge der Erfahrungen, die eine Person mit einer spezifischen Klasse von Reizen (z.B. Gewichte) gemacht hat, bilden dann den Bezugsrahmen, ein sog. *Bezugssystem* (Witte, 1960) für die Wahrnehmung aktueller und zukünftiger Reize.

Die vergleichsweise einfache Studie von Helson hat eine ganze Reihe von Folgeuntersuchungen nach sich gezogen und so das Gebiet der Bezugssystemforschung begründet. Später hat z.B. Sarris (1975) zeigen können, daß Bezugssysteme nicht beliebig weit gefaßt sind. Hätte man den Versuchspersonen in dem Experiment von Helson statt eines 900 Gramm Gewichtes ein Gewicht von 5 Kilogramm vorgelegt, so hätte dies keinen Einfluß auf die Wahrnehmung der nachfolgenden Reize gehabt, da der Unterschied zwischen dem ersten Reiz (Hintergrundreiz) und den nachfolgenden aktuellen Reizen einfach zu groß wäre. Es existieren innerhalb einer Sinnesmodalität auch mehrere Bezugssysteme nebeneinander. Man wird daher eine Briefmarke nicht schon deshalb als leichter erleben, weil man zuvor mit einem schweren Hammer einen Nagel eingeschlagen hat.

Die letzten Beispiele verdeutlichen den Unterschied zwischen einer einfachen Adaptation auf der Ebene der Wahrnehmungsorgane und einem Bezugssystem. Die „Ermüdung“ der Rezeptoren durch lang anhaltende bzw. häufig wiederholte Reizung stellt einen zeitlich kurzfristigen Effekt der Wahrnehmungstäuschung dar. Bezugssysteme können sich auch über einen längeren Zeitraum halten und sind nicht mit einer bloßen Ermüdung zu erklären. Die parallele Existenz verschiedener Bezugssysteme innerhalb einer Sinnesmodalität unterstreicht diesen Eindruck. Komplexere Bezugssysteme, die bei der Bewertung von Menschen und sozialen Situationen eine Rolle spielen (s.u.) setzen darüber hinaus auch eine Beteiligung von Denk- und Gedächtnisprozessen voraus. Eine einfache Adaptation kann hingegen rein physiologisch erklärt werden.

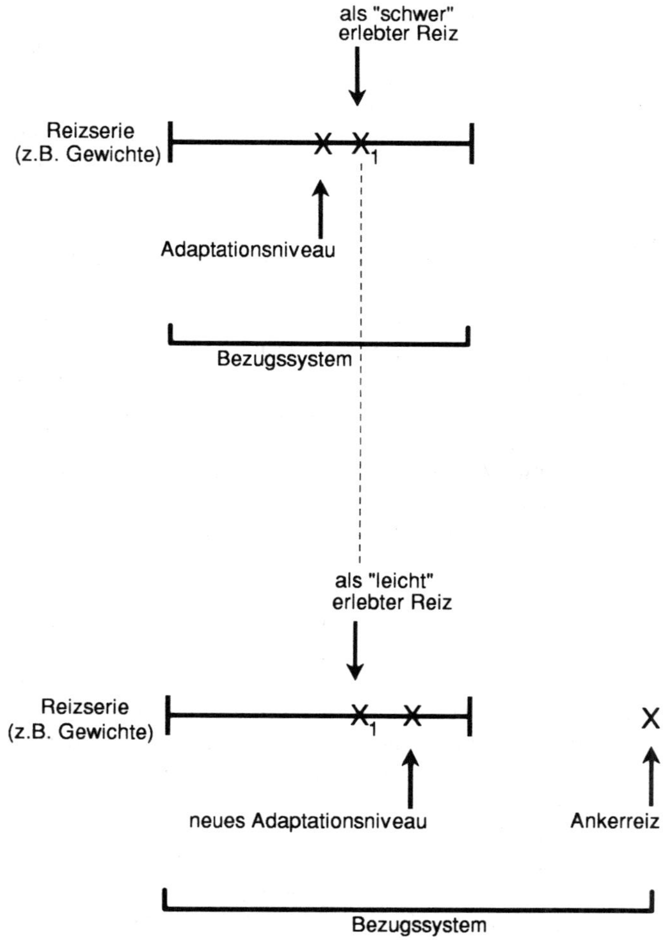

Abbildung 2-5: Adaptationsniveau und Bezugssystem

Das Phänomen der Adaptation und der Bezugssystembildung verdeutlicht ebenso wie alle zuvor genannten Einflußfaktoren ein grundlegendes Merkmal der Wahrnehmung: *Das subjektive Erleben der Realität hängt nur bedingt von den unmittelbar objektiv vorliegenden Gegebenheiten ab.* Auch dann, wenn sich die physikalische Beschaffenheit eines Reizes objektiv nicht verändert, kann die Wahrnehmung desselben durch ein und dieselbe Person zu verschiedenen Zeitpunkten, bzw. auf der Basis verschiedener Bezugssysteme sehr unterschiedlich ausfallen.

Adaptationsphänomene bzw. Bezugssystemeffekte lassen sich auch in komplexeren Situationen als den geschilderten Untersuchungen der Grundlagenforschung finden. Wer z.B. einmal die Gelegenheit hatte, ein Kinderheim zu besichtigen, wird von der Gelassenheit, mit der das pädagogische Personal den Alltag bewältigt, zunächst überrascht sein. Lärm, verbale und physische Aggression werden die meisten Beobachter in einem solchen Ausmaß wohl noch nicht erlebt haben. Die Beschäftigten haben im Laufe der Zeit ein völlig anderes Bezugssystem aufgebaut als der unbeteiligte Beobachter. Sie kann so leicht nichts aus der Ruhe bringen. Ähnlich mag es einem Beobachter ergehen, der die Frankfurter Börse besucht. In beiden Fällen zeigt sich die Nützlichkeit der Gewöhnung. Sie ermöglicht es, auch in extremen Situationen die Handlungsfähigkeit zu behalten. Darüber hinaus ist sie in gewisser Weise ökonomisch, da auf frühere Erfahrungen in Form eines Bezugssystems zurückgegriffen werden kann.

Gleichwohl liegt in der Gewöhnung auch eine Gefahr. Gerade die Entwicklung der visuellen Medien scheint einer mitunter gefährlichen Form der Gewöhnung zu folgen. Kriminalfilme, die vor 15 Jahren noch frühestens abends um 22.00 Uhr gezeigt wurden, sind heute schon im Kinderprogramm zu sehen. Gewaltdarstellungen müssen immer heftiger werden, um den Gewöhnungseffekt bei den Zuschauern zu überlisten und damit dem drohenden kommerziellen Verlust entgegenzuwirken. Langfristig wird so die Gewaltspirale immer weiter gedreht, bis – ja wohin eigentlich? Eine alternative Strategie, die ebenfalls diagnostiziert werden kann, ist der Ausstieg aus dem bestehenden Bezugssystem, bei gleichzeitigem Rückgriff auf ein noch nicht so weit hochgeschraubtes, gewissermaßen neues Bezugssystem: In diesem Falle erleben etwa Schnulzenfilme, Schlager und Volksliedchen eine, vor wenigen Jahren noch undenkbare Renaissance.

Gewöhnung impliziert darüber hinaus immer auch eine mangelnde Hinterfragung bestehender Zustände. So erscheinen z.B. dem Berufssoldaten Umgangston und Umgangsformen bei der Bundeswehr vielleicht als deftig. Durch seine tägliche Arbeit in diesem spezifischen Kontext verringern sich seine Möglichkeiten, das Geschehen auch aus anderen Perspektiven, mit anderen Wertmaßstäben zu messen. So kommt es, daß er vielleicht ungewollt dazu beiträgt, ein Klima zu schaffen, das von frisch gebackenen Abiturienten als der reine Psychoterror erlebt wird. Im diesem Lichte betrachtet, erweist sich auch die Wertschätzung, welche die praktische Berufserfahrung etwa bei der Besetzung von offenen Stellen erfährt, als durchaus hinterfragenswert: Wie in der Wissenschaft (siehe Kuhn, 1988), so geht wohl auch in Wirtschaft und Politik die Innovation viel häufiger von den „Grünschnäbeln" als von den „alten Hasen" aus. Zumindest aber könnte es sich als hilfreich erweisen, besonders wichtige Entscheidungen nicht ausschließlich von einzelnen Personen oder sehr homogenen, erfahrenen Gruppen treffen zu lassen, sondern Personen mit unterschiedlichen Bezugssystemen an der Entscheidungsfindung zu beteiligen.

Wahrnehmungsrelevante Gedächtnisinhalte

Eng verknüpft mit den zuvor beschriebenen Effekten ist ein vierter Einflußfaktor auf der Ebene der wahrnehmenden Person: ihr Wissen um den Wahrnehmungsgegenstand bzw. um die Rahmenbedingungen der Wahrnehmung. Es handelt sich mithin um *wahrnehmungsrelevante Gedächtnisinhalte* die auf Erfahrungen mit entsprechenden Situationen beruhen.

Stellen wir uns z.B. einmal vor, wir hielten eine Reihe von Spielkarten aufgefächert in der Hand. Von den meisten Karten sehen wir in diesem Falle nur einen Ausschnitt, genauer gesagt, eine Ecke. Niemand erlebt die Karten in dieser Situation jedoch ausschließlich auf der Grundlage der visuellen Information, die ihm zur Verfügung steht. Jeder, der Spielkarten kennt, erlebt die Karten als vollständig, obwohl er nur einen Teil von ihnen tatsächlich sehen kann (= Formkonstanz). Wie sehr unser Erleben in diesem Falle von früheren Erfahrungen, also von dem Wissen um die Beschaffenheit von Spielkarten geprägt wird, fällt erst auf, wenn plötzlich ein Spieler eine Karte ziehen würde, die – entsprechend der visuell vorliegenden Information – tatsächlich nur aus der abgeschnittenen Ecke einer vollständigen Spielkarte besteht (siehe Schönpflug & Schönpflug, 1995).

Ein alltäglicheres Beispiel stellt die Größenkonstanz dar. Wenn sich eine Person zunächst dicht neben uns befindet und dann Schritt für Schritt entfernt, so verkleinert sich deren Abbild auf unserer Netzhaut. Dennoch erleben wir aber nicht wirklich ein Schrumpfen dieser Person. Durch die eigenen Lernerfahrungen in entsprechenden Situationen wissen wir, daß die Person auch dann gleich groß bleibt, wenn der objektive visuelle Reiz auf der Netzhaut immer kleiner wird. Ähnliche Konstanzeffekte lassen sich bei der Wahrnehmung von Helligkeit und Farben nachweisen (Überblick: Krech et al 1992).

Einen eindrucksvollen Beleg für die Bedeutung, die der Lernerfahrung bei Wahrnehmungsprozessen zukommen kann, liefern die Beschreibungen des Anthropologen Turnbull (1961). Er konnte zeigen, daß Angehörige des Naturvolkes der BaMbuti Pygmäen keine Größenkonstanz erleben können, da sie ihr ganzes Leben im Urwald verbringen und daher nie bewegliche Objekte über weite Entfernungen beobachtet haben. Dies hatte beispielsweise zur Folge, daß ein junger Krieger dieses Stammes, der gemeinsam mit Turnbull den Wald verließ und von einer Anhöhe in ein Tal hinabschaute, nicht in der Lage war, die vermeintlich kleinen, beweglichen Lebewesen, die sich ihm dort darboten als eine Herde von Büffeln zu erkennen. Er glaubte, die Tiere wären tatsächlich so klein, wie sie aus der, für ihn völlig ungewohnten, großen Entfernung aussahen. Er hielt sie daher für Insekten. Erst als Turnbull mit ihm in das Tal hinabgefahren war, ließ er sich davon überzeugen, daß es sich tatsächlich um Büffel handelte. Jetzt erlag er allerdings dem Trugschluß, daß diese in der Zwischenzeit gewachsen sein müßten oder daß es sich bei dem ganzen Ereignis um eine Art Trick gehandelt habe. Eine Studie von Hudson (1960) konnte zeigen, daß die von ihm untersuchten südafrikanischen Bergarbeiter große Schwierigkeiten hatten, zweidimensionale Zeichnungen als dreidimensionalen Raum zu deuten, sofern sie in ihrem bisherigen Leben, aufgrund von Armut und mangelnder Bildung, kaum mit Zeichnungen konfrontiert wurden. Kinder, die eine Schule besuchten, waren den Erwachsenen in diesem Bereich haushoch überlegen.

Ein besonders spektakuläres Beispiel für die Bedeutung des Wissens im Wahrnehmungsprozeß liefern die Untersuchungen mit Prismenbrillen (Überblick: Krech et al., 1992). Diese visuellen Geräte, kehren mit Hilfe verschiedener Prismen die Reizinformation für das Auge so um, daß die Person alles auf dem Kopf stehend wahrnimmt. Komplexere Brillen spiegeln zusätzlich auch noch in horizontaler Richtung, so daß auch rechts und links vertauscht erscheinen. Die Untersuchungsteilnehmer haben nun die Aufgabe, mehrere Tage hintereinander die Prismenbrille von morgens bis abends zu tragen. In der ersten Zeit fällt es den Versuchspersonen verständlicherweise sehr schwer, sich überhaupt in der nun völlig verändert erscheinenden Umgebung einigermaßen zurechtzufinden. Dann aber geschieht etwas Merkwürdiges: Nach einigen Tagen kippt die Wahrnehmung um, so daß nun wieder alles in gewohnter Weise erlebt werden kann, obwohl die Information, welche die Netzhaut empfängt, die Realität nach wie vor gespiegelt wiedergibt. Offenbar hat hier das erlernte Wissen über das übliche Erscheinungsbild der Umwelt zu einer massiven Korrektur der Sinneseindrücke geführt. Vereinfacht ausgedrückt bedeutet dies z.B.: Da man weiß, daß Menschen nicht mit den Füßen nach oben durch die Gegend laufen, nimmt man sie auch nicht so wahr. Entfernt man nun nach einigen Tagen die Prismenbrille, so tritt der umgekehrte Effekt ein. Nun sehen die Versuchspersonen wieder alles auf dem Kopf stehend, da die einfließenden visuellen Reize immer noch automatisch umgekehrt werden. Erst mit einiger Verzögerung kippt die Wahrnehmung schließlich erneut um, so daß nun alles wieder nach routiniertem Muster abläuft.

Die Ergebnisse der Studien mit Prismenbrillen können nicht durch rein physiologische Prozesse erklärt werden. Wenn eine Person einen Kopfstand macht, so sieht sie dennoch die Welt nicht auf dem Kopf stehend – ein Effekt, der bei entsprechenden Szenen in Fernseh- oder Kinofilmen übrigens häufig völlig vernachlässigt wird. Dieser als Invariantenbildung bezeichnete Effekt kommt dadurch zustande, daß das Gleichgewichtsorgan im Mittelohr die Körperposition registriert und dann z.B. bei einer Drehung des Kopfes den visuellen Eindruck um die entsprechende Gradzahl korrigiert (Becker-Carus, 1981). Bei den Untersuchungen mit Prismenbrillen findet jedoch gar keine Drehung des Körpers statt. Dementsprechend ist für das Gleichgewichtsorgan die Welt weiterhin in Ordnung. Die Korrektur der Wahrnehmung muß auf der Grundlage erlernten Wissens über die realen Gegebenheiten der Umwelt erfolgen.

Ein weiteres Beispiel für die Bedeutung, die Gedächtnisinhalten bei der Wahrnehmung zukommt, liefern Träume und Halluzinationen. Sie können auch dann entstehen, wenn auf den Organismus von außen keinerlei Reizinformation einwirken. Wir alle kennen praktische und z.T. sehr realitätsnahe Wahrnehmungen, ohne daß eine Reizung unserer Sinnesorgane durch die Umwelt erfolgt wäre. Dies geschieht jede Nacht während der Traumphasen. Untersuchungen zur Entstehung von Halluzinationen zeigen, daß ähnliche Eindrücke entstehen, wenn Personen einige Zeit lang keinen Reizen der Umwelt ausgesetzt sind. Solche Situationen der Reizdeprivation werden in Untersuchungen z.B. dadurch erzeugt, daß die Versuchsteilnehmer in einem geschlossenen Tank liegen müssen, der lediglich mit Salzwasser gefüllt ist. Sie schweben dann bei völliger Dunkelheit frei in der Salzlake und entwickeln nach einiger Zeit Halluzinationen. Realitätsnahe Wahrnehmungen werden hier also über das Gedächtnis erzeugt, ohne daß eine äußere Stimulation notwendig wäre.

In komplexeren sozialen Situationen des Alltags beeinflussen Wissen und Gedächtnisinhalte die Wahrnehmung wahrscheinlich noch viel massiver, als dies bei der Wahrnehmung sehr einfacher physikalischer Reize der Fall ist. Man denke hier etwa an Vorurteile, die dazu führen, daß wir ganz gezielt bestimmte Informationen über Personen zur Kenntnis nehmen oder gar aufsuchen und solche Informationen meiden, die unseren Vorurteilen widersprechen (siehe Kapitel 5). Aber auch sonst haben wir gelernt, „worauf es ankommt", „worauf zu achten ist", wenn man sich mit anderen Menschen in einem Kommunikationsprozeß befindet.

Zusammenfassend kann festgehalten werden, daß der Wahrnehmungsprozeß in starkem Maße durch Faktoren beeinflußt wird, die primär in der wahrnehmenden Person liegen. Die potentielle Information fließt nicht einfach originalgetreu und ungefiltert in den wahrnehmenden Organismus hinein. Wahrnehmung ist vielmehr ein Prozeß, an dem die wahrnehmende Person *aktiv*, ja manchmal sogar direkt gestaltend teilnimmt.

2.3 Wahrnehmungsorganisation und -täuschung

Die Wahrnehmungstäuschungen stellen ohne Zweifel den populärsten Gegenstand der Wahrnehmungsforschung dar. Das allgemeine Interesse an Wahrnehmungstäuschungen reicht nachweislich bis in die vorchristliche Zeitrechnung zurück. Die wissenschaftliche Auseinandersetzung fand ihren Anfang spätestens zu Beginn des 19. Jahrhunderts (Hell, 1993). Wahrnehmungstäuschungen sind ebenso illustrativ wie bezeichnend, verdeutlichen sie doch auf sehr überzeugende Weise, daß die menschliche Wahrnehmung selbst bei sehr einfachen visuellen Reizen nicht immer zutreffend die Realität widerspiegelt. Die Erforschung von Wahrnehmungstäuschungen kann dabei helfen, die menschliche Wahrnehmungsfähigkeit gezielt zu hinterfragen und mehr über deren Funktion zu erfahren.

Der Begriff der Täuschung wird jedoch allzu leicht ausschließlich negativ gedeutet. Dabei wird übersehen, daß ein großer Teil der Wahrnehmungstäuschungen nur eine Seite der Wahrnehmungsmedaille darstellen. Sie sind Begleiterscheinungen einer Funktion, die für den Menschen überaus nützlich ist: der *Wahrnehmungsorganisation*. Letztere hilft, die Komplexität der einströmenden Reizinformation zu bündeln, zu sortieren und somit handhabbar zu gestalten. Die Organisation der Wahrnehmungsinhalte legt somit eine Basis für situationsangemessenes Verhalten.

Das beste Beispiel für die Funktion der Wahrnehmungsorganisation liefern die sog. *Gestaltgesetze*. Sie waren Gegenstand einer psychologischen Schule, die insbesondere in der ersten Hälfte des zwanzigsten Jahrhunderts die psychologische Forschung in Deutschland dominierte. Der Grundgedanke der *Gestaltpsychologie* (Überblick: Stadler & Crabus, 1986) war, daß der Mensch nicht nur einfach auf Einflüsse seiner Umwelt reagiert, sondern diese auch aktiv mitgestaltet. Ausdruck einer solchen Aktivität war u.a. die Organisation der visuellen Wahrnehmung, über deren Erforschung man sich Aufschluß über die Funktion des Gehirns erhoffte. Gemäß dem Grundsatz „Das Ganze ist mehr als die Summe seiner Teile“ ging man davon aus, daß der Mensch einzelne visuelle Reize immer zu sinnvoll erscheinenden Strukturen organisiert. Am Ende eines solchen, blitzartig ablaufenden kognitiven Gestaltungsprozesses steht ein Sinneseindruck, der in gewisser Weise mehr Information beinhaltet als die objektiv vorhandenen Reize, welche die Grundlage der Wahrnehmung bildeten. Eine wichtige Leistung der Gestaltpsychologie besteht darin, daß sie Gesetzmäßigkeiten ausformuliert hat, welche die gefundenen Prinzipien der Wahrnehmungsgestaltung beschreiben (Überblick: Krech et al. 1992; Stadler & Crabus, 1986; Zimbardo, 1995).

Am besten läßt sich dies anhand einiger Beispiele erläutern, wie wir sie in Abbildung 2-6 wiederfinden. In Beispiel a wird eine größere Anzahl von Punkten wiedergegeben. Genauer gesagt, handelt es sich um 20 einzelne Punkte. Nehmen wir diese

Punkte aber tatsächlich als 20 einzelne Punkte wahr, so wie es der objektiven Reizinformation entspricht? Nein, fast jeder wird wohl statt dessen vier senkrechte Linien wahrnehmen, die aus einzelnen Punkten zusammengesetzt sind. Dies ist ein Beispiel für das *Gesetz der Nähe*. Es besagt, daß solche Elemente als zusammengehörig wahrgenommen werden, die eine große Nähe zueinander aufweisen. Da der horizontale Abstand zwischen den Punkten größer ist als der vertikale, nimmt man mithin Punktspalten und nicht etwa Punktzeilen wahr. Vertauscht man nun aber die horizontalen und vertikalen Abstände, so nimmt man in Übereinstimmung mit dem Gesetz der Nähe Punktzeilen statt der Punktspalten wahr (Abbildung b).

Abbildung c zeigt 36 Sternchen und Punkte, bei denen das Gesetz der Nähe nicht wirksam wird, da die Abstände zwischen den einzelnen Zeichen alle gleich groß sind. Aber auch hier nehmen wir nicht eine Ansammlung von 18 Sternchen und 18 Punkten wahr, sondern sechs einzelne Zeilen. Dies entspricht dem *Gesetz der Ähnlichkeit*, wonach solche Elemente als zusammengehörig wahrgenommen werden, die einander ähnlich sind. Verändert man die Anordnung der Zeichen, so kann man in Übereinstimmung mit dem Gesetz der Ähnlichkeit statt der Zeilen auch Spalten wahrnehmen (Abbildung d).

Als drittes Beispiel für Gestaltgesetze verdeutlicht die Abbildung e das *Gesetz der guten Gestalt*. Demnach werden Elemente als zusammengehörig wahrgenommen, die eine „gute Gestalt" aufweisen, also z.B. symmetrisch, einfach, geschlossen sind oder einen gemeinsamen Verlauf aufweisen. Fast jeder wird in Abbildung e daher eine eckige und eine wellenförmige Linie wahrnehmen, die übereinandergelegt wurden. Kaum jemand nimmt jedoch zwei Wellenverläufe wahr, wie sie in Abbildung f dargestellt sind.

Insgesamt gibt es mehrere Dutzend solcher Gestaltgesetze, die alle eins verdeutlichen: *Schon bei der Betrachtung einfachster geometrischer Figuren ist der Mensch aktiv an der Gestaltung des Wahrnehmungsergebnisses beteiligt*. Die Realität wird durch die Leistungen des physiologischen und kognitiven Apparates des Menschen in organisierter Weise erlebt. Die Wahrnehmung geht über die bloße Reizaufnahme weit hinaus.

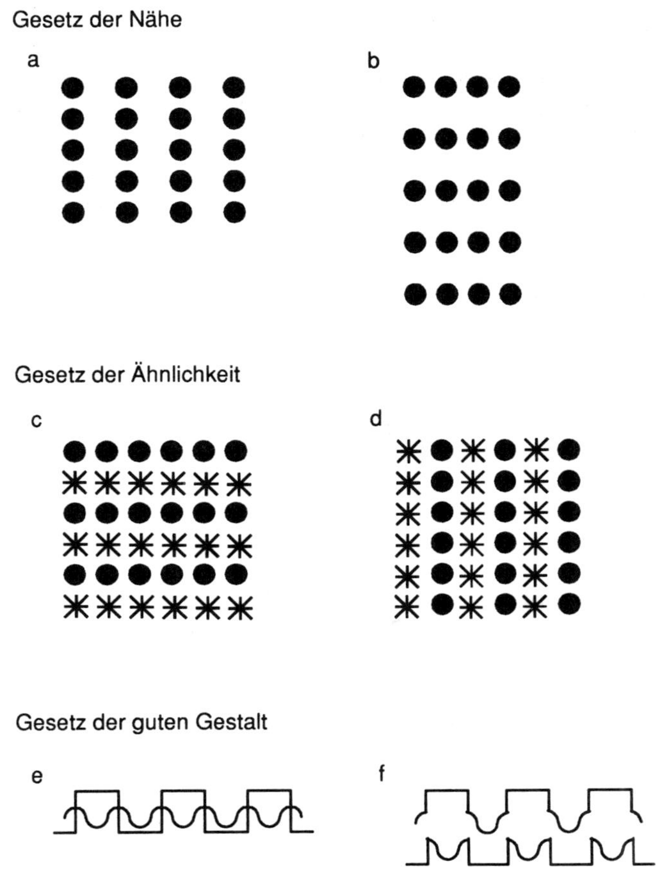

Abbildung 2-6: Gestaltgesetze

Weitere Beispiele für die Organisation der Wahrnehmung sind in den vorangestellten Abschnitten bereits erwähnt worden. Hierzu gehört beispielsweise die Wahrnehmung von Kippfiguren, bei denen wir willentlich eine Figur in den Vordergrund und die andere in den Hintergrund drängen können (*Figur-Grund-Wahrnehmung*). Sehr bekannt geworden ist auch die nach ihrem Entdecker benannte *Müller-Lyer-Täuschung* (Abbildung 2-7a). Obwohl die beiden vertikalen Linien objektiv gleich lang sind, erscheint uns die linke Linie deutlich länger als die rechte. Eine andere Täuschung wurde nach dem Begründer der experimentellen Psychologie Wilhelm Wundt benannt. Obwohl beide Kreissegmente gleich groß sind, erscheint in der *Wundt-Täuschung* das obere größer als das untere (Abbildung 2-7b). Bei der *Poggendorff-Täuschung* wird eine durchgezogene Linie durch einen Balken verdeckt (Abbildung 2-7c). Es hat den Anschein, als ob es sich in Wirklichkeit um zwei Linien handele, wobei die untere leicht nach unten verschoben ist. Wer ein Lineal an die Linie anlegt, wird sich jedoch davon überzeugen können, daß dieser Eindruck nur eine optische Täuschung ist.

Weitere Täuschungen werden in Lehrbüchern der Wahrnehmungspsychologie dutzendfach beschrieben. Das Konzept der Wahrnehmungsorganisation vermag aber nicht jedwede Täuschungen hinreichend zu erklären. Denken wir hier z.B. an den Phantomschmerz, bei dem Patienten nach der Amputation von Gliedmaßen manchmal auch noch Jahre nach der Operation in dem nicht mehr vorhandenen Körperteil Schmerzen spüren können.

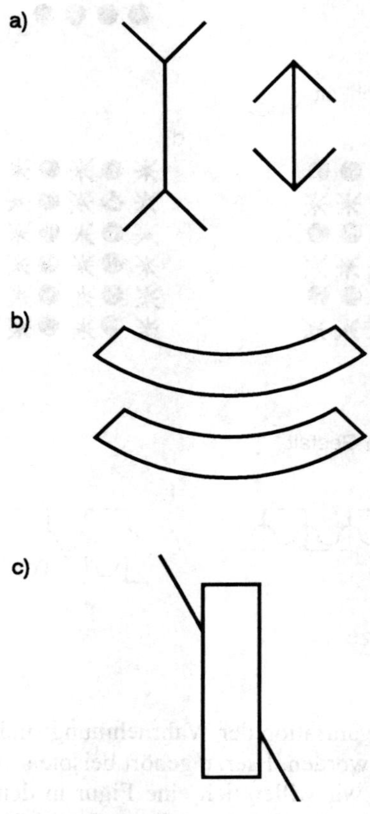

Abbildung 2-7: Beispiele für Wahrnehmungstäuschung

Festzuhalten ist, daß die Wahrnehmungsorganisation dabei hilft, aus der Vielfältigkeit der Realität sinnvolle Informationseinheiten zu bilden. So nehmen wir z.B. bei einer Person, die auf einem Stuhl sitzt, Person und Stuhl nicht als Ganzheit wahr, sondern können sehr gut unterscheiden, ob z.B. ein bestimmtes Bein zur Person gehört oder aber dem Stuhl zuzurechnen ist. Ohne Wahrnehmungsorganisation wäre dies nicht möglich.

Es bleibt die Frage, wie stark die Wahrnehmung komplexer und mehrdeutiger sozialer Situationen aktiv durch den Menschen gestaltet wird, wenn schon bei vergleichsweise eindeutigen, geometrischen Figuren massive Effekte der Wahrnehmungssteuerung beobachtet werden können. Es ist zu erwarten, daß hier die Einflüsse von Erfahrungen, Meinungen, Vorurteilen, allgemeinen kognitiven Fertigkeiten etc. noch viel gravierender sind, da aufgrund der Mehrdeutigkeit sozialer Situationen und Geschehnisse, der Interpretationsspielraum für die Wahrnehmungsorganisation viel größer ist. Mit diesem Themenkomplex werden wir uns im weiteren Verlaufe dieses Buches eingehend beschäftigen.

2.4 Fazit

Die vorgestellten Forschungsergebnisse geben nur einen kleinen Einblick in die Vielfalt der weit gefächerten Wahrnehmungsforschung. Sie zeigen jedoch recht deutlich, daß Wahrnehmung viel mehr ist als nur eine bloße Abbildung der Realität. Neben den Merkmalen der Umgebung wie Reizintensität, Reizeindeutigkeit und Reizkontext spielen physiologisch-psychologische Faktoren innerhalb der wahrnehmenden Person eine wichtige Rolle. Hierzu zählen: Wahrnehmungsschwellen, Aufmerksamkeit, Adaptation, Bezugssysteme, frühere Erfahrungen und vor allem die Wahrnehmungsorganisation. Die Information fließt mithin nicht einfach in das Individuum hinein. Wahrnehmung ist vielmehr ein aktiver Prozeß, an dem das Individuum auch gestaltbildend mitwirkt, ohne sich dessen allerdings bewußt zu sein. Physiologische und psychologische Steuerungsmechanismen greifen im Wahrnehmungsprozeß ineinander und erzeugen das Bild, welches wir von der Realität haben. Systematische Untersuchungen zeigen, daß dieses Bild mehr oder weniger stark von den tatsächlich vorliegenden Gegebenheiten abweichen kann. Dies ist in den meisten Fällen überhaupt nicht problematisch. So sind wir z.B. in der Lage, Lichtpunkte, die zeitlich versetzt nebeneinander aufleuchten, als Bewegung mißzudeuten (Phi-Phänomen), wodurch z.B. die Grundlage für das Erleben von Kinofilmen gelegt ist. Dennoch sensibilisiert die Wahrnehmungsforschung auch für eine kritische Betrachtung menschlicher Informationsverarbeitungsprozesse. Wahrnehmung ist auch unbewußt, selektiv, adaptiv, bezugssystemabhängig, konstanzbildend und in hohem Maße beeinflußbar von den Gedächtnisinhalten der wahrnehmenden Person. Schon bei einfachen geometrischen Figuren können systematische Verzerrungen der Realität nachgewiesen werden. Um wie viel wahrscheinlicher ist es da, daß vergleichbare Prozesse noch sehr viel stärker zum Zuge kommen, wenn es um die Wahrnehmung in komplexeren sozialen Situationen unseres Alltages geht. Da die Wahrnehmung der Realität die Grundlagen für unser Verhalten legt, ist es wichtig, sich mit ihr zu beschäftigen. Der wahrnehmungspsychologischen und -physiologischen Grundlagenforschung kommt dabei zumindest ein heuristischer Wert für das Verständnis komplexer Situationen des alltäglichen Lebens zu. Sie zeigt, daß verzerrte Realitätswahrnehmung nicht die Ausnahme einer Regel darstellt, sondern die Regel selbst ist.

2.5 Vertiefende Literatur

Goldstein, E.B. (1996) Wahrnehmungspsychologie. Heidelberg: Spectrum

Kebeck, G. (1994). Wahrnehmung. Theorien, Methoden und Forschungsergebnisse der Wahrnehmungspsychologie. Weinheim: Juventa.

Krech, D., Crutchfield, R.S., Livson, N., Wilson, W.A.jr. & Parducci, A. (1992). Grundlagen der Psychologie. Weinheim: Psychologie Verlags Union.

Schönpflug, W. & Schönpflug, U. (1995). Psychologie. Allgemeine Psychologie und ihre Verzweigungen in die Entwicklungs-, Persönlichkeits- und Sozialpsychologie. Weinheim: Psychologie Verlags Union.

Zimbardo, P.G. (1995). Psychologie. (6. Aufl.). Berlin: Springer

3. „Ich denke, also bin ich“ – Erinnern & Schlüsse ziehen

Die Wahrnehmung stellt nur den ersten Schritt eines Informationsverarbeitungsprozesses dar, an dessen Ende die Bewertung einer Person oder einer sozialen Situation steht. Sie ist Grundlage für die Speicherung relevanter Informationen im Gedächtnis und damit auch für das Nachdenken und Schlußfolgern.

Bewertungen von Personen und sozialen Situationen sind ohne Rückgriff auf frühere Erfahrungen kaum denkbar. Dies gilt nicht nur für die Bewertung von Entwicklungsverläufen, etwa der schulischen und beruflichen Realität, wo dies ganz offensichtlich ist. Hierbei geht es ja gerade darum, zu beurteilen, inwieweit sich eine Person einen Lehrstoff im Laufe der Zeit aneignet, sich in eine vorgegebene Struktur einfügt oder eine Leistung zur Entwicklung eines Unternehmens erbringt. Aber auch dann, wenn es nur um punktuelle Bewertungen geht, spielen Erfahrungen mit dem zu bewertenden Gegenstand eine zentrale Rolle.

Überschreitet ein Polizist seine Kompetenzen, wenn er sich auf der Straße ohne ersichtlichen Anlaß unseren Personalausweis zeigen läßt? Planen die Kollegen eine Intrige, weil sie plötzlich das Gespräch unterbrechen, wenn wir den Raum betreten? Ist die Frau im Café in besonderer Weise an uns interessiert, weil sie schon mehrfach herübergeschaut hat? Die Beantwortung dieser und ähnlicher Fragen aus dem Alltag ist ohne den Rückgriff auf Informationen, die nicht unmittelbar im Hier und Jetzt verfügbar sind, meist nicht denkbar. Vielleicht erinnern wir uns daran, daß erst gestern ein Mann aus einer nicht weit entfernten psychiatrischen Klinik ausgebrochen ist und erklären uns darüber das Verhalten des Polizisten. Es erscheint uns nun gerechtfertigt und hat nichts mit einem möglichen Machtmißbrauch zu tun. Vielleicht fällt uns auf, daß das Verhalten der Kollegen noch niemals so merkwürdig war und erinnern uns daran, daß wir in der nächsten Woche Geburtstag haben. Wir könnten zu dem Schluß gelangen, daß die Kollegen gerade über ein geeignetes Geburtstagsgeschenk beraten haben, als wir unverhofft den Raum betraten. Von einer Intrige kann folglich nicht die Rede sein, ganz im Gegenteil. Vielleicht erinnern wir uns schließlich in der Café-Situation daran, daß es uns den ganzen Tag schon nicht anders geht. Immer wieder drehen sich auf der Straße Männer und Frauen nach uns um. Das Verhalten der Frau am Nachbartisch hat also wahrscheinlich weniger etwas mit ihrem libidinösen Interesse an unserer Person als vielmehr etwa damit zu tun, daß wir einer Person ähnlich sehen, die am Abend zuvor in einer großen Fernsehshow 500 000 DM gewonnen hat.

In allen drei Beispielen wird deutlich, wie stark unser Urteil davon abhängt, welche spezifischen Informationen wir aus unserem Gedächtnis abrufen können. An der Entscheidung sind mithin nicht nur die aktuellen Informationen der gegenwärtig erlebten Situation, sondern ebenso auch Informationen über vergangene Begebenheiten beteiligt. Und noch eins fällt auf: Die Gedächtnisinhalte werden nicht einfach nur als feststehende Urteile abgerufen. Doch auch dies ist häufig der Fall, wenn es etwa darum geht, das Verhalten einer Person einzuschätzen, die wir schon sehr oft in ein und derselben Situation beobachtet haben. So wird sich die Frau eines alkoholsüchtigen Mannes kaum jeden Abend aufs Neue mit der Frage beschäftigen, warum ihr Partner nun schon wieder eine neue Flasche öffnet, sondern kann eine feststehende Beurteilung einfach aus dem Gedächtnis abrufen.

Bei den zuvor besprochenen Beispielen führen jedoch erst die Prozesse des schlußfolgernden Denkens zu einer Beurteilung der erlebten Situation. Informationen der aktuellen Situation und Informationen, die wir aus unserem Gedächtnis abgerufen haben, werden hier zueinander in Beziehung gesetzt. Wir denken nach und am Ende eines solchen Prozesses steht die Bewertung einer Situation oder einer fraglichen Person.

Im Verlauf des folgenden Kapitels wollen wir uns nun mit derartigen Aspekten der Informationsverarbeitung näher beschäftigen. Am Anfang steht zunächst die Frage nach der Natur und Funktion des menschlichen Gedächtnisses: Wie werden Informationen gespeichert und abgerufen, welche systematischen Fehler lassen sich feststellen und wie wirkt sich beides auf die Beurteilung von Personen und sozialen Situationen aus? Anschließend wird es um systematische Fehler gehen, die im Zuge des schlußfolgernden Denkens immer wieder auftreten.

3.1 Gedächtnis

Den ersten großen Meilenstein der psychologischen Gedächtnisforschung stellen die Experimente von Hermann Ebbinghaus dar, die er Ende des 19. Jahrhunderts durchgeführt hat. Sie gelten als die ersten Gedächtnisexperimente überhaupt. Ebbinghaus (1885) machte es sich selbst zur Aufgabe, eine Reihe von sinnlosen Silben zu lernen. Eine einzelne Silbe bestand immer aus drei Buchstaben, einem Vokal, der von zwei Konsonanten umschlossen war (CET, BUJ u.ä.). Mehrfach hintereinander versuchte er, ein Reihe von 13 Silben so zu lernen, daß er sie auswendig und fehlerlos hintereinander aufsagen konnte. Dabei protokollierte er, um wieviel schneller er, in Abhängigkeit von der Anzahl der vorausgehenden Lerndurchgängen, die Liste lernen konnte. Hierbei fand er eine Gesetzmäßigkeit, die vielfach repliziert werden konnte (siehe Abbildung 3-1). Vergessen folgt demnach unter den beschriebenen Bedingungen einer Exponentialfunktion. Während der Gedächtnisverlust in den ersten Tagen nach dem Lernen besonders groß ist, nimmt der Verlust pro Tag stetig ab. Es ist demnach von Bedeutung, ob man eine Prüfungsvorbereitung einen oder zwei Tage vor der eigentlichen Prüfung abschließt. Vergleichsweise unerheblich ist hingegen, ob selbiges 13 oder 14 Tage vor der Prüfung geschieht.

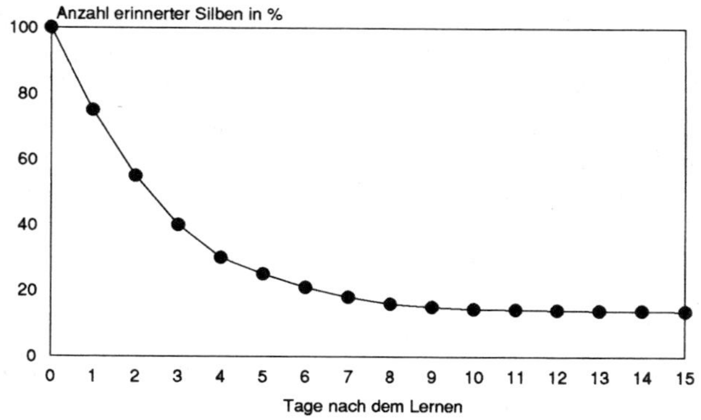

Abbildung 3-1: Ebbinghaus-Vergessenskurve

Die Untersuchungen von Ebbinghaus haben eine rege Erforschung des Gedächtnisses gefördert, die bis auf den heutigen Tag hin anhält. Für unsere Zwecke ist es zunächst sinnvoll, sich etwas eingehender mit übergeordneten Gedächtnismodellen zu beschäftigen. Ganz allgemein wird unterschieden zwischen dem Prozeß der Enkodierung, also der Speicherung neu aufgenommener Information und der *Dekodierung*, dem Abrufen bereits gespeicherter Information aus dem Gedächtnis.

3.1.1 Gedächtnismodelle

Das prominenteste Modell, mit dem die physiologische und psychologische Forschung die Prozesse des menschlichen Gedächtnisses abbildet, geht davon aus, daß nicht alle Informationen, die wir aufnehmen, auch in gleicher Weise dauerhaft abgespeichert werden. Es werden vielmehr zwei Speichersysteme unterschieden, die eine neue Information durchlaufen kann, ehe sie in einem dritten und letzten Speicher dauerhaft festgehalten wird (Abbildung 3-2).

Am Anfang steht das *Ultrakurzzeitgedächtnis*, das auch gelegentlich als sensorisches Gedächtnis bezeichnet wird. Jede Information die wir aufnehmen, muß zunächst von einem Sinnesorgan wahrgenommene werden. Die Speicherdauer der Information liegt auf dieser Ebene unterhalb von einer Sekunde (Becker-Carus, 1981). Betrachten wir komplexere Informationen wie z.B. das Verhalten einer Person, so werden gleichzeitig natürlich mehrere Sinnesorgane angesprochen. Wir sehen ein Verhalten und hören möglicherweise einen dazu gesprochenen Text. Ist die zu beobachtende Person uns sehr nahe, so können wir zusätzlich vielleicht auch noch etwas riechen und fühlen.

Die Informationen aus dem Ultrakurzzeitgedächtnis werden nur zu einem geringen Teil in den nachfolgenden Speicher, das *Kurzzeitgedächtnis* übernommen, da sehr schnell neue Information nachfließt und es für den Organismus auch nicht sinnvoll wäre, sämtliche zur Verfügung stehenden Informationen eines Augenblickes vollständig zu enkodieren (vergleiche Kapitel 2). Der Selektionsprozeß beugt einer Überlastung des Informationsverarbeitungssystems vor. Das Kurzzeitgedächtnis verfügt ebenfalls nur über eine sehr begrenzte Kapazität. Die Informationen werden in einer Art und Weise abgespeichert, die der ursprünglichen Informationsqualität entspricht. D.h., Bilder werden als Bilder und Töne als Töne festgehalten.

Nach wenigen Sekunden geht die Information des Kurzzeitgedächtnisses verloren, wenn sie nicht in den dritten Speicher, das *Langzeitgedächtnis* übernommen wurde. Das Kurzzeitgedächtnis wird daher auch als Arbeitsspeicher bezeichnet. Vergleichbar dem Arbeitsspeicher eines Computers, muß die verfügbare Information in einer ganz bestimmten Weise aufbereitet werden, damit sie langfristig (quasi auf der Festplatte) konserviert werden kann. Eine Möglichkeit, Informationen vom Kurzzeitgedächtnis in das Langzeitgedächtnis zu transportieren, besteht in dem wiederholten Einspeisen der Information, ähnlich wie es beim Lernen von Vokabeln der Fall ist. Diese müssen im Regelfall immer mehrfach hintereinander bearbeitet werden, ehe sie sich dauerhaft einprägen. Im Langzeitgedächtnis können die Informationen dann über viele Stunden, Tage oder auch Jahre festgehalten werden.

Ähnlich, wie es nicht möglich ist, das Bewußtsein des Menschen an einem bestimmten Punkt innerhalb des Zentralnervensystems zu lokalisieren, so fällt es auch schwer, das Kurzzeit- und Langzeitgedächtnis einer bestimmten, eng umrissenen Hirnregion zuzuordnen (Kolb & Whishaw, 1996). Das Phänomen des Gedächtnisses scheint vielmehr Ausdruck der Funktion komplexer Netzwerke zu sein, die aus Tausenden von Nervenzellen gebildet werden. Das Lernen besteht aus neurologischer Sicht darin, daß bei der Speicherung von Informationen die Verschaltungen zwischen diesen Nervenzellen mehr oder weniger dauerhaft verändert werden. Auf der Ebene der kurzzeitigen Speicherung spricht vieles dafür, daß eine neue Information zunächst in solchen Netzwerken zwischengelagert wird, in denen auch ihre inhaltliche Analyse erfolgt. Visuelle und auditive Informationen würden demnach zunächst in unterschiedlichen Netzwerken zu lokalisieren sein. Zumindest auf der Ebene des Langzeitgedächtnisses muß dann aber auch eine Verbindung zwischen diesen Informationen hergestellt werden. Andernfalls wären wir beispielsweise nicht in der Lage, gleichzeitig eine Musik zu erinnern und uns die ursprünglich dazugehörige Situation in einem Konzertsaal erneut vor Augen zu führen.

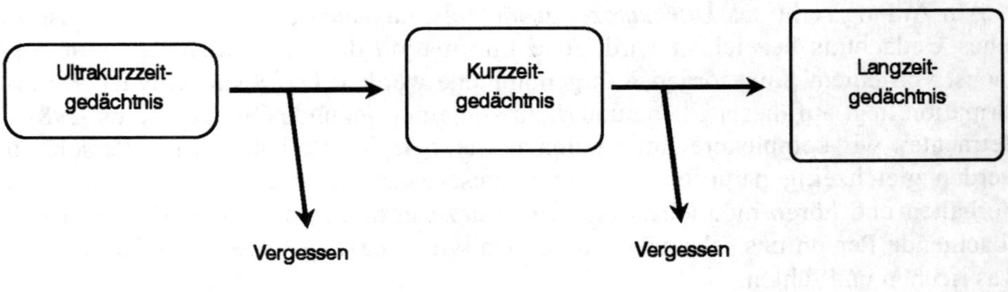

Abbildung 3-2: Drei-Speicher-Modell des Gedächtnisses

Ein zweites Gedächtnismodell, das zu größerer Bekanntheit gelangt ist, geht von einem einzigen Speicher aus. Ob und wie lange eine Information gespeichert wird, hängt nach der Theorie von Craik & Lockhart (1972) davon ab, wie intensiv die Information bearbeitet wurde. Die *Verarbeitungstiefe* ist besonders groß, wenn es sich um eine Information handelt, der eine gewichtige Bedeutung und damit auch viel Aufmerksamkeit zukommt, wenn eine enge Verknüpfung zu anderen wichtigen Gedächtnisinhalten vorliegt oder wenn sich die Person intensiv gedanklich mit der Information auseinandergesetzt hat. Hierzu gehört auch die Motivation, sich einen bestimmten Lernstoff o.ä. aneignen zu wollen. Demzufolge werden zwei Personen, die ein und dasselbe Geschehen beobachten, keineswegs dieselben Inhalte enkodieren. Jeder von ihnen wird bevorzugt diejenigen Realitätsausschnitte besonders gut behalten, mit denen er sich vergleichsweise intensiv auseinandergesetzt hat.

Für beide Modelle gibt es zahlreiche empirische Belege (siehe etwa Anderson, 1996; Becker-Carus, 1981; Schönpflug & Schönpflug, 1995). Bei genauerer Betrachtung schließen sich beide Modelle auch gar nicht aus. Möglicherweise haben Craik & Lockhart lediglich einen weiteren Mechanismus aufgedeckt, der die langfristige Speicherung von Informationen fördert. Ob man den Prozeß der zunehmenden Verfestigung einer Information im Gedächtnis nun stufenweise im Sinne des Speichermodells oder kontinuierlich im Sinne des Modells der Verarbeitungstiefe beschreibt, ist zumindest für unsere Zwecke von sekundärer Bedeutung.

3.1.2 Informationsselektion

Festzuhalten bleibt zunächst, daß die Informationsspeicherung einen *selektiven Prozeß* darstellt. Nicht jede Information, die wir wahrnehmen wird letztendlich auch dauerhaft gespeichert. Dementsprechend wird unser Urteil über Personen und soziale Situationen immer nur einen Teil der Realität berücksichtigen können. Von entscheidender Bedeutung für unser Urteil ist, welche Informationen behalten werden und welche dem Vergessen anheimfallen. Behalten werden vor allem solche Informationen, die mehrfach präsentiert wurden und/oder mit denen wir uns intensiver beschäftigt haben. Stellen wir uns z.B. zwei Menschen vor, die sich noch nicht allzu lange kennen und die einen ganzen Tag miteinander verbringen. Im Laufe des Tages geschehen sehr viele recht unterschiedliche Dinge. Woran erinnert man sich aber am Abend? Besonders gut sollten solche Informationen abgespeichert sein, die mehrfach kurz hintereinander wahrgenommen werden konnten. Hierzu mag z.B. gehören, daß sich die eine Person häufig ans Ohrläppchen faßt oder die Hände reibt, wenn sie verlegen ist oder sich nicht so recht trauen mag, ein Anliegen zu formulieren. Eine solche Information dürften auch recht unterschiedliche Beurteiler am Abend noch erinnern können. Interessanter wird es, wenn wir den Aspekt der Verarbeitungstiefe betrachten. Wurde eine Information nicht wiederholtermaßen in kurzen Zeitabständen präsentiert, so ist von Bedeutung, wie sich der Beobachter mit der Information auseinandersetzt. Nehmen wir einmal an, eine der beiden Personen lese gerne Frauenzeitschriften und hätte hier ein ebenso umfangreiches wie fragwürdiges, laienpsychologisches Wissen aufgebaut. Sie glaubt z.B. zu wissen, daß eine Person ihr unbewußt Ablehnung signalisiert, wenn sie beim Sitzen die Beine in einer von ihr abgewandten Richtung übereinanderschlägt. Entsprechend dieser Vorinformation wird sie sich am Abend sicherlich daran erinnern, wie oft eine solche Sitzhaltung zu beobachten war. Für sie hat diese an sich völlig nebensächliche Information auf einmal eine große Bedeutung bekommen. Sie hat die Situation analysiert, sich mit der Information gedanklich auseinandergesetzt, sie zu bestehenden Informationen in ihrem Gedächtnis in Beziehung gesetzt, kurz, sie hat die Information mit großer „Tiefe" verarbeitet und sie demzufolge auch gut behalten. Eine völlig andere Person würde am Abend ein solches Verhalten des Gegenübers nicht mehr erinnern können. Mehr noch, beide Personen würden wahrscheinlich in Zukunft der beobachteten Person völlig anders gegenübertreten. Ähnlich verhält es sich auch mit unerwarteten Ereignissen. Wer im Laufe eines solchen Tages auf ein völlig unerwartetes Verhalten seines Gegenübers stößt, wird sich mit dieser Information gedanklich intensiver auseinandersetzen, sich möglicherweise fragen, wie es zu diesem Verhalten kam, und es daher auch eher abspeichern als eine andere Person, die das identische Verhalten gar nicht als ungewöhnlich empfindet.

Vergleichbare Unterschiede finden sich zwischen Personen, die eine bestimmte Situation nur ein einziges Mal oder mehrmals erlebt haben. Man denke hier z.B. an eine Verkaufsveranstaltung im Rahmen einer Kaffeefahrt. Bei mehrmaliger Teilnahme darf man damit rechnen, daß auch mehr Detailinformationen abgespeichert wurden. Bei mehrmaliger Teilnahme ist eher die Möglichkeit gegeben, daß bestimmte Verkaufsstrategien erkannt werden und die Person in Zukunft solchen Veranstaltungen mit größerer Skepsis begegnet.

In beiden Beispielen offenbart sich die Bedeutung, die Gedächtnisprozessen bei der Bewertung von Menschen und Situationen zukommt. Wenn zwei Menschen, die etwas identisches beobachten, unterschiedliche Informationen dauerhaft abspeichern, so werden sie wahrscheinlich auch zu unterschiedlichen Beurteilungen gelangen. Das Individuum ist an der Informationsspeicherung ähnlich aktiv beteiligt, wie wir dies in bezug auf die Wahrnehmung bereits festgestellt haben.

3.1.3 Struktur und Funktion des Langzeitgedächtnisses

Weitere Implikationen, welche die Gedächtnispsychologie für die Bewertung von Personen und Situationen hat, treten zutage, wenn man sich einmal näher mit der Frage beschäftigt, in welcher Form Informationen im Langzeitgedächtnis festgehalten werden. Während die Informationen im Kurzzeitgedächtnis noch in ihrer ursprünglichen Form gespeichert werden, läßt sich im Langzeitgedächtnis ein höherer Abstraktionsgrad feststellen. Im Vordergrund der Forschung zur Struktur des Langzeitgedächtnisses steht heute das Modell der *propositionalen Netzwerke*. Der Begriff der Proposition kennzeichnet die kleinste, sinnvolle Bedeutungseinheit, die im Gedächtnis festgehalten werden kann. Aufgrund einschlägiger Forschungsergebnisse (Überblick: Anderson 1996) geht man davon aus, daß eine Information bei der Aufnahme ins Langzeitgedächtnis zunächst in ihre kleinsten Bedeutungseinheiten zerlegt wird. Diese Einheiten werden dann entsprechend der ursprünglichen Information wieder zueinander in Beziehung gesetzt. Wird nun eine neue Information aufgenommen, die sich teilweise mit der ursprünglichen deckt, so werden die neuen Propositionen als zusätzliche Elemente abgespeichert und in eine Beziehung zu den bereits bestehenden Propositionen gesetzt. Der Vorteil eines solchen Vorgehens liegt auf der Hand. Es werden immer nur die wirklich neuen Informationen als eigenständige Propositionen in das Gedächtnis aufgenommen. Ist ein und dieselbe Proposition in drei verschiedenen Informationen enthalten, so wird diese Proposition nicht dreimal, sondern nur einmal abgespeichert. Hierdurch wird eine maximale Ökonomie der Gedächtnisstruktur gewährleistet.

Verdeutlichen wir uns diesen Sachverhalt noch einmal an einem Beispiel: Ein Personalchef führt mit einem Bewerber ein Bewerbungsgespräch. Kurz zuvor hat er auch noch einmal die Bewerbungsunterlagen durchgesehen. Insgesamt betrachtet, ist er also einer sehr großen Fülle von Informationen ausgesetzt, von denen er nur einen eher kleinen Anteil tatsächlich in seinem Langzeitgedächtnis abspeichern wird. Aus der komplexen Informationsfülle könnte er z.B. die folgenden Informationseinheiten herausgearbeitet haben: „Bewerber A macht einen sehr gepflegten Eindruck.“ „A war ein sehr fleißiger Student.“ „A trägt einen maßgeschneiderten Anzug.“ „A hat viele einschlägige Praktika absolviert.“ „A hat im Examen eine sehr gute Note erzielt.“ Jede dieser Aussagen stellt eine eigenständige Information dar. Würden diese kleinsten bedeutungsvollen Informationseinheiten nun wie Vokabeln in einer Liste abgespeichert werden, dann würde ein und dieselbe Information mehrfach anzutreffen sein. In unserem Beispiel würde die Bezeichnung „Bewerber A“ oder auch nur „A“ allein fünfmal unabhängig voneinander gespeichert. Dies käme einer ungeheuren Verschwendung der Gedächtniskapazität gleich. Man stelle sich nur einmal vor, wir hätten jedes Mal, wenn wir unserer Mutter in unserem Leben begegnet sind, alle Informationen über deren Aussehen, ihren Sprachgebrauch u.ä. aufs Neue abgespeichert. Tatsächlich werden die einzelnen Propositionen im Langzeitspeicher so zueinander in Beziehung gesetzt, daß eine Redundanz der Information vermieden wird. Auf diesem Wege entstehen komplexe Netzwerkstrukturen, mit deren Hilfe die Informationen ökonomisch sinnvoll gespeichert werden können. Abbildung 3-3 verdeutlicht die Struktur eines propositionalen Netzwerkes, das der Personalchef in unserem Beispiel ausgebildet haben könnte. Wir sehen, daß die Bezeichnung der Person A nur ein einziges Mal vorkommt. Würde man die Gedächtnisstruktur des Personalchefs nun eingehender untersuchen, so würde man feststellen, daß dieses kleine Netzwerk wiederum eingebettet ist in viel umfangreichere Netzwerkstrukturen. Nur so ist die gesamte Information letztendlich auch verständlich, denn der Träger des Gedächtnisses muß ja z.B. auch irgendwo über eine Information verfügen, die ihm sagt, was denn eigentlich ein Examen ist, was sich hinter dem Begriff „Student“ verbirgt oder was es eigentlich heißt, einen maßgeschneiderten Anzug zu tragen. An den entsprechenden Stellen wird das abgebildete Netzwerk also Verbindungen zu Netzwerkstrukturen aufweisen müssen, die in der Vergangenheit – beispielsweise als der Personalchef im Kindesalter etwas über Anzüge gelernt hat – aufgebaut wurden. Generell gilt, daß neue Informationen um so leichter behalten werden, je vielschichtiger sie in vorhandene Netzstrukturen integriert werden können.

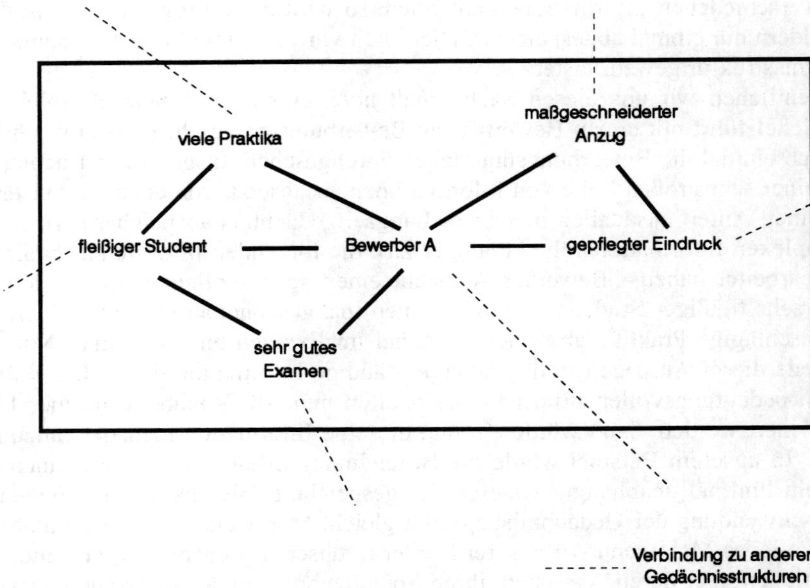

Abbildung 3-3: Ausschnitt aus einem propositionalen Netzwerk

Die Verbindungen, die zwischen den einzelnen Propositionen eines Netzwerkes bestehen, sind für den Denk- und Erinnerungsprozeß einer Person von größter Bedeutung. Es hat sich gezeigt, daß die Verbindungen zwischen den Gedächtniseinheiten unterschiedlich stark ausgeprägt sind. Erfährt eine Person eine bestimmte Information sehr häufig in ihrem Alltag, dann ist die Assoziation zwischen den entsprechenden Propositionen in ihrem Gedächtnis auch besonders stark. Wer z.B. täglich mitbekommt, daß der eigene Lebenspartner leicht aufbrausend reagiert, wenn etwas nicht so gleich gelingen mag, bei dem ist die Verbindung (Assoziation) zwischen der Person des Lebenspartners und dem unbeherrschten Verhalten besonders intensiv. Je stärker eine assoziative Verbindung zwischen Propositionen ausfällt, desto leichter wird die entsprechende Information auch erinnert. Die fragliche Person wird sich also sehr viel eher daran erinnern, daß ihr Lebenspartner in entsprechenden Situationen aufbrausend wird, als daß sie sich vielleicht daran erinnern kann, daß er vor drei Wochen einen bestimmten Fernsehfilm angeschaut hat.

Die Häufigkeit, mit der ein Ereignis eintritt, ist aber nicht die einzige Variable, die einen Einfluß auf die Stärke der Assoziation nimmt. Wenn eine Person intensiv über einen bestimmten Sachverhalt nachdenkt oder ihm eine besondere Bedeutung bemißt, kommt es ebenfalls zu einer Verstärkung der Assoziation zwischen den dazugehörigen Informationseinheiten im Langzeitgedächtnis.

Hier stoßen wir auf der Ebene des Langzeitgedächtnisses also auf den gleichen Sachverhalt, der oben im Zusammenhang mit der Frage, wie eine Information den Sprung vom Kurzzeit- in das Langzeitgedächtnis schafft, diskutiert wurde. *Entschei-*

dend ist die Häufigkeit sowie die Intensität der Auseinandersetzung mit einer Information.

In der empirischen Gedächtnisforschung werden die Netzwerkstrukturen von Personen vor allem durch Reaktionszeituntersuchungen aufgedeckt. Solche Informationseinheiten, die innerhalb des Netzwerkes durch starke assoziative Verbindungen miteinander verknüpft sind, werden schneller als zusammengehörig erkannt bzw. frei assoziiert als solche Informationseinheiten, die gar nicht oder nur schwach miteinander verknüpft sind. So werden die meisten Menschen bei dem Wort „Knochen" wohl sehr viel schneller einen „Hund" assoziieren, als daß sie an Beinprothesen denken.

Beim Denken durchläuft das Individuum, bildlich gesprochen, sein Netzwerk entlang der Verbindungslinien zwischen den einzelnen Informationseinheiten. Solche Pfade, die besonders ausgetreten sind, werden dabei immer wieder bevorzugt herangezogen. Das Denken läuft – übertrieben formuliert – also auf eingefahrenen Schienen, die im Normalfall eher selten verlassen werden.

Mit Hilfe des Netzwerkmodells kann auch ein altes Phänomen der Gedächtnisforschung erklärt werden. Im allgemeinen können wir leichter Wiedererkennen als frei reproduzieren. So ist es beispielsweise schwieriger, eine Vokabel aus dem Gedächtnis fehlerfrei aufzuschreiben als bei dem identischen Wort, das uns vorgelegt wird, zu entscheiden, ob es richtig oder falsch geschrieben wurde. Es ist leichter, sich an eine Situation aus unserer Schulzeit zu erinnern, wenn ein ehemaliger Mitschüler die Geschichte erzählt, als ganz von allein die Geschichte selbständig zu erinnern. Auf dem Hintergrund des Netzwerkmodells ist dies verständlich. Beim Wiedererkennen wird uns gewissermaßen ein Pfad durch das Netzwerk vorgeschlagen, dem wir nur noch nachzugehen brauchen, um die entsprechenden Informationen abrufen zu können. Bei dem Versuch der freien Reproduktion müssen wir uns selbst den Pfad durch das Dickicht der Informationen schlagen. Dabei erweist es sich als besonders schwierig, solche Wege zu finden, die schon lange nicht mehr beschritten wurden. Abstrakter ausgedrückt, handelt es sich dabei um assoziative Verbindungen von besonders schwacher Ausprägung.

3.1.4 Vergessen

In diesem Zusammenhang stellt sich natürlich auch die Frage nach dem *Vergessen*. Werden Informationen, die einmal ins Langzeitgedächtnis gelangt sind unwiderruflich vergessen?

Diese Frage kann heute noch nicht eindeutig beantwortet werden. Zwei Theorien stehen einander gegenüber. Auf der einen Seite wird angenommen, daß Gedächtnisinformationen aufgrund physiologischer Prozesse endgültig verloren gehen können (*Theorie des Spurenzerfalls*). Wir alle kennen das Phänomen, daß wir uns an viele Dinge, die einmal dauerhaft abgespeichert wurden, kaum und irgendwann einmal vielleicht gar nicht mehr erinnern können. Auf der anderen Seite gibt es Hinweise darauf, daß die Erinnerung einer spezifischen Information durch die Speicherung immer neuer Informationen lediglich gehemmt wird, ganz so wie es immer schwieriger wird, ein altes Buch in einer ständig wachsenden Bibliothek zu finden, wenn es keinen Ordnungskatalog gibt (*Interferenztheorie*). Die fragliche Information würde in diesem Falle also nicht völlig vergessen werden. Prinzipiell könnte man sie im Gedächtnis wiederfinden. Man denke hier nur einmal an viele alte Menschen, die sich häufig sehr präzise an Geschehnisse aus ihrer Kindheit erinnern können. Natürlich läßt sich in diesen Fällen selten nachweisen, ob die Erinnerungen die vergangene Realität tatsächlich korrekt widerspiegeln.

Aus der Perspektive des Netzwerkmodells heraus betrachtet, wäre es denkbar, daß die assoziativen Verbindungen zwischen einzelnen Informationseinheiten, die ja die Voraussetzung für unser Erinnern und Nachdenken darstellen, mit der Zeit immer schwächer werden, wenn eine Nutzung derselben ausbleibt. Hinzu kommt, daß andere assoziative Verbindungen, die in unserem Alltag eine viel größere Relevanz besitzen, da wir diese häufig benötigen, die alten Pfade relativ betrachtet, in den Hintergrund drängen. Manch ein verlassener Pfad wird dann mit der Zeit immer schwerer auffindbar und letztlich gar nicht mehr entdeckt, wenn nicht gründlichst nach ihm gesucht wird. Eine solche Prozedur, bei der Informationen um so mehr in den Hintergrund gedrängt werden, je länger sie nicht mehr benötigt wurden, ist für den Organismus sinnvoll, weil in Zeiten des Nachdenkens weniger Informationsverarbeitungskapazität für Inhalte vergeudet wird, die ggf. nie mehr benötigt werden. Sollte man sie dann schließlich nach vielen Jahren doch noch einmal nutzen wollen, ist es ökonomischer, dieses eine Mal besonders viel Aufwand bei der Suche zu betreiben, als die Information ständig präsent zu halten. Hier verhält es sich vielleicht analog zu einem großen Materiallager eines Automobilkonzerns. Die Ersatzteile für die aktuellen Modelle werden griffbereiter einsortiert sein als diejenigen der besonders alten Modelle. Ist ein Auto erst einmal mehr als 30 Jahre alt, wird man schließlich mit vergleichsweise großem Aufwand einen Spezialhändler oder einen Oldtimer-Markt aufsuchen müssen, um die passenden Teile wiederbeschaffen zu können. Aber auch hier gilt, je weniger die Teile nachgefragt werden, desto schwieriger ist es, sie zu beschaffen.

3.1.5 Die Stärke assoziativer Verbindungen

Bewertungen von Personen und sozialen Situationen berücksichtigen meist nicht nur die aktuell zur Verfügung stehenden Informationen, sondern schließen auch unsere bisherigen Erfahrungen mit dem Bewertungsobjekt ein. Beziehen wir die Forschungsergebnisse zur Netzwerkstruktur noch einmal auf die Bewertung von Personen und sozialen Situationen, so bleibt festzuhalten, daß bevorzugt solche abgespeicherten Informationen in unser Urteil einfließen, die in unserem Gedächtnis durch vergleichsweise starke assoziative Verknüpfungen miteinander verbunden sind. Betrachten wir einmal den folgenden Fall:

Ein Richter hat sich schon mehrfach mit ein und demselben Täter vor Gericht beschäftigt. Mehrfach wurde der Angeklagte wegen unterschiedlicher Vergehen verurteilt. Nun steht er erneut vor Gericht und streitet die ihm vorgeworfene Tat aber vehement ab. Abbildung 3-4 gibt einen schematischen Einblick in die Gedächtnisstruktur, die der Richter möglicherweise in bezug auf den Angeklagten ausbilden konnte. Hierbei handelt es sich um Informationen über Personendaten wie Alter, Geschlecht, Berufsausbildung, über bisherige Straftaten und über Charakterisierungen der Person. Aufgrund der spezifischen Gegebenheiten wird der Richter über viel mehr negative Informationen bezüglich des Angeklagten verfügen als er von positiven Eigenschaften und Verhaltensweisen des Betroffenen Kenntnis erlangen konnte. Schließlich geht es vor Gericht ja darum, einen kriminellen, also negativ bewerteten Sachverhalt zu klären. Der Richter wird sich aufgrund seiner beruflichen Aufgabe wahrscheinlich auch noch viel intensiver mit negativen Informationen, wie „hat schon als Kind im Kaufhaus gestohlen", „verhält sich im Gericht aufbrausend und aggressiv", „hat Kontakte zur Unterwelt", u.v.m. auseinandergesetzt haben. Dementsprechend sind derartige, für den Angeklagten ungünstige Informationen für den Richter sehr viel präsenter als die entlastenden. Hinzu kommt, daß der Vertreter der Anklage diese Tendenz durch sein Verhalten noch verstärkt. Wenn der Verteidiger nun auch noch nicht so recht in der Lage ist, die positiven Informationen massiv zu akzentuieren, werden sich die negativen Informationen zuungunsten des Angeklagten durchsetzen. Er wird möglicherweise mit einem viel strengeren Urteil rechnen müssen als dies bei einem Richter der Fall gewesen wäre, der den Angeklagten selbst gar nicht persönlich kannte. Aus Gründen der Urteilsobjektivität sollte also vermieden werden, daß ein Angeklagter in mehreren Prozessen von dem gleichen Richter bewertet wird.

Auch wenn es sich hierbei um ein konstruiertes Beispiel handelt, so ist doch das prinzipielle Problem der durch frühere Informationen beeinflußten Beurteilung von Personen deutlich geworden. Natürlich kann die Konsequenz auch völlig entgegengesetzt ausfallen, ein Phänomen, das immer wieder in das Interesse der Öffentlichkeit gerät, wenn z.B. Sexualstraftäter aufgrund eines psychologisch-psychiatrischen Gutachtens vorzeitig entlassen werden und dann erneut Straftaten begehen. Das zentrale Problem besteht oft darin, daß ein solches Gutachten von dem Therapeuten des Täters gestellt wird. Dieser kann aber aufgrund seiner speziellen Funktion und seiner spezifisch selektierten Informationen über den Täter kaum eine neutrale Begutachtung vornehmen.

Problematisch ist in beiden Beispielen, daß die im allgemeinen sinnvolle Funktion unseres Gedächtnisses hier im Einzelfall zu folgenschweren Fehlentscheidungen führen kann. Es wäre demnach zu fordern, daß zumindest solche Berufsgruppen, die sich professionell mit der Bewertung anderer Menschen beschäftigen, im Rahmen von Aus- und Weiterbildung mehr über die Prozesse der menschlichen Urteilsbildung erfahren, um ihre eigenen professionellen Entscheidungsprozesse kritisch hinterfragen zu können. Im Falle der psychologischen Begutachtung wäre u.a. zu fordern, daß Therapeut und Gutachter zwei verschiedene Personen sind.

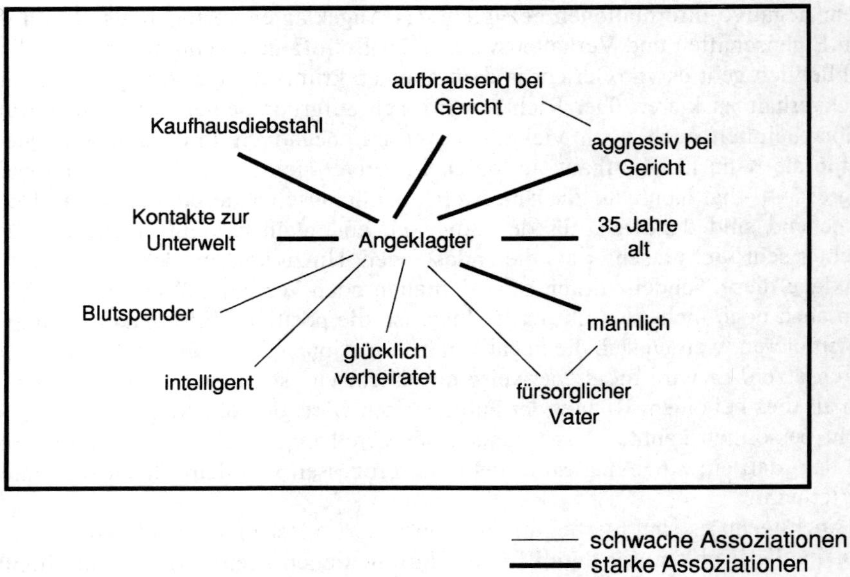

Abbildung 3-4: Beispiel für eine Personenbewertung unter Rückgriff auf Gedächtnisinhalte

3.1.6 Priming

Die Bedeutung einer aktivierten Assoziation innerhalb des Gedächtnisses wird im Rahmen der gedächtnispsychologischen Forschung vor allem durch den *priming effect* belegt (Überblick: Fiedler, 1997). Hinter diesem Begriff verbirgt sich der folgende Sachverhalt:

Gedächtnisinhalte, die zum Zeitpunkt der Wahrnehmung einer neuen Information aktiviert wurden, beeinflussen den Prozeß der Enkodierung dieser Information. Wer z.B. über eine Person nachdenkt, bevor er mit ihr zusammentrifft und dabei etwa bestimmte Merkmale ihres Verhaltens, wie schneller Redefluß, konfuse Gedankensprünge, unreflektierte Übernahme von Meinungen aus dem Bekanntenkreis o.ä. in seinem Gedächtnis aktiviert, der wird nach der Begegnung mit der fraglichen Person, auch vor allem solche Informationen abspeichern, die sich gut in den aktivierten Teil seiner Netzwerkstruktur einfügen lassen. Konkret bedeutet dies, daß zumindest der Tendenz nach solche Informationen, die im Widerspruch zu den bisher aufgebauten Gedächtnisinhalten stehen oder hiermit gar nichts zu tun haben, auch nicht enkodiert werden. Wenn dies häufiger auftritt, dann wird der Beobachter systematisch vor allem solche Informationen abspeichern, die seine bisherige Sichtweise der Person unterstützen. Er festigt somit nach und nach den bestehenden Eindruck, den er von einer Person hat und läßt alternativen Informationen immer weniger die Chance, beachtet zu werden.

Das Priming bezieht sich aber ebenso auf den Dekodierungsprozeß. Werden bestimmte Gedächtnisstrukturen aktiviert, so werden anschließend auch bevorzugt solche Informationen aus dem Gedächtnis abgerufen werden können, die in einer assoziativen Nähe zu diesen Inhalten stehen. Ein Vorgesetzter, der sich darauf vorbereitet, seinen Mitarbeiter, der in wenigen Minuten sein Büro betritt, zu rügen, wird in der anschließenden, realen Situation bevorzugt auch negative Informationen über den Mitarbeiter aus seinem Gedächtnis abrufen können. Die schwierige Aufgabe des Mitarbeiters sollte darin bestehen, das Priming seines Vorgesetzten durch die massierte Übermittlung positiver Informationen bezüglich der eigenen Person in eine für ihn günstigere Richtung zu verschieben.

Die zweifache, einander unterstützende Wirkung des Priming kann man sich auch sehr gut verdeutlichen, wenn man einmal an frisch verliebte Personen denkt. Sie werden in erster Linie nur die positiven Eigenschaften ihres Gegenübers enkodieren und ebenso auch vor allem positive Gedächtnisinhalte bezüglich des Partners dekodieren können. Beides bedingt sich z.T. gegenseitig, denn wer kaum negative Informationen über eine Person abgespeichert hat, der kann folglich auch nur weniger negative Inhalte erinnern. Daß es dennoch auch recht schnell zu einem völligen Umschwenken der Gedächtnisprozesse, hin zu einer negativen Bewertung kommen kann, hat mit dem aktuellen Priming in einer bestimmten Situation zu tun. Erfährt man, von der Geliebten betrogen worden zu sein, dann fällt man leicht ins andere Extrem. Nun enkodiert bzw. dekodiert man bevorzugt negative Informationen.

Daß das Phänomen des Primings einer rationalen, um Objektivität bemühten Bewertung von Personen und sozialen Situationen eher zuwiderläuft als daß es sie fördert, liegt auf der Hand.

3.1.7 Vom Konkreten zum Abstrakten – Erinnerung von Personen

Bleiben wir noch ein wenig bei der Bewertung von Personen. Eine Reihe von Untersuchungen beschäftigt sich mit der Frage, welche Informationen wir bevorzugt über eine Person in unserem Gedächtnis speichern, wenn kein Priming vorliegt. Dabei können drei Informationen unterschieden werden (Fiske & Taylor, 1991): Die Erscheinungsform einer Person, ihr konkretes Verhalten in einer Situation und Persönlichkeitsmerkmale, die aus dem Beobachteten erschlossen werden.

Das Erscheinungsbild einer Person stellt die konkreteste Information dar. Wenn es darum geht, das Aussehen einer Person im Gedächtnis festzuhalten, treten kaum Schwierigkeiten der Interpretation auf. Besonders hoch liegt die Wiedererkennungsquote bei Gesichtern.

Verhaltensweisen werden offenbar bevorzugt in Form einer Sequenz abgespeichert, die über die Informationen zur konkreten Situation angereichert wurden.

Auch wenn es nicht sehr viel Aufwand bedeuten sollte, eine Sequenz der Art: „A schlägt B, nachdem dieser in der Situation X..." exakt abzuspeichern, konnte jedoch mehrfach gezeigt werden, daß solche Ereignisse bevorzugt in Form viel allgemeinerer Aussagen über die Persönlichkeit des Akteurs festgehalten werden. Im Falle des Beispiels ist damit zu rechnen, daß die konkrete Begebenheit vergleichsweise schnell wieder vergessen wird, übrig bleibt aber die generalisierende Aussage „A ist aggressiv". Auch hier treffen wir wieder auf das Ökonomieargument, denn es ist selbstverständlich viel sparsamer, die Charakterisierung einer Person festzuhalten, als sich jede beobachtete Verhaltensweise im Detail zu merken. So sinnvoll eine derartige

Speicherungspräferenz auch sein mag, in bezug auf die Bewertung einer Person erwachsen hieraus natürlich negative Konsequenzen. Wer nur noch ein generalisiertes Urteil über eine Person abgeben kann, weil er Details aus ihrem Verhalten gar nicht erinnert, der wird zwangsläufig dem Facettenreichtum der zu bewertenden Person nicht gerecht. Im schlimmsten Fall wird eine Person durch ein einzelnes Merkmal, wie z.B. „Aggressivität" gekennzeichnet. Ein Persönlichkeitsmerkmal beschreibt das Verhalten einer Person nicht nur undifferenziert, viel schlimmer, es impliziert auch Stabilität. Einer Person das Merkmal Aggressivität zuzuschreiben bedeutet, daß sie nicht nur an einem bestimmten Tag, in einer spezifischen Situation und im Zusammenspiel mit einer besonderen Person aggressives Verhalten gezeigt hat, sondern, daß sie sich allgemein aggressiv verhält und dies in Zukunft wahrscheinlich auch noch häufiger tun wird. Um nicht mißverstanden zu werden, es wird hier nicht behauptet, daß derartige Aussagen prinzipiell falsch wären. Natürlich gibt es Personen, die zu recht als aggressiv bezeichnet werden. Jeder von uns weist auch stabile Verhaltensstile und Orientierungen auf, die legitimerweise als Persönlichkeitsmerkmal beschrieben werden können. Ein solches Merkmal erschließt sich dem Betrachter jedoch nicht in der Beobachtung von ein, zwei Situationen. Nicht umsonst werden im Rahmen der psychologischen Diagnostik aufwendig entwickelte Meßinstrumente zur Persönlichkeitsbegutachtung eingesetzt. Gleichwohl neigt unser kognitives System im Alltag dazu, auch schon aus der einmaligen Beobachtung eines Verhaltens, auf die Persönlichkeit des Beobachteten zu schließen.

Von einem professionellen Beurteiler sollte man erwarten, daß er ganz bewußt zwischen der Beobachtung eines konkreten Verhaltens und einer Generalisierung auf die Persönlichkeit des Beobachteten zu unterscheiden gelernt hat. Dem folgend sollte er auch in der Lage sein, ganz konkrete Begebenheiten zu behalten oder besser noch, für eine spätere Beurteilung der Person schriftlich zu fixieren. Er sollte in der Lage sein, seine Entscheidungsprozesse bewußt zu hinterfragen und generalisierende Urteile nur dann zu treffen, wenn er auch über eine entsprechende Datenbasis, d.h. in der Regel mehrmalige, voneinander unabhängige Beobachtungen verfügen kann.

3.2 Gedächtnisbasierte Beurteilungsfehler

Die bisherigen Ausführungen zu Struktur und Funktion des menschlichen Gedächtnisses haben gezeigt, daß viele durchaus sinnvolle Konstruktionen auch negative Begleiterscheinungen nach sich ziehen können, ohne daß hier ein Defekt innerhalb des Individuums vorliegen müßte. Eine wichtige Quelle für viele Beurteilungsfehler stellen Struktur und Funktion des Gedächtnisses dar, wenn Entscheidungen auch dort schnell und routiniert ablaufen, wo ein ganz bewußtes Vorgehen wünschenswert wäre.

Nachfolgend wollen wir zunächst zwei wichtige Formen von Beurteilungsfehlern vorstellen, die auf Defiziten der alltäglichen Funktion des Gedächtnisses beruhen. Anschließend beschäftigen wir uns beispielhaft mit den Konsequenzen von Gedächtnistäuschungen, die im Zusammenhang mit Zeugenaussagen besonders intensiv erforscht wurden.

3.2.1 Zwei prominente Beurteilungsfehler

Aus dem Alltag kennen sicherlich viele Menschen den Ausspruch „Nachher ist man immer schlauer!“. Nach einem Unfall weiß man, daß die Verkehrssituation falsch eingeschätzt wurde und daß es vielleicht ratsamer gewesen wäre, schon frühzeitig die eigene Geschwindigkeit zu reduzieren. Nach einer bestandenen Prüfung weiß man ganz sicher, daß der richtige Lehrstoff einstudiert wurde. Leider weiß man es vorher nicht, obwohl sich viele Menschen im Nachhinein nicht mehr an das erinnern können, was sie vor dem Ereignis geglaubt haben.

Falsche Erinnerung eigener Aussagen

Beschäftigen wir uns zunächst mit einer systematischen Verzerrung der Erinnerung, die in der Psychologie mit dem Begriff Rückschaufehler (oder „hindsight bias“) belegt wird (Hell, 1993). Der *Rückschaufehler* besteht darin, daß eine Person im nachhinein glaubt, etwas gewußt zu haben, was sie nachweislich aber nicht gewußt hat. In einer Untersuchung könnte man z.B. danach fragen, wieviele Abgeordnete im Bundestag sitzen. Teilt man anschließend den Untersuchungsteilnehmern die genaue Zahl mit und fragt sie dann nach Stunden oder Tagen danach, welche Zahl sie ursprünglich angegeben haben, so wird man feststellen können, daß die Erinnerung in Richtung auf die später erfahrene Zahl verzerrt wurde. Die meisten Menschen glauben im nachhinein, richtig getippt zu haben oder reduzieren das Ausmaß ihrer ursprünglich falschen Einschätzung, indem sie eine Zahl erinnern, die deutlich näher an der richtigen Lösung liegt, als es ihrem tatsächlichen Ersturteil entspricht. Sehr viele Untersuchungen haben diesen Effekt inzwischen bestätigen können, so daß man heute von einem robusten Phänomen der Gedächtnistäuschung sprechen kann (siehe Hell, 1993). Der Rückschaufehler tritt selbst dann noch auf, wenn man die untersuchten Personen zuvor über die Existenz einer entsprechenden Gedächtnistäuschung informiert hat (Pohl & Hell, 1996), bzw. sogar eine Motivation vorliegt, entsprechende Fehler zu vermeiden. Es scheint sich hierbei mithin um einen stark automatisierten Prozeß zu handeln, der so ohne weiteres nicht leicht zu vermeiden ist.

Der zentrale Erklärungsansatz für den Rückschaufehler betont die Bedeutung der relativen Stärke der beiden Gedächtnisinhalte. Die ursprüngliche Einschätzung der Person konkurriert dabei mit der nachträglich eingespeisten Information. In der Regel wird die letzte Information in irgendeiner Form stärker präsent sein als die erste. Dies mag z.B. daran liegen, daß sich die betroffene Person mit der diskrepanten Information gedanklich intensiver auseinandersetzt und somit die Verarbeitungstiefe erhöht (s.o.). Liegt ein größerer Zeitraum zwischen beiden Informationseinspeisungen, so wird die zuletzt erfaßte Information ein größeres Aktivierungsniveau aufweisen, da hier ein möglicher „Vergessensprozeß“ noch nicht vergleichbar weit fortgeschritten ist, wie bei der ersten Information. Der Rückschaufehler tritt hingegen nicht auf, wenn die Probanden beide Informationen gleichgut erinnern können, was jedoch eher die Ausnahme ist.

Wie auch immer das Phänomen des Rückschaufehlers im einzelnen zu erklären ist, seine Existenz hat auch Implikationen für die Urteilsbildung. Wer sich im nachhinein an seine eigenen Aussagen und möglicherweise auch Verhaltensweisen nur verzerrt erinnern kann, der wird z.B. eigene Fehler zwangsläufig auch nur sehr schwer erkennen können. Der Rückschaufehler fördert die Selbstüberschätzung des Individuums, da der einzelne sich selbst in viel stärkerem Maße als konsistent in seinem Verhalten und seinen Einstellungen erlebt, als dies oft der Realität entspricht. Aber auch bei der direkten Bewertung anderer Personen oder Situationen macht sich der Rückschaufehler negativ bemerkbar. Wenn ein Beurteiler in den meisten Fällen davon überzeugt ist, eine Beobachtung genau so erwartet zu haben, wie sie schließlich eintritt, dann hat er auch keine Chance eigene, allgemeine fehlerhafte Überzeugungen und auch konkrete, zeitlich zurückliegende Beurteilungen zu korrigieren. Wem die Begrenztheit der eigenen Realitätskonstruktion nicht bewußt wird, der kann auch keine Realitätsanpassungen derselben vornehmen.

Glaubwürdigkeit wiederholter Falschaussagen

Eine völlig andere Gedächtnistäuschung betrifft den subjektiv erlebten Wahrheitsgehalt einer bestimmten Information. Zahlreiche Untersuchungen bestätigen, daß Personen eine Information um so stärker als wahr erleben, je häufiger sie ihr ausgesetzt waren (Hertwig, 1993). Bei der Untersuchung des *Häufigkeits-Validitäts-Effektes* (frequency-validity-effect) geht man in der Regel folgendermaßen vor: Zunächst werden den Untersuchungsteilnehmern eine Reihe von Aussagen vorgelegt, die sie hinsichtlich ihres Wahrheitsgehaltes einschätzen sollen. Dabei handelt es sich um Aussagen, die prinzipiell wahr oder unwahr sein können. Aussagen, bei denen jedermann von vornherein weiß, daß sie falsch bzw. richtig sind, werden vermieden. Einige Zeit, manchmal einige Wochen später werden den Teilnehmern erneut einige Aussagen vorgelegt, die wiederum eingeschätzt werden sollen. Ein Teil dieser Aussagen stimmt mit den ursprünglich präsentierten überein, andere sind völlig neu. Vergleicht man nun die Einschätzungen der verschiedenen Aussagen, so stellt man fest, daß Aussagen, die zweimal vorgelegt wurden, mit höherer Sicherheit als zutreffend eingeschätzt werden im Vergleich zu Aussagen, die nur ein einziges Mal präsentiert wurden. Dieser Effekt läßt sich noch steigern, wenn die Probanden zu einem dritten Termin eingeladen werden, bei dem einige der Aussagen erneut vorliegen.

Auch dieser Gedächtniseffekt erweist sich als robustes Forschungsergebnis (siehe Hertwig, 1993). Unabhängig davon, ob zwischen der ersten und zweiten Befragung wenige Stunden oder mehrere Wochen vergangen sind, läßt sich eine entsprechende Tendenz in der Einschätzung der Probanden feststellen. Genauere Untersuchungen zeigen jedoch, daß es nicht so sehr auf die objektive Wiederholung der Aussagen ankommt. Vielmehr ist es wichtig, daß die betroffenen Personen selbst den Eindruck haben, daß es sich um eine schon einmal gehörte Aussage handelt. Offenbar ist der Wiedererkennungseffekt eine wichtige Grundlage für die Entstehung der mitunter fehlerhaften Einschätzung des Wahrheitsgehaltes einer Information. Eine Information, die in unserem Gedächtnis bereits abgespeichert wurde, wird durch eine erneute Darbietung zunehmend konsolidiert. Hierdurch wiederum wird sie der betroffenen Person leichter zugänglich. Sie wird zukünftig leichter erinnert und auch leichter wiedererkannt. Das Wiedererkennen entspricht dabei dem Erlebnis einer gewissen Vertrautheit, was die Information an sich glaubwürdiger erscheinen läßt. Der eigentliche Fehler in der Informationsverarbeitung liegt also darin, daß die subjektiv erlebte Vertrautheit einer Information nicht mehr von dem objektiven Wahrheitsgehalt getrennt werden kann. Vereinfacht ausgedrückt könnte man sagen, daß uns etwas um so zutreffender erscheint, je vertrauter es uns ist.

Dieses Phänomen mag wohl vielfach die Grundlage für folgenschwere Fehlbeurteilungen liefern. Es fördert einen gewissen Konservatismus des Denkens, der bestehende Überzeugungen festigt und alternative Betrachtungsweisen eher unterdrückt. Je häufiger also z.B. ein Gerücht in einer Organisation oder auch in den Medien die Runde macht, desto größer ist auch die Wahrscheinlichkeit, daß immer mehr Menschen dieses Gerücht für bare Münze nehmen. Am Ende weiß niemand mehr so recht, wie es eigentlich entstanden ist, da aber alle davon wissen und man es doch schon so oft gehört hat, muß wohl etwas Wahres dran sein.

3.2.2 Gedächtnistäuschungen und Zeugenaussagen

Die praktische Gefahr gedächtnisbasierter Beurteilungsfehler tritt besonders deutlich bei Untersuchungen zur Qualität von Zeugenaussagen zu Tage. Hell (1993) beschreibt einen besonders prominenten Fall einer fehlerhaften Zeugenaussage, die offensichtlich das Ergebnis einer Gedächtnistäuschung war:

Im Jahre 1977 wurde der Bankier Jürgen Ponto bei einem Entführungsversuch durch RAF-Terroristen vor seinem Haus erschossen. Als tatverdächtig wurde eine Studentin verhaftet, die später von der Frau des Getöteten als Tatbeteiligte identifiziert wurde. Nach wenigen Tagen der Untersuchungshaft mußte die Beschuldigte jedoch wieder freigelassen werden, da es sehr viele Zeugen gab, die bestätigen konnten, daß die Verdächtige sich zum Zeitpunkt der Tat an einem anderen Ort aufgehalten hat. Die Zeugin hatte offenbar eine falsche Aussage gemacht und dies selbst später auch erkannt. Wie kam es aber zu dieser Falschaussage? Die Identifizierung der Tatverdächtigen erfolgte letztlich aufgrund einer Gegenüberstellung. Problematisch war hierbei jedoch, daß der Frau des Ermordeten bereits einige Tage zuvor ein Foto der Tatverdächtigen bei der Polizei vorgelegt wurde. Offenbar hat sie bei der Gegenüberstellung die Information über die Fotografie aus ihrem Gedächtnis abgerufen. Diese Information hatte die ursprüngliche Information über das Aussehen der tatsächlichen Terroristin innerhalb des Gedächtnisses überlagert, ohne daß sich die Zeugin dessen bei der Gegenüberstellung jedoch bewußt war (*Quellenkonfusion*). Erst nachdem sich ihre Aussage als nachweislich falsch erwiesen hat, konnte sie selbst diesen Gedächtnisfehler nachvollziehen und meinte, daß es zu einer solchen Verwechslung nicht gekommen wäre, wenn man sie der Verdächtigen von vornherein persönlich gegenübergestellt hätte. Mit dieser Einschätzung hat sie sicherlich recht. Entsprechende Effekte von zuvor durchgesehenen Fotoreihen bei der Personenidentifizierung bei Gegenüberstellungen konnten bereits mehrfach auch in Laboruntersuchungen aufgezeigt werden (Sporer & Aus dem Kahmen, 1994). Einer solchermaßen wiederholten Identifizierung eines Tatverdächtigen kommt mithin keinerlei Beweiskraft zu.

Das Problem des geschilderten Falles besteht aus gedächtnispsychologischer Sicht also darin, daß wir *mehrere Informationen zu ein und demselben Thema oftmals nur schwer im nachhinein voneinander trennen können.* Die zeitlich weiter zurückliegenden Informationen werden in ihrer Aktivation im Gedächtnisnetzwerk durch die später hinzukommenden Informationen relativ zu diesen geschwächt. Muß nun eine Information zu dem fraglichen Themenkreis abgerufen werden, so ist die Wahrscheinlichkeit recht hoch, daß die frischere, also aktiviertere Information die Oberhand behält. Leider merken die betroffenen Personen dies nur selten und können ihren eigenen Fehler beim Abruf der Information daher oft nicht vermeiden.

Das geschilderte Phänomen wird durch zahlreiche empirische Untersuchungen belegt. Besonders bekannt sind in diesem Zusammenhang die zahlreichen Untersuchungen von Elisabeth Loftus (1975, 1979) geworden, die in ihrem Grundaufbau meist folgendermaßen aussahen: Im Untersuchungslabor zeigt sie ihren Probanden zunächst eine Reihe von Dias, die z.B. einen Verkehrsunfall beschreiben. Anschließend bekommen die Untersuchungsteilnehmer einen Text zu lesen, in dem die Geschehnisse nacherzählt werden. Die Hälfte dieser Beschreibungen enthält jedoch einige fehlerhafte Informationen, bei denen Diaserie und Nacherzählung nicht übereinstimmen. So ist in dem Text beispielsweise von einer Kreuzung mit Stopschild die Rede, während im Dia an dieser Stelle ein Vorfahrt-Achten-Schild zu sehen war. In einem dritten Schritt werden die Untersuchungsteilnehmer nun gebeten, einen Fragebogen auszufüllen, in dem Details aus dem Geschehen abgefragt werden. Es zeigt sich, daß die Antworten der Probanden in systematischer Weise voneinander abweichen. In signifikantem Maße wird die zuletzt abgespeicherte Information erinnert, auch dann, wenn sie im Widerspruch zu den ersten Eindrücken steht. Im Vergleich zum Fall Ponto zeigt sich hier der Beurteilungsfehler also sogar dann, wenn die beiden Informationen von völlig unterschiedlicher Qualität waren: einmal ein visueller Eindruck, ein anderes Mal ein abstrakter Text.

Bei den bisher geschilderten Ergebnissen lagen immer objektiv unterschiedliche Informationen vor, die beide von den betroffenen Personen wahrgenommen werden und dann in ihrem Gedächtnis in eine Art Konkurrenz zueinander treten. Gedächtnisbasierte Beurteilungsfehler treten jedoch auch aufgrund *spezifischer Bedingungen beim Abruf der Information* auf (Überblick: Köhnken, 1987).

Auch hierzu gibt es zahlreiche Untersuchungen, in denen den Probanden z.B. nach der Präsentation eines Filmes einige Fragen gestellt werden, die beeinflussende Angaben enthalten. Wurde z.B. nach der Geschwindigkeit von Autos gefragt, die in dem zuvor präsentierten Film verunglückten, so wurde die Geschwindigkeit als deutlich höher eingeschätzt, wenn die Frage lautete „Wie schnell waren die Autos, als sie ineinander krachten?" im Vergleich zu der Frage „Wie schnell waren die Autos, als sie zusammenstießen?". Die Wortwahl des Fragestellers impliziert im ersten Falle eine höhere Geschwindigkeit als im letzten. Dieses Ergebnis ist noch nicht überraschend und fällt eher in den Forschungsbereich zum Thema „sozialer Einfluß" (Kapitel 7). Aus gedächtnispsychologischer Sicht ist viel interessanter, daß diejenigen Personen, denen die erste Frage gestellt wurde, eine Woche später in einer Nachbefragung signifikant häufiger angaben, daß in dem Film die Glasscheiben der Autos zu Bruch gingen. Die subtile Information, daß die Autos „ineinandergekracht" seien, hat hier in einem ersten Schritt zu einer veränderten Erinnerung der tatsächlichen Geschwindigkeit und in einem zweiten Schritt zu einer hierzu konsistenten Fehlerinnerung weiterer Details geführt, die von der ursprünglichen Manipulation in der Fragestellung gar nicht direkt betroffen waren. Tatsächlich sind die Scheiben nicht zu Bruch gegangen (Loftus, 1979). Im Gedächtnis der Zeugen hat sich aufgrund der Fragestellung und wahrscheinlich auch aufgrund der gedanklichen Auseinandersetzung mit den Geschehnissen, bzw. der durch die Fragen neu rekonstruierten Ereignisse ein neuer Eindruck verfestigt, von dem der Betroffene glaubt, daß er das Gesehene objektiv widerspiegelt.

Zeugenaussagen von Kindern

Die Gefahr gedächtnisbasierter Beurteilungsverzerrungen ist bei Kindern besonders groß. Als Faustregel kann gelten: Je jünger die Kinder sind, desto größer ist auch ihre Beeinflußbarkeit (Roebers, Rieber & Schneider, 1995). Besonders bei Vorschulkindern ist ein hohes Maß an Vorsicht bei der Befragung sowie der Interpretation der Aussagen angezeigt (Cezi & Bruck, 1993). Die im Vergleich zu Erwachsenen größere Suggestibilität von Kindern ist jedoch nicht zwangsläufig und immer festzustellen. Neben den individuell unterschiedlichen geistigen Entwicklungsniveaus verschiedener Kinder hängt sehr viel von der Art und Weise ab, wie Kinder befragt werden (Baxter, 1990). Es ist daher sehr wichtig, daß Zeugen im Kindesalter von besonders geschulten Personen vernommen werden. Auch eine Person, die häufig mit Kindern umgeht, kann hier nicht als Experte gelten. Dies gilt um so mehr, wenn der Interviewer bereits bestimmte Hypothesen über einen möglichen Tathergang hat (siehe Kapitel 5). Der geschulte Diagnostiker wird sich nicht nur bei der Art der Fragestellung, sondern auch bei der Planung seines Vorgehens und der Interpretation des Zeugenverhaltens in der Vernehmungssituation von einem Laien systematisch unterscheiden und hierdurch die Wahrscheinlichkeit der Zeugenbeeinflussung reduzieren (siehe Sporer & Franzen, 1991; Offe & Offe, 1994).

Besonders deutlich ist die Notwendigkeit eines professionellen Vorgehens in den vergangenen Jahren immer wieder dann geworden, wenn es um spektakuläre Fälle sexuellen Mißbrauches an Kindern ging. Als eines von vielen abschreckenden Beispielen kann hier der Fall eines Erziehers aus einem westfälischen Kindergarten gelten, der vor einigen Jahren des sexuellen Mißbrauchs angeklagt und nach 26 Monaten Untersuchungshaft zwar freigesprochen wurde, aufgrund der Anschuldigungen aber sicherlich nie mehr in seinem Beruf Arbeit finden wird. Nachdem der Verdacht einmal entstanden war, brach eine Welle der anfangs sicherlich verständlichen Furcht los, die jedoch schnell auch hysterische Züge bekam. Die betroffenen Kinder sahen sich einer Vielzahl von besorgten Fragen selbsternannter Diagnostiker ausgesetzt, die – wahrscheinlich ohne es zu wollen – die Kinder so lange mit ihren naiven und suggestiven Fragen bombardierten, bis diese letztlich gar nichts mehr sagten, ihrer Phantasie freien Lauf ließen oder das äußerten, was die Interviewer ihnen in den Mund gelegt hatten.

Der Kölner Psychologieprofessor Undeutsch, hat seinerzeit in einem Fernsehinterview von einer eigenen Studie berichtet, in der es ihm und seinen Mitarbeiter in wenigen Sitzungen, allein durch suggestive Fragestellung gelungen war, bei kleinen Kindern Aussagen zu erzeugen, wonach sie einige Tage zuvor in einer Sitzung im psychologischen Institut sexuell mißhandelt wurden. Diese Simulation verdeutlicht in hervorragender Weise die Gefahr einer bewußt oder unbewußt suggestiven Befragung, gerade kindlicher Zeugen. Will man das Übel sexuellen Mißbrauchs aufdecken und erfolgreich eindämmen, so ist man gut beraten, die Befragung der Kinder besonders geschultem Personal zu überlassen, denn die Folgen einer fehlerhaften Beschuldigung sind nicht nur für den Beschuldigten, sondern auch für die befragten Kinder mitunter gewaltig. Man denke hier nur einmal an eine möglicherweise ungerechtfertigte Heimunterbringung des Kindes, die leicht aus einem solchen Verdacht resultieren kann. Weniger dramatisch, aber keinesfalls geringfügig sind die Belastungen, die auf ein Kind zukommen, wenn es vor Gericht und noch dazu gegen die eigenen Eltern aussagen muß (Volbert & Pieters, 1993).

Bei Vernehmungen von Kindern, die sich nicht um das Thema „sexueller Mißbrauch" drehen, erweist es sich zumindest in der Anfangsphase der allerersten Befragung als sinnvoll, „offene Fragen" zu stellen (Memon & Vartoukian, 1996). Hierbei wird den Befragten die Möglichkeit genommen, mit einem einfachen Ja oder Nein zu antworten. Statt dessen müssen sie erst einmal, frei von suggestiven Einflüssen des Interviewers, die erlebten Geschehnisse schildern. Die gezielte Befragung schließt sich erst in einem zweiten Schritt an. Dieses Vorgehen empfiehlt sich allerdings auch bei der ersten Befragung erwachsener Zeugen.

Weitere Einflußfaktoren

Neben den Interpretationsproblemen von Zeugenaussagen, die aufgrund ihrer möglichen Verfälschung durch konkurrierende Gedächtnisinhalte zustande kommen, gibt es noch eine Reihe weitere Einflußmerkmale.

Häufig geht es darum, visuell aufgenommene Informationen, also z.B. das Aussehen eines Bankräubers in Sprache zu transformieren, die dann ggf. über eine Täterbeschreibung, die an die Öffentlichkeit weitergegeben wird, wiederum in ein Bild der visuellen Vorstellung zurücktransformiert werden muß (Sporer, 1995). Hierbei kommt es leicht zu Informationsverlusten, da uns für viele Eindrücke schlichtweg die Worte fehlen. Gerade die Wahrnehmung von Gesichtern folgt eher dem Gestaltprinzip (siehe Kapitel 2 und 8). Der Gesamteindruck läßt sich nur schwer durch eine Auflistung einzelner Merkmale wiedergeben. Nicht umsonst wirken die Gesichter auf Fahndungsplakaten oft sehr künstlich, wenn keine Fotos der Täter, sondern nur Zeugenbeschreibungen vorlagen. Sicherlich haben die Zeugen die Täter nicht in exakt der gleichen Weise wahrgenommen, wie sie später dargestellt werden. Der Informationsverlust wird um so größer ausfallen, je mehr Schwierigkeiten eine Person aufgrund ihrer allgemeinen sprachlichen Fertigkeiten hat, Wahrnehmungen und Empfindungen in Worte zu kleiden.

Die Güte von Zeugenaussagen wird ferner durch Alkoholeinfluß, durch Streß oder die Dauer der Beobachtung beeinflußt. Während die ersten beiden Faktoren sich erwartungsgemäß negativ auswirken, steigt die Anzahl der berichteten Details mit der Beobachtungsdauer an. Weitere Einflußfaktoren finden sich bei Narby, Cutler & Penrod (1995).

Unabhängig davon, ob es sich bei den Zeugen um Kinder oder Erwachsene handelt, zeigt sich also die generelle Tendenz, daß Zeugen im nachhinein oft nur sehr schwer oder gar nicht mehr zwischen dem tatsächlich Erlebten und später hinzukommenden Informationen unterscheiden können. Dies gilt sowohl für nachträglich objektiv falsche Informationen als auch für ganz subtile Informationen, die die Erinnerung in eine fehlerhafte Richtung führen. Abbildung 3-5 verdeutlicht noch einmal den zugrundeliegenden Gedächtnisprozeß. Die Verzerrungseinflüsse lassen sich jedoch durch vorherige Warnung der Betroffenen verhindern (Sporer & Auf dem Kahmen, 1994).

Es ist offensichtlich, daß in der Realität der Art der Zeugenbefragung durch die Polizei oder die Justiz eine sehr große Bedeutung zukommt. Auch dann, wenn gar keine Beeinflussungsabsicht vorliegt, kann eine Beeinflussung der Zeugen ebenso leicht wie unbemerkt geschehen. Die Beeinflussung geht dabei jedoch nicht nur von den Vernehmungsbeamten, sondern ebenso auch von anderen Personen oder bei spektakulären Fällen auch von den Medien aus. Die Befragung von Augenzeugen sollte daher möglichst kurz nach dem Ereignis erfolgen. Es muß vermieden werden, daß die Zeugen sich zuvor mit anderen Personen über die Geschehnisse austauschen. Besonders kritisch sind Aussagen zu sehen, bei denen die Zeugen vielen relevanten Informationen aus der Zeitung oder dem Fernsehen ausgesetzt sind.

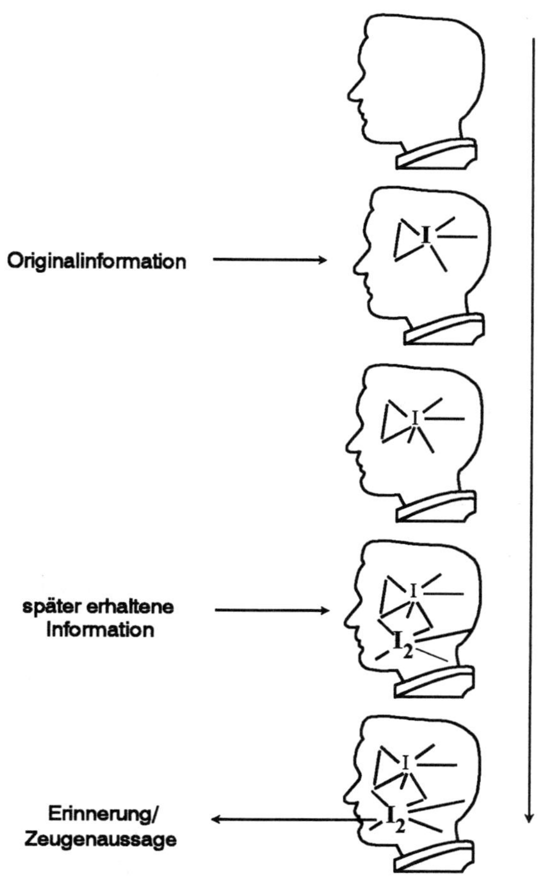

Abbildung 3-5: Funktion des Gedächtnisses und Falschaussagen von Zeugen

Wenn die Zeugen oftmals schon selbst objektiv nicht mehr wissen, was ursprünglich einmal geschehen ist, stellt sich natürlich die Frage, ob man denn zumindest falsche Aussagen an bestimmten Charakteristika erkennen kann. Hierzu liegen verschiedene Merkmalskataloge vor, nach denen Gerichtspsychologen Aussagen auf ihre *Glaubwürdigkeit* hin überprüfen (z.B. Arntzen, 1993). Die Kriterien sind jedoch z.T. umstritten. Einstweilen läßt sich aber auch empirisch belegen, daß zutreffende Zeugenaussagen sich vor allem durch einen besonders großen Detailreichtum von unzutreffenden Zeugenaussagen unterscheiden (Köhnken & Wegener, 1982). Ein wirkliches Erlebnis besteht oftmals eben aus sehr vielen Eindrücken, die im günstigsten Falle weitgehend erinnert werden können. Die Gedächtnisinformation, die sich auf nachträgliche Informationen gründet, ist demgegenüber meist recht schematisch. Im Einzelfall wird sich allerdings wohl auch eine umgekehrte Beziehung finden lassen, wenn die Informationen über einen bestimmten Tathergang z.B. in den Medien besonders eingehend beleuchtet werden. Man denke hier nur einmal an den Tod der Prinzessin von Wales im Sommer des Jahres 1997. Dies werden aber eher Ausnahmefälle sein.

Andere Versuche, die Glaubwürdigkeit von Zeugenaussagen über unwillkürliche Verhaltensweisen zu messen (Augenbewegung, Tonhöhe, Lidschlagfrequenz beim Sprechen, Anzahl der Sprechfehler u.ä.) sind entweder noch nicht hinreichend sicher erforscht und lassen sich in der Praxis kaum praktisch anwenden (Köhnken, 1990) oder aber es handelt sich um Methoden, die vor deutschen Gerichten keine Beweiskraft haben, wie dies etwa für die psychophysiologische Aussagebeurteilung („Lügendetektor") gilt, deren empirische Absicherung allerdings weitaus besser ist als ihr Ruf (Steller, 1987).

3.3 Schemata

Das menschliche Gedächtnis beinhaltet aber nicht nur konkrete Informationen darüber, was sich wann, wie ereignet oder wie sich wer, wo verhalten hat. Gedächtnisinhalte können auch sehr viel abstrakterer Natur sein als die bisher behandelten Beispiele nahelegen. So sind wir z.B. alle in der Lage, ein bestimmtes, aber fremdes Tier, das uns auf der Straße begegnet, als Hund zu identifizieren, obwohl wir mit diesem Tier zuvor nie zusammengetroffen sind. Wir haben offenbar Informationen darüber gespeichert, welche Elemente bei einem Wesen vorhanden sein müssen, damit es als ein bestimmtes Tier bezeichnet werden kann: Es sollte im allgemeinen auf vier Pfoten laufen, behaart sein, bellen können, zum Wasserlassen bevorzugt eines der Hinterbeine anheben etc. Eine solch abstrakte Information, die sich nicht nur auf ein einzelnes Ding, Lebewesen, ein konkretes Verhalten oder einen singulären Sachverhalt bezieht, sondern die Gemeinsamkeiten von mehreren Dingen, Lebewesen, Verhaltensweisen oder Sachverhalten in unserem Gedächtnis festhält, wird als *Schema* bezeichnet.

Schemata helfen dabei, die Komplexität der Realität zu reduzieren und sie dadurch für unser kognitives System handhabbar zu gestalten. So wird gewährleistet, daß wir uns z.B. auch in einer fremden Wohnung zurechtfinden, in der wir bislang noch nie zuvor gewesen sind. Auch wenn hier die Türklingel, das Bad, der Fernseher, die Bücher, ja fast alles ein klein wenig anders aussieht als bei uns zu Hause, sind wir dennoch in der Lage, sie als das zu erkennen, was sie sind und entsprechend zu nutzen. Gleiches gilt für Personen. Wir sind in der Lage, Personen als solche zu erkennen, uns ihnen in einer angemessenen Weise zu nähern und mit ihnen umzugehen, auch wenn wir sie nie zuvor gesehen haben. Dies ist eine sehr wichtige Fähigkeit. Während es z.B. recht häufig erlaubt ist, einen fremden kleinen Hund zu streicheln, könnte es zu größeren Schwierigkeiten kommen, wenn man selbiges im Park auch bei einem kleinen Kind oder gar einem erwachsenen Menschen praktizieren würde.

Schemata speichern zum einen also Informationen in einer sehr abstrakten Weise und liefern uns zum zweiten auch Richtlinien, an denen wir unser Verhalten ausrichten. Die letztere Form von Schemata wird auch mit dem spezifizierenden Begriff Skript belegt. Wie bei einem Filmskript liefert ein solch kognitives Skript dem Handelnden – wie im Film dem Schauspieler – eine Information darüber, wann er sich wie zu verhalten hat. Beispiele für derartige Skripte in unserem Leben sind etwa die Benutzung eines öffentlichen Verkehrsmittels, der Besuch eines Restaurants oder auch die Begrüßung von Menschen. Da Prozesse immer auch Strukturen voraussetzen, beinhalten Skripte zwangsläufig auch Informationen über die Rahmenbedingungen, in denen eine Handlung erfolgt. Es wäre wenig hilfreich zu wissen, wie man sich in einem Hotel anmeldet, wenn man nicht wüßte, was ein Hotel eigentlich ist und woran man es erkennen kann.

Aufgrund des Zusammenlebens in einer gemeinsamen Kultur werden die meisten derartigen Skripte von sehr vielen Menschen geteilt. Ihre Selbstverständlichkeit wird häufig erst dann in Frage gestellt, wenn wir mit Menschen aus einer anderen Kultur zusammentreffen, die in einer bestimmten Situation ein völlig anderes Handeln für angemessen halten. So käme wohl niemand auf die Idee, vor dem Betreten eines christlichen Gotteshauses vorher die Schuhe auszuziehen, was für einen gläubigen Moslem selbstverständlich ist. Die meisten interkulturellen Mißverständnisse, die im Urlaub, im Zusammenleben mit Ausländern oder bei internationalen Transaktionen im Bereich von Wissenschaft, Wirtschaft und Politik anzutreffen sind, lassen sich auf derartige Skripte, also handlungsweisende Schemata zurückführen. Aber auch innerhalb einer Kultur wird man, in Abhängigkeit von den unterschiedlichen Lebenswirklichkeiten der Menschen, auf sehr unterschiedliche Skripte treffen. Zum einen haben nicht alle Menschen für die gleichen Situationen ein Skript ausgebildet. So werden nur wenige wissen, wie man sich als Butler im englischen Königshaus oder bei internationalen Konferenzen der UNO zu verhalten hat. Zum anderen werden die unterschiedlichen Menschen für gleiche Situationen unterschiedliche Skripte ausgebildet haben. Man denke hier etwa an die Lösung von Konflikten innerhalb von Partnerschaften, an das Feiern eines Geburtstages oder das Verhalten gegenüber einem Vorgesetzten.

Alles in allem kann man festhalten, daß Schemata in der menschlichen Informationsverarbeitung und bei der Steuerung des Verhaltens eine wichtige, positive Bedeutung zukommt. Bevor wir uns mit den negativen Aspekten dieses Phänomens beschäftigen, wollen wir zunächst noch etwas genauer auf die Struktur und Funktion von Schemata eingehen.

3.3.1 Struktur

Je nach den Inhalten, die ein Schema in sich birgt, werden gelegentlich unterschiedliche Formen des Schemas unterschieden. Fiske & Taylor (1991) unterscheiden etwa: Personen-, Selbst-, Rollen-, Ereignis-, oder Regelschemata. Eine solche Differenzierung trägt mehr zur Verwirrung bei, als daß sie Ordnung schafft. Im Kern lassen sich all diese Schemata darauf reduzieren, daß sie spezifische Informationen in abstrakter Form speichern und manche von ihnen auch Handlungspläne beinhalten.

Jedes Schema ist durch eine Reihe besonderer Konstruktionsmerkmale gekennzeichnet (Überblick: Schwarz, 1985), die wir nachfolgend an einem einfachen Beispiel aus dem Alltag verdeutlichen wollen. Abbildung 3-6 gibt dabei die zentralen Merkmale wieder. Stellen wir uns einmal den Besuch einer Tankstelle vor. Jedes Schema beinhaltet zunächst abstrakte Informationen, die im Falle der Tankstelle z.B. die folgenden sein könnten: An einer Tankstelle gibt es mindestens eine Auf- und eine Abfahrt für Autos, Zapfsäulen, ein Verkaufshäuschen, mindestens eine Person die hier arbeitet, Kleinartikel, die bei der Benutzung des Autos häufiger ersetzt werden müssen und meist auch einige Lebensmittel. Schließlich wird man in der Regel auch auf ein motorisiertes Fahrzeug treffen. Die meisten dieser Informationen sind eher unpräzise. Es wird nicht genau gesagt, um welche einzelnen Verkaufsartikel es sich handelt, welche Lebensmittel zu erwerben sind oder ob der Tankstellenmitarbeiter ein Mann oder eine Frau ist. Solche Informationen werden im Schemamodell als *Leerstellen* (oder auch *Variablen*) bezeichnet. Leerstellen gewährleisten die flexiblen Nutzungsmöglichkeiten eines Schemas. Würde unser Schema z.B. genau festlegen, daß an jeder Tankstelle ein Keilriemen für eine Volkswagenlimousine, Baujahr 66, zu erwerben sei, so würden alle Tankstellen, an denen selbiger Artikel nicht zu finden ist, auch nicht als Tankstelle identifiziert werden können. Leider gilt dies heute wohl für die Mehrheit der Tankstellen. Dementsprechend könnte auch ein mögliches Skript, das uns sagt, wie man an einer Tankstelle sein Auto betanken kann, nicht zum Einsatz kommen, da die betreffende Person ja gar nicht erkannt hat, daß sie sich an einer Tankstelle befindet. Die Leerstellen erfüllen mithin den Zweck, die Vorteile eines Schemas für eine nicht zu geringe Menge von Sachverhalten (hier Tankstellen) nutzen zu können.

Bei einer konkreten Begegnung mit einer Tankstelle werden die Leerstellen mit einem spezifischen Inhalt gefüllt. Dabei ist die Spannbreite möglicher Inhalte aber nicht beliebig groß, denn dies würde den sinnvollen Gebrauch des Schemas wiederum in Frage stellen. Wer ein tankstellenähnliches Gebäude auch dann noch als normale Tankstelle definiert, wenn hier Dieselloks betankt werden, der wird sein Skript nicht erfolgreich nutzen können, da er, ohne die Aussichtslosigkeit seines Vorhabens zu erkennen, wahrscheinlich versucht, sein Auto an einer Tankstation der Bundesbahn zu betanken. Diese zugegebenermaßen etwas unrealistisch anmutende Begebenheit verdeutlicht die Sinnhaftigkeit der *Variablenbegrenzung* innerhalb eines Schemas. Sie legt fest, mit welchen Inhalten eine Leerstelle prinzipiell ausgefüllt werden darf und mit welchen nicht. Dies ist eine notwendige Bedingung für die sinnvolle Nutzung kognitiver Schemata.

Ein drittes Merkmal von Schemata besteht darin, daß Leerstellen ggf. auch mit einem *Standardwert* ausgefüllt werden können, wenn keine konkreten Informationen vorliegen, die es erlauben würden, eine Leerstelle mit einem konkreten Inhalt zu füllen. Der Vorteil solcher Standardwerte besteht darin, daß das Schema auch dann genutzt werden kann, wenn nicht genügend Informationen über eine konkrete Begebenheit vorliegen, um alle Leerstellen auch ausfüllen zu können. In diesem Falle greift man – aufbauend auf den bisherigen Erfahrungen mit entsprechenden Begebenheiten – auf eine Leerstellenfüllung zurück, die einem besonders wahrscheinlich erscheint. Wer also z.B. spät am Abend auf einer längeren Reise Hunger verspürt und eine Tankstelle sichtet, der wird aufgrund seines Tankstellenschemas annehmen, daß es hier zumindest einen Schokoriegel zu kaufen gibt und folgerichtig anhalten. Obwohl er nicht sicher weiß, ob dies der Fall sein wird, ist es doch viel wahrscheinlicher, daß hier ein Schokoriegel zu erwerben ist, als beispielsweise eine Currywurst. Der Einsatz von Leerstellen wird bevorzugt wohl auch in solchen Bereichen erfolgen, die z.B. für die Definition der Situation von geringerer Bedeutung sind. So werden die meisten Autofahrer wahrscheinlich damit rechnen, daß es sich bei dem Tankstellenmitarbeiter zumindest nachts um einen Mann und nicht um eine Frau handelt. Für die Analyse, ob ein bestimmtes Gebäude am Wegesrand nun eine Tankstelle ist oder ob es sich vielleicht nur um einen Reparaturbetrieb handelt, ist es völlig unerheblich, ob hier ein Mann oder eine Frau arbeitet. Auch hier erweist sich die Funktion des Standardwertes als hilfreich: wir erkennen die Tankstelle, auch ohne alle Leerstellen mit der situationsangepaßten Information ausgefüllt zu haben.

Die Bedeutung der Standardwerte kann soweit reichen, daß im Einzelfall auch ein vollständiger *Prototyp* der fraglichen Situation in abgespeicherter Form vorliegt. Dies ist der Fall, wenn alle Leerstellen durch den jeweiligen Standardwert gefüllt werden. Es resultiert eine komplexe Vorstellung von der typische Tankstelle. Alle anderen Tankstellen erscheinen einem dann in dem Maße mehr oder minder dubios, in welchen sie von dem Prototypen abweichen.

Die einzelnen Elemente eines Schemas werden darüber hinaus nicht nur unverbunden nebeneinander stehen. Jedes Schema beinhaltet auch Informationen über die räumlichen, zeitlichen oder ggf. kausalen *Beziehungen zwischen den einzelnen Elementen.* So wissen wir etwa, daß die Zapfsäulen nicht innerhalb des Verkaufsraumes stehen. Bedeutsamer wird diese Funktion, wenn wir an den handlungsleitenden Teil unserer Schemata, also an das Skript denken. Das Skript beinhaltet z.B. Informationen darüber, wie der Tankvorgang zu erledigen ist oder daß man erst tankt und nicht wegfahren darf, bevor nicht auch bezahlt wurde.

Ein letztes, wichtiges Merkmal von Schemata, das hier diskutiert werden soll, besteht in ihrer *hierarchischen Organisation.* Im Tankstellenbeispiel stellt die Definition dessen, was als Tankstelle zu gelten hat, die höchste Abstraktionsebene dar. Auf einer weniger abstrakten Ebene finden sich Informationen darüber, wie man sich hier prinzipiell zu verhalten hat, also z.B. „erst tanken, dann zahlen". Auf der nächst spezifischeren Ebene wird vielleicht beschrieben, wie der eigentlichen Zapfvorgang abläuft (Tankdeckel öffnen, Zapfhahn einführen, Hebel drücken etc.). Auf einer noch spezifischeren Ebene findet sich möglicherweise die Gedächtnisinformation darüber, wie der Tankdeckel zu öffnen ist.

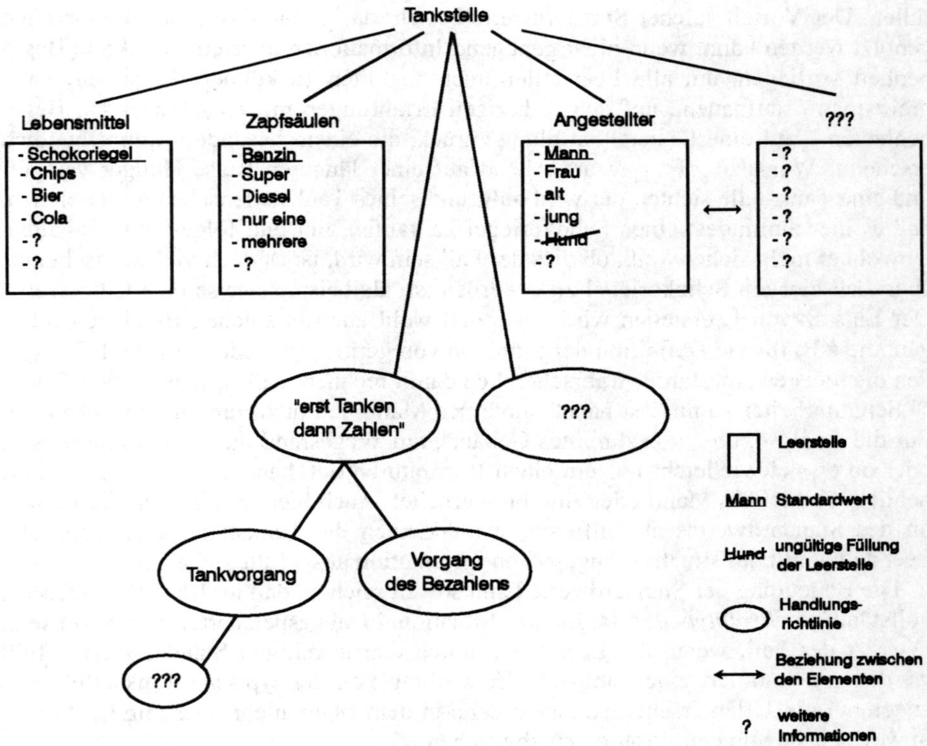

Abbildung 3-6: Ausschnitt aus einem Schema zum Thema „Tankstelle“

3.3.2 Negative Begleiterscheinungen des Gebrauches von Schemata

Die Ausführungen zur Rolle kognitiver Schemata bei einem solch einfachen, alltäglichen Prozeß wie dem Betanken eines Autos verdeutlichen die komplexen Leistungen, die das kognitive System des Menschen erbringen muß, wenn Aufgaben, die uns völlig banal erscheinen, mit gewünschter Souveränität bewältigt werden sollen.

Angesichts der skizzierten Komplexität ist es nicht verwunderlich, daß es immer auch zu negativen Begleiterscheinungen kommen kann. Mit diesen wollen wir uns nun etwas näher beschäftigen.

Zunächst stellt sich jedoch die Frage, welches Schema in einer spezifischen Situation aus der Vielzahl prinzipiell zur Verfügung stehender Schemata eine richtungweisende Relevanz bekommt (Überblick: Fiske & Taylor, 1991). Bevorzugt werden solche Schemata herangezogen, die besonders häufig oder erst vor kurzer Zeit zum Einsatz gekommen sind. Hier spiegelt sich das schon beschriebene Phänomen der Aktivierung assoziativer Verbindungen wider. Bevorzugt werden ebenso Schemata mit einem großen Allgemeinheitsgrad, da sie besonders oft eingesetzt werden können (Fiske & Taylor, 1991). Durch den häufigen Einsatz erhöht sich wiederum die Wahrscheinlichkeit, daß solch allgemeinere Schemata auch nachfolgend bevorzugt ausgewählt werden. Schließlich werden Schemata begünstigt, die auf einzelne, besonders herausstechende Merkmale des fraglichen Realitätsausschnittes passen. Bei der Beobachtung einer Diskussion zwischen Frauen und Männern wäre dies etwa ein Schema über die Geschlechtsgruppenzugehörigkeit, das möglicherweise einem Schema über den eigentlichen Diskussionsgegenstand vorgezogen wird, denn die Geschlechterverteilung ist oft visuell herausstechender als das Thema.

Die Probleme, die beim Einsatz von Schemata auftreten, ergeben sich auf drei Ebenen: bei der Einspeicherung von Informationen, bei der Erinnerung und ebenso beim Nachdenken und Bewerten.

Probleme bei der Speicherung von Informationen

Auf der Ebene der *Einspeicherung* konnte mehrfach gezeigt werden, daß solche Informationen, die in Übereinstimmung mit bereits bestehenden Schemata stehen, bevorzugt und dauerhaft im Gedächtnis verankert werden. Abweichende Informationen, die zu einer möglicherweise realitätsangepaßten Veränderung eines Schemas führen könnten, werden somit erschwert. Hier zeigt sich wieder einmal, daß ein und dieselbe Funktion durchaus positive und negative Konsequenzen nach sich ziehen kann. Auf die prinzipiellen Vorteile von Schemata wurde bereits eingegangen. Schemata sind nur dann sinnvoll denkbar, wenn sie nicht bei jeder neuen Begebenheit völlig umstrukturiert werden müssen. Hieraus ergibt sich aber auch eine gewisse Behäbigkeit des kognitiven Systems. Die negativen Konsequenzen werden deutlich, wenn wir einmal an soziale Vorurteile denken. Eine Person, die ein bestimmtes negatives Schema in bezug auf eine Bevölkerungsgruppe ausgebildet hat, wird neue Informationen über Mitglieder dieser Gruppe selektiv abspeichern. Positive Informationen über entsprechende Personen werden dabei weniger leicht behalten als negative, da letztere sich besonders gut in das eigene Schema einfügen. Die Folge ist, daß das Vorurteil selbst dann nicht so ohne weiteres zu verändern ist, wenn der Träger des Vorurteils selbst persönliche Erfahrungen mit Mitgliedern der von ihm abgewerteten Gruppe macht. Eine übliche kognitive Strategie zur Aufrechterhaltung des eigenen Schemas (in diesem Fall des Vorurteils) besteht darin, die schemainkonsistente Information als Ausnahme von der Regel zu begreifen. Wer also z.B. der Meinung ist, daß Asylbewerber ungebildet, faul und geldgierig seien, der wird dieses Schema auch dann noch aufrechterhalten können, wenn er persönlich einem Asylbewerber begegnet, der gebildet, klug und bescheiden ist, weil er diesen für eine seltene Ausnahme hält. Die schemainkonsistente Information wird später, bei der Beurteilung von anderen Asylbewerbern keine große Rolle mehr spielen, da sie – wenn überhaupt – an einer weniger zentralen Stelle innerhalb der Gedächtnisstruktur verankert wurde. Sie wird später folglich weniger leicht erinnert. Eine Veränderung des Schemas und damit auch des Selektionsprozesses bei der Speicherung neuer Informationen würde voraussetzen, daß die betreffende Person mehrfach und intensiv schemainkonsistenten Informationen ausgesetzt ist und sich mit diesen kognitiv auseinandersetzen muß. Analoge Prozesse finden sich jeden Tag in allen möglichen Bewertungssituationen im Beruf oder auch im Privatleben, auch dann, wenn es nicht um die Bewertung von Menschen geht. So wird ein Unternehmer oder ein Forscher auch besonders leicht diejenigen Informationen über den Markt oder seinen Forschungsgegenstand abspeichern, die sich besonders gut in seine bestehenden Schemata einfügen lassen. Das bedeutet natürlich nicht, daß schemainkonsistente Informationen überhaupt nicht gespeichert würden. Sie haben es nur schwerer, sich gleichberechtigt neben schemakonsistenten Informationen durchzusetzen.

Probleme beim Erinnern von Informationen

Auf der zweiten Ebene, dem Erinnern von Informationen, die im Gedächtnis gespeichert wurden, findet sich das gleiche Phänomen. Schemakonsistente Informationen lassen sich langfristig wesentlich leichter aus dem Gedächtnis abrufen, als schemainkonsistente. Liegt die Informationsspeicherung allerdings noch nicht allzu weit zurück, so gibt es einen Vorteil für inkonsistente Informationen, wenn sie besonders markant ist.

Überraschende, also schemainkonsistente Informationen lösen leicht auch eine intensivere Beschäftigung mit dem Gegenstand aus, wenn man z.B. zu verstehen versucht, wie es zu einer solchen Abweichung kommen konnte. Man stelle sich hier etwa eine 80-jährige Frau vor, von der man erfährt, daß sie sich im Surfen versucht. Durch die kognitive Auseinandersetzung verstärkt sich die Verarbeitungstiefe der Information (s.o.), wodurch die Information zunächst auch besser erinnert werden kann. Langfristig wird sich diese Information aber nicht gegen das Schema durchsetzen, wenn es bei einer einzelnen Begebenheit dieser Art bleibt, die schemakonsistenten Informationen aber weiter in unverminderter Fülle auf das Individuum einwirken können. Die bevorzugte Erinnerung schemakonsistenter Informationen kann sogar dazu führen, daß ein Erlebnis im nachhinein falsch, aber schemakonsistent erinnert wird. Dies ist von besonders großer Bedeutung für die Beurteilung von Zeugenaussagen. Je mehr Zeit zwischen der Beobachtung eine Straftat o.ä. und der Vernehmung vergeht, desto größer ist die Gefahr, daß die Geschehnisse nachher ungewollt und unbewußt so erinnert und dargestellt werden, wie sie dem Zeugen plausibel, also schemakonsistent erscheint. Da wird dann schnell z.B. ein Täter viel größer und mächtiger als er tatsächlich war. Lücken in der Erinnerung, also unausgefüllte Leerstellen werden durch Standardwerte ersetzt: Der Bankräuber muß mit einem unauffälligen Auto geflohen sein, weil sich Bankräuber im allgemeinen doch wohl so verhalten; Man selbst konnte dem Opfer einfach nicht zur Hilfe kommen, sonst hätte man es doch getan, weil man ja selbst ein hilfsbereiter Mensch ist etc.

Probleme beim Denken und Bewerten

Die dritte Ebene, die des Denkens und Bewertens ist eng mit der zweiten Ebene verknüpft, denn die Erinnerung von Gedächtnisinhalten ist die Basis für Denkprozesse. Beim Nachdenken durchsuchen wir – bildlich gesprochen – unseren Bestand an Schemata und brechen die Suche ab, wenn ein einigermaßen geeignetes Schema gefunden wurde. Bei Passungsschwierigkeiten zwischen dem präferierten Schema und der aktuellen Realität helfen die Standardwerte als Leerstellenfüller aus. Ein Problem taucht dann auf, wenn eine Leerstelle durch den Standardwert gefüllt wird und dies zu einer Fehlinterpretation der objektiven Gegebenheiten führt. Dies ist etwa immer dann der Fall, wenn wir es mit Vorurteilen zu tun haben, welche die Realität verzerrt widerspiegeln. So mag z.B. eine bestimmte Frau aufgrund gängiger Stereotype den meisten Männern mit denen sie zusammentrifft, die Merkmale „aggressiv", „intolerant", „unsensibel" zuschreiben, ohne nähere Informationen über deren tatsächliches Verhalten einzuholen. Auch wenn dies hin und wieder eine zutreffende Charakterisierung ihrer Interaktionspartner zur Folge haben mag, ist doch ebenso sicher, daß oft auch das Gegenteil der Fall ist. Im Einzelfall kommt es hier also zu einer massiven Fehleinschätzung in der Personenbeurteilung. Gleiches gilt für die Einschätzung sozialer Situationen. Nicht immer, wenn sich ein Entscheidungsgremium in der Personalabteilung eines Unternehmens gegen eine Bewerberin entscheidet, ist dies im wesentlichen oder gar ausschließlich auf die Tatsache zurückzuführen, daß hier überwiegend Männer die Entscheidungen treffen. Der Füllung einer Leerstelle durch den Standardwert führt in beiden Fälle also zu fehlerhaften Beurteilungen, die ihrerseits ein situationsinadäquates Verhalten des Beurteilers zur Folge haben. Ganz ähnlich verhält es sich mit der Speicherung von Prototypen, die den konkreten Einzelfall immer nur im Sinne einer Wahrscheinlichkeit, eben mehr oder weniger zutreffend widerspiegelt. Bei der unreflektierten Gleichsetzung des vorliegenden Einzelfalles mit einem Prototypen wird in alle Leerstellen der Standardwert eingesetzt.

Daß die hier geschilderten Probleme beim Schemagebrauch nicht nur Konsequenzen für die Bewertung von Personen und sozialen Situationen, sondern auch für das eigene Verhalten in solchen Situationen, bzw. gegenüber entsprechenden Personen haben, liegt auf der Hand und braucht an dieser Stelle wohl nicht weiter illustriert zu werden. Beschäftigen wir uns statt dessen noch ein wenig eingehender mit systematischen Fehlern des Denkprozesses.

3.4 Systematische Fehler beim Schlußfolgern

Das Beurteilen von Menschen und sozialen Situationen setzt meist mehr voraus als nur das bloße Abrufen einer vorgefertigten Information aus dem Gedächtnis. Am Anfang stehen Informationen, die in der aktuellen Realität vorliegen oder aus dem Gedächtnis abgerufen werden müssen. Am Ende resultiert ein Urteil, welches durch die Verarbeitung der aufgesuchten und zur Verfügung stehenden Information erarbeitet wurde. Der Prozeß kognitiver Verarbeitung, der zwischen Datenbasis und Urteil erfolgt, wird als *Schlußfolgerndes Denken* bezeichnet. Bei der Beurteilung einer Person könnte man nun ein jedes Mal alle Informationen sorgfältig abwägen, eventuell zusätzliche Informationen aufsuchen, Gewichtungen vornehmen etc. und am Ende alles zueinander in Beziehung setzen, ganz so wie man es von einem Psychologen bei der Erstellung eines Gutachtens erwarten sollte. Im Alltag wäre eine solche Prozedur jedoch viel zu aufwendig. Hinzu kommt, daß oftmals nicht alle notwendigen Informationen zur Verfügung stehen und der zu bewältigende Sachverhalt eine hohe Komplexität ausweist. Nur selten hat man auch tatsächlich die Zeit, sich eingehend mit der Abwägung aller Einzelheiten zu beschäftigen. In einem solchen Fall kommen Entscheidungsregeln zum Einsatz, die den Prozeß der Entscheidungsfindung deutlich abkürzen, sog. *Heuristiken* (siehe Abbildung 3-7). Fiedler (1997) beschreibt Heuristiken als kognitive Werkzeuge, die einen vergleichsweise geringen Aufwand erfordern und dennoch häufig zufriedenstellende Ergebnisse produzieren. Strack (1985) spricht von „Urteilsstrategien". Beim Einsatz von Heuristiken wird, salopp gesprochen, häufig „über den Daumen gepeilt", ganz so, als müsse man im Rahmen einer Rätselaufgabe eine sehr große Anzahl von Erbsen in einem Glas schätzen. Auch hier kann man nicht alle sorgfältig zählen, sondern muß von einigen wenigen, die in knapper Zeit quantitativ erfaßt werden auf die Gesamtmenge schließen. Das Problem ist nun, daß Entscheidungen im sozialen Kontext oftmals viel gewichtigere Konsequenzen nach sich ziehen, als die Abschätzung einer Anzahl von Erbsen. Der Börsenmakler, der sich blitzartig für oder gegen den Kauf oder Verkauf von Aktien entscheiden muß, ruiniert durch eine Fehlentscheidung vielleicht ein ganzes Unternehmen. Der Unfallchirurg, der die Erfolgswahrscheinlichkeit einer bestimmten Notoperation falsch einschätzt, gefährdet im schlimmsten Falle vielleicht das Leben seines Patienten. Es ist also sinnvoll, sich etwas genauer mit den gängigen Heuristiken zu beschäftigen.

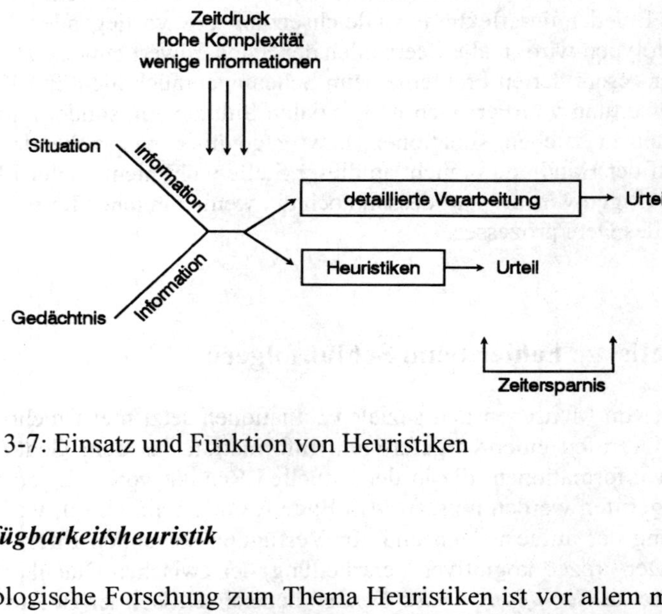

Abbildung 3-7: Einsatz und Funktion von Heuristiken

3.4.1 *Verfügbarkeitsheuristik*

Die psychologische Forschung zum Thema Heuristiken ist vor allem mit den Arbeiten von Tversky & Kahneman (1974; Kahneman, Slovic & Tversky, 1982) verbunden.

Geht es um die Einschätzung von Wahrscheinlichkeiten oder die Abschätzung von Häufigkeiten, so kommt oft die *Verfügbarkeitsheuristik* zum Einsatz. Die Wahrscheinlichkeit oder Häufigkeit eines Ereignisse wird der Verfügbarkeitsheuristik folgend danach eingeschätzt, wie leicht entsprechende Gedächtnisinhalte in bezug auf dieses Ereignis abgerufen werden können. Wenn wir also einschätzen sollen, wie gefährlich es ist, auf der Autobahn den Mindestabstand zu unterschreiten, werden wir in unserem Gedächtnis nach entsprechenden Informationen über mögliche Verkehrsunfälle suchen. Es ist leicht nachzuvollziehen, daß ein Autobahnpolizist zu diesem Thema sehr viel schneller zahlreiche Informationen abrufen kann, da er selbst schon viele passende Erlebnisse und Informationen abspeichern konnte. Ein durchschnittlicher Autofahrer hat zwar schon von der prinzipiellen Gefahr gehört, meist aber kaum viele spezifische Informationen abgespeichert, da er persönlich in entsprechende Unfälle kaum oder noch nie verwickelt war. Beide Personen, der Autobahnpolizist und der durchschnittliche Verkehrsteilnehmer werden allein aufgrund der unterschiedlichen Verfügbarkeit relevanter Informationen in ihrem Gedächtnis die Wahrscheinlichkeit für einen Autounfall, höchst unterschiedlich beurteilen. Während der Polizist, sofern er die tatsächlichen Statistiken nicht genau erinnern kann, die Gefahr wahrscheinlich überschätzt, wird die andere Person zu einer massiven Unterschätzung neigen. Letzteres kann dazu beitragen, das die entsprechende Person selbst mit einer höheren Wahrscheinlichkeit in einen Unfall verwickelt wird, weil sie aufgrund mangelnder Sensibilisierung für die tatsächliche Gefahr z.B. den Mindestabstand bei Autobahnfahrten nicht einhält.

Analog verhält es sich mit der Beurteilung einzelner Menschen. Wer überwiegend negative Erfahrungen mit einer bestimmten Person gemacht hat, weil er dieselbe immer nur in besonders ungünstigen Situationen erlebt hat, überschätzt leicht die Wahrscheinlichkeit, daß sich die fragliche Person auch in einer völlig anderen Situation negativ verhält. In beiden Beispielen macht sich erneut die Funktion der propositionalen Netzwerkstrukturen des Gedächtnisses bemerkbar. Je häufiger wir einer bestimmten Information ausgesetzt waren, bzw. je intensiver wir uns mit ihr beschäftigt haben, desto stärker und aktivierter sind die dazugehörigen Netzwerkstrukturen und desto leichter werden sie erinnert.

3.4.2 Repräsentativitätsheuristik

Eine zweite Heuristik ist die *Repräsentativitätsheuristik*, die dabei hilft, bei geringer Information maximale Aussagen zu gewährleisten. Grundlage hierfür ist, daß eine singuläre Information, die aktuell zur Verfügung steht, als Repräsentativ für eine ganze Klasse von Informationen erscheint. Die Repräsentativitätseinschätzung erfolgt über die wahrgenommene Ähnlichkeit zwischen der singulären Information und einer größeren Gruppe von Informationen.

Eine Person wird dann als repräsentativ für eine ganze Gruppe von Personen angesehen, wenn sie eine hohe Ähnlichkeit zu diesen relevant erscheinenden Merkmalen ausweist. Ein Verhalten wird als repräsentativ für eine ganze Klasse von Verhaltensweisen angesehen, wenn eine hohe Ähnlichkeit zu solchen Verhaltensweisen besteht. So wird der einzelne Farbige in einer Schulklasse mit ansonsten hellhäutigen Kindern von allen gern als typischer Vertreter der Farbigen schlechthin betrachtet. Man wird ihn immer wieder gerne befragen, wenn man an der Meinung dieser Bevölkerungsgruppe interessiert ist. Ebenso wird man geneigt sein, sein individuelles Verhalten als Indikator für das Verhalten aller Farbigen zu betrachten. Hierbei wird die Varianz innerhalb der Gruppe der Farbigen völlig außer acht gelassen. Aufgrund seiner äußeren Ähnlichkeit erscheint er als repräsentativ. Ähnlich verhält es sich mit der Beurteilung von Verhaltensweisen. Wenn der Vorgesetzte davon ausgeht, daß gelegentliches Zuspätkommen ein repräsentativer Indikator für allgemein nachlässige Arbeitshaltung ist, dann wird er das gesamte Verhalten und mehr noch, die gesamte Person aufgrund der (wiederholten) Beobachtung einer einzelnen Verhaltensweise beurteilen. Er vernachlässigt hierbei die tatsächliche Varianz des Verhaltens. Möglicherweise wird er sich dem Mitarbeiter gegenüber zukünftig ablehnend verhalten, ihn weniger leicht befördern und sich bei Gelegenheit von ihm zu trennen versuchen. Ein weiteres Beispiel für den Einsatz der Repräsentativitätsheuristik stellt die Verallgemeinerung auf der Grundlage einer einzigen, situationsgebundenen Beobachtung dar. Von dem Verhalten einer Person, das in der Situation X beobachtet werden konnte, wird auf ihr Verhalten in vielen anderen Situationen geschlossen. Die Bedeutung der situativen Rahmenbedingungen wird – nach dem Motto: „Wer einmal lügt, dem glaubt man nicht.“ – unterschätzt, während gleichzeitig die Relevanz der Persönlichkeitsstruktur des Handelnden überbewertet wird.

Die Repräsentativitätsheuristik ermöglicht es, eine ganze Reihe von Informationen zu erschließen, obwohl nur einige wenige bekannt sind. Hierin liegt ihr Nutzen für das Individuum. Voraussetzung hierfür ist allerdings, daß die Repräsentativität richtig eingeschätzt wird. Wie leicht die Repräsentativität eines Ereignisses jedoch falsch eingeschätzt wird, zeigt sich immer wieder, wenn es um die Einschätzung mathematischer Wahrscheinlichkeiten geht. So halten die meisten Menschen die Zahlenfolge 1,2,3,4,5,6 im Lotto für den Repräsentanten eines unwahrscheinlichen Auslosungsergebnisses, während sie in der Folge 17,2,26,10,9,3 einen Repräsentanten für ein eher wahrscheinliches Auslosungsergebnis sehen. Tatsächlich ist die Wahrscheinlichkeit aber für beide Zahlenfolgen die gleiche. Ähnlich verhält es sich z.B. mit der Abfolge von Geburten. Bei vier Geburten einer Frau erscheint den meisten Menschen die Abfolge Junge, Mädchen, Junge, Mädchen viel wahrscheinlicher als die Abfolge Junge, Junge, Junge, Mädchen. Auch hier ist die mathematische Wahrscheinlichkeit beider Abfolgen gleich groß (Strack, 1985).

3.4.3 Heuristik der Verankerung und Anpassung

Eine dritte Heuristik, die *Verankerung und Anpassung* bezieht sich auf ein Phänomen, das wir in Kapitel 2 schon kennengelernt haben. Während es im Rahmen der Bezugssystemforschung primär um die Frage geht, wie eine Information im Kontext anderer verfügbarer Informationen bewertet wird, bezieht sich die Urteilsheuristik auf das Phänomen, daß schon die erste verfügbare Information den Rahmen für die Beurteilung aller nachfolgenden Informationen festlegen kann. Ganz generell läßt sich feststellen, daß z.B. der erste Eindruck, den man von einer Person hat, die nachfolgende Beurteilung meist in sehr viel stärkerem Maße beeinflußt, als die nachfolgenden Informationen (Strack, 1985; siehe auch Kapitel 8). Dies gilt selbst dann, wenn die nachfolgenden Informationen dem ersten Eindruck völlig zuwiderlaufen. Die Gefahren einer solchen Heuristik sind offensichtlich. Ihr Nutzen liegt darin, daß man nicht viel Zeit mit der Suche nach zusätzlichen Informationen vergeudet und sich schnell einen Eindruck bildet, der dann die Grundlage für das eigene Verhalten bildet. Auch wenn hier auf den ersten Blick die Nachteile überwiegen, so gibt es doch auch viele Situationen, in denen diese Heuristik sehr sinnvoll sein kann. So empfiehlt es sich z.B. einer Frau, nicht lange darüber nachzudenken, mit welcher Absicht sie wohl des Nachts ein großer kräftiger Mann in einem einsamen Waldstück verfolgt. Ähnlich verhält es sich mit vielen Situationen im Straßenverkehr, in denen es lebenswichtig ist, vor allem schnell zu entscheiden. Wer langsam auf einen unbeschranken Bahnübergang zurollt und in nicht allzu weiter Entfernung einen Zug herannahen sieht, der sollte sich möglichst schnell entscheiden, entweder zu bremsen oder Gas zu geben. In diesem Falle ist jede schnelle Entscheidung die richtige und jede gut überlegte wahrscheinlich die letzte im Leben des Autofahrers. So wichtig die Verankerungsheuristik in derartigen Situationen ist, so fatal kann sich doch Beurteilung von Personen und Situationen etwa in der Schule oder am Arbeitsplatz auswirken.

3.4.4 Simulationsheuristik

Die vierte und letzte Heuristik, die hier besprochen werden soll, ist die *Simulationsheuristik* (Fiedler, 1997). Wenn einer Person gar keine Informationen zur Verfügung stehen, dann wird ihr Urteil von ihrer Vorstellungskraft abhängen. Diese wiederum wird von den aktualisierten Gedächtnisstrukturen beeinflußt. Ein gutes Beispiel für den Gebrauch der Simulationsheuristik findet sich bei Dörner (1996). Menschen, die von sich behaupten, Außerirdischen begegnet zu sein, beschreiben diese fast ausschließlich als menschenähnliche Wesen, die über einen Kopf, Beine und Arme verfügen, aufrecht gehen etc. Wenn man sich nun allein die Vielfalt der Lebensformen auf der Erde anschaut, so ist nicht recht einzusehen, warum Wesen von einem anderen Stern gerade dem Menschen ähnlich sehen sollten. Eine Erklärung liegt darin, daß sich die betroffenen Personen, der Simulationsheuristik folgend, nur schwer ein intelligentes Wesen vorstellen können, das den intelligentesten Wesen auf der Erde, dem Menschen, völlig unähnlich sieht. Die Phantasie hat ihre Grenzen. Intelligente Wesen, die uns Menschen überlegen sind, können wir uns nur schwer als Qualle oder als gasförmiges Etwas denken. Wir sind hier offenbar stark an unsere bestehenden Gedächtnisinhalte gebunden. Die Simulationsheuristik wird wohl bevorzugt dort wirksam werden, wo es um kreative Prozesse, beispielsweise in der Forschung geht. Aber auch in weniger weit verbreiteten Situationen sind Simulationsheuristiken am Werke. Man denke hier z.B. einmal an die subjektive Einschätzung, an schweren Krankheiten zu erkranken. Menschen, die viel mit kranken Personen umgehen, werden sich sehr viel eher eine entsprechende Erkrankung vorstellen können, da sie in ihrem Denken viel präsenter sind, als bei der Durchschnittsbevölkerung.

3.5 Fazit

Mit dem menschlichen Gedächtnis und den Denkprozessen verhält es sich ähnlich wie mit der Wahrnehmung. Auch ihre Funktion ist keineswegs mechanischer Natur. Die Informationen werden nicht einfach unabhängig von Inhalt und Bedeutung oder unabhängig vom Zustand des Individuums neutral verarbeitet. So wie jedes Individuum bei der Beobachtung von ein und derselben Information zu mehr oder minder unterschiedlichen Wahrnehmungseindrücken gelangen kann, so wird auch die weitere Verarbeitung, die Abspeicherung und Erinnerung von Informationen interindividuelle Unterschiede aufweisen. Neue Eindrücke werden immer auch auf dem Hintergrund der individuellen Vorerfahrungen verarbeitet. Die Informationsverarbeitung stellt einen Prozeß dar, an dem das Individuum, wenn auch in aller Regel völlig unbeabsichtigt, so doch nicht minder aktiv beteiligt ist. Die Bedeutung der Verarbeitungstiefe kann hier als Beispiel dienen. Die Behaltensleistung wird nicht einfach nur durch mechanisches Wiederholen eines Lernstoffes beeinflußt, sondern hängt ebenso auch von dem Grad der kognitiven Auseinandersetzung des Individuums mit der spezifischen Information ab.

Ein Grundprinzip der menschlichen Informationsverarbeitung scheint in der Ökonomie der ablaufenden Prozesse zu liegen. Hierdurch werden wir in die Lage versetzt, uns auch in einer höchst komplexen Welt eine weitestgehende Entscheidungs- und Handlungsfähigkeit zu bewahren. Die Informationsverarbeitungsprozesse gewährleisten dabei nicht nur eine Reduktion, sondern ebenso auch eine Strukturierung der Komplexität. Diese überaus nützliche Funktionstüchtigkeit des kognitiven Apparates hat jedoch auch seine Kehrseite. Nicht immer basieren wichtige Entscheidungen auf einer tiefschürfenden Analyse aller verfügbaren Informationen der aktuellen Situation und des eigenen Gedächtnisses. Konzeptinkonsistente Informationen haben es schwer, sich gegenüber bestehenden Überzeugungen durchzusetzen. Heuristiken, die eine schnelle Schlußfolgerung ermöglichen, führen leicht auch zu fehlerhaften Entscheidungen. Bewertungen von Personen und sozialen Situationen können häufig zwar schnell und subjektiv sicher vorgenommen werden, die Realitätsangemessenheit derartiger Urteile ist damit aber leider nicht automatisch auch gewährleistet. Im Gegenteil, wir haben in diesem Kapitel viele Beispiele für systematische Fehler in der Beurteilung von Personen und Situationen aufdecken können. Besonders problematisch erweist sich dabei z.B. die Tendenz, sich sehr schnell ein Bild von der Persönlichkeit eines beobachteten Menschen zu machen. Eine Einschätzung der Persönlichkeit beinhaltet aufgrund ihres recht hohen Abstraktionsgrades natürlich viel mehr Schlußfolgerungsmöglichkeiten als die Abspeicherung zahlreicher singulärer Verhaltensweisen. Sie ist hierdurch besonders ökonomisch. Gleichzeitig ist sie aber auch wesentlich resistenter gegenüber Veränderungen aufgrund abweichender Informationen und bedarf eigentlich einer viel umfassenderen Kenntnis der Person, als dies in der Regel der Fall ist.

Das Wissen um die Tücken der menschlichen Informationsverarbeitung kann dabei helfen, ihren negativen Konsequenzen zumindest dort bewußt entgegenzuwirken, wo Entscheidungen von bedeutsamer Tragweite getroffen werden müssen.

3.6 Vertiefende Literatur

Anderson, J.R. (1996). Kognitive Psychologie (2. erw. Aufl.). Heidelberg: Spektrum der Wissenschaft.

Fiske, S.T. & Taylor, S.E. (1991). Social cognition (2nd. Ed.). New York: McGraw-Hill.

Fiedler, K. (1997). Die Verarbeitung sozialer Informationen für Urteilsbildung und Entscheidungen. In W. Stroebe, M. Hewstone & G.M. Stephenson (Hrsg.), Sozialpsychologie (3. erw. Aufl.) (S. 143-175). Berlin: Springer.

Hell, W., Fiedler, K. & Gigerenzer, G. (1993) Kognitive Täuschungen. Heidelberg: Spektrum.

Schwarz, N. (1985). Theorien konzeptgesteuerter Informationsverarbeitung. In D. Frey & M. Irle (Hrsg.), Theorien der Sozialpsychologie. Band III; Motivations- und Informationsverarbeitungstheorien (S. 269-291). Bern Huber.

4. „Die Frage nach dem Warum“ – Attribution

Die Frage nach dem Warum stellt sich ein jeder Mensch wohl dutzendfach, Tag für Tag in unterschiedlichster Form: „Warum geht es in der Warteschlange an der Kasse im Supermarkt nicht so recht voran?“ „Warum muß eigentlich immer gerade ich die meiste Arbeit im Haushalt oder am Arbeitsplatz erledigen?“ „Warum hat mich Herr oder Frau X schon wieder nicht gegrüßt?“ „Warum gelingt es Y nicht, einen Arbeitsplatz zu finden?“ „Warum ist Z durch die Prüfung gefallen?“

Diese und ähnliche Warum-Fragen hat sich fast jeder schon einmal gestellt und beantwortet. Viele derartiger Fragen stellen wir uns inzwischen allerdings gar nicht mehr bewußt, da wir gelernt haben, sie automatisch zu beantworten. Während ein Kleinkind, das an der Hand seiner Mutter zum Kindergarten geführt wird, vielleicht noch explizit danach fragt, warum denn die Autos plötzlich alle anhalten, wird es schon weniger Wochen später diese Frage gar nicht mehr stellen, da es nun weiß, daß die Autos immer dann, wenn die Ampel rot zeigt, anhalten müssen. Ganz ähnlich verhält es sich, wenn wir feststellen, daß der Tank unseres Autos geleert ist und wir nun zur Tankstelle fahren müssen, um ihn wieder auffüllen zu können. Auch in diesem Falle stellen wir uns nicht bewußt die Frage – „Warum ist der Tank meines Autos leer?“ – da wir gelernt haben, diese Frage automatisch – und in aller Regel auch korrekt – zu beantworten: „Der Tank ist leer, weil wir entsprechend viel mit dem Auto umhergefahren sind.“

Die Beantwortung von Warum-Fragen ist von zentraler Bedeutung für die Bewertung von anderen Menschen und sozialen Situationen sowie für unser eigenes, alltägliches Verhalten. Wenn wir z.B. der Meinung sind, daß die Warteschlange an der Kaufhauskasse nur deshalb zustandekommt, weil die Kassiererin faul und unqualifiziert ist, so werden wir uns vielleicht bei ihr beschweren und so u.U. einen Streit provozieren, der zu weiteren Verzögerungen an der Kasse führen mag. Kommen wir hingegen zu dem Schluß, daß die lange Wartezeit in erster Linie damit zu tun hat, daß wir wieder einmal am Samstag vormittag – also in der absoluten Stoßzeit – in den Supermarkt gegangen sind, so werden wir die Kassiererin wahrscheinlich unbehelligt lassen und uns statt dessen vornehmen, beim nächsten Mal einen anderen Zeitpunkt für unsere Einkäufe zu wählen.

Von der Beantwortung der Frage nach den Ursachen für ein bestimmtes Phänomen hängt also u.a. unser Verhalten in der jeweiligen Situation ab. Dabei ist es zunächst unerheblich, ob es sich um unbewußte oder bewußte Fragen bzw. um eine automatisierte oder nicht-automatisierte Beantwortung derselben handelt. Wenn der Ursachenzuschreibung eine besondere Relevanz für das Verhalten zukommt, ist es von großer Bedeutung, ob die Ursachenzuschreibung korrekt oder fehlerhaft vonstatten geht. Hiervon hängt z.B. ab, ob der Vorgesetzte seine Mitarbeiter zu recht oder zu unrecht maßregelt, ob wir im Straßenverkehr überleben oder Opfer eines schweren Unfalles werden, ob wir das Werbungsverhalten eines potentiellen Lebenspartners als solches erkennen oder aber als zufällig einstufen und hierauf nicht weiter eingehen.

Das folgende Kapitel beschäftigt sich mit psychologischen Erkenntnissen zum Thema Ursachenzuschreibung, der *Attribution*. Es wird dargestellt, wie Menschen im allgemeinen eine Ursachenzuschreibung vornehmen, welche Fehler ihnen hierbei unterlaufen, welche Konsequenzen dies hat und wie negativen Konsequenzen begegnet werden kann.

4.1 Psychologische Modelle der Ursachenzuschreibung

Anfangspunkt der psychologischen Beschäftigung mit dem Phänomen der Ursachenzuschreibung bildet die Arbeit des Schweizer Psychologen Fritz Heider. In den 50er Jahren legte er ein viel zitiertes Buch vor, in welchem der Grundstein für ein, bis auf den heutigen Tag hin äußerst lebhaftes Forschungsgebiet der Psychologie gesetzt wurde. Inzwischen gibt es eine ganze Reihe unterschiedlicher Attributionstheorien, von denen nachfolgend die wichtigsten vorgestellt werden sollen.

Die Gemeinsamkeit der verschiedenen Ansätze liegt in der Absicht, Attributionen zu beschreiben und zu erklären. Zunächst ist die Frage zu stellen, welche Formen von Ursachen unterschieden werden können, ehe in einem zweiten Schritt zu klären ist, wie es zu diesen unterschiedlichen Ursachenzuschreibungen kommt.

4.1.1 Ursachentypen

Beschäftigen wir uns zunächst mit der Frage nach den verschiedenen Ergebnissen einer Attribution. Bei Heider (1958) werden zwei Formen unterschieden: internale und externale Ursachen. Eine *internale* Ursache liegt vor, wenn die Ursachen für ein bestimmtes Verhalten in der handelnden Person selbst angesiedelt werden. Bei einer internalen Ursache würde man z.B. davon ausgehen, daß eine Mutter, die ihr Kind auf dem Spielplatz schlägt, aggressiv ist und gerade deshalb ihr Kind verletzt. Ebenso würde man z.B. die Auffassung vertreten, daß ein Nachbar, der schon seit einem Jahr keine Arbeit gefunden hat, sich bei der Arbeitsplatzsuche nicht richtig anstrengt.

Eine *externale* Ursache liegt hingegen vor, wenn die Ursache nicht in der handelnden Person selbst, sondern in ihrer Umgebung angesiedelt wird. Zur Umgebung zählen dabei sowohl andere Menschen, als auch Sachverhalte, Bedingungen, Sachzwänge etc. Im Falle der schlagenden Mutter auf dem Spielplatz würde man die Ursache für dieses Verhalten z.B. darin sehen, daß das Kind die Mutter so lange gereizt hat, bis diese gar nicht anders konnte als das Kind zu ohrfeigen. In unserem zweiten Beispiel würde man die Auffassung vertreten, daß der Nachbar keine Arbeitsplatz gefunden hat, weil es nicht genügend Arbeitsplätze für alle Arbeitsuchenden gibt. Es liegt auf der Hand, daß diese unterschiedlichen Ursachenzuschreibungen zu völlig verschiedenen Bewertungen und Reaktionen gegenüber der Mutter auf dem Spielplatz bzw. gegenüber dem arbeitslosen Nachbarn führen werden. Hiermit wollen wir uns aber erst in einem späteren Abschnitt beschäftigen. Verweilen wir zunächst noch ein wenig bei der Frage nach den Formen der Attribution.

Eine weitere Unterscheidung von Ursachentypen bezieht sich auf die wahrgenommene Dauerhaftigkeit einer Ursache (Heider, 1958). Von *Stabilität* ist die Rede, wenn die Ursache dauerhaft erscheint, im Gegensatz zur *Instabilität* (oder *Variabilität*), bei der über die Zeit hinweg betrachtet, ein und dasselbe Phänomen auch durch recht unterschiedliche Ursachen erklärbar erscheint. Unterstellt man der Mutter im Spielplatzbeispiel etwa eine aggressive Persönlichkeit, so impliziert dies Dauerhaftigkeit, da sich die Persönlichkeit eines Menschen nicht innerhalb von Tagen oder Wochen verändern kann. Es kann also damit gerechnet werden, daß die Mutter wohl auch zukünftig ihr Kind schlagen wird. Geht der Beobachter jedoch davon aus, daß die Mutter zum Zeitpunkt der Ohrfeige massiv überlastet war, da sich ihr Mann gerade vor ihr getrennt hat, ein Umzug in eine kleinere Wohnung organisiert werden muß und gleichzeitig auch noch das zweite Kind an Mumps erkrankt ist, so ist die Ursache von instabiler Natur. Es ist unwahrscheinlich, daß sich die Mutter in einem halben Jahr genauso verhalten würde. Die Unterscheidung zwischen Stabilität und Instabilität bezieht sich also auf die Dauerhaftigkeit der angenommenen Ursache für ein Phänomen und nicht etwa auf die Dauerhaftigkeit einer bestimmten Attribution durch den Beobachter. Das Problem, daß Beobachter, auch unabhängig von der konkreten Situation und den handelnden Personen, immer wieder gleiche Ursachenzuschreibungen vornehmen – also z.B. den Akteur als alleinige Ursache für dessen Handeln ansehen – wird später unter dem Begriff der *Attributionsfehler* noch eingehender zu betrachten sein.

Eine dritte Unterscheidung von Ursachen bezieht sich auf die Kontrollierbarkeit eines Phänomens durch die handelnden Personen (Weiner, 1980). Eine Ursache ist *kontrollierbar*, wenn die handelnde Person die Folgen ihres Handelns aktiv beeinflussen kann. Ist dies nicht der Fall, so kann die Ursache als *unkontrollierbar* bezeichnet werden. Geht der Beobachter in unserem Spielplatzbeispiel davon aus, daß die Mutter dem Kind nur deshalb eine Ohrfeige gegeben hat, weil sie eine aggressive Persönlichkeit besitzt, so ist die Ursache nicht nur internal und stabil (s.o.), sondern auch für die Frau selbst unkontrollierbar. Niemand kann allein so ohne weiteres seine Persönlichkeit verändern. Kommt der Beobachter jedoch zu dem Schluß, daß die Mutter kein Wissen darüber besitzt, wie Kinder zu erziehen sind, so ist diese Ursache (wenngleich internal und stabil) sehr wohl kontrollierbar. Die Mutter könnte sich an eine Erziehungsberatungsstelle wenden, Freunde und Bekannte fragen oder auch entsprechende Literatur lesen, um diesen Zustand zu verändern. Gerade der wahrgenommenen Kontrollierbarkeit eines Verhaltens kommt eine große Bedeutung für die Frage zu, ob jemand von seiner Umgebung als verantwortlich oder aber als schuldig bezeichnet wird. Jemand, der ein Kind, das zwischen parkenden Autos auf die Straße rennt mit dem Auto überfährt, wird als besonders schuldig gelten, wenn er den Unfall durch angepaßte Fahrweise hätte vermeiden (kontrollieren) können. Konnte er den Unfall auch beim besten Willen jedoch nicht vermeiden (Unkontrollierbarkeit), wird man ihm – und auch er sich selbst – wohl deutlich weniger Vorwürfe machen.

Die vierte und letzte Ursachenkategorie, die Gegenstand psychologischer Forschung ist, bezieht sich auf die Globalität der Ursache (Abramson, Seligman, Teasdale, 1978). *Globale Ursachen* sind solche, die ein sehr breites Spektrum möglicher Folgen nach sich ziehen, während *spezifische Ursachen* nur einzelne Effekte zur

Folge haben. Gilt der arbeitslose Nachbar als faul, so bedeutet dies nicht nur, daß er keinen Arbeitsplatz sucht, weil er gar nicht arbeiten möchte, sondern ebenso, daß es in seiner Wohnung wahrscheinlich recht unordentlich ist, daß er möglicherweise die Körperhygiene vernachlässigt und vielleicht den ganzen Tag vor dem Fernseher verbringt. Die globale Ursache „Faulheit" läßt vielfältige Folgen vermuten, ebenso wie die globale Ursachen „aggressive Persönlichkeit" im Spielplatzbeispiel. Die Folgen einer möglichen sozialen Ächtung sind für den Nachbarn bzw. die Mutter bei einer solch globalen Ursache viel gravierender als bei einer spezifischen. Letztere läßt kaum die Möglichkeit offen, von dem einen beobachteten Ereignis auf viele weitere Ereignisse zu schließen. Hat der Nachbar – in der Wahrnehmung eines Beobachters – nur deshalb noch keine Stelle, weil ihm der letzte freie Arbeitsplatz vor der Nase weggeschnappt wurde, so läßt dies kaum weitere Aussagen über die Person des Nachbarn, seine Lebensumstände, seine Chance zukünftig eine Anstellung zu finden etc., zu.

Die bisher vorgestellten Unterscheidungen verschiedener Ursachen muten auf den ersten Blick vielleicht noch recht einfach an. Berücksichtigt man jedoch, daß sie im Alltag häufig auch in Kombination miteinander auftreten, so stellt sich der Sachverhalt doch schon sehr komplex dar. Abbildung 4-1 verdeutlicht dies. Die Kombination der vier vorgestellten Kategorien ergibt bereits 16 verschiedene Ursachen. Noch unübersichtlicher wird es, wenn z.B. nicht nur zwischen Instabilität und Stabilität, sondern z.B. völliger Instabilität, mäßiger Instabilität, mäßiger Stabilität und völliger Stabilität unterschieden wird. Tatsächlich handelt es sich bei den genannten Kategorien um Dimensionen. D.h. Internalität, Stabilität, Kontrollierbarkeit und Globalität können jeweils mehr oder weniger stark ausgeprägt sein. Die Differenzierung „internal vs. external" stellt somit eine Vereinfachung der Realität dar. Eine solche Reduzierung der real vorliegenden Komplexität zu wissenschaftlichen Zwecken hat durchaus seine Berechtigung, hilft sie doch, die Welt in ihrer Vielschichtigkeit überhaupt erfaßbar zu machen. Dennoch ist es hilfreich, sich hin und wieder vor Augen zu führen, daß sich die ohnehin schon komplexen wissenschaftlichen Konzepte und Theorien – im Vergleich zur Realität – als immer noch recht grob erweisen.

		Kontrollierbar		unkontrollierbar	
		Global	spezifisch	global	spezifisch
internal	stabil				
	instabil				
external	stabil				
	instabil				

Abbildung 4-1: Kombination verschiedener Ursachenkategorien

4.1.2 Attributionstheorien

Attributionstheorien verfolgen das Ziel, den Prozeß der Ursachenzuschreibung modellhaft abzubilden. Dabei geht es zunächst weniger um die Frage, wie Attributionen tatsächlich im Alltag ablaufen, als vielmehr darum, wie sie ablaufen sollten. Attributionsmodelle haben somit einen normativen Charakter. Sie zeigen auf, wie korrekte Ursachenzuschreibungen ablaufen und helfen somit, Probleme oder Fehler alltäglicher Schlußfolgerungen aufzudecken. Hierdurch bieten sie mittelbar auch die Möglichkeit, fehlerhafte Attributionen und Bewertungen zu vermeiden.

Attributionen beziehen sich auf Ereignisse, Handlungen oder Handlungsergebnisse (Weiner, 1994). Es wird nach Gründen für das Auftreten eines Ereignisses (z.B. Erkrankung), nach den Gründen für ein bestimmtes Verhalten einer Person (z.B. Verhalten bei einer Prüfung) oder aber nach Gründen für bestimmte Folgen einer Handlung (z.B. Durchfallen bei einer Prüfung) gefragt.

In Laufe der Erforschung der Ursachenzuschreibung haben sich verschiedene Theorien herausgebildet (Überblick: Seewi, 1995), von denen nachfolgend zwei der besonders herausragenden vorgestellt werden: die Theorien von Fritz Heider und Harold Kelley. Während die erste Theorie sich auf die Begründung von Handlungen bezieht, geht es in der zweiten Theorie um die Suche nach Gründen für Handlungsergebnisse.

Fritz Heider

Als erster Psychologe beschäftigte sich Fritz Heider systematisch mit der Frage nach den Bedingungen, unter denen man einer Person korrekterweise eine *Absicht* für ihr Verhalten unterstellen kann. Diese Frage ist z.B. bei Gericht von sehr großer Bedeutung.

Stellen wir uns zunächst eine sehr einfache Situation vor, die wohl schon fast jeder einmal erlebt hat: Sie betreten eine Bäckerei, um sich dort mit Brot, Gebäck o.ä. einzudecken. Mehrere Personen befinden sich bereits in dem Laden und auch nach Ihnen betreten weitere Kunden das Geschäft. Nach einigen Minuten des Wartens sind Sie eigentlich an der Reihe, doch die Verkäuferin spricht den Kunden neben Ihnen an und dieser läßt sich dann auch zuerst bedienen. Sehr schnell drängt sich hier die Frage auf, warum die Verkäuferin den Kunden neben Ihnen vorgezogen hat. Geschah dies in voller Absicht, weil die Verkäuferin Sie z.B. nicht leiden kann oder ist sie mit der Situation nur überfordert und kann sich einfach nicht die Kunden in der Reihenfolge ihres Eintretens merken?

Nach den Überlegungen von Heider (1958) können wir diese Frage so ohne weiteres gar nicht mit Sicherheit beantworten. Hierzu wäre es nämlich notwendig, Informationen über ähnliche Gegebenheiten zu besitzen. Abbildung 4-2 verdeutlicht dies. Zeigt eine Person ein Verhalten, das in verschiedenen Situationen zu völlig unterschiedlichen Konsequenzen führt, so kann nichts über die Absichtlichkeit dieses Verhaltens ausgesagt werden. Heider nennt dies *Multifinalität* (Abbildung 4-2a). Wendet sich die Verkäuferin aus unserem Bäckerei-Beispiel also an unterschiedlichen Tagen, an denen Sie sich in der Bäckerei befinden, an einen Kunden und führt dies einmal dazu, daß Sie übergangen werden, ein anderes Mal dazu, daß Sie in der korrekten Reihenfolge bedient werden und an einem dritten Tag dazu, daß Sie gegenüber anderen Kunden bevorzugt werden, so ist es nicht möglich, mit Sicherheit zu sagen, daß die Verkäuferin jeweils absichtsvoll gehandelt hat. Den Spekulationen über die Ursachen sind Tür und Tor geöffnet. Vielleicht wollte die Verkäuferin ja eine ältere Dame, die sich nur sehr schwer längere Zeit auf den Beinen halten kann, nicht so lange warten lassen und hat diese Kundin deshalb bevorzugt. Vielleicht wollte die Verkäuferin aber auch ein persönliches Gespräch mit Ihnen führen und hat deshalb dafür gesorgt, daß sie mit Ihnen allein im Geschäft übrig bleibt. Vielleicht war alles aber auch nur Zufall. Eine Absicht kann nur dann berechtigterweise attribuiert werden, wenn ein Verhalten in unterschiedlichen Situationen zu der gleichen Konsequenz führt (*Äquifinalität*, Abbildung 4-2b). Die Wahrscheinlichkeit dafür, zutreffenderweise eine Absicht zu unterstellen, nimmt dabei natürlich mit der Anzahl der unterschiedlichen Situationen, in denen die gleiche Konsequenz beobachtet werden konnte, zu. Werden Sie also nicht nur ein einziges Mal, sondern mehrfach von der gleichen Verkäuferin in unterschiedlichen Situationen übergangen, so spricht dies zunächst dafür, daß die Verkäuferin Sie absichtlich übergeht. Um letztendlich aber sicher gehen zu können, ob eine entsprechende Absicht auch tatsächlich vorlag, muß jedoch noch eine weitere Bedingung erfüllt sein. Die handelnde Person (Verkäuferin) muß die Quelle ihres eigenen Verhaltens darstellen, d.h. die Ursachen für ihr Verhalten müssen in ihr selbst liegen. Sie darf z.B. nicht durch andere Personen (z.B. Vorgesetzte) zu dem Verhalten gezwungen worden sein. Heider nennt diese zweite Bedingung *lokale Kausalität*. Sind beide Bedingungen (Äquifinalität und lokale Kausalität) erfüllt, so kann als Ursache für ein bestimmtes Phänomen die Absicht der handelnden Person gelten.

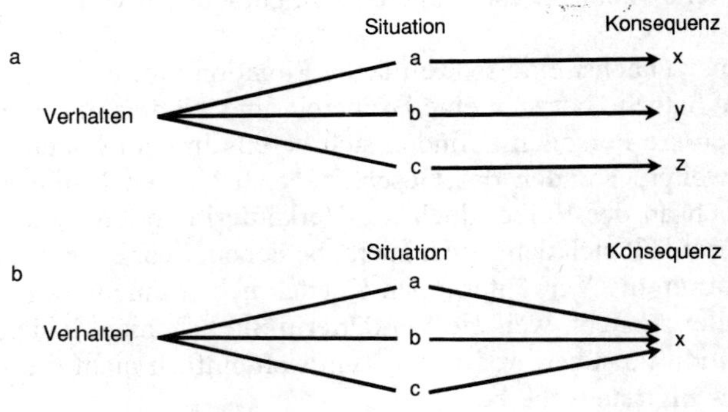

Abbildung 4-2: Multifinalität und Äquifinalität (nach Försterling, 1986)

Es kann nun leicht der Eindruck entstanden sein, daß hier triviale Alltagsphänomene mit viel Worten künstlich kompliziert werden. Dies ist nicht der Fall. Zwar handelt es sich bei der Zuschreibung von Absichtlichkeit um ein übliches Alltagsphänomen, die Denkprozesse, die zu einer korrekten Ursachensuche notwendig sind, überfordern uns Menschen aber oft, wenn wir Ursachenzuschreibungen nur so nebenbei und „unüberlegt" vornehmen. Wer von uns hat nicht schon oft anderen Menschen eine Absicht unterstellt, ohne daß er – bei nüchterner Betrachtung – über alle wichtigen Informationen verfügen konnte. Das Bewußtsein um die Bedeutung von Informationen über Äquifinalität oder lokale Kausalität kann helfen, die eigene Urteilsbildung kritisch zu hinterfragen und fehlerhafte Unterstellungen nach dem Prinzip „Du hast das absichtlich gemacht" zu vermeiden. Dies ist besonders dann von großer Wichtigkeit, wenn eine entsprechende Bewertung von Personen oder Situationen weitreichende Konsequenzen nach sich ziehen kann. Wenn etwa ein Angeklagter wegen vermeintlicher Absichtlichkeit des Handelns zu einer höheren Strafe verurteilt wird oder gar ein Krieg ausbricht, weil die Abwehr des einen Landes das Eindringen eines feindlichen Kampfflugzeuges in den eigenen Luftraum nicht als Versehen, sondern als Beginn eines absichtsvoll geführten Angriffes deutet.

Harold Kelley

Als zweites Beispiel für Attributionstheorien wollen wir uns nun dem Modell von Harold Kelley (1967, 1973) zuwenden, dem eine zentrale Bedeutung in der Attributionsforschung zukommt. Kelley beschäftigt sich mit drei unterschiedlichen Ursachen, die einem beobachteten Verhaltensergebnis (z.B. Bestehen einer Prüfung) zugeschrieben werden können.

Die Ursache für ein Verhaltensergebnis kann zunächst primär in den Merkmalen der handelnden Person begründet sein: Ein Schüler besteht eine Prüfung mit einer sehr guten Note, weil er über entsprechende spezifische Fähigkeiten verfügt, besonders intelligent ist oder eine sehr hohe Leistungsmotivation aufweist. Gemeint sind hiermit ausschließlich zeitlich überdauernde *Merkmale der Person* also z.B. eine dauerhaft hohe Leistungsmotivation, nicht aber eine kurzzeitige Anstrengung, die nur bei einer Prüfung vorliegt. Oder eine ausgeprägte Körpergröße, die zum Erfolg beim Stabhochsprung beiträgt und nicht ein einmalig auftretender, besonders guter Absprung.

Ebenso kann die Ursache auch auf die näheren *Umstände*, die zum Zeitpunkt der Handlung vorliegen, zurückgeführt werden: Die Prüfung wurde gut bestanden, weil der Schüler ausnahmsweise gut vorbereitet war oder weil ein Mitschüler ihn bei der Klausur hat abschreiben lassen.

Schließlich kann die Ursache auch im *Gegenstand der Handlung* selbst liegen: Die Prüfung wurde bestanden, weil die Aufgaben so leicht waren.

In Abhängigkeit von der Ursachenzuschreibung werden in unserem Beispiel der Schüler bzw. andere Personen mit dem Prüfungsergebnis mehr oder weniger zufrieden sein. Wird das Bestehen der Prüfung auf die besonderen Umstände der Prüfung oder den Gegenstand der Handlung zurückgeführt, so schmälert dies den Erfolg. Die Leistung erscheint weniger bedeutsam, da wahrscheinlich auch die meisten anderen Schüler unter gleichen Bedingungen die Prüfung bestanden hätten. Der Erfolg hat nichts mit der Person des Prüflings zu tun. Man wird daher in Zukunft keine entsprechend guten Leistungen von ihm erwarten.

Das Modell von Kelley unterscheidet nun aber nicht nur verschiedene Ursachen für ein Verhaltensergebnis, sondern benennt auch Variablen, die dabei helfen sollen, die Ursachen korrekt aufzudecken. Die Voraussetzung hierfür ist, daß der Beobachter die Möglichkeit hat, ein und dasselbe Verhalten auch in verschiedenen Situationen zu beobachten. Hierin decken sich die beiden Modelle von Heider und Kelley.

Voraussetzung für eine korrekte Ursachenzuschreibung ist die Kenntnis von drei Sachverhalten. Zunächst ist zu fragen, ob nur eine einzelne Person oder ob auch andere Personen in der fraglichen Situation das gleiche Handlungsergebnis erzielt haben (*Konsensus-Information*). Hat nur ein Schüler eine gute Note in einer Mathematikklausur erzielt, so ist der Konsensus gering. Hoch ist der Konsensus hingegen, wenn viele seiner Mitschüler recht gut abgeschnitten haben. Eine zweite wichtig Information liegt in der zeitlichen Stabilität des Handlungsergebnisses (*Konsistenz-Information*). Schneidet der Schüler zum wiederholten Male bei einer Prüfung zum gleichen Themenkomplex (z.B. Mathematik) gut ab, so ist die Konsistenz als hoch zu bewerten. Als niedrig hat sie zu gelten, wenn das gute Abschneiden im Fach Mathematik eher eine Ausnahme war. Die dritte Information, die bei Kelley genannt wird, bezieht sich schließlich auf die Frage, inwieweit das Ergebnis an den Handlungsgegenstand gebunden ist (*Distinktheit-Information*). Die Distinktheit ist hoch, wenn es eine enge Bindung zwischen Handlungsergebnis und Handlungsgegenstand gibt. Dies ist z.B. der Fall, wenn ein Schüler nur im Fach Mathematik gute Noten erzielt, in anderen Fächern aber eher durchschnittlich oder schlecht abschneidet. Erbringt er jedoch in verschiedenen Fächern gute Leistungen, so ist die Distinktheit des Handlungsergebnisses „Prüfung gut bestanden“ gering.

Gehen wir nun einmal davon aus, daß ein Beobachter über alle drei soeben vorgestellten Informationen verfügt und sich nun mit der Frage beschäftigt, ob das positive Prüfungsergebnis auf den Prüfungskandidat, die Prüfung selbst oder aber die Umstände der Prüfung zurückzuführen ist, so gibt es nach der Theorie von Kelley gerade einmal drei Situationen, in denen der Beobachter sich zweifelsfrei für eine der drei Ursachen entscheiden kann (siehe Abbildung 4-3).

Information				Ursache
Konsensus	Konsistenz	Distinktheit		
niedrig	hoch	niedrig	→	stabile Merkmale der handelnden Person
hoch	hoch	hoch	→	stabile Aspekte des Handlungsgegenstandes
niedrig	niedrig	hoch	→	aktuelle Umstände der Handlung

Abbildung 4-3: Ursachenzuschreibung (nach Kelley, 1967, 1973)

Zeigt der Schüler in unserem Beispiel also eine sehr gute Leistung in der Mathematikklausur, ohne daß auch viele seiner Mitschüler gut abgeschnitten haben, erzielt er bei Mathematikklausuren häufig ein gutes Ergebnis und zeigt er auch in anderen Fächern gute Leistungen, so liegt die Ursache hierfür mit hoher Wahrscheinlichkeit in der Person selbst (Abbildung 4-3, erste Zeile). Möglicherweise ist er überdurchschnittlich intelligent und/oder sehr fleißig.

Produzieren nun aber viele Mitschüler in der fraglichen Mathematikprüfung ein gutes Ergebnis, passiert dies häufig und auch in anderen Fächern, so ist dies auf stabile Strukturen innerhalb der Schule zurückzuführen (Abbildung 4-3, zweite Zeile). Das Gesamtniveau der Prüfungen an dieser Schule unterfordert wahrscheinlich die meisten Schüler.

Erzielt nur ein Schüler eine gute Note in der Mathematikklausur, schneidet derselbe Schüler im allgemeinen aber deutlich schlechter in anderen Fächern ab und gilt dies auch im besonderen für das Fach Mathematik, so liegen die Ursachen für seine außergewöhnlich gute Note in der spezifischen Prüfungssituation. Vielleicht war der Lehrer während der Klausur besonders unaufmerksam, so daß der Schüler von einem Spickzettel profitieren konnte.

Die drei geschilderten Situationen stellen Idealfälle dar, in denen die Zuschreibung einer spezifischen Ursache recht eindeutig erfolgen kann. Die Realität ist natürlich komplexer. Selbst dann, wenn ein Beobachter immer hinreichend über Konsensus, Konsistenz und Distinktheit informiert ist, gibt es Situationen, in denen keine eindeutige Ursachenzuschreibung möglich ist. Dies ist z.B. dann der Fall, wenn eine hohe Fertigkeit im Fach Mathematik auf eine leichte Aufgabenstellung trifft. Ein gutes Abschneiden in der Klausur ist dann auf eine Mischung zweier Ursachen zurückzuführen, wobei die jeweiligen Anteile beider Ursachen am Zustandekommen der Leistung nicht mehr klar von einander getrennt werden können. Dieses Beispiel spiegelt die Realität recht gut wider. Häufig gibt es gar keine einzige Ursache für ein Phänomen, sondern ein Bündel mehrerer Ursachen.

Aufbauend auf der Theorie von Kelley wurden verschiedene Modelle entwickelt, die sich mit dieser Problematik auseinandersetzen. Für unsere Zwecke genügen jedoch die bisherigen Ausführungen. Weitergehend interessierte Leser mögen sich vielleicht mit der Übersichtsarbeit von Meyer und Förstering (1993) beschäftigen.

Anspruch und Wirklichkeit

Die vorgestellten Attributionstheorien von Heider und Kelley haben einen normativen Charakter. Sie beschreiben, wie korrekte Ursachenzuschreibungen vorgenommen werden sollten, wenn der urteilenden Person entsprechende Informationen zur Verfügung stehen. Im Falle der Theorie von Heider haben wir mögliche Attributionsfehler und ihre Konsequenzen eingehend besprochen. Bei dem schon deutlich komplizierteren Modell von Kelley liegen diese auf der Hand. Wird eine der notwendigen Informationsquellen falsch beurteilt, resultiert eine falsche Ursachenzuschreibung. Hinzu kommt, daß oftmals trotz richtiger Informationen keine klare Trennung verschiedener Ursachen erfolgen kann. Besonders schwierig wird es, wenn es dem Beobachter nicht möglich ist, mehrere Beobachtungen des gleichen Sachverhaltes vornehmen zu können, was beispielsweise für eine zufriedenstellende Einschätzung der Konsistenz notwendig ist. Kelley geht davon aus, daß der Beobachter in einer solchen Situation auf frühere Erfahrungen zurückgreift. Ob eine hierauf basierende Ursachenzuschreibung die Realität zutreffend abbildet oder nicht, hängt dann ganz entscheidend davon ab, inwieweit die in früheren Situationen aufgebauten Stereotype für die aktuelle Situation adäquat sind.

All dies zusammengenommen läßt die Vermutung aufkeimen, daß Ursachenzuschreibungen häufig fehlerhaft oder zumindest doch fragwürdig sind. Mit diesem Problem werden wir uns in dem nun folgenden Abschnitt beschäftigen.

4.2 Fehler bei der Ursachenzuschreibung

Zahlreiche Untersuchungen zum Thema Attribution haben gezeigt, daß es Menschen oft schwerfällt, rational abgesicherte Attributionen vorzunehmen. Attributionen erfolgen oft sehr schnell und unter Vernachlässigung einzelner Informationen. Darüber hinaus werden bestimmte Ursachenzuschreibungen generell bevorzugt (Überblick: Hewstone & Antaki, 1990; Hewstone & Fincham, 1997; Meyer & Försterling, 1993). In der psychologischen Forschung hat sich für derartige Phänomene der englische Begriff des „attribution-bias" (Attributionsverzerrung) durchgesetzt. Hiermit wird der Tatsache Rechnung getragen, daß in vielen Fällen des Alltags gar nicht zweifelsfrei festgelegt werden kann, welche Attribution denn nun richtig und welche falsch ist. Bei der Darstellung der Attributionstheorien von Heider und Kelley wurde auf dieses Problem bereits eingegangen. Treten jedoch unabhängig von der konkreten Situation immer wieder die gleichen Attributionen auf, so spricht dies für systematische Verzerrungen in der Wahrnehmung bzw. Interpretation der Realität. Im Labor lassen sich darüber hinaus unter kontrollierten Bedingungen Situationen schaffen, in denen eindeutig festzulegen ist, welche Attributionen zutreffend und welche fehlerhaft sind. In einem solchen Falle erscheint der Begriff „Attributionsfehler" gerechtfertigt.

Die wissenschaftliche Beschäftigung mit Attributionsverzerrungen bzw. -fehlern ist vor allem deshalb wichtig, weil Ursachenzuschreibungen das menschliche Verhalten beeinflussen. Fehlerhafte Attributionen können dazu führen, daß Menschen für Handlungen verantwortlich gemacht werden, die sie gar nicht voll zu verantworten haben und dann z.B. einem Rufmord, oder sogar polizeilicher Verfolgung bis hin zur Inhaftierung ausgesetzt werden. Die andere Seite der Medaille ist, daß die tatsächlichen Personen oder Umstände nicht als solche erkannt werden und Mißstände dementsprechend auch nicht wirklich bewältigt werden können. Die Kenntnis systematischer Attributionsfehler hilft, selbige zu vermeiden.

4.2.1 Häufig auftretende Attributionsverzerrungen

Nachfolgend wollen wir uns nun mit vier besonders prominenten, systematischen Attributionsverzerrungen bzw. -fehlern beschäftigen.

Fundamentaler Attributionsfehler

Der *Fundamentale Attributionsfehler* besteht in einer systematischen Bevorzugung internaler Attributionen gegenüber externalen (Ross, 1977).

Wenn wir eine Person dabei beobachten, wie sie eine Handlung vollzieht, sind wir geneigt, die Ursachen für dieses Handeln primär in den Merkmalen der handelnden Person zu sehen. Ursachen, die in der Umgebung liegen könnten, werden stattdessen in ihrer Bedeutung unterschätzt. Der Polizist, der bei einer Demonstration mit seinem Schlagstock auf einen Demonstranten einschlägt, erscheint den meisten Beobachtern spontan sehr aggressiv. Er schlägt auf den Demonstranten ein, weil er ein Bedürfnis hat, andere zu unterdrücken, weil er autoritätsgläubig ist, weil er eine faschistoide Gesinnung hat etc. Man ist schnell davon überzeugt, daß der Polizist die alleinige Schuld trägt. Während uns derartige Erklärungen sofort einfallen, müssen wir uns erst beruhigen und zum genaueren Nachdenken zwingen, um alternative Erklärungen auffinden zu können. Der Polizist ist vielleicht selbst gerade geschlagen worden, der Demonstrant hat ihn möglicherweise provoziert oder aber der Polizist hat mit starken Sanktionen von seiten seiner Vorgesetzten zu rechnen, wenn er nicht hart durchgreift. Dies alles sind mögliche Ursachen für sein Verhalten, die nicht in der Person des Polizisten, sondern in seiner Umwelt angesiedelt sind. Wahrscheinlich wird sein Verhalten de facto sowohl durch Aspekte seiner Umwelt als auch durch Merkmale seiner eigenen Person beeinflußt. Internale und externale Ursachen interagieren in der Regel miteinander. Dennoch neigen wir – zumindest kurzfristig – dazu, den internalen Faktoren wie Motivation, Persönlichkeit, Intelligenz oder Lernerfahrung ein stärkeres Gewicht beizumessen als den externalen Faktoren. Dies gilt auch für weniger dramatische Situationen unseres Alltags. Jeder Leser mag nur einmal die letzten Tage überdenken und sich dabei fragen, wie oft er anderen Menschen die alleinige Verantwortung für deren Handeln zugeschrieben hat und wie oft das genaue Gegenteil der Fall war.

Beim fundamentalen Attributionsfehler macht sich eine Tendenz bemerkbar, die auch andere Formen der verzerrten Ursachenzuschreibung bedingt. Die meisten Menschen suchen nach einer *einzigen Erklärung* für ein Phänomen (Fiske & Taylor, 1991), obwohl oft mehrere Ursachen gleichzeitig wirken.

Das Zustandekommen des fundamentalen Attributionsfehlers wird in der Regel über gesellschaftliche Normen oder Prozesse der Informationsverarbeitung erklärt (Hewstone & Antaki, 1990; Hewstone & Fincham, 1997). Die erste Perspektive betont, daß in den Gesellschaften des westlichen Kulturkreises ein allgemeiner Individualismus vorherrscht, der internale Erklärungen begünstigt. Mitglieder westlicher Gesellschaften lernen demnach von klein auf, daß man selbst für das eigene Leben verantwortlich ist, daß es primär an einem selbst liegt, was man aus seinem Leben macht. Diese Grundhaltung begünstigt ganz generell internale Attributionen. Gegen diese Interpretation spricht jedoch, daß es auch Situationen gibt, in denen wir systematisch externale Attributionen bevorzugen. Hierauf wird später im Zusammenhang mit der Akteur-Beobachter-Divergenz bzw. den selbstwertdienlichen Attributionen noch einzugehen sein.

Die zweite Erklärung für den fundamentalen Attributionsfehler besagt, daß immer dann, wenn wir andere Menschen beobachten, ihre Person im Zentrum unserer Wahrnehmung steht und hierdurch Randinformationen des Geschehens weniger deutlich zur Kenntnis genommen werden. Der Fehler in der Ursachenzuschreibung liegt demnach in der Aufmerksamkeitssteuerung des Beobachters begründet. Diese Erklärung wird durch das Phänomen der Akteur-Beobachter-Divergenz unterstützt (s.u.).

Abschließend ist noch zu betonen, daß der fundamentale Attributionsfehler keineswegs immer, in gleichstarker Ausprägung auftritt. Es handelt sich hierbei lediglich um eine Tendenz, internale Ursachen den externalen vorzuziehen. Die Auftrittswahrscheinlichkeit internaler Attributionen sinkt z.B., wenn wir eine Person mehrfach beobachten und eine Inkonsistenz in ihrem Verhalten feststellen können (Kulik, 1983). Gleiches gilt für Situationen, in denen wir unsere Aufmerksamkeit bewußt auf die Umwelt der handelnden Person richten (Quattrone, 1982). Attributionsfehler sind somit kein Schicksal, dem nicht zu entweichen wäre. Durch die Kenntnis entsprechender Prozesse können Attributionsfehler – sowie ihre negativen Folgen – vermieden werden. Mit dieser Frage werden wir uns noch später eingehend beschäftigen. Wenden wir uns zunächst einem weiteren Attributionsfehler zu.

Akteur-Beobachter-Divergenz

Bisher haben wir uns mit der Ursachenzuschreibung durch einen Beobachter beschäftigt und festgestellt, daß dieser tendenziell internale Ursachen bevorzugt. Wie sieht es nun aber mit der Ursachenzuschreibung durch die handelnde Person selbst aus? Hier zeigt sich die umgekehrte Tendenz, eine Bevorzugung externaler Ursachen (Jones & Nisbett, 1972; Watson, 1982). Dies gilt auch dann, wenn es sich um ein und dasselbe Verhalten handelt, welches einmal aus der Perspektive des Akteurs und einmal aus der Perspektive eines unbeteiligten Beobachters beurteilt wird (Storms, 1973). Da beide Beurteiler zu unterschiedlichen Ursachenzuschreibungen greifen, hat sich für diese Attributionsverzerrung der Begriff *Akteur-Beobachter-Divergenz* durchgesetzt. Würde man in unserem Polizisten-Beispiel also nicht nur einen unbeteiligten Fernsehzuschauer, sondern zusätzlich auch noch den Polizisten selbst nach den Gründen für die Eskalation des Geschehens fragen, so würde letzter in stärkerem Maße als der externe Beobachter die Umgebungsbedingungen für sein Verhalten verantwortlich machen. Wahrscheinlich könnte der Polizist auch aufgrund seiner besseren Kenntnis der Situation viel mehr Rahmenbedingungen nennen, die ihn zu dem fraglichen Verhalten getrieben haben. Der Handelnde selbst erliegt hier also der Tendenz, die Verantwortung für sein Verhalten verstärkt der Umgebung zuzuschreiben.

Als Erklärung für dieses Phänomen kann die schon erwähnte Aufmerksamkeitssteuerung herangezogen werden. Während der unbeteiligte Beobachter in aller Regel seine Aufmerksamkeit primär auf den Akteur der Handlung richtet, sieht der Handelnde vor allem die Dinge, die um ihn herum passieren. Dies ist wohl besonders dann der Fall, wenn schnell gehandelt werden muß und der Akteur nicht viel Zeit darauf verwenden kann, sein eigenes Verhalten immer völlig mit seinen eigenen Motiven, Wertvorstellungen etc. in Einklang zu bringen. Jeder der beiden Attribuierer – der unbeteiligte Beobachter sowie die handelnde Person – baut seine Ursachenzuschreibung aber auf den Informationen auf, die ihr primär zur Verfügung stehen. Hieraus resultiert zwangsläufig das Phänomen der Akteur-Beobachter-Divergenz.

Im Hinblick auf das gegebene Beispiel ist jedoch auch noch eine andere Erklärung naheliegend. Da eine internale Ursache für das Geschehen dem Polizisten äußerst unangenehm sein dürfte – nur wenige Menschen gelten wohl gerne als gewalttätig oder faschistoid – hat die Benennung einer externalen Ursache für ihn einen selbstwertdienlichen Charakter. Wenn er selbst gar nicht oder nur sehr indirekt Verantwortung für das Verprügeln des Demonstranten übernehmen muß, so entlastet dies den Polizisten zunächst in seinen eigenen Augen und – wenn es ihm gelingt, auch den Beobachter zu überzeugen – auch in den Augen anderer Menschen. Der Akteur hat in diesem Falle also ein Motiv, externale Ursachen zu finden, im Gegensatz zur ersten Erklärung die auf rein kognitive Prozesse der Informationsverarbeitung abhebt. Beide Erklärungen, die motivationale und die kognitive, können aber auch im Widerspruch zueinander stehen, wenn eine internale Ursache für den Akteur selbstwertdienlich ist. So wird der Ehemann, der seiner Frau Blumen mitbringt, dies gern auf sein freundliches Wesen (internale Ursache) zurückführen, statt zu betonen, daß seine Frau sich schon häufiger beklagt hat, daß er so unaufmerksam sei (externale Ursache). Welche Attribution hier vorgenommen wird, hängt davon ab, wie stark die Motivation zur selbstwertdienlichen Attribution in der entsprechenden Situation ist und ob sie die Bedeutung rein kognitiver Prozesse der Informationsverarbeitung in den Hintergrund zu drängen vermag.

Vernachlässigung der Konsensus-Information

Ein weiterer Attributionsfehler bezieht sich unmittelbar auf die Attributionstheorie von Kelley. Die *Vernachlässigung der Konsensus-Information* bedeutet, daß Beobachter in erster Linie Informationen über die Konsistenz sowie die Distinktheit eines Verhaltens berücksichtigen. Übertragen auf das Polizisten-Beispiel würde dementsprechend ein Beobachter bei der Ursachensuche berücksichtigen, ob der Polizist schon häufiger Demonstranten in vergleichbaren Situationen geschlagen hat (Konsistenz-Information) und ob der gleiche Polizist auch andere Menschen oder eben nur diesen individuellen Demonstranten verprügelt (Distinktheit-Information). Die Konsensus-Information, also die Information darüber, ob auch andere Menschen sich genauso verhalten, wird jedoch vernachlässigt. Dies hat u.a. zur Folge, daß die Verantwortung für das gezeigte Verhalten häufiger der handelnden Person zugeschrieben wird. Seltener werden hingegen die Umstände einer Handlung als handlungsleitend erkannt.

Eine mögliche Erklärung für die Vernachlässigung der Konsensus-Information kann darin liegen, daß wir häufig bereits Vorannahmen über bestimmte Personen bzw. Personengruppen haben, welche uns die Konsensus-Information überflüssig erscheinen lassen. Wer das Stereotyp „Polizisten sind Schläger in Uniform" hat, der befreit sich – subjektiv gerechtfertigt – von der Notwendigkeit, tatsächlich zu überprüfen, wie sich Polizisten in einer entsprechenden Situation tatsächlich verhalten. Die Konsensus-Information wird durch das Stereotyp ersetzt, was den Prozeß der Ursachenzuschreibung für den Beobachter enorm vereinfacht: Polizisten sind Schläger. → X ist ein Polizist. → Also ist X ein Schläger. → X verprügelt Demonstranten, weil er ein Schläger ist.

Die Voraussetzung für die Vernachlässigung der Konsensus-Information ist natürlich, daß der Beobachter zumindest prinzipiell Konsensus-Informationen, also Informationen über das Verhalten anderer Menschen in vergleichbaren Situationen überhaupt einholen kann. Weiß er gar nichts über das tatsächliche Verhalten anderer Personen in ähnlichen Situationen – und dies ist im Alltag wohl sehr häufig der Fall – ist er auf Stereotype geradezu angewiesen.

Geht es um die Ursachensuche in bezug auf eigenes Verhalten, lassen sich wieder einmal Hinweise für selbstwertdienliche Attributionen finden. Zeige ich ein Verhalten, welches besonders positiv zu bewerten ist, so unterschätze ich in der Regel den Konsensus und unterstreiche somit, daß das positive Verhalten in besonderer Weise mit meiner Person zu tun hat („false uniqueness"; Valins & Nisbett, 1972). Handelt es sich hingegen um ein eher negativ zu bewertendes Verhalten, so überschätze ich den Konsensus („false consensus"; Ross, Green & House, 1977). Mein negatives Verhalten wird dann indirekt dadurch gerechtfertigt, daß sich ja die meisten Menschen genauso verhalten. Das negative Verhalten hat nichts mit meiner individuellen Person zu tun, sondern vielleicht mit der bösen Gesellschaft, die uns alle zu negativem Verhalten verführt. Spende ich Blut, so gehe ich also davon aus, daß dies nur vergleichsweise wenige Menschen außer mir ebenso machen werden. Nötige ich jedoch auf der Autobahn ein langsam fahrendes Auto, die Spur zu wechseln, so werde ich annehmen, daß sich viele Autofahrer in meiner Situation ähnlich verhalten hätten.

Selbstwertdienliche Attributionen

Bei den drei zuvor besprochenen Attributionsfehlern wurde schon hier und da auf die Selbstwertdienlichkeit verschiedener Ursachenzuschreibungen verwiesen. Zwei Attributionsverzerrungen sind mit dieser Interpretation in besonderer Weise verbunden, die *Selbst- bzw. gruppenbezogenen Attributionen* („self-serving bias" bzw. „group-serving bias"). Beide Attributionsverzerrungen bestehen darin, daß systematisch die Verantwortung für positive Leistungen der eigenen Person, die für negative Leistungen hingegen der Situation oder anderen Personen zugeschrieben werden (Blaine & Crocker, 1993; Tennen & Affleck, 1990). Schneide ich in einer Prüfung gut ab, so attribuiere ich den Erfolg auf meine individuelle Kompetenz in dementsprechenden Leistungsbereich. Schneide ich hingegen schlecht ab, so suche ich die Verantwortung beim Prüfer, den Prüfungsaufgaben oder irgendwelchen anderen Faktoren der Umgebung, über die ich mich selbst der Verantwortung entziehen kann. Handelt es sich um die Leistung von Gruppen, also z.B. die Leistung einer ganzen Abteilung einer Firma, so wird im Falle des Erfolges jedes Gruppenmitglied tendenziell die eigenen individuellen Leistungen hervorkehren: „Meine Gruppe hat einen Erfolg erzielt, weil ich mitgeholfen habe". Bleibt der Erfolg jedoch aus, so werden die Ursachen hierfür eher bei den übrigen Mitgliedern der Gruppe gesucht werden: „Meine Gruppe hat einen Mißerfolg erzielt, obwohl ich mitgeholfen habe".

Gruppenbezogene Attributionen werden auch zur Aufrechterhaltung von sozialen Vorurteilen herangezogen (Pettigrew, 1979). Da die Abwertung anderer Menschen meist auch etwas mit der Aufwertung der eigenen Person zu tun hat (siehe Kapitel 9), kann auch dieses Phänomen zu den selbstwertdienlichen Attributionsverzerrungen gezählt werden. Muß etwa ein Beobachter feststellen, daß ein Mitglied einer negativ bewerteten Gruppe eine positive Tat vollbringt – also z.B. ein Asylbewerber einem Kind das Leben rettet – so werden die Ursachen für dieses Ereignis keinesfalls in den stabilen Merkmalen der Gruppe angesiedelt. Stattdessen wird man das Geschehen vielmehr für einen Zufall oder eine Selbstverständlichkeit halten. Eine weitere Möglichkeit besteht darin, den Handelnden als eine Ausnahme von der Regel zu betrachten. All diese Attributionen tragen dazu bei, das eigene Vorurteil zu stabilisieren. Hätte man die gleiche Person jedoch bei einer negativ bewerteten Tat, also z.B. beim Kaufhausdiebstahl ertappt, so würde dieses Verhalten durch die spezifischen Besonderheiten ihrer Gruppe erklärt. Im Extremfall vertritt der Beobachter die Auffassung, daß der Diebstahl in den genetischen Besonderheiten einer Bevölkerungsgruppe (für alle Zeit) festgeschrieben ist. Handelt es sich bei den beobachteten Tatbeständen jedoch um das Verhalten einer Person aus der eigenen, positiv bewerteten Gruppe, so fallen die Attributionen in genau entgegengesetzter Richtung aus.

4.2.2 Ursachen für Attributionsverzerrungen

Bei der Darstellung verschiedener Attributionsfehler bzw. -verzerrungen wurden bereits einige Ursachen für ihr Auftreten benannt. In dem nun folgenden Abschnitt wollen wir derartige Gründe noch etwas eingehender analysieren.

Systematische und unsystematische Fehler

Bei der Suche nach möglichen Gründen für Attributionsverzerrungen bzw. -fehler kann zwischen systematischen und unsystematischen Phänomenen unterschieden werden (Meyer & Försterling, 1993). Zu den systematischen Phänomenen, die gut empirisch abgesichert sind, gehören die im vorangestellten Abschnitt diskutierten Fehler.

Unsystematische Fehler treten auf, wenn nicht alle verfügbaren und relevanten Informationen zur Attribution genutzt werden und so eine falsche Ursache benannt wird, ohne daß dies immer in der gleichen Weise geschieht. So mag in einer sehr starken Belastungssituation (z.B. Tod eines nahen Angehörigen) der Lauf des eigenen Lebens absolut unkontrollierbar erscheinen. Das eigene Leben und auch das anderer Menschen wird von einer scheinbar unkontrollierbaren Macht, dem Schicksal oder einem Gott gesteuert. Wenige Wochen später, wenn sich die Wogen der Belastung wieder geglättet haben, würde dieselbe Person derartig Attributionen meist weit von sich weisen. Ihr Leben scheint ihr nun wieder – in gebotenem Rahmen – durch eigenes Verhalten beeinflußbar.

Systematische Fehler treten immer wieder in der gleichen Form auf und haben etwas mit zeitlich stabilen Motiven oder allgemeinen Gegebenheiten des menschlichen Informationsverarbeitungssystems zu tun. Im Zentrum motivationaler Erklärungen steht das Selbstwertmotiv. Zahlreiche empirische Untersuchungen belegen, daß Menschen unterschiedlichste Strategien einsetzen, um ein positives Bild von der eigenen Person vor sich und vor anderen aufbauen und schützen zu können (Überblick: Kanning, 1997). Selbstwertdienliche Attributionen – also z.B. die Zurückführung von Erfolgen auf internale Merkmale bei gleichzeitiger Externalisierung von

Mißerfolgen – sind ein Weg, das Selbstwertmotiv zu befriedigen (siehe auch Kapitel 9).

Attributionsketten

Eine besondere Herausforderung für die menschliche Informationsverarbeitung stellen *Attributionsketten* dar. Hat man erst einmal eine Ursache für ein Phänomen gefunden, so kann man sich natürlich auch weitergehend fragen, wie denn diese Ursache zustande gekommen ist, wie denn die Ursache der Ursache zu erklären sei usw. (Försterling, 1986). Streitigkeiten zwischen verschiedenen Beobachtern eines Phänomens im Hinblick auf die korrekte Ursachenzuschreibung haben häufig etwas mit unterschiedlichen Abstraktionsniveaus der Attribution zu tun. Der eine Beobachter sieht die Familienverhältnisse eines jugendlichen Straftäters als ursächlich für dessen Verhalten an, während einem anderen Beobachter die gesellschaftlich ungleich verteilten Ressourcen als ursächlich für die Familienverhältnisse des Täters erscheinen mögen. Beide Attributionen schließen einander nicht aus. Störend macht sich hier jedoch die allgemeine Tendenz bemerkbar, solche Erklärungen zu bevorzugen, die eine einzige Ursache benennen (Fiske & Taylor, 1991). Das Phänomen wird hierdurch nur unzureichend erfaßt, was zur Folge haben kann, daß etwaige Interventionsmaßnahmen weitgehend ins Leere laufen.

Bewußtsein

Attributionsfehler kommen vor allem dann zustande, wenn die Attribution *unbewußt* erfolgt, eine Ursache einem bestimmten Phänomen also „automatisch" zugewiesen wird.

Dies ist zum einen der Fall, wenn die zu beurteilende *Situation sehr vertraut erscheint* und auf früher vorgenommene Ursachenzuschreibungen zurückgegriffen wird. Die fehlende Anpassung der Ursachenzuschreibung an den aktuellen Beurteilungsgegenstand kann dabei leicht zu Fehlentscheidungen führen. Hierzu gehört z.B. der Rückgriff auf Stereotype. Stereotype (welche sich auf Menschen beziehen) sind generalisierte Merkmalszuschreibungen, bei denen einer gesamten Gruppe von Personen bestimmte Merkmale unterstellt werden, ohne daß im Einzelfall überhaupt noch überprüft wird, ob dies denn nur auch tatsächlich für einen einzelnen Vertreter dieser Gruppe zutrifft. Stereotype beschleunigen die Informationsverarbeitung: „Ein Jugendlicher stiehlt im Kaufhaus, weil auch seine Eltern kriminell sind." „Ein Mann belästigt eine junge Frau, weil doch alle Männer potentielle Vergewaltiger sind". Stereotype gewährleisten eine ökonomische Informationsverarbeitung und sind als solche prinzipiell von Nutzen für denjenigen, der sie zum Einsatz bringt, auch wenn sie häufig Konflikte verursachen (siehe Kapitel 8).

Zum anderen handelt es sich um Situationen, in denen die beurteilende Person *kognitiv überlastet* ist und daher eine Attribution nur so quasi „nebenbei" erledigen kann. So wird sich beispielsweise ein Personalreferent, der im Rahmen eines Personalauswahlverfahrens mehrere Bewerber zu beurteilen hat, nicht lange mit der Frage aufhalten können, warum ein Bewerber sich vergleichsweise unvorteilhaft präsentiert. Stattdessen wird er wohl kurzerhand auf internale Merkmale des Bewerbers attribuieren und diesen ausscheiden lassen. Auch bei kognitiver Überlastung kann sich der Rückgriff auf Stereotype als hilfreich für den Beurteiler erweisen, sofern entsprechend generalisierte Erklärungsmuster zur Verfügung stehen.

Attributionen, die *bewußt* vorgenommen werden, bieten die Chance, Fehlerquellen auszuschalten. Ein hoher Bewußtseinsgrad ist aber keineswegs eine Garantie für zutreffende Ursachenzuschreibungen. Gerade bei selbstwertdienlichen Attributionen handelt es sich häufig um ganz bewußt vorgenommene Ursachenzuschreibungen. Der Begriff „bewußt“ bezieht sich dabei nicht auf das Motiv nach positiver Selbstbewertung, sondern auf den Attributionsprozeß selbst. Eine bewußte Attribution ist durch den Beobachter leichter zu beeinflussen, so daß die Wahrscheinlichkeit für eine korrekte Ursachensuche deutlich ansteigt, sofern der Beurteiler hieran Interesse zeigt.

Die Bewußtheit einer Attribution steigt u.a. mit der *Bedeutung* an, die sie für den Beurteiler hat. Ist sich eine Person darüber im klaren, daß eine bestimmte Attribution für sie selbst schwerwiegende Folgen haben kann, so wird die Ursachenzuschreibung nicht mehr im Verborgenen ablaufen. Bei der Abfassung eines Bewerbungsschreibens wird man sich z.B. in aller Regel Gedanken darüber machen, warum ein bestimmter Arbeitgeber einen Bewerber einstellt, damit das eigene Anliegen möglichst vorteilhaft formuliert werden kann. Attributionen werden jedoch nicht nur dann bedeutsam, wenn die Beurteiler in einer Abhängigkeitsbeziehung zum Objekt der Attribution steht (Hastie, 1984). Auch Attributionen über die eigene Person sind in der Regel von größerer Relevanz: „Warum interessieren sich die Frauen so wenig für mich?“, „Warum habe ich mich gestern so unvorteilhaft verhalten?“ etc. Die Beantwortung dieser Fragen ist vor allem auch aufgrund der sich hieraus ergebenden Konsequenzen für zukünftiges Verhalten von großer Bedeutung für den Beurteiler.

Attributionen werden darüber hinaus auch schnell bewußt, wenn *unerwartete Ereignisse* eintreten (Pyszczynski & Greenberg, 1981). Unerwartete Ereignisse sind deshalb „unerwartet“, weil sie tradierten Attributionen, Stereotypen oder ganz allgemein „kognitiven Schemata“ (siehe Kapitel 3) widersprechen. Ein Busfahrer, der nur mit einer Badehose bekleidet seinem Beruf nachgeht, wird eine bewußte Attribution geradezu herausfordern, was von einem herkömmlich gekleideten Busfahrer kaum zu behaupten ist. Ähnlich verhält es sich bei Attributionen in bezug auf die eigene Person. Ein Charmeur, der bei Frauen im allgemeinen ein leichtes Spiel hat, wird sich im Falle eines Mißerfolgs sehr schnell fragen, was er wohl falsch gemacht habe.

Das Nicht-Erreichen eines Zieles (Weiner, 1985) fördert aber auch dann die Bewußtheit attributiver Prozesse, wenn die Zielerreichung keineswegs üblich ist. Hierbei handelt es sich um eine spezifische Form des Faktors „Bedeutung einer Attribution“ (s.o.). Ein Sportler, der sich mit großem Aufwand auf die Qualifikation für eine Meisterschaft vorbereitet hat, wird sein Scheitern auch dann tiefergehend analysieren wollen, wenn seine Chancen ohnehin nie besonders gut standen. Ziele haben immer auch eine Bedeutung, sonst wären es keine Ziele. Nicht jede bedeutsame Attribution muß jedoch unmittelbar mit einem Ziel verknüpft sein.

Schließlich können Attributionen auch bewußt werden, wenn ein potentieller Beurteiler von einer *unbeteiligten* Person befragt wird (Hewstone & Antaki, 1990). Jeder, der einmal mit kleinen Kindern zu tun hatte kennt die Situation, daß man plötzlich Warum-Fragen beantworten muß, die man sich selbst niemals gestellt hätte: „Warum dreht sich die Erde um die Sonne?“ „Warum sind Ameisen so klein?“ oder

„Warum sind die Ampelmännchen nicht blau?" Oftmals ist es gar nicht notwendig, daß explizite Fragen an den Beurteiler herangetragen werden. Es genügt schon, wenn eine andere Person eine Attribution aufstellt, die im Widerspruch zur eigenen Ursachenerklärung steht (Fösterling, 1986). Dies stellt oft die eigene Attribution in Frage und fordert zur bewußten Überprüfung derselben auf. Dieser Fall dürfte besonders häufig auftreten, wenn das Objekt der Attribution eine andere Interpretation vertritt als der Beurteiler. Eltern und Lehrern wird dieses Phänomen besonders geläufig sein. Dort wo sie manchmal eine internale Ursache für z.B. fehlende Hausaufgaben sehen, wird der „Täter" die Umstände verantwortlich machen. Attributionen werden so zu einem Gegenstand sozialer Diskussion und Definition.

Es könnte nun leicht der Eindruck entstanden sein, daß unbewußte Attributionen prinzipiell von Übel seien, während bewußt vorgenommene Ursachenzuschreibungen immer zu bevorzugen wären. Dieser Eindruck ist falsch. Zwar steigt die Möglichkeit, Attributionsfehler aufzudecken und auszuschalten mit dem Bewußtseinsgrad der Attribution an, es darf jedoch nicht übersehen werden, daß unbewußte Attributionen auch eine wichtige Funktion für den Menschen übernehmen. Sie helfen Denk- und Handlungsprozesse zu beschleunigen. Sie tragen dazu bei, daß mit den psychischen Ressourcen der attribuierenden Person ökonomisch gehaushaltet wird. Wir wären nicht funktionsfähig, wenn wir uns immer wieder im Laufe eines Tages bewußt mit der Frage beschäftigen würden, warum etwas geschehen ist. Wahrscheinlich wäre der homo sapiens sapiens niemals im Zuge der Evolution entstanden, wenn wir uns ständig mit derartigen Aufgaben bewußt auseinandersetzen müßten.

Attributionsstile

Unabhängig von der Frage, ob Attributionen bewußt oder eher unbewußt vorgenommen werden, betonen Meyer & Schmalt (1984), daß es auch *stabile interindividuelle Unterschiede* in der Präferenz für bestimmte Attributionen gibt. Vergleichbar zu einer Vorliebe für unterschiedliche Formen der Musik oder Literatur, existieren demnach Attributionsstile, die den Charakter eines Persönlichkeitsmerkmales annehmen können.

Hierzu könnten auch Unterschiede im Hinblick auf das individuelle Interesse an Attributionen zählen. So mag es Menschen geben, die sich viel häufiger die Frage nach dem Warum stellen. Wissenschaftler wären hier wohl ein zutreffendes Beispiel.

4.3 Konsequenzen fehlerhafter Ursachenzuschreibung

Attributionen beziehen sich zum einen auf die eigene Person, zum anderen auf Menschen, mit denen wir direkt oder indirekt (z.B. durch die Medien) in Kontakt geraten. Dem zufolge können Ursachenzuschreibungen – seien sie nun zutreffend oder verzerrt – einen Einfluß auf die eigene Person sowie auf Menschen in unserer Umgebung haben.

Attributionen erfüllen dabei im wesentlichen zwei Aufgaben. Sie können zum einen dabei helfen, ein positives Selbstkonzept aufzubauen bzw. aufrechtzuerhalten.

Die meisten Attributionen im Alltag weisen aber gar keinen Bezug zum eigenen Selbstkonzept auf. Eine zweite Aufgabe der Attributionen liegt darin, daß sie im allgemeinen helfen, *die Welt um uns herum verständlich bzw. vorhersehbar zu machen* und unser eigenes Handeln der von uns wahrgenommenen und durch uns interpretierten Realität anzupassen. Das Kind lernt, warum Autos mal anhalten, wenn man die Straße überqueren will und ein ander Mal weiterfahren. Attributionen helfen ihm im Straßenverkehr zu überleben wenn es als Folge einer richtigen Ursachenzuschreibung z.B. bevorzugt Zebrastreifen aufsucht. Wir selbst müssen möglichst richtig einschätzen, warum Menschen in unserer Umgebung, z.B. die eigenen Kinder, der Lebenspartner oder Kollegen sich gerade so und nicht anders verhalten. Fehleinschätzungen führen leicht dazu, daß wir andere Menschen unbeabsichtigt verletzen und unnötige Konflikte provozieren.

In Abhängigkeit von der Funktion, die eine Attribution erfüllen soll, ist eine verzerrte Attribution aber durchaus nicht immer negativ zu beurteilen. Selbstwertdienliche Attributionen sind z.B. häufig verzerrt, erfüllen aber gerade aus diesem Grunde ihre Aufgabe.

Im folgenden Abschnitt wollen wir uns nun detaillierter mit der Frage der Konsequenzen verzerrter Attributionen beschäftigen. Zur besseren Übersicht wird dabei zwischen Konsequenzen für die attribuierende Person und Konsequenzen für andere Personen unterschieden.

4.3.1 Konsequenzen für die attribuierende Person

Attributionen, die sich auf die eigene Person beziehen, bestimmten in starkem Maße unser Verhalten. Wer die Ursachen für einen erzielten Erfolg in der eigenen Person ansiedelt, wird zukünftig auch bereit sein, sich erneut anzustrengen. Wer hingegen glaubt, daß das Schicksal seine Geschicke lenkt, wird keine Veranlassung sehen, sich in irgendeiner Form entsprechend zu betätigen.

Die psychologische Forschung zu den Konsequenzen attributiver Prozesse hat sich vor allem mit zwei Phänomenen beschäftigt: Die Bedeutung der Attributionen für die Leistungsmotivation sowie ihre Relevanz für die Aufrechterhaltung neurotischer Depressionen.

Attribution und Leistungsmotivation

Die Forschung über den Zusammenhang zwischen Attribution und Leistungsmotivation ist sehr eng verknüpft mit der Arbeit von Bernard Weiner (1979, 1986). Weiner unterscheidet zunächst zwei Ursachenkategorien. Eine Leistung kann auf internale oder externale sowie auf stabile oder instabile Ursachen zurückgeführt werden. Rosenbaum (1972) unterscheidet zusätzlich, ob die Ursache für ein Leistungsergebnis kontrollierbar oder unkontrollierbar ist. Zusammenfassend ergeben sich somit acht verschiedene Ursachen für einen Erfolg oder Mißerfolg in Leistungssituationen (siehe Abbildung 4-4). In Abhängigkeit von der jeweiligen Ursache, die einer Leistung unterstellt wird, gestaltet sich auch die Motivation, in zukünftigen Situationen Leistung zu zeigen. Die Leistungsmotivation wird besonders hoch sein, wenn die Erwartung besteht, daß ein erstrebenswertes Ziel (z.B. Bestehen einer Prüfung) auch tatsächlich erreicht werden kann. Dies kann z.B. durch eigene Anstrengung geschehen. Ist ein Prüfling davon überzeugt, die Prüfung durch eigene Anstrengung zu bestehen, so setzt dies die Attribution einer kontrollierbaren, internalen und instabilen Ursache voraus (Abbildung 4-4). Hat ein anderer Prüfling hingegen die Überzeugung ausgebildet, daß das Bestehen der Prüfung durch ihn oder andere nicht kontrolliert werden kann und daß man so halt einmal eine Prüfung besteht und ein ander Mal wieder nicht, so macht er den Zufall für den Prüfungserfolg verantwortlich (external, unkontrollierbar und instabil). Es besteht für ihn folgerichtig keine Veranlassung, sich in irgendeiner Weise auf die Prüfung vorzubereiten oder sich während der Prüfung besonders anzustrengen.

Anhand dieses einfachen Beispieles wird deutlich, wie bedeutsam Attributionen für das eigene Verhalten – in diesem Falle für das eigene Leistungsverhalten – sein können. Die Attribution beeinflußt die Erwartungshaltung des einzelnen. Hat es überhaupt Sinn, sich anzustrengen, sollte man lieber versuchen, den Prüfer zu bestechen oder schlichtweg alles dem Zufall zu überlassen? Die Erwartungshaltung ist jedoch nicht die einzige wichtige Bedingung für Leistungsverhalten. Ebenso wichtig ist natürlich, ob das Ziel, welches mit Leistung erreicht werden kann, überhaupt erstrebenswert ist. Die meisten Menschen würden es wahrscheinlich schaffen, 100 Meter in 16 Sekunden zu laufen. Auch bei günstiger Attribution, die besagt, daß man dieses Ziel durch Training erreichen kann, werden aber nur wenige von uns tatsächlich mit einem Lauftraining beginnen, da das erreichbare Ziel für viele gänzlich unbedeutend bleibt. Leistungsbegünstigende Attributionen stellen daher eine notwendige, aber keineswegs hinreichende Bedingung für Leistungsverhalten dar.

Der Begriff des Leistungsverhaltens ist sehr breit angelegt und beschränkt sich nicht auf Prüfungen in Schule oder Universität. Leistungssituationen sind wir alle fast tagtäglich bei unserer beruflichen Tätigkeit ausgesetzt. Ebenso kann man auch das Werben um einen potentiellen Partner oder die Bewältigung einer Familienkrise als Leistungssituation betrachten. Unsere Attributionen entscheiden darüber, ob wir uns anstrengen, ein erstrebenswertes Ziel zu erreichen, Rat und Hilfe bei anderen Menschen suchen oder aber alles dem Zufall überlassen. Darüber hinaus nehmen Attributionen aber natürlich auch Einfluß auf unsere Emotionen (Weiner, 1986). Glaubt man z.B. aufgrund der eigenen Attributionen, ein erstrebenswertes Ziel nicht erreichen zu können, so sind negative Emotionen (Traurigkeit, Wut o.ä.) vorprogrammiert.

An dieser Stelle wird deutlich, daß gerade unrealistische Attributionen negative Konsequenzen nach sich ziehen können. Wer aufgrund fehlerhafter Attribution glaubt, daß es sich einfach nicht lohnt, selbst aktiv zu werden, der verpaßt auch seine Chance, das Ziel tatsächlich erreichen zu können. Ebenso können natürlich auch unrealistische Überschätzungen der eigenen Möglichkeiten Fehlverhalten zur Folge haben. In der Schule sollte es zu den Aufgaben des Lehrers gehören, bei Leistungsdefiziten die Attributionen des Schülers zu hinterfragen. In professionellen Beratungssituationen ist dies eine unter vielen Aufgaben, die z.B. ein Psychologe zu erfüllen hat.

	kontrollierbar		unkontrollierbar	
	internal	external	internal	external
stabil	Arbeitshaltung	Arbeitshandlung anderer Personen	Fähigkeit	Aufgabenschwierigkeit
instabil	Anstrengung	Anstrengung anderer Personen	Müdigkeit, Krankheit	Zufall

Abbildung 4-4: Ursachen für Prüfungserfolg und -mißerfolg nach Weiner (1980)

Attribution und neurotische Depression

Ein zweiter Bereich, in dem die Rolle der Attributionen intensiv untersucht wurde, sind die neurotischen Depressionen. Neurotische (oder auch reaktive) Depressionen sind leichtere depressive Störungen, die in der Regel auf konkrete Ereignisse wie z.B. den Verlust des Lebenspartners oder das Scheitern in einer besonders wichtigen Lebenssituation zurückzuführen sind. Nach Beck (1967) ist die Depression vor allem durch drei Charakteristika gekennzeichnet. Die Betroffenen haben ein negatives Bild von der eigenen Person, von ihrer Umwelt und schätzen auch ihre Zukunft negativ ein.

Verschiedene Theorien bemühen sich nun darum, Erklärungen für die Entstehung depressiver Störungen und Wege zu ihrer Therapie zu finden. Besondere Aufmerksamkeit hat dabei die *Theorie der erlernten Hilflosigkeit* von Seligman (1975 deutsch: 1986) gefunden. Stark verkürzt ausgedrückt geht Seligman davon aus, daß Depression die Folge von Hilflosigkeitserfahrungen ist. Hilflosigkeit bedeutet dabei, daß die Person erlebt hat, daß sie in bestimmten wichtigen Situationen keinen Einfluß auf ihr Leben nehmen kann. Sie sieht sich in derartigen Situationen ihrer Umwelt gewissermaßen schutzlos ausgeliefert. Nach einiger Zeit erscheint es ihr sinnlos, überhaupt noch Versuche zur Veränderung ihrer Lage zu unternehmen und nimmt eine negativ-lethargische Grundhaltung zum Leben ein.

Die ursprüngliche Formulierung der Theorie verzichtete noch auf die Berücksichtigung von Attributionen. Als deutlich wurde, daß die Theorie aber nicht erklären konnte, warum nicht alle Menschen, die Hilflosigkeitserfahrungen machen, später auch an einer reaktiven Depression erkranken, änderte sich dies. Es wurde nun angenommen, daß in Abhängigkeit von den Ursachen, die eine Person für das Auftreten negativer Lebensereignisse verantwortlich macht, eine depressive Störung begünstigt oder eben nicht begünstigt wird (Abramson, Seligman & Teasdale, 1978; siehe auch Seligman, 1986). Drei Attributionsstilen kommt dabei eine besondere Bedeutung zu: die bevorzugte Erklärung mittels stabiler und globaler Ursachen auf der einen und die interne bzw. externe Attribution auf der anderen Seite. Hilflosigkeitserfahrungen fördern vor allem dann die Depression, wenn sie auf stabile und globale Ursachen zurückgeführt werden. Ist die Ursache für ein negatives Lebensereignis z.B. so allgemein und dauerhaft, wie die eigene Körpergröße, die eigene Intelligenz oder die Gesellschaft als Ganzes, so hat es wenig Sinn, auf Veränderung zu hoffen. Die Möglichkeiten, selbst aktiv etwas zu verändern, sind eher als gering einzuschätzen. Die Folge ist Antriebslosigkeit und depressive Verstimmung. Wird die Ursache für bedeutsame negative Lebensereignisse zusätzlich auch noch in der eigenen Person angesiedelt (internale Ursache), so wirkt sich dies entsprechend negativ auf das eigene Selbstbild aus. Besonders schlecht geht es mithin einer Person, die – nach eigener Einschätzung – z.B. die Auffassung vertritt, daß sie den Tod eines geliebten Menschen aufgrund ihrer eigenen Persönlichkeit zu verantworten hat. Bei derart internaler, stabiler und globaler Ursachenzuschreibung spricht Stiensmeier-Pelster (1994) von einem depressiven Attributionsstil. Häufig sind derartige Attributionsmuster objektiv falsch, was die Betroffenen jedoch nicht davon abhält, an ihnen festzuhalten. Wenn hier keine psychologische Behandlung erfolgt, ist die Wahrscheinlichkeit recht groß, daß sich eine reaktive Depression ausbildet.

Kontrollüberzeugungen

Erneut hat sich gezeigt, daß Attributionen in hohem Maße auf Verhalten Einfluß nehmen. Mehr noch, fehlerhafte bzw. verzerrte Attributionen können leicht zu negativen Konsequenzen führen. In der einschlägigen Forschung wird die Rolle der Attributionen auch noch in vielen anderen Lebensbereichen untersucht. Wir können hier leider nicht auf alle Bereiche der Forschung eingehen. Hervorzuheben sind an dieser Stelle jedoch noch die Untersuchungen zur Rolle der Attributionen für die Entstehung von Emotionen (Försterling, 1994; Reisenzein, 1994; vgl. Kapitel 6) sowie für gesundheitsbezogenes Verhalten (Lohaus, 1990, 1993; Schwarzer, 1992).

In der Gesundheitspsychologie stehen Attributionen in Form zeitlich stabiler *Kontrollüberzeugungen* im Vordergrund. Ob und inwieweit eine Person bereit ist, etwas in die Aufrechterhaltung ihrer Gesundheit oder die Überwindung einer Krankheit zu investieren, hängt u.a. davon ab, ob sie überzeugt ist, selbst entsprechenden Einfluß nehmen zu können (internale Kontrollüberzeugung). So wird z.B. ein Patient, der die Auffassung vertritt, nur die Ärzte oder das Schicksal seien für seinen Gesundungsprozeß verantwortlich (sozial-externale bzw. fatalistisch-externale Kontrollüberzeugung), selbst nichts dazu beitragen. Dies kann für ihn mitunter sehr negative Konsequenzen haben, wenn wir z.B. einmal an orthopädische Operationen denken, bei denen ohne intensive Mitarbeit des Patienten im Rahmen der Physiotherapie kein optimaler Heilungserfolg möglich ist. Auch hier erweisen sich fehlerhafte Attributionen mithin als schädlich.

Wechselwirkungen

Zuguterletzt sei noch darauf hingewiesen, daß Attributionen, die sich auf andere Personen beziehen, auch indirekt auf die attribuierende Person zurückwirken können. Wir richten unser Verhalten gegenüber anderen Menschen u.a. auf der Grundlage unserer Attributionen bezüglich ihres Verhaltens aus. Wenn wir nun aber einer Fehlattribution folgend, uns z.B. einer anderen Person gegenüber ablehnend verhalten, wird diese sich ihrerseits uns gegenüber wahrscheinlich ebenfalls unfreundlich verhalten. Verhalten im sozialen Kontext ist fast immer eine Interaktion, d.h. die agierenden Personen nehmen wechselseitig aufeinander Einfluß. Zahlreiche Untersuchungen beschäftigen sich z.B. mit der Rolle, die Attributionen für die Zufriedenheit in Ehe und Partnerschaft spielen (Bradbury & Fincham, 1990). Der Ehemann, der seiner Frau, weil sie so häufig Überstunden macht, unterstellt, sie würde ihn mit einem anderen Mann betrügen, wird damit rechnen müssen, daß sich seine Frau u.U. – auch bei fehlendem Alternativpartner – von ihm zunehmend entfernt. Die Attributionen des Ehemannes schaffen ein Klima des Mißtrauens und provozieren zunehmend Konflikte, was besonders tragisch ist, wenn es gar keinen realen Anlaß zur Eifersucht gibt und beide Partner eigentlich zusammenbleiben wollten. Auch an dieser Stelle wird die schädliche Funktion fehlerhafter Attributionen deutlich.

4.3.2 Konsequenzen für andere Personen

Betrachten wir zunächst wieder einige Beispiele: Der Student, der die Freundlichkeit seiner Kommilitonin auf ein besonderes Interesse an seiner Person zurückführt, wird sich ihr gegenüber zukünftig vielleicht besonders aufmerksam und zuvorkommend zeigen. Der Straftäter, dem man eine bewußte Absicht für seine Tat unterstellt, wird härter bestraft als eine Person, die sich zum Zeitpunkt einer identischen Tat in einem Zustand verminderter Schuldfähigkeit befand. In Ländern, in denen es noch die Todesstrafe gibt, kann eine Attribution dann sogar – im wahrsten Sinne des Wortes – über Leben und Tod entscheiden. Der Diktator, der die Truppenbewegungen im Nachbarland als Vorbereitung zu einem Angriff deutet, wird sich beeilen, seinem Nachbarn zuvorzukommen. Weiner (1994) betont, daß Attributionen auch darüber mitentscheiden, ob wir andern Menschen Hilfe leisten oder nicht. Je weniger verantwortlich die hilfsbedürftige Person für ihre eigene Lage gemacht werden kann, desto größer ist die Wahrscheinlichkeit, daß bei außenstehenden Menschen Mitleid erweckt wird, welches dann wiederum die Bereitschaft, Hilfe zu leisten, erhöht.

All dies sind z.T. recht drastische Beispiele dafür, daß Attributionen unmittelbare Konsequenzen auch für andere Personen als den Beurteiler nach sich ziehen können. Oft ist auf den ersten Blick gar nicht so leicht zu entscheiden, ob eine korrekte oder eine verzerrte Attribution in diesen Fällen wünschenswert wäre. Für den Straftäter, dem die Todesstrafe droht, wird es sicherlich angenehmer sein, wenn das Gericht ihn aufgrund einer fehlerhaften Attribution nicht zu Tode verurteilt. Es ist jedoch zu berücksichtigen, daß es ja keine natürliche Beziehung zwischen Todesstrafe und Attribution gibt. Eine solche Beziehung wird erst durch den Gesetzgeber geschaffen. Ganz generell sollte eine Gesellschaft wohl daran interessiert sein, daß ihre Gerichte korrekte Attributionen vornehmen. Ist schon die Tatsache, daß schuldige Straftäter hingerichtet werden, nur schwer mit den Grundwerten moderner Gesellschaften zu vereinbaren, so ist der Gedanke, daß Unschuldige aufgrund falscher Attributionen hingerichtet werden, vollends unerträglich. Ähnlich verhält es sich in dem Beispiel des Diktators. Auch hier besteht ja kein psychologischer Automatismus zwischen Attribution und Handlung. Der Diktator könnte ebenso versuchen, Gespräche mit seinem Nachbarland aufzunehmen. Die schlimmste Situation läge wohl vor, wenn der Diktator aufgrund falscher Attributionen – also quasi aus Versehen – sein Nachbarland mit Verwüstung und Mord überziehen würde.

Alles in allem wird man im Regelfall an einer korrekten Attribution interessiert sein. Negative Konsequenzen aufgrund zutreffender Attributionen sind immer noch besser als negative Konsequenzen aufgrund fehlerhafter Attributionen. Attributionen legen die Basis für Entscheidungen. Wenn aber schon die Basis der Entscheidung fehlerhaft ist, dann kann die Konsequenz nur noch „zufällig" in der beabsichtigten Weise erfolgen. Zumindest theoretisch bietet sich ja immer noch die Möglichkeit an, nach erfolgter Attribution die Konsequenzen intensiv zu hinterfragen, ehe eine Handlung erfolgt. Bei fehlerhaften Attributionen ist schon die Ausgangsposition falsch.

Im vorherigen Kapitel wurde bereits darauf eingegangen, daß fehlerhafte Attributionen besonders problematisch sein können, wenn sie unveränderliche Ursachen festschreiben. Dies gilt natürlich auch, wenn andere Menschen zum Gegenstand einer Ursachenzuschreibung werden. Schwierig sind vor allem solche Ursachen, die *internal und stabil* erscheinen. In diesem Fall wird man in der Regel die Persönlichkeitsmerkmale eines Akteurs für sein Verhalten verantwortlich machen. Hiermit verbunden ist automatisch die Erwartung, daß der Akteur sich auch zukünftig in gleicher Weise verhalten wird. Der Akteur ist nun in der Attribution gewissermaßen gefangen. Dieser Zustand ist um so unbefriedigender, je verzerrter eine solche Attribution die realen Ursachen des Verhaltens widerspiegelt.

Besonders unangenehm dürfte es für den Akteur werden, wenn man ihm gleichzeitig unterstellt, daß die Ursache durch ihn willentlich kontrolliert werden kann (siehe Abbildung 4-1). So werden z.B. Alkoholiker gerne als willensschwache Versager diffamiert, die doch eigentlich jederzeit mit dem Trinken aufhören könnten. So wie die meisten Raucher wohl von sich behaupten, eigentlich sofort das Rauchen einstellen zu können, wenn sie nur wollten. Zu ihrem Glück wollen sie dies aber nicht und müssen sich daher auch nicht von der relativen Unkontrollierbarkeit ihrer eigenen Abhängigkeit überzeugen.

Abschließend sei noch hervorgehoben, daß auch Attributionen, die sich auf den Beurteiler selbst richten, auf sein soziales Umfeld (negativ) wirken können. Eine Person mit depressivem Attributionsstil (s.o.) wird wahrscheinlich manchen Freunden und Bekannten zunehmend zur Last fallen, weil man sich selbst nicht immer entsprechend düsteren Gedanken aussetzen will. Andere Freunde werden sich veranlaßt sehen, der fraglichen Person besonders viel Aufmerksamkeit und Zuneigung zu widmen. Möglicherweise überfordern sie sich und die Beziehung zum Träger des ungünstigen Attributionsstiles, was längerfristig wieder neue Probleme schafft.

4.4 Veränderung der Ursachenzuschreibung

Wenn fehlerhafte bzw. verzerrte Ursachenzuschreibungen negative Folgen nach sich ziehen können, so ist die Frage naheliegend, wie man derartige Attributionen verändern kann.

Der Schlüssel zur Veränderung von Attributionen liegt in der Kenntnis ihres Zustandekommens. Die bisher dargestellten Zusammenhänge laden dazu ein, auch einmal die eigenen Ursachenzuschreibungen im Alltag zu überprüfen. Zu fragen ist hierbei zum einen, ob die Attributionen die Realität adäquat widerspiegeln und zum anderen, ob deren Konsequenzen für uns akzeptabel sind. Bei beiden Aufgaben hilft oft schon der Vergleich mit anderen Menschen, die sich in ähnlichen Situationen befinden und möglicherweise ganz andere Attributionen vornehmen. Wiederholte, bewußte Beobachtungen in der gleichen Situation tun ein weiteres, Ursachenzuschreibungen zu hinterfragen.

Die Veränderung von Attributionen wird in der psychologischen Forschung aber auch in Beratung und Therapie vor allem über eine Veränderung des Informationsniveaus einer Person betrieben (Försterling, 1994, 1986). Der Therapeut geht im Rahmen eines solchen Trainings wie ein Wissenschaftler vor, der rational überprüft, ob alle bekannten oder vermuteten Einflußfaktoren hinlänglich berücksichtigt wurden. Das Ziel ist, den Klienten letztendlich selbst in die Lage zu versetzen, seine Beurteilungen an der Realität zu überprüfen. Försterling (1986) unterscheidet drei Methoden des Attributionstrainings: die Veränderung durch direkte Information, durch Überredung und Modellernen sowie die Veränderung über indirekte Mitteilungen. Wir wollen uns an dieser Stelle mit einer näheren Beschreibung der ersten Methode begnügen.

Bei der Veränderung der Attributionen über das Informationsniveau des Klienten steht die Attributionstheorie von Kelley im Vordergrund. Durch gezielte Informationen über Konsensus, Distinktheit und Konsistenz können Attributionen der Realität angepaßt und ihre unerwünschten Konsequenzen dabei beseitigt werden. Ein Einblick in ein solches Vorgehen ermöglicht uns das Gesprächsbeispiel aus einer Therapie von Beck et al. (1981). Abbildung 4-5 gibt einen Auszug wieder (nach Försterling, 1986, S. 157-158). Der Therapeut versucht hier, eine offensichtlich falsche Attribution durch eine Akzentuierung der Konsistenz-Information zu verändern.

Gespräch		Analyse
Patient:	„Ich habe überhaupt keine Selbstkontrolle."	negative Bewertung der eigenen Person: stabil, unkontrollierbar durch die eigene Person
Therapeut:	„Warum sagen Sie das?"	Frage nach der Bewertung zugrundeliegenden Attribution
Patient:	„Mir hat jemand Süßigkeiten angeboten und ich konnte nicht ablehnen."	Beurteilung basiert nur auf einer einzigen Begebenheit
Therapeut:	„Haben Sie jeden Tag Süßigkeiten gegessen."	Konsistenz-Information wird in Frage gestellt.
Patient:	„Nein, nur das eine Mal."	Patient hat offensichtlich die Konsistenz-Information in seiner Beurteilung außer acht gelassen.
Therapeut:	„Haben Sie in der letzten Woche etwas dazu getan, um die Diät einzuhalten?"	mangelnde Kontrollierbarkeit wird in Frage gestellt
Patient:	„Ja, ich habe jedes Mal, wenn ich Süßigkeiten im Laden sah, der Versuchung widerstanden, sie zu kaufen."	Patient hat in seiner Beurteilung offensichtlich die Kontrollierbarkeit seines Verhaltens falsch eingeschätzt.

Therapeut:	„Wenn Sie die Häufigkeit der Situationen, in deren Sie sich unter Kontrolle hatten, mit der Anzahl der Gelegenheiten vergleichen, in denen Sie schwach wurden, welches Verhältnis würde sich ergeben?"	Konsistenz-Information und mangelnde Kontrollierbarkeit wird in Frage gestellt
Patient:	„Ungefähr 100 zu 1."	Patient legt selbst (angestoßen durch den Therapeuten) die Informationsbasis für eine veränderte Attribution
Therapeut:	„Wenn Sie sich 100 mal beherrschen konnten und nur einmal über die Stränge schlugen, ist das ein Zeichen dafür, daß Sie durch und durch schwach sind?"	Attribution wird aufgrund der neu gewonnenen Informationen in Frage gestellt
Patient:	„Ich glaube nein – nicht durch und durch."	Veränderung der Beurteilung

Abbildung 4-5: Beispiel für ein Gespräch im Rahmen eines Attributionstrainings (nach Försterling, 1986, S. 157-158)

4.5 Fazit

Die Frage nach dem Warum stellt sich uns Tag für Tag immer wieder aufs Neue. Es geht darum, Gründe für Ereignisse, Handlungen und Handlungsergebnisse zu finden. In den allermeisten Fällen nehmen wir solche Warum-Fragen gar nicht mehr bewußt zur Kenntnis und beantworten sie aufgrund unserer Erfahrungen automatisch, quasi so nebenbei. Unabhängig von ihrem Bewußtseinsgrad nehmen Attributionen aber massiv Einfluß auf unser Verhalten. Ihr Nutzen für den Menschen besteht ja gerade darin, Situationen zu analysieren und hierdurch die Basis für die Auswahl situationsangepaßten Verhaltens zu legen. Insbesondere den automatisierten Attributionen kommt hierbei eine besondere Rolle zu, gewährleisten sie doch einen möglichst schnellen Prozeß der Informationsverarbeitung. Der Mensch wird somit in die Lage versetzt, auch in schwierigen Situationen schnell zu reagieren. Ob die erfolgte Reaktion nun aber tatsächlich adäquat ist oder nicht, das hängt u.a. von der Frage ab, inwieweit die zugrundeliegende Attribution die Realität zutreffend oder verzerrt widerspiegelt. Gerade hierin liegt nun auch das Problem der Ursachenzuschreibung.

Attributionen werden häufig fehlerhaft sein, da aufgrund spezifischer Umstände nicht alle wichtigen Informationen berücksichtigt werden konnten. Derartig unsystematische Attributionsverzerrungen wird es immer geben, da die Attributionen nicht perfekter sein können als der Mensch, der sie vornimmt. Bei wichtigen Entscheidungen mag es hier in aller Regel schon hinreichend sein, sich genügend Zeit bei der Ursachensuche zu lassen und ggf. alternative Erklärungen auch mit anderen

Personen zu diskutieren. Neben unsystematischen Attributionsfehlern gibt es aber auch solche, die von systematischer Natur sind. Hier ist es wichtig, entsprechende Tendenzen zu kennen, um Fehlern leichter auf die Schliche zu kommen.

Ganz allgemein gilt, daß die Kenntnis der psychologischen Prozesse der Ursachenzuschreibung den ersten Schritt zur Vermeidung schwerwiegender Bewertungsfehler darstellt, denn ein Problem, das als solches noch gar nicht erkannt wurde, wird zwangsläufig auch niemals gelöst werden. Die normativen Modelle der Attribution, die Ergebnisse der empirischen Forschung sowie die Erfahrungen aus Attributionstrainings können dabei helfen, Probleme zu erkennen und auch zu lösen. So hilft z.B. das Bewußtsein darum, daß häufig singuläre Erklärungen bevorzugt werden, dabei eigene Erklärungen zu hinterfragen und ggf. auch mehrere Ursachen, die gleichzeitig wirken, zu suchen und zu erkennen.

Nun sind aber natürlich nicht alle Attributionen in unserem Leben von gleicher Bedeutung und es soll hier nun sicherlich nicht gefordert werden, daß ein jeder ständig mit einem Ratgeber „Attribution“ unter dem Arm durch die Gegend läuft. Es gibt aber Personengruppen, die in ganz besonderer Weise mit dem Thema Attribution konfrontiert werden: Eltern, Lehrer, Journalisten, Politiker, Polizisten, Juristen, Manager, Ärzte etc. Ihnen allen ist gemeinsam, daß sie täglich Entscheidungen treffen, von denen andere Menschen in starkem Maße abhängig sind. Man kann diese Personengruppen gewissermaßen als professionelle Attribuierer bezeichnen. Welche dieser Gruppen hat sich jedoch während ihrer Schulzeit oder in der beruflichen Ausbildung explizit mit den psychologischen Aspekten der Ursachenzuschreibung beschäftigt? – Zu überlegen wäre doch, ob bei all den vielen Dingen, die wir im Laufe unseres Lebens in Schule, Beruf und Fortbildung, an spezifischem Fachwissen anhäufen, nicht auch noch ein klein wenig Zeit übrig bleiben sollte, um das eigene Denken, Erleben und Verhalten zu begreifen.

4.6 Vertiefende Literatur

Försterling, F. (1986). Attributionsheorie in der Klinischen Psychologie. München-Weinheim: Psychologie Verlags Union.

Hewstone, M. & Fincham, F. (1997). Attributionstheorie und -forschung: grundlegende Fragen und Anwendungen. In W. Stroebe, M. Hewstone & G.M. Stephenson (Hrsg.), Sozialpsychologie (3. erw. Aufl.) (S. 177-218). Berlin: Springer.

Meyer, W.-U. & Försterling, F. (1993). Die Attributionstheorie. In D. Frey & M. Irle (Hrsg.), Theorien der Sozialpsychologie, Band I: Kognitive Theorien (S. 175-214). Göttingen: Hogrefe.

5. „Wenn Prophezeiungen sich selbst erfüllen" – Erwartungseffekte

Die allermeisten Situationen in unserem Alltag gestalten sich genau so, wie wir es zuvor auch erwartet haben. Wenn wir morgens aus dem Hause gehen, steht unser Auto an der gewohnten Stelle. Die meisten von uns erwarten, daß es gleich beim ersten Mal anspringt und uns anschließend durch den morgendlichen Stau in Richtung Arbeitsplatz transportiert. Im Stau werden wir auf viele unliebsame Zeitgenossen stoßen, die sich in jede noch so kleine Verkehrslücke hineindrängeln, obwohl doch jeder weiß, daß sie hierdurch letztendlich kaum etwas gewinnen werden. Möglicherweise halten wir die Lücke zum Vordermann wieder einmal möglichst klein. Aber – wie erwartet – schafft er es dann doch immer wieder irgendwie, sich einen geringfügig besseren Platz im Wettkampf mit der Zeit zu sichern. Am Arbeitsplatz treffen wir auf Menschen, die sich immer in der gleichen Art und Weise zu verhalten scheinen. Wir kennen sie seit vielen Jahren und könnten oft genau vorhersagen, wie sie wohl reagieren werden, wenn man sich mit einem bestimmten Anliegen an sie wenden würde. Der Vorgesetzte ist wieder einmal unfreundlich bis arrogant. Nur gut, daß er wie immer wenig Zeit hat und seine Anweisungen daher in gewohnter Weise kurz und unpräzise trifft. Nach erfülltem Arbeitstag stürzen wir uns dann vielleicht am späten Nachmittag in das feierabendliche Stadtgetümmel. Wie immer sind die Leute um uns herum viel zu hektisch, stehen ständig im Weg herum und rauben uns so unsere kostbare Zeit. Typisch, daß alle wieder gerade dann einkaufen gehen, wenn die Geschäfte schon ohnehin völlig überlaufen sind. Rentner und Studenten können doch nun wirklich auch vormittags einkaufen gehen. Aber nein, immer wieder das gleiche. Abends folgt dann vielleicht noch die Tagesschau. Auch hier wieder nichts Neues. Edle Journalisten decken die Machenschaften ewig korrupter Politiker auf. Reden werden gehalten, ohne daß irgend jemand tatsächlich mal was wichtiges mitzuteilen hätte. Irgendwo in der Welt bringen sich die Leute wieder gegenseitig um. Flugzeuge stürzen wie gewohnt ab, weil die Technik nicht richtig gewartet wurde, während man in Autobussen sein Leben eher wegen überhöhter Geschwindigkeit verliert. Und schließlich wird das Wetter bestimmt wieder völlig falsch vorhergesagt. Kurzum, ein Tag wie jeder andere.

Natürlich ist das soeben vorgestellte Beispiel eher die Karikatur eines tatsächlichen Tages. Dennoch finden wir hierin ein Phänomen, das uns allen an jedem Tag unseres Lebens in vielfältiger Weise begegnet. Wir schreiten nicht unbedarft in die Welt hinaus und schauen einfach einmal ganz unvoreingenommen, was der Tag uns zu bieten hat. Nein, in den allermeisten Situationen haben wir bereits Erwartungen darüber, was geschehen wird. Solche Erwartungen oder auch *Hypothesen* haben wir z.T. aufgrund unserer Erfahrungen mit identischen oder ähnlichen Situationen ausgebildet. Sie helfen, die Welt um uns herum vorhersehbar zu machen und tragen dazu bei, ein situationsangepaßtes Verhalten auszuwählen. Ohne derartige Hypothesen wüßten wir z.B. nicht, wo wir morgens unsere Brötchen kaufen können oder wo Benzin für unser Auto zu erwerben sei. Ebenso wenig wüßten wir, daß es kontraproduktiv sein dürfte, im Theater noch während der Vorstellung auf die Bühne zu springen, um der Hauptdarstellerin Blumen zu überreichen.

Hypothesen können jedoch auch zum Problem werden. Dies ist vor allem dann der Fall, wenn sie fehlerhaft sind, wir aber dennoch unser Verhalten an ihnen ausrichten.

Das folgende Kapitel beschäftigt sich mit der psychologischen Forschung zu diesem Problembereich. Zunächst werden wir jedoch noch einmal die wichtigsten Merkmale des Wahrnehmungsprozesses zusammenfassen, ehe konkret auf die *Hypothesentheorie der sozialen Wahrnehmung* eingegangen wird. Hieran schließt sich die Frage nach den praktischen Konsequenzen der hypothesengeleiteten Wahrnehmung sowie die Frage nach Veränderungsmöglichkeiten an.

5.1 Wahrnehmung

Als Wahrnehmung kann derjenige Prozeß bezeichnet werden, über den der Mensch Informationen aufnimmt. Die Wahrnehmung bildet somit eine Brücke zwischen der Umwelt und dem Individuum. Sie ist u.a. Grundlage des bewußten Handelns, da der Mensch erst nach Wahrnehmung einer spezifischen Situation sein Verhalten adäquat auswählen bzw. steuern kann.

In Kapitel 2 haben wir gesehen, daß der Mensch die Realität jedoch keineswegs immer zutreffend abbildet. Die vorhandenen Informationen müssen zunächst sehr stark *gefiltert* werden, da die Vielzahl aller Informationen, die uns in einem bestimmten Moment zur Verfügung stehen, bei weitem zu groß ist, als daß sie noch bewältigt werden könnte. Werden wir z.B. in einen Autounfall verstrickt, so gibt es Millionen von Einzelinformationen, über Farben, Bewegungen, Gerüche, Laute, Temperatur, das eigene Empfinden. Selbst wenn man wollte, könnte all dies nicht sinnvoll verarbeitet werden.

Die Selektion der Information setzt eine *Akzentuierung* voraus. Der Mensch muß – wie etwa beim Cocktailparty-Phänomen – die potentiell wahrnehmbare Information gewichten, um so die unwichtigen Anteile von den wichtigen zu trennen. Wenn wir bei einem Verkehrsunfall z.B. dabei helfen müssen, daß die verletzten Personen rechtzeitig versorgt werden können, so sind Informationen über die Anzahl der Zuschauer oder die Lackierung der parkenden Autos am Wegesrand zunächst unwichtig. Unsere Aufmerksamkeit sollte vielmehr auf die Art der Verletzung oder die Möglichkeiten, professionelle Hilfe herbeizurufen, gerichtet sein. Die Akzentuierung, also die Hervorhebung bestimmter, als wichtig erkannter Informationen gegenüber anderen, als unwichtig bewerteten, ist hierbei also die zentrale Aufgabe der Wahrnehmung. Sie liefert so die Grundlage für ein situationsangepaßtes Verhalten.

Eine Akzentuierung ist wiederum nur dann möglich, wenn die Wahrnehmung – vergleichbar zur Figur-Grund-Wahrnehmung (Kapitel 2) – auch schon eine *Organisation* der Informationen beinhaltet. Diese sehr basale Funktion der Wahrnehmung gewährleistet z.B., daß wir überhaupt erkennen, wo das Auto endet und wo der

Mensch anfängt. Auch wenn dies mehr als trivial klingt, so muß doch z.B. der Feuerwehrmann, der einen Verletzten aus dem Fahrzeug herausschweißt, wissen, wo der Schweißbrenner anzusetzen ist und wo der Aufgabenbereich des Mediziners beginnt. Ebenso muß der Hilferufer erkennen, welche Verletzungen an der Person und nicht am Auto vorliegen, da das Auto – zumindest im Falle akuter Not – erst einmal in den Hintergrund zu treten hat. Für uns sind solche Organisationsaufgaben im Alltag ohne Probleme zu bewältigen. Dennoch müssen sie irgendwann einmal erworben werden. Denn es ist wohl kaum davon auszugehen, daß auch schon ein gerade geborenes Kind über derartige Fähigkeiten verfügen kann.

Schließlich legt die Wahrnehmung auch den Grundstein für die *Speicherung* relevanter Informationen in unserem Gedächtnis. Diese Informationen bilden in späteren Situationen wiederum die Grundlage für die Steuerung unserer Wahrnehmung bzw. unseres Handelns (Kapitel 3).

Wahrnehmung ist mithin niemals ein mechanischer Prozeß, der etwa mit der Funktion eines Fotoapparates oder einer Kamera gleichzusetzen wäre. Hierin liegt zwar das lebendige Element der Wahrnehmung, gleichzeitig aber auch ein potentielles Problem. Wenn Vorerfahrungen unsere Wahrnehmung und mittelbar damit auch unser Handeln beeinflussen, so stellen sie auch eine mögliche Quelle für fehlerhafte Beurteilungen, Entscheidungen und Handlungen dar.

Vor allem die Arbeit der beiden amerikanischen Psychologen Bruner und Postman legten Ende der 40er Jahre den Grundstein für den *new look in perception* (Bruner & Postman, 1948, 1949). Der neue Impuls, den sie und andere Wissenschaftler der Wahrnehmungsforschung gegeben haben, lag in der Berücksichtigung von Motiven, Bedürfnissen und Werten. Es konnte nachgewiesen werden, daß nicht nur Vorerfahrungen mit dem Wahrnehmungsgegenstand einen Einfluß auf den Wahrnehmungsprozeß nehmen können (s.o.), sondern ebenso biologische Bedürfnisse, erlernte Motive oder auch gesellschaftlich vermittelte Werte.

Zu den wahren Klassikern einschlägiger Untersuchungen gehört die Arbeit von Levine, Chein & Murphy (1942). Die Autoren haben die Teilnehmer ihrer Untersuchungen zunächst unterschiedlich lange hungern lassen. Anschließend wurden die Versuchspersonen gebeten, sich ein unbekanntes Objekt durch eine Milchglasscheibe anzusehen und anzugeben, was sie erkennen können. Mit zunehmendem Hunger glaubten die Versuchspersonen Lebensmittel erkennen zu können. Hier war offensichtlich der Wunsch Vater des Gedankens: das zunehmende Bedürfnis, Nahrung aufnehmen zu können, bestimmt die Wahrnehmungssensibilität für potentielle Nahrungsmittel. Ein solcher Prozeß hat durchaus auch einen biologischen Sinn. Mit zunehmendem Nahrungsentzug wird es für den Organismus immer wichtiger, Nahrung zu finden, um das eigene Überleben zu sichern. Dementsprechend kann er sich nicht erlauben, vorhandene Nahrungsquellen zu übersehen. Da ist es schon sinnvoller, wenn er aufgrund bedürfnisgesteuerter Wahrnehmungsverzerrung lieber einmal zu häufig eine potentielle Quelle aufsucht, die sich im nachhinein als Niete erweist, als daß tatsächliche Nahrung übersehen wird.

Die ebenfalls klassische Untersuchung von Bruner & Goodman (1947) verweist auf die Bedeutung von erlernten Motiven bzw. Werten. Die von ihnen untersuchten Schüler überschätzten die Größe amerikanischer Geldmünzen in Abhängigkeit von deren Wert. Je mehr eine Münze wert war, desto größer war auch der Unterschied zwischen der geschätzten Größe und der tatsächlichen Münzengröße. Mußten jedoch keine wertbehafteten Geldmünzen sondern wertneutrale Pappscheiben hinsichtlich ihrer Größe eingeschätzt werden, so blieben entsprechende Überschätzungen aus. Bruner & Postman (1948) konnten zeigen, daß solche wertbezogenen Überschätzungen nicht nur bei positiven Werten, sondern ebenso bei negativen Werten auftraten. Ihre Versuchspersonen überschätzen sowohl die Größe von Geldmünzen, als auch die von Hakenkreuzen. Bei neutral zu bewertenden Pappscheiben fand sich erneut kein entsprechender Effekt. Diese Ergebnisse deuten darauf hin, daß der entscheidende Grund für die Akzentuierungen in den Ergebnissen von Bruner & Postman (1948) nicht in der Motivation liegen, ein bestimmtes wertbehaftetes Ziel erreichen zu wollen, sondern, daß es die Werthaftigkeit an sich ist, die zur Akzentuierung reizt. Geldmünzen und Hakenkreuze tragen einfach eine viel größere Bedeutung in sich, als Pappscheiben und werden somit aufgrund ihrer absoluten Werthaftigkeit verzerrt wahrgenommen. Sicherlich blieben entsprechende Effekte aus, wenn man die selben Vorlagen in einer Untersuchung mit Angehörigen von Naturvölkern einsetzen würde. Bei dieser Population müßte man andere, für ihr Leben bedeutungsgeladene Stimuli auswählen, um einen wahrnehmungsverzerrenden Effekt nachweisen zu können.

Viele weitere Untersuchungen belegen die prinzipielle Bedeutung, die Motiven und Werten bei der Wahrnehmung zukommen kann (Überblick: Lilli, 1975; 1984). Es zeigt sich hier, daß soziale Prozesse – neben biologischen und primär individuell-psychologischen Faktoren – eine bedeutsame Determinante von Beurteilungsprozessen darstellen. Dies gilt selbstverständlich auch für die Bewertung von Menschen und sozialen Situationen.

Ein Defizit der einschlägigen Forschung bestand jedoch darin, daß nicht erklärt wurde, wie denn nun Motive oder Werte auf die Wahrnehmung wirken sollen (Lilli, 1984). Die Hypothesentheorie der sozialen Wahrnehmung findet hierfür eine Lösung. Sie nimmt an, daß wir auf der Grundlage unserer Lernerfahrungen Annahmen darüber ausbilden, was uns in einer bestimmten Situation zu erwarten hat. Derartige Hypothesen werden u.a. von Werten und Motiven in ihrer Stärke beeinflußt. Die Stärke einer Hypothese nimmt wiederum darauf Einfluß, was wir in einer bestimmten Situation wahrnehmen und was nicht.

5.2 Die Hypothesentheorie der sozialen Wahrnehmung

Die Hypothesentheorie der sozialen Wahrnehmung geht auf Jerome Bruner & Leo Postman zurück (Bruner & Postman, 1951; Bruner, 1951; Postman, 1951). Der Grundgedanke ist, daß Wahrnehmung schon beginnt, lange bevor eine Person einer konkreten Informationssituation ausgesetzt ist. Ein Mensch geht nicht als unbeschriebenes Blatt in eine Situation hinein, sondern hat auf der Grundlage bisheriger Erfahrungen Erwartungen, *Hypothesen* ausgebildet, die den Wahrnehmungsprozeß massiv beeinflussen.

Wir alle haben z.B. die Erwartung, daß es beim Bäcker zwar Brot und feines Gebäck, nicht aber Motoröl oder Autoreifen zu kaufen gibt. Derartige Hypothesen bauen z.T. auf eigenen Erfahrungen auf. Quellen für die Hypothesenbildung sind aber ebenso auch die Erlebnisse anderer Personen. Ein Kind erfährt wahrscheinlich schon von seinen Eltern, daß es in einer Bäckerei Brötchen zu kaufen gibt, ehe es selbst zum ersten Mal bewußt ein solches Geschäft betritt, um ein Brötchen zu kaufen. Wir selbst haben aufgrund unzähliger Fernsehkrimis Erwartungen darüber ausgebildet, wie man strategisch günstig einen Mord zu planen hat, wie die Mordkommission anschließend ermittelt oder wie eine Gerichtsverhandlung abläuft, ohne daß wir schon einmal selbst in einer solchen Situation gewesen wären. Die Hypothesenbildung unterliegt mithin auch Einflüssen unserer sozialen Umwelt. Gerade hierin liegt aber auch schon ein großes Problem der Hypothesenbildung. Die mitgeteilten Erfahrungen oder Meinungen anderer Personen, die wir zur Aufstellung unserer eigenen Hypothesen heranziehen, müssen keineswegs immer die Realität zutreffend widerspiegeln. Im Falle des Fernsehkrimis klafft bekanntlich eine sehr große Lücke zwischen der Realität und der Arbeit eines Fernsehkommissars.

5.2.1 Prozeß der hypothesengeleiteten Wahrnehmung

Der Prozeß der hypothesengeleiteten Wahrnehmung verläuft in mehreren Schritten. Einen Überblick liefert die Abbildung 5-1. Zu bedenken ist, daß der gesamte Prozeß der hypothesengeleiteten Wahrnehmung so schnell abläuft, daß er der wahrnehmenden Person selbst nicht bewußt wird.

Im ersten Schritt wird eine *Hypothese bereitgestellt*, die unsere Wahrnehmung in einer spezifischen Situation leiten wird. Eine solche Hypothese muß zunächst aus einer Vielzahl potentiell geeigneter Hypothesen ausgewählt werden. Denn es ist davon auszugehen, daß wir nicht nur eine einzige Hypothese abgespeichert haben, die man in allen Situationen einsetzen könnte. Ebenso wenig gibt es für jede unterschiedliche Lebenssituation nur eine Hypothese, die angemessen wäre. In der Realität stehen uns zahlreichen Hypothesen zur Verfügung. Stellen wir uns z.B. einmal eine Person vor, die eines Abends zu einem Klassentreffen geht. Sie weiß, daß sie an diesem Abend einem ehemaligen Mitschüler begegnen wird, den sie schon seit 25 Jahren nicht mehr gesehen hat. Eine mögliche Erwartung (Hypothese) dieser Person könnte nun sein, daß der fragliche Mitschüler sie gar nicht mehr wiedererkennen wird. Alternativ könnte sie aber auch erwarten, daß er sie sofort wiedererkennt. Natürlich gibt es noch viele weitere Hypothesen, z.B. darüber, welche der Mitschüler inzwischen verheiratet sind, ob der Lehrer weiter an Gewicht zugelegt hat, ob Mitschüler X immer noch so ungepflegt ist oder ob Mitschülerin Y noch soviel Liebreiz besitzt wie damals. Tatsächlich könnte man mit einer ganzen Reihe sinnvoller Hypothesen zum Klassentreffen gehen. Dennoch ist die Hypothesenauswahl nicht beliebig. So würde es von vornherein absurd erscheinen, auf dem Klassentreffen mit einem Attentat zu rechnen. Das Beispiel zeigt, daß bei der Auswahl potentiell geeigneter Hypothesen auf Vorerfahrungen des Individuums bezüglich der zu erwartenden Situation zurückgegriffen wird (Postman, 1951).

In einem zweiten Schritt wirkt nun die *objektive Information* über die Realität auf das Individuum ein. In unserem Beispiel bedeutet dies konkret, daß die Person zu dem Klassentreffen geht und dort u.a. auch dem ehemaligen Mitschüler begegnet.

Der dritte Schritt ist nun der wichtigste. Hier erfolgt ein *Vergleich zwischen der Hypothese und der objektiven Information*. Völlig unproblematisch ist die Situation, wenn die Hypothese mit der objektiven Information übereinstimmt. In diesem Falle wird die Hypothese bestätigt. Schwieriger wird es hingegen, wenn sich die Information nicht völlig mit der Erwartung deckt. Die zentrale Annahme der Hypothesentheorie ist nun die, daß in sehr vielen Situationen die objektive Information einfach an die Hypothese angepaßt wird. D.h., wir nehmen unsere Welt zumindest der Tendenz nach so wahr, wie wir sie erwartet haben und im Zweifelsfalle nicht so, wie sie tatsächlich ist. Hat also die Hauptperson in unserem Beispiel die feste Erwartung, daß der Mitschüler sie nicht gleich wiedererkennen wird, so ist die Wahrscheinlichkeit sehr groß, daß sie diese Hypothese auch dann bestätigen wird, wenn der Mitschüler sie direkt wiedererkennt. Soziale Situationen sind in der Regel nicht so eindeutig, als daß sie keinen Interpretationsspielraum ließen. Schon ein leichtes Zögern im Verhalten des Gegenüber kann von unserer Hauptperson als ein Indiz dafür gewertet werden, daß sie nicht sogleich erkannt wurde. Tatsächlich mag das leichte Zögern aber darauf zurückzuführen sein, daß der Mitschüler nur überlegte, ob er die Begrüßung per Handschlag oder lieber per Umarmung vollziehen soll.

Der Wahrnehmungsvorgang ist abgeschlossen, wenn die eigene Hypothese bestätigt werden konnte. War die Diskrepanz zwischen Erwartung und Information jedoch so groß, daß die Hypothese als widerlegt gelten muß, so wird der gesamte Wahrnehmungsvorgang (mental) wiederholt. Die wahrnehmende Person wird ggf. also eine neue Hypothese generieren, die mit der objektiven Information leichter in Einklang zu bringen ist.

Eine Analyse von Oswald (1993) zeigt, daß eine besonders bedeutsame Ursache für die hypothesenverzerrte Wahrnehmung bzw. Beurteilung von Menschen und sozialen Situationen darin zu sehen ist, daß die betroffenen Personen vor allem solche Informationen in der objektiven Situation suchen, die mit den eigenen Hypothesen in Einklang stehen.

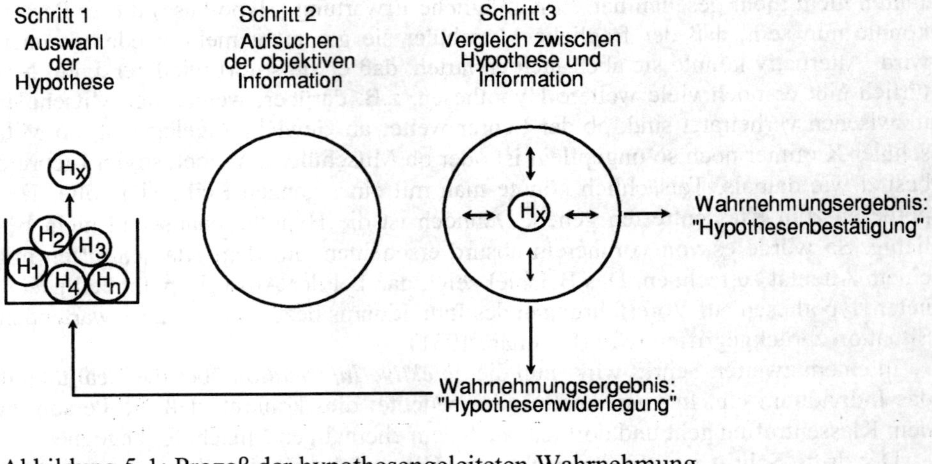

Abbildung 5-1: Prozeß der hypothesengeleiteten Wahrnehmung

5.2.2 Hypothese vs. objektive Information

Nun wird aber nicht jede Wahrnehmung in unserem Alltag in gleicher Weise durch Erwartungshaltungen verzerrt. Ob und inwieweit es zu einer Verzerrung kommt, hängt vom Zusammenspiel zweier Wirkfaktoren ab: der *Hypothesenstärke* und der *Intensität der objektiven Information* (Lilli & Frey, 1993). In der Hypothesentheorie der sozialen Wahrnehmung wird angenommen, daß sich verschiedene Hypothesen in unterschiedlich starkem Maße auf das Wahrnehmungsergebnis auswirken können. Vereinfacht ausgedrückt bedeutet dies, daß es solche Erwartungen gibt, die besonders stark sind und unsere Wahrnehmung daher massiver beeinflussen können als andere, die für uns z.B. weniger wichtig und daher auch leichter zu widerlegen sind. Neben der Stärke der Hypothese spielt auch die Stärke der objektiven Information eine Rolle (siehe Abbildung 5-2). Gesetzt den Fall, daß die objektive Information im Widerspruch zur Hypothese steht, so entscheidet die beiderseitige Stärke darüber, ob die Wahrnehmung hypothesengeleitet verzerrt oder aber informationsgeleitet korrekt ausfällt. Ersteres wird vor allem dann der Fall sein, wenn die Hypothese stark, die objektive Information aber schwach ist. Letzteres tritt ein, wenn die Hypothese schwach, die objektiv vorhandenen Informationen aber so stark sind, daß sie zu einer Veränderung der Hypothese führen. Im ersten Falle nehmen wir die objektive Realität in stark verzerrter Weise wahr. Wir bestätigen unser Hypothesen, indem wir die Wahrnehmung der Realität an unsere Erwartungen anpassen. Im zweiten Falle sind wir hingegen bereit, unsere Hypothesen an die Realität anzupassen.

Ein Beispiel soll die Bedingungen verdeutlichen. Angenommen, wir hätten die Überzeugung, daß nahezu alle Kinder in Indien von morgens bis abends schwer arbeiten müssen (Hypothese). Wenn wir nun im Zuge eines Langstreckenfluges in Indien zwischenlanden müssen, hier drei Stunden Aufenthalt haben und dabei ein Kind beobachten können, das nicht arbeiten muß (objektive Information), so wird unsere Hypothese wohl kaum zurückgewiesen werden. Die Information ist viel zu schwach, da wir nur ein einziges Kind von vielen Millionen Kindern beobachten konnten. Leben wir allerdings einige Monate lang in Indien und können sehr viele spielende Kinder beobachten, dann obsiegt möglicherweise die objektive Information über die vergleichsweise schwache Hypothese.

Die Hypothesenstärke und Informationsstärke stehen jedoch keineswegs gleichberechtigt nebeneinander. Die Hypothesentheorie nimmt an, daß eine starke Hypothese auch dann die Wahrnehmung steuert, wenn die objektive Information stark ausgeprägt ist (siehe Abbildung 5-2). Die Hypothesenstärke ist mithin die dominantere der beiden Einflußgrößen. *Im Falle einer Diskrepanz zwischen Realität und Erwartung wird ein Individuum also meist die eigenen Hypothesen bestätigen und seltener die Realität zutreffend wahrnehmen.* Postman (1951) betont, daß es sich mit der Erinnerung von Ereignissen ganz ähnlich verhält. Auch hier erfolgt – vor allem dann, wenn die Geschehnisse nicht mehr ganz leicht zu erinnern sind – eine Verzerrung in Richtung auf die Hypothesen des Individuums. Dies ist uns unter dem Begriff der schemakonsistenten Erinnerung bereits bekannt (siehe Kapitel 3). Hypothesen können als eine besondere Form kognitiver Schemata betrachtet werden.

Darüber hinaus gibt es aber auch Situationen, in denen wir in besonderem Maße daran interessiert sind, unsere Erwartungen in Frage zu stellen, wenn sich z.B. unsere Lebensumstände stark verändern, wenn ein junger Erwachsener z.B. das Elternhaus verläßt, um in einer fremden Stadt zu studieren oder wenn eine langjährige Beziehung zerbricht. In einer solchen Situation werden Hypothesen besonders leicht hinterfragt und ggf. durch neue Erwartungen ersetzt.

	schwache Hypothese	starke Hypothese
schwache, objektive Information	hohe Anfälligkeit der Wahrnehmung für die Meinung anderer Personen	Wahrnehmung wird stark in Richtung Hypothese verzerrt
starke, objektive Information	Wahrnehmung erfolgt auf der Grundlage der objektiven Gegebenheiten	Wahrnehmung wird in Richtung Hypothese verzerrt

Abbildung 5-2: Hypothesenstärke und Stärke der objektiven Information

5.2.3 Beeinflussung der Hypothesenstärke

Welches sind nun aber die Bedingungen, unter denen Hypothesen besonders stark und damit dominant einflußnehmend werden? In der Hypothesentheorie werden fünf Faktoren benannt (Bruner, 1951; Postman, 1951).

Da ist zunächst die *Häufigkeit, mit der eine Hypothese in früheren Situationen bestätigt werden konnte*. Je häufiger eine Hypothese in der Vergangenheit bestätigt wurde, desto stärker ist sie auch. Je stärker sie aber ist, desto leichter wird sie auch in Zukunft bestätigt werden. Eine besonders starke Hypothese wird ggf. auch mit einer starken Verzerrung in der Wahrnehmung der Realität einhergehen. Im negativen Falle haben wir es hier also mit einem Teufelskreislauf zu tun. Je häufiger eine falsche Hypothese in der Vergangenheit bestätigt wurde, um so größer ist die Wahrscheinlichkeit, daß sie auch in Zukunft bestätigt wird. Dies wiederum erhöht die Wahrscheinlichkeit für eine verzerrte Wahrnehmung in noch fernerer Zukunft. Ein gutes Beispiel für derartige Kreisläufe stellt die Fremdenfeindlichkeit dar. Jemand der die Erwartung hat, daß Ausländer dumm sind und den Deutschen nur Kosten verursachen, wird seine Hypothese immer wieder aufs neue bestätigen können, wenn er seine Wahrnehmung der Realität entsprechend verfälscht. Diese Bestätigung der Hypothese festigt das Vorurteil noch weiter, wodurch der betreffenden Person immer mehr die Chance genommen wird, die eigenen Vorurteile zu hinterfragen oder gar zu verwerfen. Das Übel liegt also in der immerwährenden Selbstbestätigung. Je früher ein solcher Kreislauf durchbrochen wird, um so leichter wird ein Umlernen sein. Erfolgt der Versuch der Intervention erst spät, so muß die hypothesenwiderlegende Information auch entsprechend massiv sein.

Ein zweiter Faktor ist die *Anzahl verfügbarer Alternativhypothesen*. Bei der Darstellung der verschiedenen Schritte des Wahrnehmungsprozesses haben wir gezeigt, daß eine geeignete Hypothese zunächst einmal bereitgestellt werden muß. Hypothesen können mehr oder weniger gut auf eine zu erwartende Situation zugeschnitten sein. Wer nur eine einzige Erwartung für eine bestimmte Situation generieren kann, der kann eben auch nur diese eine Hypothese bestätigen. Dementsprechend steigt die

Wahrscheinlichkeit, eine Hypothese im Wahrnehmungsprozeß zu bestätigen – und damit evtl. auch die Realität verzerrt zu erfahren – an, je geringer die Anzahl möglicher Alternativhypothesen ist. Ein Vernehmungsbeamter, der z.B. fest davon überzeugt ist, daß er den Mörder schon gefunden hat und jetzt nur noch die Beweise suchen muß, wird entlastende Indizien oder Zeugenaussagen vernachlässigen und belastende Informationen in den Vordergrund rücken. Sein Kollege, der vielleicht noch mehrere Personen gleichzeitig verdächtigt, geht viel weniger rigide vor. Er steht der Komplexität der Gegebenheiten offener gegenüber und bildet die Realität daher wahrscheinlich auch zutreffender ab. An dieser Stelle werden die negativen Konsequenzen hypothesengeleiteter Wahrnehmung wieder besonders offensichtlich. Fehlen den Ermittlungsbeamten alternative Hypothesen zur Täterschaft, so werden wichtige Beweismittel für die Unschuldigkeit des Verdächtigen als solche erst gar nicht erkannt. Im nachhinein ist es dann oftmals nicht mehr möglich, alle entlastenden Informationen zu finden. Der wahre Täter bleibt unentdeckt und – was noch viel schlimmer ist – ein Unschuldiger wird möglicherweise bestraft.

Ein dritter Faktor der Hypothesenstärke bezieht sich auf *motivationale und emotionale Einflüsse*. Je mehr eine Hypothese durch Motive oder Emotionen unterstützt wird, desto stärker ist sie. Gerade Beurteilungen der eigenen Person sind häufig in selbstwertdienlicher Weise verzerrt. Wer die Erwartung hat, in Leistungssituationen immer besonders gut abzuschneiden, wird eine solche Hypothese z.B. durch seine eigene Motivation zur positiven Selbstbewertung massiv unterstützen. Dementsprechend erweist sich eine solche Hypothese auch als besonders änderungsresistent. Die tatsächliche Leistung wird eher in positiver Weise verzerrt wahrgenommen, als daß die zugrundeliegende Hypothese geändert würde. Spiegelbildlich verhält es sich oft bei der Bewertung anderer Menschen. Gerade dann, wenn man von einer anderen Person in besonderer Weise emotional verletzt wurde, besteht häufig ein Bedürfnis, diese Person abzuwerten. Dem betrogene Ehepartner fällt es dann leicht, den Gegenüber in jeder Beziehung negativ zu sehen. Von der ursprünglich durchaus positiven Zuwendung, die für das Zustandekommen der Beziehung einmal zentral war, bleibt dann oft nicht viel übrig. Während man zuvor die Ehe vielleicht positiv verzerrt wahrgenommenen hat, weil dies der Aufrechterhaltung der Beziehung äußerst dienlich war und Zweifel, die hier und da schon mal aufkeimten, beruhigen konnte, kippt die Wahrnehmung nun gewissermaßen um. Wenn sowieso schon alles zu Ende ist, gibt es auch keine starke motivationale und emotionale Unterstützung für die Hypothese, daß alles doch eigentlich so schön ist. Im Gegenteil, nun hilft eine Wahrnehmung, die in entgegengesetzter Richtung verzerrt ist, die neue Lebenssituation zu bewältigen, sich von dem alten Partner zu lösen und so möglicherweise auch leichter wieder einen neuen zu finden. Verzerrte Wahrnehmungen können sich oftmals also durchaus als hilfreich erweisen.

Ein vierter Faktor der Hypothesenstärke liegt in der *kognitiven Verankerung* der Hypothese begründet. Mit „kognitiver Verankerung“ wird das Ausmaß bezeichnet, in welchem eine einzelne Hypothese durch weitere Hypothesen, durch abstrakte Regeln oder durch Argumente gestützt wird. Hypothesen stehen oft nicht isoliert nebeneinander, sondern weisen untereinander Verknüpfungen auf. Personen mit fremdenfeindlicher Einstellung werden die eine globale Hypothese, wonach Ausländer in jeglicher Weise minderwertig seien, durch viele spezifische Hypothesen untermauern. So könnten sie etwa die Auffassung vertreten, daß Ausländer dümmer, ungepflegter, verlogener, gewalttätiger, fauler, triebhafter, unfairer und kulturell unterentwickelter seien als die Deutschen. Jede dieser Hypothesen stärkt die übergeordnete Hypothese der Minderwertigkeit. Die so gestärkte Hypothese wird demzufolge auch nur äußerst schwer zu widerlegen sein. Hierzu bedarf es auch einer Widerlegung der sie stützenden Einzelhypothesen. Im Regelfall dürfte die übergeordnete Hypothese stärker sein als die objektive Realität, d.h. die Realität wird in fremdenfeindlicher Weise verzerrt wahrgenommen und die eigene Fremdenfeindlichkeit hierdurch immer wieder auf's neue durch die eigenen, verzerrten Erfahrungen bestätigt und ggf. auch verstärkt. Zur kognitiven Verankerung gehören aber nicht nur andere Hypothesen, sondern z.B. auch abstrakte Regeln. Eine Hypothese kann so z.B. durch Vorstellungen über Wahrscheinlichkeiten unterstützt werden: Der Zeuge eines Verkehrsunfalles hat vielleicht die Hypothese ausgebildet, daß der junge Mann in dem alten Opel den Unfall durch rabiates Fahrverhalten verursacht habe. Auch dann, wenn er nicht das gesamte fragliche Geschehen beobachten konnte und vielleicht keine Informationen über die Geschwindigkeit des zweiten Unfallbeteiligten hat, wird er seine Hypothese z.B. mit Hilfe der Unfallstatistik untermauern können. Da er weiß, daß Fahranfänger weitaus häufiger schuldhaft in Verkehrsunfälle verwickelt sind, stärkt dies seine eigene Hypothese von der Täterschaft. Die Hypothese erweist sich nun – komfortabel abgestützt durch die Statistik – als resistent gegenüber widersprechenden Informationen, die möglicherweise von anderen Zeugen vorgebracht werden.

Der fünfte und letzte Faktor der Hypothesenstärke, der in der Hypothesentheorie genannt wird, bezieht sich auf die *soziale Unterstützung*. Erwartungen finden sich nicht nur, von der Umwelt abgeschottet, in den Köpfen einzelner Individuen, sondern sind häufig auch Gegenstand sozialer Diskussion und Einflußnahme. Der Zeuge aus dem vorherigen Beispiel wird vielleicht von seinen Nachbarn und Arbeitskollegen in der Annahme bestärkt, daß es doch meist die Fahranfänger sind, die die Schuld an so vielen Verkehrsunfällen tragen. Ein fremdenfeindlicher Protagonist bewegt sich möglicherweise in einem sozialen Umfeld, in dem die Fremdenfeindlichkeit sehr weit verbreitet ist. In beiden Fällen wird die jeweilige Hypothese durch Prozesse der sozialen Unterstützung massiv gestärkt. Entsprechend steigt die Wahrscheinlichkeit für eine hypothesenkonforme Wahrnehmungsverzerrung an. Oder anders ausgedrückt, die Informationen der objektiven Realität müssen in einem solchen Fall schon besonders stark sein, um eine realitätsadäquate Wahrnehmung zu gewährleisten. Im Einzelfall kann diese, meist sehr implizite soziale Unterstützung einer Hypothese auch bedrohliche Ausmaße annehmen. Man stelle sich nur einmal einen rechtsradikalen Skinhead vor, der seinen militanten Gesinnungsgenossen mitteilt, daß er sich gar nicht mehr so sicher ist, ob wirklich alle Ausländer minderwertig seien, weil er inzwischen auch gegenteilige Erfahrungen gemacht habe. Eine Veränderung der zentralen Hypothese wird innerhalb der alten Bezugsgruppe mit großer Wahrscheinlichkeit gar nicht zu realisieren sein. Der potentielle Aussteiger muß vielmehr mit massivem Druck zur Untermauerung der alten Ansichten rechnen.

5.3 Konsequenzen der Hypothesenbildung

Wir haben bisher gesehen, daß der Wahrnehmungsprozeß und damit auch die Beurteilung von Menschen und sozialen Situationen weitaus weniger von der objektiven Realität bestimmt sind als gemeinhin wohl angenommen wird. Erwartungen führen sehr oft zu einer verzerrten Wahrnehmung der Realität, wobei wir dazu neigen, unser Bild, das wir uns von der Realität machen, an unsere Erwartungen anzupassen.

Die Konsequenzen sind mitunter gewaltig. So kann z.B. die Börsenkrise vom Oktober 1987 u.a. auch als Ergebnis einer hypothesengeleiteten Wahrnehmung interpretiert werden (Frey & Stahlberg, 1990). Nach fünf Jahren positiver Aktienentwicklung erwartete man einen Einbruch und war daher übersensibilisiert für kleinste Veränderungen, auf die dann schnell mit einem Verkauf der eigenen Aktien reagiert wurde. Dies wiederum veranlaßte andere Aktionäre, es den Protagonisten dieser Bewegung gleichzutun. Die Folge war ein massiver Einbruch der Aktienkurse, der letztlich kaum ökonomisch begründet war. Ursache war vielmehr das psychologische Phänomen der *sich selbst erfüllenden Prophezeiung.*

Nicht immer sind die Konsequenzen der hypothesengeleiteten Verzerrung durchweg negativ zu beurteilen. So kann eine verzerrte Realitätswahrnehmung, z.B. bei der Aufrechterhaltung eines positiven Selbstwertgefühles behilflich sein. Ebenso helfen Hypothesen uns auch dabei, sehr schnell ein potentiell geeignetes Verhalten in einer relativ neuen Situation auszuwählen. Man stelle sich nur einmal vor, wir müßten jedes Mal aufs neue lange überlegen, wie denn nun der Vorgang des Kaufens in einem Geschäft vor sich zu gehen habe. Bestimmte Erwartungen liefern eine Anleitung für das korrekte Verhalten auch in solchen Geschäften, die wir niemals zuvor betreten haben. Dies alles kann jedoch nicht darüber hinwegtäuschen, daß eine hypothesengeleitete Wahrnehmung sehr häufig auch negative Konsequenzen hat. Im vorausgegangenen Abschnitt haben wir hierfür schon einige plausible Beispiel konstruiert. Als besonders problematisch erweisen sich fehlerhafte Hypothesen, die im Kreislauf immerwährender Bestätigung aufrechterhalten und verstärkt werden.

In den folgenden beiden Abschnitten wird zunächst von zwei besonders herausragenden, empirischen Studien berichtet, welche die problematischen Konsequenzen hypothesengeleiteter Wahrnehmung besonders prägnant illustrieren: Die Rosenhan-Studie sowie die Untersuchungen zum *Pygmalion-Effekt.* Anschließend nehmen wir unter dem Stichwort „Labeling“ einen Exkurs in die soziologische Kriminologie vor. Den Abschluß der Betrachtung bildet eine Darstellung positiver Erwartungseffekt, wie sie etwa durch die *Theorie der Selbstwirksamkeit* oder den bekannten *Placebo-Effekt* repräsentiert werden.

5.3.1 Die Rosenhan-Studie

Der amerikanische Psychologe Rosenhan (1973) beschäftige sich ursprünglich mit der Frage, inwieweit psychiatrische Diagnosen zutreffend zwischen psychisch kranken und psychisch nicht kranken Personen differenzieren können. Zur Untersuchung dieses Sachverhaltes wählte er 12 sehr unterschiedliche psychiatrische Krankenhäuser an der amerikanischen Ost- und Westküste aus. Die Krankenhäuser wurden von verschiedenen Personen aufgesucht, die davon berichteten, unerklärliche Stimmen gehört zu haben. In der anschließenden Befragung zu ihrem Lebenslauf schilderten sie keinerlei weitere Auffälligkeiten.

Tatsächlich handelte es sich bei diesen Personen um Mitarbeiter von Rosenhan: ein Student, drei Psychologen, ein Psychiater, ein Kinderarzt, ein Maler und eine Hausfrau.

Alle Pseudopatienten wurden in den verschiedenen Krankenhäusern stationär aufgenommen und hatten die Aufgabe, sich nach kurzzeitiger Simulation geringfügiger Auffälligkeiten wie z.B. Nervosität, völlig unauffällig zu verhalten. Kein einziger von ihnen wurde als Simulant erkannt. Die Patienten wurden nach 7 bis 52 (!) Tagen mit der Diagnose „Schizophrenie" entlassen.

Aus der Perspektive der hypothesengeleiteten Wahrnehmung ist nun vor allem das Verhalten der Krankenhausmitarbeiter gegenüber den Pseudopatienten von Bedeutung. Da Schwestern, Pfleger und Ärzte davon ausgingen, daß es sich bei diesen Personen um schizophrene Patienten handelte, wurden sie auch entsprechend wahrgenommen und behandelt. Ursprünglich sollten die Mitarbeiter Rosenhans im verborgenen Notizen über ihre Erlebnisse im Krankenhaus anfertigen. Als sie nach kurzer Zeit jedoch merkten, daß sie ohnehin von niemandem ernst genommen wurden, haben sie völlig offen das Verhalten der Krankenhausmitarbeiter beobachtet und schriftlich festgehalten. Das Verhalten der Pseudopatienten wurde von den Mitarbeitern nicht zur Widerlegung der eigenen Hypothese, sondern vielmehr als Bestätigung der eigenen Erwartungen interpretiert. So wurde z.B. die Protokollierung der Medikation durch den Pseudopatienten von einer Krankenschwester als Hinweis für dessen Auffälligkeit mißgedeutet. Ebenso wurden auch kleinste Verhaltensmerkmale als Beleg für die Krankheit des Pseudopatienten interpretiert. So wurde z.B. einer der Mitarbeiter, der auf dem Flur auf und ab ging, von einer Krankenschwester mit den Worten angesprochen „Na, wieder mal nervös, Herr X?". Die Krankenschwester sucht hier die Ursache für das Verhalten des Patienten ausschließlich in dessen Person bzw. in dessen potentieller Störung. Alternativ könnte man die Ursache aber auch in der Umgebung des Patienten vermuten. Der Patient liefe demnach auf und ab, weil er im Krankenhaus keine Aufgabe hat und sich – wie wohl alle Patienten in allen Krankenhäuser – ganz einfach langweilen muß. Die Krankenhausmitarbeiter gleichen in ihrem Wahrnehmungsprozeß die objektive Information an ihre besonders starke Hypothese von der psychischen Krankheit der Patienten an und nehmen die Realität daher entsprechend verzerrt war. Sie produzieren hierdurch immer mehr Bestätigungen für die eigene Erwartung und verstärken die Hypothese somit mehr und mehr. Die Mitarbeiter befinden sich in einem Teufelskreislauf, der es ihnen immer weniger erlaubt, die gesunden Aspekte im Verhalten der (potentiell) kranken Menschen zu erkennen.

Ein guter Beleg für eine solche Interpretation auf der Grundlage der Hypothesentheorie der sozialen Wahrnehmung ist, daß die Mitarbeiter Rosenhans sehr häufig von tatsächlichen Patienten auf deren Verhalten angesprochen wurden. Die „wirklich" Kranken konnten unbefangener, ohne festen Erwartungsdruck das Verhalten der Pseudopatienten wahrnehmen und waren daher auch offen genug, die objektiven Informationen an sich herankommen zu lassen. Tatsächlich wurden die Pseudopatienten gelegentlich von Mitpatienten als Simulanten verdächtigt.

Als nach der Studie die Krankenhausmitarbeiter aufgeklärt wurden, fanden sich weitere Hinweise für eine hypothesenkonform, verzerrte Wahrnehmung der Realität.

Ein Blick in die Protokolle über den geschilderten Lebenslauf des Pseudopatienten deckte auf, daß die Informationen gar nicht neutral wiedergegeben wurden, sondern bereits im Hinblick auf die angenommene Krankheitsentstehung in systematischer Weise verzerrt interpretiert wurden. So wurden etwa vom Patienten völlig neutral geschilderte Beziehungen zu seinen Eltern vom Arzt als konfliktverdächtig protokolliert.

Nach dem Bekanntwerden der Studie wurde Kritik laut, die Rosenhan ein unfaires Vorgehen vorwarf, da die Situation, daß ein Mensch freiwillig, trotz fehlender Krankheit in eine psychiatrische Klinik eingewiesen werden möchte, völlig konstruiert ist. Es wurde angenommen, daß man die Pseudopatienten sehr wohl entdeckt hätte, wenn man zuvor überhaupt mit einer solchen Möglichkeit gerechnet hätte.

Als Reaktion hierauf verwirklichte Rosenhan eine nahezu geniale Idee. Er sprach mit den Mitarbeitern eines psychiatrischen Krankenhauses ab, daß er ihnen in den nächsten drei Monaten mehrere Pseudopatienten schicken würde. Die Aufgabe der Mitarbeiter sollte darin bestehen, die Simulanten rechtzeitig zu erkennen. Von 193 Patienten, die in dem abgesprochenen Zeitraum in die Klinik kamen, wurden 41 von zumindest einem Mitarbeiter der Klinik als Simulanten erkannt. Dies sind mehr als 20 Prozent der Patienten. Das Problem war nur, daß Rosenhan keinen einzigen Pseudopatienten in das Krankenhaus geschickt hatte.

Auch hier sind die Krankenhausmitarbeiter ihren eigenen Erwartungen auf den Leim gegangen. Sie hatten die Hypothese, daß sich unter den Neuaufnahmen einige Simulanten befinden müssen. Dementsprechend sind sie an die objektiven Gegebenheiten völlig anders herangegangen als in der ersten Studie. Das Ergebnis ist erneut eine hypothesenkonforme Wahrnehmung der Realität. In beiden Studien kommen die Mitarbeiter zu einer völlig anderen Beurteilung, obwohl sich die objektive Realität doch nur unwesentlich verändert hat.

Man könnte mit solchen Beurteilungsverzerrungen nun sehr gut leben, wenn es sich nur um ein „akademisches Problem“ handeln würde. Was würde es schon ausmachen, wenn man nachgewiesen hätte, daß die Welt nicht so ist, wie wir glauben, sie objektiv wahrgenommen zu haben? Das Problem liegt jedoch darin, daß unsere Wahrnehmung der Welt und damit auch die Beurteilung von Menschen und sozialen Situationen die vielleicht zentralste Grundlage für die Steuerung unseres Verhaltens darstellt.

In der Rosenhan-Studie konnte nachgewiesen werden, daß das Krankenhauspersonal in alltäglichen Situationen, außerhalb therapeutischer Maßnahmen, den Patienten als Menschen offenbar gar nicht ernst genommen haben. Die Pseudopatienten haben den Versuch unternommen, Ärzte oder Krankenschwestern auf dem Flur in einer krankenhausrelevanten Sache anzusprechen. In nur 4 % der Fälle ist ein Psychiater überhaupt stehengeblieben, um ein Gespräch zu führen, während in 71 % der Fälle die Ärzte einfach weitergegangen sind, ohne dem Patienten auch nur den Kopf zuzudrehen. Bei den Krankenschwestern betrug das Verhältnis 0,5 zu 88 %. Dieses ablehnende Verhalten hat offenbar etwas damit zu tun, daß die Erwartung existiert, daß Psychiatriepatienten aufgrund ihrer speziellen Erkrankungen ohnehin meist nur Blödsinn von sich geben. Da ist es dann nur folgerichtig, daß man sich von ihnen nicht gern in Gespräche verwickeln läßt, die ohnehin zu keinem fruchtbaren Ergebnis führen können. Für diese Interpretation im Sinne der Hypothesentheorie spricht, daß in einer Vergleichsstudie, die in nicht-psychiatrischen Krankenhäusern durchgeführt wurde, mindesten 75 % der angesprochenen Personen auch tatsächlich stehengeblieben sind und die Frage beantwortet haben. Auf dem Universitätsgelände blieben sogar 100% der angesprochenen Personen stehen und hörten den Fragesteller erst einmal an. Dies hängt aller Wahrscheinlichkeit nach damit zusammen, daß man in nicht-psychiatrischen Krankenhäusern oder auf dem Universitätsgelände eben nicht schon von vornherein die Erwartung hat, daß derjenige, der einen anspricht, sowieso nichts Sinnvolles zu sagen habe.

Ein besonderes Problem kann auch entstehen, wenn die Patienten die Diagnose in ihr eigenes Selbstbild aufnehmen. Schließlich werden die Pseudopatienten in der Rosenhan-Studie nicht als völlig gesund entlassen. Die Diagnose „Schizophrenie“ bleibt bestehen. Es wird implizit angenommen, daß die Krankheit später wieder ausbrechen kann. Diese Annahme ist im Falle eines tatsächlich schizophrenen Menschen auch wissenschaftlich abgesichert. Liegt jedoch eine Fehldiagnose vor, so wird die betroffene Person völlig unnötigerweise, im schlimmsten Falle auch langfristig, in ihrem Verhalten und ihrem Selbstwert beeinträchtigt.

Es muß an dieser Stelle betont werden, daß die Hervorhebung der Rosenhan-Studie keinesfalls den Zweck verfolgt, die Psychiatrie oder die in psychiatrischen Kliniken arbeitenden Menschen kollektiv in Mißkredit zu bringen. Die Studie zeigt lediglich am Beispiel der Psychiatrie, wo und wie Erwartungen auf unsere Wahrnehmung und letztlich auch auf unser Handeln Einfluß nehmen. Mit Sicherheit hätte man die gleichen Prozesse auch in völlig anderen Lebensbereichen wie Wirtschaft, Wissenschaft oder Familie nachweisen können.

5.3.2 Der Pygmalion-Effekt

Die beiden amerikanischen Psychologen Jacobson und Rosenthal (1971) haben sich in ihren Untersuchungen mit der Frage beschäftigt, wie sich Erwartungen von Lehrern auf das tatsächliche Leistungsverhalten der Schüler auswirken (Überblick: Mietzel, 1986).

Den Ausgangspunkt bildet eine Untersuchung, in der die beiden Forscher Schüler aus 17 Schulklassen zunächst einem Leistungstest unterzogen haben. Anschließend wurde den Lehrern mitgeteilt, bei welchen Schülern in den nächsten Monaten mit besonderen Leistungssteigerungen zu rechnen sei. Vier Monate später meldete sich die Forschungsgruppe erneut in den Schulen, um die Leistungen der Kinder zum zweiten Mal zu messen. Bei allen Kindern konnten Leistungssteigerungen festgestellt werden. In fast allen Klassen wurde zusätzlich bei denjenigen Kindern, bei denen eine überdurchschnittliche Leistungssteigerung prognostiziert wurde, auch tatsächlich ein weitaus größerer Leistungszuwachs ermittelt. Die Ergebnisse der zweiten Messung decken sich also mit den Prognosen, die nach der ersten Messung aufgestellt wurden. Dieses Ergebnis wäre nun nicht weiter verwunderlich, wenn Rosenthal und Jacobson (1971) nach der ersten Messung tatsächlich fundierte Prognosen angestellt hätten. Wie so oft in der Sozialpsychologie, handelte es sich bei dieser Untersuchung jedoch um ein Täuschungsexperiment. Die Versuchsleiter haben einfach per Zufall 20 % der Schüler ausgewählt und deren Lehrern den Eindruck vermittelt, als handele es sich bei diesen Kinder um besonders begabte Schüler. Wie ist nun aber zu erklären, daß jene 20 % der Schüler, die sich in ihrer Leistungsfähigkeit nicht systematisch von den übrigen 80 % der Kinder unterschieden haben, nach vier Monaten ihre Leistung in größerem Maße gesteigert haben als ihre Mitschüler?

Der Schlüssel zur Erklärung dieses Phänomens liegt wieder einmal in der hypothesengeleiteten Urteilsbildung. Die Lehrer haben in bezug auf die ausgewählten Schüler die Erwartung ausgebildet, daß es sich hierbei um besonders begabte Kinder handelt. Dies kann man ihnen nicht verübeln, denn sie hatten keinen Grund, an der Prognose der Experten zu zweifeln. In den folgenden Unterrichtsstunden haben sie nun systematisch die Wahrnehmung der objektiven Realität an ihre Erwartungen angepaßt. Leistungseinbrüche wurden z.B. als Ausnahmen interpretiert, während gute Leistungen als Belege für die Richtigkeit der eigenen Hypothese akzentuiert wurden. Dies allein reicht jedoch noch nicht aus, um die tatsächlich überdurchschnittliche Leistungssteigerung erklären zu können. Die Lehrer müssen zusätzlich auch noch ihr Verhalten gegenüber den ausgewählten Schülern verändert haben. Da sie von der besonderen Begabung der Schüler überzeugt waren, haben sie diesen Schülern auch mehr Aufmerksamkeit geschenkt. Sie haben für die speziellen Schüler ein sozial-emotionales Klima geschaffen, in dem sich besonders gut lernen läßt. Da sich eine spezielle Förderung eines Schülers besonders dann auszahlt, wenn der Schüler auch begabt ist, haben die Lehrer in der Erwartung der besonderen Leistung die benannten Schüler schließlich auch gezielt gefördert. Weil diesen Schülern somit ein intensiveres Leistungstraining zuteil wurde, haben sie schließlich auch ihre tatsächliche Leistung überdurchschnittlich steigern können. Die Person des Schülers bzw. seine Ausgangsleistung ist – wie das Auswahlverfahren der Versuchsleiter gezeigt hat – dabei zunächst unwichtig.

Für eine Einflußnahme des Lehrers spricht u.a. auch das Ergebnis einer Nachuntersuchung, die durchgeführt wurde, nachdem das Schuljahr beendet war und die fraglichen Schüler schon geraume Zeit von anderen Lehrern unterrichtet wurden. Es zeigte sich, daß sich der Effekt der Leistungssteigerung zumindest bei den jüngeren Schülern allmählich zurückbildete. Die neuen Lehrer hatten eben keine entsprechend verzerrten Erwartungen ausbilden können. Daß sich die Leistungssteigerung bei den älteren Kindern nicht zurückbildete, spricht dafür, daß sie die Erwartungshaltung des Lehrers in ihr eigenes Selbstkonzept übernommen haben. Der Lehrer hat die Schüler durch sein Verhalten wahrscheinlich dazu ermuntert, stärker an die eigenen Fähigkeiten zu glauben und hierdurch die Basis geschaffen, daß sie auch selbst bestrebt waren, ihre vorhandenen Ressourcen verstärkt zu nutzen. Trotz dieser Belege für den Einfluß des Lehrerverhaltens auf die Leistungen bzw. auf das Selbstkonzept der Schüler handelt es sich hierbei offenbar um eine unbewußte Beeinflussung, wenn man den Angaben der Lehrer trauen darf: Ein Jahr nach Beginn des Feldexperimentes konnten die Lehrer nur 25% derjenigen Kinder korrekt erinnern, die ihnen ursprünglich als besonders begabt benannt wurden.

Die Ergebnisse von Rosenthal und Jacobson wurden inzwischen auch in anderen Kontexten mehrfach erfolgreich repliziert (Mietzel, 1986). Die Autoren bezeichnen den von ihnen gefundenen Erwartungseffekt, der zur Leistungssteigerung führt, als *Pygmalion-Effekt.* Bei der Namengebung stand die Figur des Bildhauers Pygmalion aus der griechischen Mythologie Pate, der eine Frau nach seinem Idealbild aus Elfenbein erschaffen hat und diese – nachdem Aphrodite die Figur zum Leben erweckt hat – heiraten konnte. Der Bezug richtet sich darauf, daß der Lehrer, dem Pygmalion vergleichbar, etwas Neues nach seinen eigenen Vorstellungen erschaffen kann.

Spätere Untersuchungen haben gezeigt, daß auch der entgegengesetzte Effekt erzielt werden kann, wenn der Lehrer von der besonderen Unfähigkeit eines Schülers überzeugt ist. In diesem Falle wird er folgerichtig dem Schüler auch keine besonders positive Aufmerksamkeit oder gar Förderung zuteil werden lassen. Die Folge ist dann ein Absinken der Leistung.

Bei beiden Effekten kommt hinzu, daß der Lehrer auch bei der Notengebung, je nach Einschätzung des Schülers, zu dessen Gunsten oder zu dessen Ungunsten entscheiden kann. Der Erwartungseffekt nimmt also nicht nur längerfristig auf die Leistung, sondern kurzfristig auch auf die Darstellung der Schülerleistung Einfluß. Dies hat dann wieder Konsequenzen in der sozialen Umgebung des Schülers. So werden die Eltern desjenigen Schülers, der plötzlich seine Noten verbessern kann, diesen im Regelfall wohl zusätzlich zu einer Leistungssteigerung motivieren. Ähnlich mag es sich bei dem Schüler selbst verhalten, wenn auch er die Überzeugung gewonnen hat, viel leistungsfähiger zu sein, als bisher erkannt wurde. Die Erwartungseffekte des Lehrers treten somit fast schon eine Lawine los, die die zuvor vielleicht falsche Erwartung im nachhinein rechtfertigt.

Die Untersuchung von Rosenthal & Jacobson hat weite Kreise gezogen. In einem Übersichtsartikel besprechen Harris & Rosenthal (1985) nicht weniger als 135 Studien, die sich mit der genaueren Analyse der Prozesse beschäftigen. Sie kommen zu dem Schluß, daß vor allem vier Faktoren, die durch den Lehrer beeinflußt werden, zum Gelingen des Pygmalion-Effektes beitragen: ein positives emotionales Klima zwischen Lehrer und Schüler, differenzierte Rückmeldungen des Lehrers an seinen Schüler, die Präsentation moderat anspruchsvollerer Lerninhalte und die Schaffung zusätzlicher Gelegenheiten im Unterricht, in denen der Schüler sich zu Wort melden kann.

5.3.3 Labeling

Innerhalb der soziologisch orientierten Kriminologie sind die Konsequenzen hypothesenkonformer Urteilsbildung unter der Bezeichnung Labeling (Etikettierung) besonders bekannt geworden (Überblick: Lamnek, 1993; Rüther, 1975).

Stellen wir uns einmal eine Person vor, die nach einer Straftat für einige Monate inhaftiert war und nun das Gefängnis wieder verlassen kann. Die Wahrscheinlichkeit ist groß, daß die fragliche Person nun Schwierigkeiten haben wird, einen neuen Arbeitsplatz oder eine neue Wohnung zu finden. Die soziale Umwelt begegnet ihr mit Mißtrauen. Die meisten Leute erwarten vielleicht, daß eine Person, die schon einmal im Gefängnis saß, auch in Zukunft wieder auffällig werden wird. Man geht davon aus, es nicht mit einer Person zu tun zu haben, die ein einziges Mal kriminelles Verhalten gezeigt hat, sondern erwartet vielmehr, eine Person mit einer „kriminellen Persönlichkeit" oder kurz, einen „Kriminellen" vor sich zu haben. Bildlich gesprochen wird so der Person das Etikett „Krimineller" aufgeklebt (daher der Begriff „Labeling"). Die Erwartungshaltung der sozialen Umgebung schränkt nachfolgend den Verhaltensspielraum der fraglichen Person stark ein. Möglicherweise findet sie weder eine legale Arbeit noch eine nach bürgerlichen Maßstäben akzeptable Wohnstätte. Hierdurch wächst die Wahrscheinlichkeit, erneut durch kriminelles Verhalten auffällig zu werden. Die soziale Ächtung durch die Mehrheitsgesellschaft treibt unseren Protagonisten in gesellschaftliche Nischen, in denen seine kriminelle Vergangenheit keinen Anstoß erregt. Er bewegt sich nun möglicherweise in einem Milieu, in dem es sehr leicht ist, neue Kontakte zu kriminell handelnden Personen zu knüpfen. Dies mag im negativsten Falle nun wieder dazu führen, daß die Person zum zweiten Male durch kriminelles Verhalten auffällig wird, weil sie z.B. ein ebenso verlockendes wie zwielichtiges Angebot annimmt, um ihren Lebensunterhalt z.B. durch einen Einbruch finanzieren zu können. Im nachhinein hat sich die Erwartung des sozialen Kontextes also bestätigt. Die Hypothese wird mithin gestärkt aus diesem Prozeß hervorgehen und auch in Zukunft wieder zur Anwendung kommen. Die erneute Straffälligkeit (sekundäre Devianz) wurde allerdings mittelbar auch durch das Verhalten des sozialen Kontextes gefördert. Vertreter des Labeling-Ansatzes sprechen in diesem Fall von *Forcierungslabeling*. Es wird jedoch auch angenommen, daß Labeling-Prozesse ein kriminelles Verhalten auch erstmalig hervorbringen können (*Verursachungslabeling*). In einem solchen Fall wird eine Person aufgrund ihrer Zugehörigkeit zu bestimmten sozialen Gruppen als „Krimineller" etikettiert. Die Folgen der Einengung ihres Verhaltensspielraumes sind analog zum Forcierungslabeling zu sehen.

Eine besondere Gefahr des Labeling-Prozesse besteht darin, daß die etikettierte Person das Label auch in das eigen Selbstbild aufnimmt. Dies wird wohl vor allem bei jüngeren Personen bzw. bei Personen mit nur wenig gefestigtem Selbstbild der Fall sein. Ist jemand erst einmal selbst davon überzeugt, ein Krimineller zu sein, dann gibt es für ihn auch weniger Veranlassung, sich anders zu verhalten. Im Gegenteil, das Selbstkonzept rechtfertigt ein entsprechendes Handeln ja geradezu. Es könnte dann nach dem Motto: „Ich bin ein Krimineller, ich kann nicht anders" gehandelt werden.

Der Unterschied zu den bisher besprochenen Erwartungseffekten besteht vor allem darin, daß der Labeling-Ansatz nicht Erwartungshaltung einzelner Menschen ins Zentrum seiner Aufmerksamkeit rückt, sondern gesellschaftlich geteilte Erwartungen breiter Bevölkerungsschichten thematisiert.

5.3.4 Selbstwirksamkeit

Die bisher ausgewählten Beispiele für Konsequenzen der hypothesengeleiteten Wahrnehmung betonen die negativen Aspekte von Erwartungshaltungen. Erwartungen erfüllen jedoch prinzipiell auch nützliche Funktionen, da sie uns – wie schon kurz erläutert wurde – dabei helfen, schnell und meist wohl auch situationsangemessen auf unsere Umwelt zu reagieren.

Die *Theorie der Selbstwirksamkeit* von Albert Bandura (1977, 1986) betont die Bedeutung, die Erwartungen bei der Steuerung unseres eigenen Verhaltens spielen. Die Theorie steht in der langen Tradition der psychologischen Lerntheorien (Edelman, 1996). Als Ausgangspunkt des Verhaltens wird zunächst eine bestimmte Situation definiert. In dieser Situation erfolgt ein Verhalten, dem sich wiederum eine Konsequenz anschließt (siehe Abbildung 5-3).

Die Lerntheorie von Burrhus Frederic Skinner – die, wie keine zweite Theorie den Fortschritt in der akademischen Psychologie des 20. Jahrhunderts beflügelt hat – geht davon aus, daß Verhalten vor allem über seine Konsequenzen gesteuert wird (Skinner, 1953, 1969). Ein bestimmtes Verhalten wird dann wahrscheinlich, wenn es in früheren, sehr ähnlich gelagerten Situationen belohnt wurde. Die Auftrittswahrscheinlichkeit für das selbe Verhalten sinkt jedoch ab, wenn es bisher in solchen Situationen bestraft wurde. Das Individuum lernt auf diesem Wege, welches Verhalten in welchen Situationen angemessen ist, um eine Belohnung (i.w.S.) erzielen zu können.

Bandura greift den Gedanken Skinners auf und spricht in diesem Zusammenhang von einer Erwartung der Verhaltens-Effektivität (Abbildung 5-3). Jeder von uns hat zumindest für bereits erlebte Situationen eine Erwartung darüber ausgebildet, ob ein bestimmtes Verhalten zu einem erwünschten Effekt führen wird oder nicht. Wer im Sportunterricht gute Noten erzielen will, weiß z.B., daß er möglichst schnell laufen, weit werfen oder hoch springen muß. Die Erwartung über erwünschte Konsequenzen des eigenen Verhaltens in bestimmten Situationen reicht für sich allein betrachtet jedoch noch nicht aus, um ein entsprechendes Verhalten auch auslösen zu können. Hier wird eine zweite Erwartung bedeutsam, die *Erwartung der Selbstwirksamkeit* (Abb. 5-3). Es ist für uns nur dann sinnvoll, ein Verhalten, von dem wir uns erwünschte Konsequenzen erwarten, auch tatsächlich zu initiieren, wenn wir uns zutrauen, das notwendige Verhalten auch tatsächlich selbst zeigen zu können. Wer also von sich selbst glaubt, daß er nicht in der Lage sei, hinreichend schnell zu laufen, weit zu werfen oder hoch zu springen, um eine (erwünschte) gute Note im Sportunterricht zu erzielen, der wird sich auch erst gar nicht anstrengen wollen.

Für die Initiierung eines Verhaltens sind mithin mindestens zwei Bedingungen notwendig: die Person muß die Erwartung haben, daß das zu zeigende Verhalten wünschenswerte Konsequenzen nach sich zieht und gleichzeitig muß sie die Erwartung haben, daß sie selbst auch in der Lage ist, dieses notwendige Verhalten in die Tat umsetzen zu können. Fällt auch nur eine dieser beiden Erwartungen negativ aus, so wird ein Verhalten nicht gezeigt.

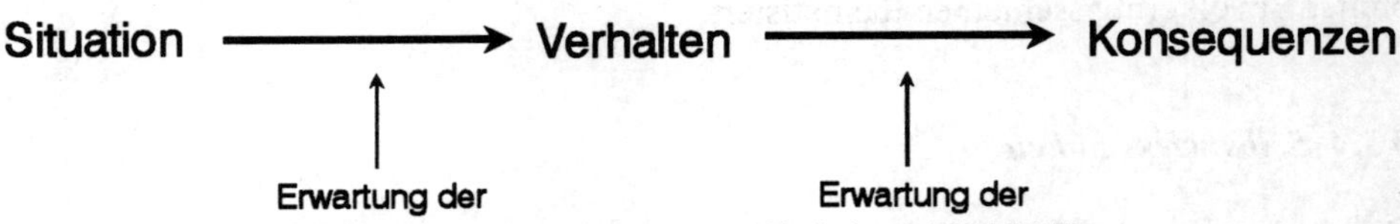

Abbildung 5-3: Theorie der Selbstwirksamkeit von Bandura (nach Reinecker, 1990)

Erwartungen werden in der Theorie der Selbstwirksamkeit also eine zentrale Rolle für die Initiierung eines Verhaltens zugeschrieben. Ähnlich wie in den vorangestellten Beispielen können wir auch hier wieder einen, sich selbst bestätigenden Kreislauf der Erwartungen ausmachen. Wenn eine Person sich zutraut, ein erwünschtes Verhalten selbst adäquat umsetzen zu können, so wird sie hierzu auch besonders motiviert sein. Hierdurch steigt die Wahrscheinlichkeit an, daß sie dann auch tatsächlich erfolgreich sein wird. Die Hypothese über die eigene Wirksamkeit wird so im nachhinein bestätigt und verstärkt. Im umgekehrten Falle wird eine versagensängstliche Person ihre Erwartung vom eigenen Scheitern in einer Leistungssituation sehr leicht bestätigen können, da sie nur schwach motiviert und ängstlich in einer Prüfung o.ä. auftritt. Hierdurch legt sie sich selbst unbeabsichtigt eine Barriere in den Weg und wird dann tatsächlich – wie erwartet – keine guten Leistungen erbringen.

Ähnlich wie beim Pygmalion-Effekt oder im Prozeß des Labeling wird hier nicht nur die wahrgenommene Realität, sondern sogar die objektive Realität an die Erwartungen angepaßt.

Gerade die Theorie der Selbstwirksamkeit zeigt nun aber, daß Erwartungen deshalb keineswegs prinzipiell von Übel wären. Ohne Erwartungen über Konsequenzen unseres Verhaltens und die eigene Wirksamkeit würden wir ständig orientierungslos umherirren. Wir müßten immer wieder aufs neue Verhaltensweisen ausprobieren, von denen wir ebensowenig wüßten, zu welchem Ziele sie führen, wie wir wüßten, ob wir sie überhaupt in sinnvoller Weise umsetzen könnten.

5.3.5 Placebo-Effekt

Ein sehr viel bekannteres Beispiel für die positive Funktion, die Erwartungseffekten zukommen kann, stellt der Placebo-Effekt dar. Schon vor mehr als zweihundert Jahren erschien erstmals der Begriff des Placebo-Effektes in der medizinischen Literatur (Klingler, 1989). Er kennzeichnet bis auf den heutigen Tag das Phänomen der Heilung ohne Wirkstoff.

Schon früh zeigte sich, daß ein nicht geringer Teil der medizinischen Wirkung eines Medikamentes auf die Erwartung des Patienten zurückzuführen ist, daß die verabreichte Medizin eine wohltuende Wirkung entfalten wird. Heute muß jedes Medikament, das neu auf den Markt kommt, gegen den Placebo-Effekt abgesichert werden. Im Rahmen einer Studie wird man daher (in der einfachsten Versuchsanordnung) der Hälfte der Versuchspersonen den neu entwickelten Wirkstoff, der anderen Hälfte hingegen eine gleich aussehende Substanz ohne jeglichen Wirkstoff verabreichen. Beide Patientengruppen werden in dem Glauben gelassen, daß sie ein neues Medikament erproben. In der Regel wird man in beiden Gruppen eine Besserung feststellen. Nur dann, wenn der Erfolg des neuen Wirkstoffes signifikant über der Wirkung des Scheinmedikamentes liegt, kann dem Stoff eine tatsächliche Wirkung nachgesagt werden. Bei komplexeren Studien führt man zusätzlich eine dritte Bedingung ein, bei der einer weiteren Gruppe von Patienten keinerlei Substanz verabreicht wird. Der Vergleich der Placebo-Gruppe mit dieser dritten Patientengruppe ermöglicht es dann, das Ausmaß des Placebo-Effektes exakt zu bestimmen.

Der Placebo-Effekt beschränkt sich jedoch keineswegs nur auf Medikamente in Form von Tabletten, Säften, Infusionen u.ä. Gleiches läßt sich auch bei apparativer Therapie wie etwa dem Ultraschall und sogar bei Operationen belegen (Beecher, 1961; Wall, 1996). So fanden sich z.B. auch noch sechs Monate nach einer Scheinoperation bei Patienten, die an Angina Perctoris litten, ähnliche Erfolge, wie bei einer Vergleichsgruppe, bei der ein herkömmlicher Eingriff vorgenommen wurde.

Alles in allem darf man also davon ausgehen, daß bei jeder medizinischen Intervention auch ein Teil des zu verzeichnenden Erfolgs oder Mißerfolgs auf psychologische Faktoren zurückzuführen ist. Neben dem medizinischen know how wäre es für den Arzt mithin auch recht nützlich, wenn er seine Patienten von dem zu erwartenden Erfolg seiner Therapie überzeugen könnte. Gelingt ihm dies, so können beide Effekte, der objektive Einfluß der Behandlung und der Placebo-Effekt zusammenwirken und so die Wirkkraft der Intervention steigern. Eine Analyse von Jensen & Karoly (1991) zeigt darüber hinaus, daß der Placebo-Effekt in starkem Maße auch von der Motivation des Patienten abhängt. Die bloße Erwartung einer Besserung des eigenen Zustandes reicht kaum aus, um große Effekte zu erzielen. Zu nennenswerten Effekten kommt es vor allem dann, wenn der Patient sich auch selbst wünscht, daß die medizinische Intervention wirkt. Es ist mithin wohl nicht nur der Glaube, der Berge versetzt, sondern in nicht unerheblichem Maße auch der Wunsch, daß sich der Berg bewege.

Schließlich birgt der Placebo-Effekt auch noch ganz andere Möglichkeiten in sich. Patienten können absichtlich mit wirkstoffreien Medikamenten, sog. „Placebos" behandelt werden. Stellt sich eine Erfolg ein, so trägt der Patient nicht auch noch das unvermeidliche Risiko der Nebenwirkungen eines echten Medikamentes. Ein solches Vorgehen bietet sich beispielsweise in der ersten Phase der Behandlung von psychosomatischen Erkrankungen – also psychischen Erkrankungen, die ihren Ausdruck in somatischen Symptomen wie etwa Freßsucht oder Lähmungserscheinungen finden – an. Ein weiteres Einsatzgebiet sind chronische Erkrankungen von geringer Intensität wie z.B. Kopfschmerzen oder Schlafstörungen. Auch empfiehlt sich neben einer medizinischen oft auch eine psychologische Behandlung.

5.4 Veränderungsmöglichkeiten

Negative Konsequenzen der hypothesengeleiteten Urteilsbildung entstehen vor allem dann, wenn ein Kreislaufprozeß in Gang kommt, der immer wieder eine objektiv falsche Hypothese bestätigt und verstärkt. Die Folge ist, daß mit zunehmender Häufigkeit der Hypothesenüberprüfung die Wahrscheinlichkeit immer geringer wird, daß die objektiven Informationen der Realität hinreichend stark sind, um sich gegen die immer stärker werdende Hypothese durchzusetzen. Je früher ein solcher Kreislauf unterbrochen wird, desto leichter ist es mithin, sich in seiner Wahrnehmung primär von objektiven Informationen leiten zu lassen.

Der gesamte Prozeß ist jedoch vergleichsweise unproblematisch, ja, sogar sehr nützlich für die Steuerung unseres Verhaltens, wenn die Hypothese objektiv gesehen zutreffend ist.

Die wichtigste Voraussetzung zur Durchbrechung unerwünschter Kreislaufprozesse ist die Kenntnis derselben. Wer niemals seine eigene Wahrnehmung hinterfragt, wer sich hypothesengeleiteter Verzerrungen und ihrer Konsequenzen nicht bewußt ist, der wird ihnen zwangsläufig auch nicht aktiv entgegenwirken können.

Aus der Hypothesentheorie der sozialen Wahrnehmung lassen sich zwei Strategien zur Vermeidung verzerrter Wahrnehmungen ableiten, die auch in Kombination miteinander eingesetzt werden können. Die erste – wohl auch effektivere – Strategie liegt in einer Reduzierung der Hypothesenstärke. Die zweite besteht in einer Stärkung der objektiven Information.

Der erste Schlüssel zur Durchbrechung ungünstiger Kreislaufprozesse liegt in der *Akzentuierung alternativer Hypothesen*. Den Prinzipien der Hypothesentheorie folgend kann angenommen werden, daß die Kenntnis alternativer Hypothesen bzw. die Relativierung einzelner Erwartungen dazu führen wird, daß die Stärke der einzelnen Hypothesen abnimmt. Dies hat aber wieder zur Folge, daß sich die objektiven Gegebenheiten im Wahrnehmungsprozeß gegenüber den Hypothesen leichter behaupten können (siehe Abbildung 5-2).

Häufig ist es hilfreich, wenn nicht nur eine einzige Person, sondern mehrere, möglichst unterschiedliche Personen gemeinsam die Realität zu ergründen suchen. Man folgt bei einem solchen Vorgehen gewissermaßen den Prinzipien empirischer Wissenschaften und testet eine Hypothese gegen mögliche Alternativhypothesen. Um Fehlwahrnehmungen und nachfolgend auch fehlerhaft eingesetztes Verhalten unwahrscheinlicher werden zu lassen, wird der Prozeß der Hypothesenprüfung auf mehrere Personen mit teilweise unterschiedlichen Hypothesen und damit auch unterschiedlichen Wahrnehmungen verteilt. In Wirtschaft oder Politik wird man bei wichtigen Entscheidungen Entscheidungsgremien bilden, die – aus der Perspektive der Hypothesentheorie – jedoch nur dann sinnvoll arbeiten können, wenn sie ein gewisses Maß an Heterogenität aufweisen. Wenn sowieso alle die gleichen Grundhypothesen teilen, dann kann man sich eine kollektive Entscheidungsfindung eigentlich schon von vornherein sparen. Die Mitglieder eines solchen Gremiums werden sich gegenseitig in ihren Hypothesen immer nur bestätigen, was die Resistenz der Erwartungen gegenüber den Einflüssen den objektiv richtigen Gegebenheiten nur noch mehr erschwert. Ein solches Entscheidungsgremium erweist sich dann als völlig kontraproduktiv.

Im privaten Bereich wird man Wahrnehmungen mit Partnern oder Freunden besprechen wollen. Hierbei stellt sich jedoch leicht das Problem, daß diese Personen uns selbst in zentralen Einstellungen sehr ähnlich sind – dies ist ja auch gerade ein Grund dafür, daß wir uns in ihrer Nähe wohl fühlen und mit ihnen befreundet sind. Ein Hinterfragen der eigenen Wahrnehmung wird auch in diesem Falle aufgrund ähnlicher Hypothesen erschwert. Bei besonders wichtigen Lebensfragen wird man daher wohl besser eine professionelle Beratung aufsuchen.

Will oder muß man sich allein gegen negative Folgen der hypothesengeleiteten Wahrnehmung absichern, so ist es zunächst hilfreich, die eigenen Hypothesen auf ein bewußtes Niveau zu heben. Dies kann z.B. dadurch geschehen, daß man sie ganz explizit aufschreibt. Zusätzlich könnte man nach möglichen Alternativhypothesen suchen und diese ebenfalls aufschreiben, ehe man in einem dritten Schritt pro und contra Argumente für alle Hypothesen sucht. Automatisierte Prozesse der Hypothesenbestätigung werden so erschwert, wodurch eine bessere Möglichkeit – aber keinesfalls natürlich eine Garantie – für eine realitätsangepaßtere Wahrnehmung geschaffen wird.

Der zweite große Ansatzpunkt zur Vermeidung unerwünschter Verzerrungen in der Realitätswahrnehmung liegt in einer *Stärkung der objektiven Information* (siehe Abbildung 5-2). Konkret bedeutet dies, daß sich die wahrnehmende Person verstärkt darum bemühen muß, möglichst viele Informationen einzuholen.

Je wichtiger eine Entscheidung ist, desto eher wird man auch bereit sein, in die Informationssuche zu investieren. Geht es z.B. um die Frage, ob ein angestrebter Hauskauf ein günstiges Geschäft darstellt oder nicht, so kann man einen Finanzberater aufsuchen, mit Bekannten sprechen, die bereits ein Haus gekauft haben, einschlägige Literatur studieren, ein Gutachten erstellen lassen etc. Beim Kauf eines bisher unbekannten Schokoriegels wird man hingegen sehr gut mit einer verzerrten Realitätswahrnehmung leben können. Eine mögliche Hypothese könnte in diesem Falle etwa lauten: „Beim Kauf von Süßigkeiten kann man nie etwas falsch machen". Diese Hypothese ist objektiv falsch. Gleichwohl ist sie überaus nützlich. Sie hilft uns, die Kaufentscheidung an der Süßigkeitentheke im Supermarkt vergleichsweise schnell zu fällen.

5.5 Fazit

Menschen bilden die objektive Realität im Rahmen des Wahrnehmungsprozesse keineswegs im Verhältnis 1 zu 1 ab. Wahrnehmung hat auch immer etwas mit der Re-Konstruktion der Realität durch den Wahrnehmenden selbst zu tun (siehe Kapitel 2). Eine herausragende Funktion kommt dabei den Erwartungen zu, mit denen wir unserer Umwelt begegnen.

In Abhängigkeit von der Stärke der zugrundeliegenden Hypothese (Erwartung) und der Stärke der objektiven Information entscheidet sich, inwieweit das Bild, welches wir uns von der Realität machen, hypothesengeleitet verzerrt wird. Die Stärke der eigenen Erwartungen hängt dabei u.a. davon ab, wie oft die fragliche Hypothese in der Vergangenheit erfolgreich bestätigt werden konnte. Hierdurch wird ein Kreislauf in Gang gesetzt, der die Wahrscheinlichkeit für eine hypothesengeleitete Verzerrung der Wahrnehmung und Urteilsbildung von Prüfung zu Prüfung ansteigen läßt. Die Objektivität wird sich – sofern sie im Widerspruch zur Hypothese steht – immer weniger leicht im Wahrnehmungsergebnis niederschlagen können.

Der Einfluß der Erwartungen beschränkt sich jedoch nicht nur auf die Wahrnehmung der Realität, sondern kann die Realität selbst mittelbar auch tatsächlich verändern. Erwartungen begünstigen einen Prozeß der *sich selbst erfüllenden Prophezeiungen*. Die Untersuchungen zum Pygmalion-Effekt unterstreichen dies in eindrucksvoller Weise.

Neben all den negativen Aspekten, die mit der erwartungsgesteuerten Urteilsbildung verbunden sind, dürfen wir jedoch nicht außer acht lassen, daß Erwartungen prinzipiell auch eine wichtige Funktion für den Menschen erfüllen. Als Ergebnis eigener Lernerfahrungen helfen sie dabei, unser Verhalten ökonomisch zu gestalten. Wir müssen nicht immer wieder aufs neue in einer spezifischen Situation die gesamte Bandbreite potentiell möglichen Verhaltens auf seine Angemessenheit hin überprüfen. Statt dessen können wir aufgrund der Erwartungen schon automatisiert ein geeignetes Verhalten auswählen. Darüber hinaus betont die Theorie der Selbstwirksamkeit von Bandura die wichtige Funktion, die Erwartungen bei der Initiierung eines Verhaltens zukommt.

Erwartungen sind mithin nicht schon an sich problematisch. Das Problem entsteht erst dann, wenn die Erwartungen im Widerspruch zur objektiven Realität stehen und sich dennoch erfolgreich behaupten können. Um diesen negativen Aspekten der hypothesengeleiteten Wahrnehmung begegnen zu können, ist zunächst einmal die Kenntnis der psychologischen Gesetzmäßigkeiten der Urteilsbildung hilfreich. Hierbei können insbesondere die Hypothesentheorie der sozialen Wahrnehmung, aber auch singuläre Forschungsergebnisse wertvolle Dienste leisten.

Folgen wir der Hypothesentheorie, so empfiehlt es sich, bei wichtigen Entscheidungen Hypothesen zu explizieren, Alternativhypothesen zu berücksichtigen und/ oder möglichst viel Informationen über die Realität einzuholen. Ersteres schwächt allzu dominante Hypothesen, während letzteres den Einfluß der realen Information stärkt. Auf diesem Wege kann die Kenntnis der Wahrnehmungsprozesse zur Optimierung von Entscheidungen beitragen. An dieser Stelle kann selbstverständlich nur ein vergleichsweise grober Einblick in die entsprechende Forschung gegeben werden. Gegebenenfalls empfiehlt sich eine empirische Untersuchung der Entscheidungsabläufe innerhalb einer spezifischen Organisation, einer Familie o.ä., um die jeweiligen Besonderheiten mit den allgemeinen Erkenntnissen zu verknüpfen.

Darüber hinaus könnten spezifische Untersuchungsergebnisse auch in der Ausbildung Berücksichtigung finden. Dies gilt z.B. für die Ergebnisse zum Pygmalion-Effekt in der Aus- und Weiterbildung von Lehrern. Ein entsprechendes Wissen kann dazu betragen, daß Lehrer ihre eigenen Erwartungen, insbesondere im Hinblick auf leistungsschwache Schüler verstärkt hinterfragen, bzw. ganz bewußt den Effekt auch zugunsten schwächerer Schüler einsetzen. Analog verhält es sich mit den Ergebnissen der Rosenhan-Studie, die insbesondere in der Aus- und Weiterbildung von Psychiatriepersonal eine wichtige Aufgabe erfüllen könnte.

5.6 Vertiefende Literatur

Lilli, W. (1984). Die Hypothesentheorie der sozialen Wahrnehmung. In D. Frey & M. Irle (Hrsg.), Theorien der Sozialpsychologie, Band I: Kognitive Theorien (S. 19-46). Göttingen: Hogrefe.

Lilli, W. & Frey, D. (1993). Die Hypothesentheorie der sozialen Wahrnehmung. In D. Frey & M. Irle (Hrsg.), Theorien der Sozialpsychologie, Band I: Kognitive Theorien (2. Aufl.) (S. 49-78). Göttingen: Hogrefe.

Rosenthal, R. & Jacobson, L. (1971). Pygmalion im Unterricht. Weinheim: Betz.

6. „Kann denn die Empfindung Liebe sein?“ – Emotionen

Emotionen gehören zu den ganz fundamentalen Aspekten des menschlichen Daseins. Ein jeder kennt unzählige Situationen, in denen das Zusammentreffen mit anderen Menschen positive oder negative Gefühle in ihm ausgelöst hat. Meist fällt es schwer, derartige Empfindungen nicht nach außen dringen zu lassen. Allzu leicht sieht man es uns schon im Gesicht an, ob wir einer anderen Person mit Freude und Zuneigung oder aber mit Abneigung, Mißgunst oder gar Ekel begegnen. Am deutlichsten wird dies, wenn wir einer Person gegenübertreten, für die wir eine tiefe Zuneigung empfinden, die selbst aber hiervon noch gar nichts ahnt. Schnell macht sich da eine innere Unruhe breit, die Körpertemperatur steigt an, vielleicht erröten wir und manch einer hat es schon erlebt, daß ihm in derartigen Situationen eine intelligente Konversationen einfach nicht gelingen will. Das Denken scheint blockiert, was um so betrüblicher ist, als daß es doch gerade in dieser Situation so nützlich wäre, wenn es zur Hochform auflaufen könnte. Kreative Einfälle, kluge Gedanken, tiefschürfende Analysen, ebenso brillant formuliert wie humorvoll präsentiert, das wäre es doch eigentlich, was man sich in einem derartigen Moment wünschen würde. Aber irgendwie scheint da etwas im Wege zu stehen.

Oft werden solche Situationen sehr ambivalent erlebt. Auf der einen Seite genießt man sehr wahrscheinlich die Nähe zu einer Person, die einem sonst nur im Kopf herumspukt. Auf der anderen Seite erlebt man vielleicht Scham oder ärgert sich, daß die eigene Selbstdarstellung gerade jetzt nur schlecht funktionieren will. Einerseits sucht unser Protagonist wahrscheinlich Situationen auf, in denen er mit der Auserwählten zusammentreffen kann. Andererseits weicht er aber vielleicht auch oft vor dem eigentlich so innig gewünschten Kontakt zurück, weil er Angst hat (wieder mal) alles falsch zu machen. Kurt Lewin (1935) spricht in diesem Fall von einem *Appetenz-Aversions-Konflikt*. Ein und derselbe Sachverhalt – in unserem Beispiel ein und dieselbe Person – aktiviert gleichzeitig, einander widersprechende Verhaltensinitiativen. Egal wie man sich verhält, irgendwie handelt man immer ein wenig falsch.

Das Beispiel der (noch) unerwiderten Liebe verdeutlicht in recht einfacher Weise zwei wesentliche Einflüsse, die von starken Emotionen ausgehen können. Prinzipiell können sie sowohl unser Denken als auch unser sichtbares Verhalten beeinflussen. Gerade der erste Zusammenhang läßt es notwendig erscheinen, sich auch im Rahmen unserer übergeordneten Fragestellung etwas eingehender mit der Rolle der menschlichen Emotionen zu beschäftigen.

Die Emotionen sind darüber hinaus von besonderem Interesse, da sie sich im Vergleich zu den beiden anderen großen Konstituenten der Psyche, den Kognitionen und dem sichtbaren Verhalten, schwerer willentlich steuern lassen. Demzufolge sollte ihrer Funktion im Rahmen der Urteilsbildung auch eine besondere Aufmerksamkeit geschenkt werden. Gerade dort, wo sich Entscheidungs- und Beurteilungsprozesse der bewußten Aufmerksamkeit und Steuerung im Alltag weitestgehend entziehen, dürften auch leicht systematische Verzerrungen anzutreffen sein.

Wir beginnen unsere Ausführungen über die Bedeutung von Emotionen für die Urteilsbildung mit einer kurzen Einführung in die Grundlagen der Emotionspsychologie und stellen anschließend einige Emotionstheorien vor, ehe wir uns dann konkreter mit der Frage nach den Einflüssen von Emotionen auf kognitive Prozesse der Beurteilung beschäftigen. In einem letzten Schritt wird es schließlich um die Zusammenhänge zwischen Emotionen, Kognitionen und Verhalten gehen.

6.1 Grundlagen

Neben dem sichtbaren Verhalten und dem Denken stellen die Emotionen die dritte große Gruppe von Äußerungsmöglichkeiten des Menschen dar, die Gegenstand der psychologischen Forschung sind. Insgesamt betrachtet wird ihnen heute aber weitaus weniger wissenschaftliche Aufmerksamkeit zuteil als den beiden übrigen Aspekten. Während beginnend mit den 20er/30er Jahren des 20. Jahrhunderts über viele Jahrzehnte hinweg die Beschreibung und Erklärung sichtbaren Verhaltens im Zentrum der psychologischen Forschungstätigkeit stand, vollzog sich vor allem in den 70er Jahren die sog. *kognitive Wende*. Die bis dahin gut erforschten und auch erfolgreich in der Praxis eingesetzten Lerntheorien fanden immer weniger Interessenten. Die Forschung beschäftigte sich stattdessen mehr und mehr mit dem Thema Kognitionen. Von Interesse waren nun vor allem die Prozesse des Wahrnehmens, Denkens oder Schlußfolgerns, die dem menschlichen Verhalten zugrunde liegen. Dieser Trend hält bis heute an und auch das vorliegende Buch spiegelt natürlich diese Forschungsrealität wider. Nur ein einziges Kapitel beschäftigt sich mit der Rolle der Emotionen, während alle übrigen die verschiedenen Aspekte der menschlichen Informationsverarbeitung beleuchten. Auch wenn die „emotionale Wende" bislang also noch ausgeblieben ist, so gibt es doch eine Reihe interessanter Ergebnisse zu berichten.

Allgemeinhin werden Emotionen als ein Konglomerat verschiedener Komponenten beschrieben (Izard, 1981; Kolb & Whishaw, 1996). Im Vordergrund steht natürlich das Erleben eines *Gefühls* oder einer Empfindung. Die psychophysiologische Erforschung der Emotionen hat darüber hinaus ihre *biologischen Begleiterscheinungen* betont. Die enge Verknüpfung der physiologischen Prozesse mit den Empfindungen treten besonders leicht in unser Bewußtsein, wenn wir starke Emotionen wie Furcht, Haß oder Liebe erleben. Eine Veränderung von Herzschlag, Durchblutung, Muskelanspannungen oder auch das vielbeschworene „Kribbeln im Bauch", können hier als einfache Beispiele dienen. Eine dritte Komponente besteht in den Denkprozessen, die mit dem Erleben einer Emotion verknüpft sind. Hierzu zählt etwa die Idealisierung eines Partners in der Phase des Verliebtseins oder das Aktualisieren von unangenehmen Gedächtnisinhalten, wenn wir einer Person gegenüberstehen, für die wir Haß empfinden. Schließlich sind Emotionen meist auch mit einer *Verhaltenskomponente* verknüpft. Hierzu zählen vor allem eine Veränderung der Mimik, der Stimmlage sowie der Körperhaltung.

Zwischen diesen vier Komponenten besteht ein komplexes Wechselspiel, das bis heute noch nicht annähernd zufriedenstellend erforscht ist. Die meisten Theorien und empirischen Untersuchungen beschäftigen sich entweder mit der Frage, inwieweit das emotionale Erleben primär auf physiologische Prozesse zurückzuführen ist oder als Ergebnis des Denkens betrachtet werden kann.

Auch wir wollen uns zunächst mit den physiologischen Aspekten auseinandersetzen. Izard (1981) beschreibt eine Reihe von Emotionen, die sie als fundamental bezeichnet. Es handelt sich hierbei um Empfindungen, die offenbar universell, d.h. bei Menschen unterschiedlichster Kulturen anzutreffen sind. Izard geht davon aus, daß es sich bei diesen Emotionen um *angeborene* Funktionen handelt, die insofern bei allen Menschen gleich sind, als daß jeder in der Lage ist, sie zu empfinden und auch in sehr ähnlicher Weise mimisch auszudrücken. Dabei zeigt sich, daß die Äußerungsformen dieser Emotionen nicht nur unabhängig von dem kulturellen Hintergrund der Menschen gleich sind, sondern, daß viele Emotionen in sehr ähnlicher Weise auch von Affen ausgedrückt werden können. Hinzu kommt, daß auch blind geborene Kinder über die gleichen mimischen Ausdrucksformen verfügen können, wenn eine entsprechende Emotion vorliegt. Dies alles unterstreicht die These von der genetischen Determination bestimmter, grundlegender Emotionen. Die kulturunabhängige Äußerung solcher Emotionen geht auch mit einer universell ähnlichen Interpretation von Gesichtsausdrücken einher. Unabhängig vom kulturellen Hintergrund des Betrachters und des Menschen, dessen Gesichtsausdruck einzuschätzen ist, werden grundlegende Emotionen wie Traurigkeit oder Freude einheitlich auch als solche interpretiert. Izard unterscheidet insgesamt zehn angeborene Emotionen: Freude, Interesse, Überraschung, Kummer, Zorn, Ekel, Geringschätzung, Furcht, Scham und Schuldgefühl.

Die spezifische Äußerung dieser Emotionen im Gesichtsausdruck erfüllt eine *kommunikative Funktion.* Analog zu entsprechenden Prozessen im Tierreich können sie z.B. Rückzug, Unterwürfigkeit, Hilfebedürftigkeit aber auch Bedrohung oder Aggressivität ausdrücken. Möglicherweise handelt es sich hierbei um Überreste einer überlebensnotwendigen Fähigkeit zur nonverbalen Kommunikation, die in der Urzeit des Menschen besonders nützlich war, als sich noch keine entwickelte Sprachfähigkeit oder gar eine Sprache ausgebildet hatte. Hierfür spricht auch, daß Säuglinge, lange bevor sie in der Lage sind, ein Wort zu formulieren und sinnvoll zu gebrauchen, durch ihren Gesichtsausdruck mit der Mutter (bzw. einer anderen engen Bezugsperson) kommunizieren. Die Interpretation ihrer Mimik durch die Mutter ermöglicht es z.B. auch schon unterhalb der Schwelle des Schreiens, nicht nur Unwohlsein auszudrücken, sondern auch Hilfe einfordern zu können. Mehr noch, die wechselseitige mimische Kommunikation zwischen Mutter und Kind kann als sehr frühe Basis für den Aufbau einer engen Bindung zwischen beiden angesehen werden, die – menschheitsgeschichtlich betrachtet – eine wichtige Voraussetzung für das Überleben des Kindes darstellt.

Die Betonung der biologischen Komponente in den bisher vorgestellten Erkenntnissen bedeutet nun keineswegs, daß Umwelteinflüsse, also Prozesse des individuellen Lernens, gar keine Rolle spielen. Überhaupt gilt wohl sinnvollerweise für alle Bereiche menschlichen Verhaltens, daß hier biologisch determinierte Grundstrukturen und individuelle Lernerfahrungen zusammenwirken. Die Biologie und die Psychologie des Menschen stehen sich nicht unversöhnlich gegenüber, sondern ergänzen einander. Der vermeintliche Antagonismus von Biologie und Psychologie, den sicherlich nicht wenige Vertreter beider Disziplinen sehen, beruht, wie Norbert Bischof (1989) verdeutlicht, im wesentlichen wohl auf einer mangelnden Kenntnis der jeweils anderen Disziplin. So wird der Biologie häufig fälschlicherweise ein präformistischer Grundsatz unterstellt, wonach Verhaltensweisen quasi vollständig durch genetische Determinanten vorherbestimmt seien. Bei genauerer Betrachtung fällt jedoch auf, daß auch hier eine Interaktion zwischen Erbanlagen und (sozialer sowie materieller) Umwelt angenommen wird. Die Summe der genetischen Information, der sog. *Genotyp* findet seinen Ausdruck erst im Zuge der Auseinandersetzung des Individuums mit seiner Umgebung, in Form des *Phänotyps*. Diese Perspektive deckt sich mit den Grundannahmen der (Entwicklungs-)Psychologie, wonach menschliches Verhalten immer das Ergebnis eines, noch näher zu erforschenden Zusammenspiels von Anlage und Umwelt darstellt. Die Erkenntnis über die Gesetzmäßigkeiten menschlichen Verhaltens würde zweifelsohne fruchtbar gedeihen, wenn die Vertreter beider Disziplinen ihre wechselseitige Ignoranz allmählich abzubauen verstünden. Es ist ebenso sinnlos, ohne Differenzierung, von der Beobachtung der Tiere auf das Verhalten des Menschen zu schließen, wie es gerechtfertigt erscheint, die biologische Basis des menschlichen Handelns gänzlich auszublenden.

Konrad Lorenz (1992) unterstreicht die zweite Hälfte dieser Schlußfolgerung durch seine Vorstellung von dem verschachtelten Aufbau der Wissenschaften: Am Anfang steht demnach die Physik, welche die wohl grundlegendsten Erkenntnisse über unsere Welt liefert. Sie umschließt gewissermaßen die Chemie, welche von den Erkenntnissen der Physik profitiert, wenn es um die Erklärung chemischer Phänomene geht. Ähnlich ist es um die Beziehung zwischen Chemie und Biologie bestellt. Biologische Erklärungen bauen letztlich auch auf chemischen Zusammenhängen auf. All diese Wissenschaften umschließen schließlich auch die Psychologie, die als eine echte Naturwissenschaft des menschlichen Verhaltens auch auf biologisches Wissen zurückgreifen sollte. Allerdings wird in diesem Modell zu wenig betont, daß die jeweils abstraktere Wissenschaft bei weitem nicht ausreicht, um den Gegenstand der nächst spezifischeren zu erklären. Die Kenntnis des Periodensystems der Elemente reicht niemals aus, um biologische Phänomene hinreichend erklären zu können. Von psychologischen wollen wir in diesem Zusammenhang lieber erst gar nicht sprechen. Ebenso wenig genügt aber das Wissen um biologische Zusammenhänge, um menschlichem Verhalten gerecht zu werden.

Doch zurück zu unserem eigentlichen Thema. Übertragen auf die angeborenen Emotionen bedeutet das Zusammenspiel von Biologie und Psychologie z.B., daß nicht alle Menschen bei den gleichen Reizgegebenheiten auch identische Emotionen in gleicher Intensität ausbilden und ebenso auch nicht alle Menschen eine vorhandene Emotion in gleichem Maße mimisch ausdrücken. Die Lerneinflüsse zeigen sich z.B. beim Gefühl des Ekels. Die meisten Menschen würden sich sicherlich davor ekeln, einem bettlägerigen Patienten beim Stuhlgang und der anschließenden Reinigung zu helfen. Dies gilt anfänglich sicherlich auch für Alten- und Krankenpflegeschüler. Mit der Zeit gewöhnen sie sich jedoch an diese Tätigkeit, so daß dieselbe Situation, ihre Funktion als ekelerregenden Reiz, individuell mehr oder weniger stark einbüßt. Zumindest hat man aber sehr viel mehr als die Laien gelernt, sich das Ekelgefühl nicht anmerken zu lassen.

Lerneinflüsse greifen insgesamt betrachtet sicherlich leichter, wenn es um die Äußerung von emotionalen Befindlichkeiten, im Vergleich zum tatsächlichen Erleben von Emotionen geht. Dabei scheint die Kontrolle des Emotionsausdruckes in bestimmten beruflichen Feldern, insbesondere im Management und der Politik, offenbar besonders geschätzt zu werden. Auch lassen sich hier kulturelle Einflüsse nicht verleugnen. Man denke etwa an Menschen aus dem asiatischen Raum, denen ein besonders hohes Maß an Kontrolle der eigenen Mimik nachgesagt wird. Was sie dabei tatsächlich fühlen, bleibt dem Außenstehenden oft verborgen.

Ein weiterer wichtiger Aspekt des emotionalen Geschehens betrifft die *Dauerhaftigkeit von Stimmungslagen.* Bisher haben wir Emotionen vor allem als aktuellen Zustand beschrieben. Izard (1981) betont jedoch, daß Stimmungen auch zeitlich stabil, im Sinne eines Persönlichkeitsmerkmales auftreten können. Die meisten von uns kennen Menschen, die scheinbar immer gut gelaunt sind und solche, die den Eindruck einer durchgängig betrübten Stimmungslage vermitteln. Eine mögliche Erklärung für diesen Sachverhalt liefern Techniken zur Aufrechterhaltung von Stimmungslagen. Wenn Personen, die guter Stimmung sind, es schaffen, diesen Zustand durch ihr Verhalten auch dauerhaft zu sichern, dann ist eine zeitlich stabile positive Grundstimmung verständlich. Spiegelbildlich verhält es sich bei denjenigen Menschen, die nicht in der Lage sind, aktuell negative Stimmungslagen zu reduzieren oder zu beseitigen. Wie wir später noch sehen werden, lassen sich stimmungsaufrechterhaltende Prozesse nicht nur in bezug auf das Verhalten der Menschen, sondern ebenso auch bei ihren Denkprozessen nachweisen. Hieraus ergibt sich ein Kreislaufprozeß, bei dem positive und ggf. auch negative Stimmungslagen durch das Denken und das Verhalten einer Person stabilisiert werden. So angenehm dieser Umstand für Personen mit positiver Stimmungslage sein dürfte, so betrüblich ist er doch für Menschen, denen es nicht gelingt, negative Stimmungen zu bekämpfen. Wenn wir weiterhin bedenken, daß Menschen mit negativer Grundstimmung von sich aus wahrscheinlich weniger aktiv auf andere Menschen zugehen und sich somit auch einer wichtigen Quelle positiver Erfahrungen und Rückmeldungen verschließen, so wird deutlich, daß hier schnell ein Teufelskreislauf entsteht, der dann oft von den Betroffenen allein nicht mehr in den Griff zu bekommen ist.

6.2 Emotionstheorien

Die deutliche Betonung biologischer Prozesse im Rahmen der Emotionsforschung hat schon früh dazu geführt, daß man sich recht intensiv mit den physiologischen Aspekten der Emotionen auseinandergesetzt hat. Hierbei war zunächst die Differenzierung des menschlichen Nervensystems von Bedeutung. Unterschieden wird dabei zwischen dem Zentralnervensystem (ZNS), und dem vegetativen Nervensystem (VNS). Vereinfachend unterscheiden sich beide Systeme darin, daß das ZNS, bestehend aus dem Gehirn und dem Rückenmark, für die bewußte Steuerung des Verhaltens und die Kommunikation des Organismus mit der Außenwelt zuständig ist, während das VNS alle übrigen Nervenstränge des Körpers umfaßt und die körperinternen

Prozesse wie etwa Körpertemperatur, Stoffwechsel, Blutdruck u.ä. kontrolliert. Beide Systeme arbeiten dabei jedoch nicht völlig unabhängig voneinander.

Besonders leicht läßt sich der Zusammenhang zwischen der Funktion des vegetativen Nervensystems und den Emotionen belegen. Handelt es sich um stärkere Emotionen wie Angst oder Liebe, so fällt es den betroffenen Personen in der Regel nicht schwer, bei sich selbst entsprechende Veränderungen wahrzunehmen. Hierauf wurde bereits eingegangen. Verhältnismäßig unkompliziert lassen sich derartige Prozesse aber auch durch physiologische Messungen, etwa der Herzschlagrate oder des Hautwiderstandes objektivieren. Die Tatsache, daß die Veränderungen im vegetativen Bereich recht einfach zu erfassen sind, hat wohl auch dazu beigetragen, daß sie als erste eine besondere Berücksichtigung bei der Erklärung der Entstehung von Emotionen gefunden haben.

Da im Zentrum der jüngeren Emotionstheorien vor allem die Frage nach dem Zusammenwirken von Emotionen und Kognitionen steht, sei an dieser Stelle, zum leichteren Verständnis der Abhandlung die folgende sprachliche Regelung getroffen: Der Begriff der „Emotion" bezieht sich auf das, was wir fühlen können, wobei hier nicht das Fühlen im Sinne von Ertasten gemeint ist. Mit „Kognition" wird unser Denken bezeichnet. Diese Definitionen sind sicherlich alles andere als erschöpfend, leistet für unsere Zwecke aber hinreichend nützliche Dienste.

6.2.1 James-Lange-Theorie

Die erste Emotionstheorie, die eine größere Aufmerksamkeit fand, war die James-Lange-Theorie (James 1884; Lange, 1885). Die Autoren gingen davon aus, daß es für jede menschliche Emotion ein spezifisches Erregungsmuster des vegetativen Nervensystems gäbe. Eine Emotion käme demzufolge zustande, wenn ein spezifisches Erregungsmuster durch eine äußere Situation ausgelöst wird und die Information über eben dieses Erregungsmuster an das Zentralnervensystem weitergeleitet wird. Die Emotionen wäre demnach gleichzusetzen mit einer vegetativen Erregung, die von dem Individuum im eigenen Körper wahrgenommen wird.

Schon bald ergaben sich jedoch zahlreiche Widersprüche, die die angenommenen Zusammenhänge zweifelhaft erscheinen ließen (Überblick: Hammerl et al., 1993). Problematisch erwies sich beispielsweise, daß künstlich hervorgerufene Erregungsmuster nicht in der Lage waren, so ohne weiteres entsprechende Emotionen auszulösen. Die vegetative Erregung allein scheint mithin nicht ausreichend zu sein. Hinzu kommt, daß selbst heute, trotz verbesserter Meßmethoden nicht jeder Emotion ein spezifisches Erregungsmuster zugeordnet werden kann (Kolb & Whishaw, 1996). Eine automatische Beziehung zwischen Erregungsmuster und Empfindung schließt sich mithin aus. Gegen eine bloße Wahrnehmung vegetativer Erregungsmuster spricht auch, daß Emotionen oft schon erlebt werden, bevor sich überhaupt entsprechende physiologische Veränderungen messen lassen. Schließlich belegen tierexperimentelle Studien, daß Emotionen durchaus auch noch dann empfunden werden, wenn die Informationswege zwischen vegetativem und zentralem Nervensystem unterbrochen sind, vegetative Veränderungen also gar nicht kognitiv verarbeitet werden können. Dies alles zusammengenommen, spricht eher dafür, daß die vegetativen Prozesse weniger die Ursache als vielmehr die Folge oder Begleiterscheinung eines emotionalen Erlebens darstellen.

6.2.2 Cannon-Bard-Theorie

Aufbauend auf diesen Erkenntnissen entwickelte Cannon seine eigene Emotionstheorie (Cannon, 1931), die später von Bard (1934) reformuliert wurde. Im Zentrum der Cannon-Bard-Theorie steht, anders als bei James und Lange, die Aktivität des Zentralnervensystems. Die Autoren gehen davon aus, daß ein Individuum zunächst einen emotionsauslösenden Reiz wahrnehmen muß (Lokalisation: Hirnrinde). Dies führt zu einer Aktivierung stammesgeschichtlich älterer Anteile des Zentralnervensystems (im Zwischenhirn), in denen angeborene Emotionsmuster freigesetzt werden, die das Erleben einer Emotion (wieder in der Hirnrinde) und unabhängig hiervon auch eine vegetative Reaktion des Organismus auslösen (vegetatives Nervensystem). Die eigentlich wichtigen Prozesse spielen sich nach dieser Theorie also allesamt in den höher entwickelten Systemen des Nervensystem ab, z.T. auch dort, wo die zentralen Schaltstationen des Denkens lokalisiert werden (Hirnrinde). Gleichzeitig wird die Bedeutung stammesgeschichtlich erworbener Emotionsmuster (Zwischenhirn) betont, während die vegetativen Prozesse eine sehr untergeordnete Rolle spielen.

Auch die moderne neuropsychologische Forschung beschäftigt sich primär mit den Beziehungen zwischen ZNS und Emotionen (Überblick: Kolb & Whishaw, 1996). Es deutet sich an, daß hier in noch viel stärkerem Maße, als dies Cannon und Bard angenommen haben, auch die stammesgeschichtlich jüngsten Anteile des ZNS eine Rolle spielen (Frontallappen und Temporallappen in der Hirnrinde). Die Forschungsergebnisse in diesem Sektor sind allerdings mit größter Vorsicht zu genießen. Sehr häufig handelt es sich um Tierexperimente, von denen ausgehend, später auf den Menschen generalisiert wird. Liegen Erkenntnisse aus Untersuchungen am Menschen vor, so sind die Stichproben meist eher klein. Das größte Problem liegt jedoch in der völlig uneinheitlichen Definition dessen, was als „Emotion“ zu gelten hat. Teilweise wird sogar undifferenziert vom Sozialverhalten innerhalb einer Affengruppe auf menschliche Emotionen geschlossen. Wie auch immer, die Forschungsbemühungen im einzelnen zu bewerten sind, eins scheint unbestritten: die herausragende Bedeutung des Zentralnervensystems für die Entstehung von Emotionen.

6.2.3 Zwei-Faktoren-Theorie

Es wurde bereits darauf hingewiesen, das Zentralnervensystem, genauer, die Hirnrinde gilt allgemein als die wichtigste Basis für die menschlichen Denkprozesse. Es liegt also nahe, sich noch etwas genauer mit der Frage zu beschäftigen, welche Rolle dem Denken bei der Entstehung von Emotionen zukommt. Eine der prominentesten Theorien in diesem Bereich geht auf die beiden amerikanischen Psychologen Schachter & Singer zurück (Schachter & Singer, 1962, Schachter, 1964). In ihrer Zwei-Faktoren-Theorie beschreiben sie Emotionen als das Zusammenspiel zwischen Kognitionen und physiologischer Erregung. Die Analyse einer bestimmten Situation würde ihren Überlegungen zufolge zunächst eine unspezifische physiologische Erregung auslösen, die dann auf der Grundlage des Wissens über die erlebte Situation als eine spezifische Emotion interpretiert wird. Wer sich also z.B. nachts allein in den U-Bahnhöfen einer Großstadt aufhält, denkt zunächst vielleicht darüber nach, was alles passieren könnte. Gedanken über ein mögliches Verbrechen, dessen Opfer man selbst werden könnte, erzeugen eine unspezifische Erregung, die sich durch Schwitzen, Unruhe, Herzklopfen o.ä. bemerkbar macht. Die Erregung wird von der betroffenen Person nun in einem nächsten Schritt als die Emotion „Angst" interpretiert, bzw. als solche erlebt. Befände sich die Person in einer völlig anderen Situation, so würde die gleiche Erregung zu einer ganz anderen Emotion führen. Erlebt dieselbe Person den Erregungszustand etwa in Gegenwart eines attraktiven Menschen, so könnte hieraus auch die Emotion des Verliebtseins resultieren. Meyer (1983) betont, daß die Theorie von Schachter und Singer häufig dahingehend mißverstanden wird, daß es hierbei nur um die Interpretation einer bis dahin unerklärlichen Erregung innerhalb des eigenen Körpers ginge. Ein solcher Zustand wird in der Realität nur äußerst selten anzutreffen sein. In Übereinstimmung mit der Realität gehen Schachter und Singer aber vielmehr davon aus, daß es zu solch unerklärlichen Erregungszuständen erst gar nicht kommt, weil die Erregung ja erst durch die Wahrnehmung einer Situation entsteht. Die betroffene Person verfügt also zumindest prinzipiell schon über diejenigen Informationen, die ihr die eigene Erregung auch erklärlich machen. Es wird davon ausgegangen, daß der beschriebene Prozeß sehr schnell abläuft, so daß kaum ein bewußtes Suchen nach einer Erklärung des Erregungszustandes auftreten dürfte. Eine unerklärliche physiologische Erregung stellt mithin den Ausnahmefall dar.

Die Zwei-Faktoren-Theorie steht z.T. im Widerspruch zu Erkenntnissen, über die schon Cannon verfügte. Dies gilt besonders für den Einwand, daß vegetative Veränderungen vergleichsweise langsam vonstatten gehen und Emotionen oft sehr viel schneller erlebt werden können. Ebenso problematisch ist das Ergebnis, daß Emotionen offenbar auch dann erlebt werden können, wenn der Informationsaustausch zwischen Zentralnervensystem und vegetativem Nervensystem unterbrochen ist. Letzteres könnte man vielleicht noch über Lern- und Gedächtnisprozesse erklären. Hierfür spricht z.B. das Phänomen des Phantomschmerzes, bei dem Personen auch nach der Amputation von Gliedmaßen „in diesen" noch Schmerz empfinden können. Insgesamt betrachtet sind die empirischen Belege für die Theorie von Schachter und Singer aber eher dürftig (Hammerl et al. 1993). In der aktuellen Emotionsforschung spielt sie daher auch eher eine historische Rolle, markiert sie doch eine Art Wendepunkt hin zu verstärkten Bemühungen, die Entstehung von Emotionen über Denkprozesse des Menschen zu erklären.

6.2.4 Theorie von Richard Lazarus

Inzwischen gibt es zahlreiche rein kognitive Theorien der Emotion, von denen hier einmal beispielhaft die Theorie von Richard Lazarus (1993) vorgestellt werden soll. In dieser Theorie spielt die physiologische Erregung des Körpers fast gar keine Rolle mehr. Das Modell wird als *kognitiv-motivational-relationale Theorie der Emotionen* bezeichnet (Lazarus, 1993). Lazarus geht davon aus, daß ein jeder Mensch ein Interesse daran hat, Verletzungen oder Schädigungen für die eigene Person zu vermeiden und sich gleichzeitig Belohnungen oder Vorteile zu sichern. Diese negativen und positiven Aspekte (im Englischen „harm“ und „benefit“) sind im weitesten Sinne zu verstehen und beziehen sich z.B. sowohl auf physische und psychische Aspekte von Personen als auch auf materielle Dinge, Lebensumstände etc. In dem Bemühen, Negatives zu meiden oder doch zumindest zu mindern und gleichzeitig Positives aufzusuchen und ggf. zu mehren, liegt die motivationale Komponente der Theorie (Abbildung 6-2). Nach den Vorstellungen von Lazarus wird jede Situation, in der sich ein Individuum befindet, daraufhin untersucht, inwieweit diese Motivationen verwirklicht werden können. Eine spezifische Situation wird naturgemäß mehr oder weniger stark die Bedürfnisse der betroffenen Person befriedigen. Dies kennzeichnet die relationale Komponente der Theorie. Der Prozeß, durch den die Befriedigung der Bedürfnisse in einer spezifischen Situation analysiert wird, ist schließlich von kognitiver Natur. Die kognitive Analyse stellt die bedeutsamste Komponente der Theorie dar (Abbildung 6-1). Von dem Ergebnis der Analyse hängt ab, welche Emotion empfunden wird. Physiologische Erregungsmuster sind dabei lediglich Begleiterscheinungen einer Emotion, die wiederum das Ergebnis einer kognitiven Analyse der situationsspezifischen Bedürfnisbefriedigung des Individuums darstellt. Ein wichtiger Gedanke der Theorie von Lazarus ist die Wandelbarkeit von Emotionen. Gerade dann, wenn eine unangenehme Emotion vorliegt, das Individuum also in einer Situation viel Negatives und wenig Positives erfährt, besteht die Möglichkeit, diesen Zustand zu verändern. An dieser Stelle greift Lazarus auf seine Streßtheorie zurück, die ihm seit den 60er Jahren eine besonders herausgehobene Bedeutung innerhalb der Streßforschung gesichert hat (Lazarus, 1966; Lazarus & Folkman, 1984). Auch Streß ist für ihn das Ergebnis eines kognitiven Bewertungsprozesses. Am Anfang steht die Frage, ob eine bestimmte Situation eine Bedrohung (für die Bedürfnisse des Individuums) darstellt, ob die Bedürfnisse befriedigt werden oder ob die Situation für die Person schlichtweg irrelevant ist. Lazarus bezeichnet diesen Entscheidungsprozeß als die *primäre Bewertung*. Liegt eine Bedrohung vor, so muß das Individuum im Rahmen einer weitergehenden Analyse der Gegebenheiten entscheiden, wie es sich gegen die Bedrohung zur Wehr setzen kann. Dieser Prozeß wird als *sekundäre Bewertung* bezeichnet. In Abhängigkeit von dem Ergebnis der Analyse kann die Person versuchen, die Situation durch aktives Handeln so zu verändern, daß Streß bzw. unerwünschte Emotionen beseitigt werden. Erscheint dem Individuum ein solches Vorhaben nicht realisierbar, so besteht ein alternatives Vorgehen darin, die Wahrnehmung und Interpretation der Realität so weit zu verändern, daß Streß bzw. unangenehme Emotionen beseitigt werden. Ein Blick in die Abbildung 6-1 verdeutlicht die große Bedeutung, die Lazarus den kognitiven Prozessen bei der Entstehung und Veränderung von Emotionen zuschreibt. Die physiologische Erregung ist nur noch eine Begleiterscheinung des emotionalen Geschehens. Angeborene Reaktionsmuster haben in dieser Theorie keinen Platz.

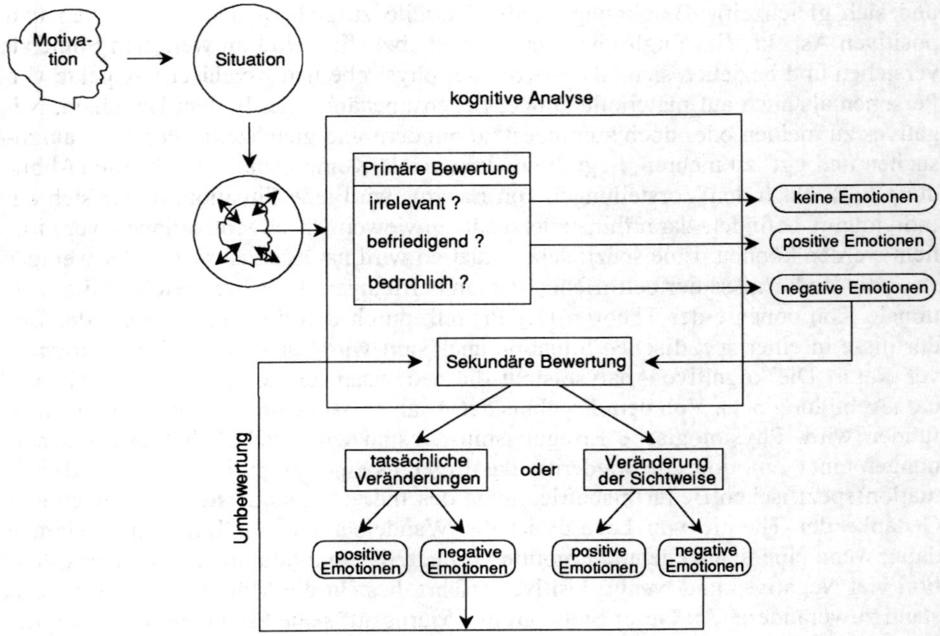

Abbildung 6-1: Emotionstheorie von Lazarus

6.2.5 Emotionstheorien im Vergleich

Ein grober Vergleich zwischen den vorgestellten vier Emotionstheorien (siehe Abbildung 6-2) verdeutlicht, daß im Laufe der psychologischen Auseinandersetzung mit dem Phänomen Emotion den kognitiven Prozessen mehr und mehr Bedeutung beigemessen wurde. Diese Entwicklung steht in der Tradition der kognitiven Wende, die sich auch in anderen Bereichen der psychologischen Theoriebildung und Forschung feststellen läßt. Immer differenziertere Modelle versuchen die angenommenen kognitiven Analyse- und Bewertungsabläufe zu beschreiben und einer differenzierten empirischen Überprüfung zuzuführen. Auch wenn die psychophysiologische bzw. neuropsychologische Forschung inzwischen nicht geschlafen hat (siehe Kolb & Whishaw, 1996) und in Zukunft möglicherweise eine größere Rolle spielen wird, so ist ihre derzeitige Relevanz doch vergleichsweise gering.

Die zunehmende Kognitivierung der Emotionsforschung hat vor einigen Jahre die heftige Diskussion ausgelöst, ob Emotionen überhaupt als eigenständige Komponente unabhängig von den menschlichen Kognitionen existieren können. Als Protagonisten dieser Diskussion standen sich vor allen Richard Lazarus und Robert Zajonc gegenüber. Während Lazarus (1984) die These vertrat, daß Emotionen ohne Kognitionen nicht denkbar sind und kognitive Prozesse jeder emotionalen Empfindung zwangsläufig vorgeordnet seien, nahm Zajonc (1980; 1984) eine differenziertere

Position ein. Für ihn handelt es sich bei Kognitionen und Emotionen zunächst um zwei getrennte Komponenten, die jedoch wechselseitig aufeinander Einfluß nehmen. Dies heißt auch, daß emotionale Regungen den kognitiven Prozessen in manchen Situationen durchaus zeitlich vorgeordnet sein können. In seinem Modell können Emotionen, zwar das Ergebnis eines kognitiven Analyseprozesses sein, dies ist aber keine zwingende Voraussetzung (siehe auch Izard, 1984). Ebenso können Emotionen auch ohne komplexere Kognitionen zustandekommen und ihrerseits dann kognitive Prozesse beeinflussen. Letzteres läßt die Überlegung reifen, ob in Zukunft nicht auch affektive Komponenten in Modellen der menschlichen Informationsverarbeitung berücksichtigt werden sollten (Zajonc, 1980).

Das grundlegende Problem dieser Diskussion besteht wohl in der Frage, was denn als Kognition definiert werden soll. Wenn man schon die bloße Reizaufnahme und Weiterleitung einer Information im Zentralnervensystem als kognitiven Prozeß definiert, so ist in der Tat die Kognition zwangsläufig jeder Emotion vorgeordnet. Allzu leicht entsteht hier aber auch der Eindruck, daß in diesem Falle der Kognitionsbegriff zu weit gefaßt wird. Je weiter aber ein Begriff gefaßt wird, desto weniger präzise ist er und desto weniger vermag er letztlich auch zu erklären. Hinzu kommt, daß eine so breite Definition des Kognitiven den – im Vergleich zum Tierreich – sehr weit entwickelten Fähigkeiten des menschlichen Denkens kaum genügend Rechnung trägt. Auch ignoriert man hiermit die Tatsache, daß das, was den Menschen vom Tier unterscheidet, also eben die Fähigkeit zu komplexen kognitiven Operationen (siehe Kapitel 2) in den evolutionsgeschichtlich jüngsten Teilen des Gehirns, der Hirnrinde angesiedelt ist, während wir die grundlegenden Emotionen aufgrund ihrer Verankerung in älteren Teilen (Zwischen- und Mittelhirn) mit vielen Tieren teilen (Izard, 1984).

Wie auch immer diese Diskussion weitergeführt wird, in jedem Falle ist es sinnvoll, auch in Zukunft die Einflüsse komplexer kognitiver Prozesse, wie sie u.a. in den vorangestellten Kapiteln beschrieben wurden, in ihrer Wirkung auf Emotionen zu untersuchen. Ebenso interessant ist natürlich die Frage, wie Emotionen ihrerseits auf unser Denken einwirken. Hiermit werden wir uns in dem nun folgenden Abschnitt beschäftigen.

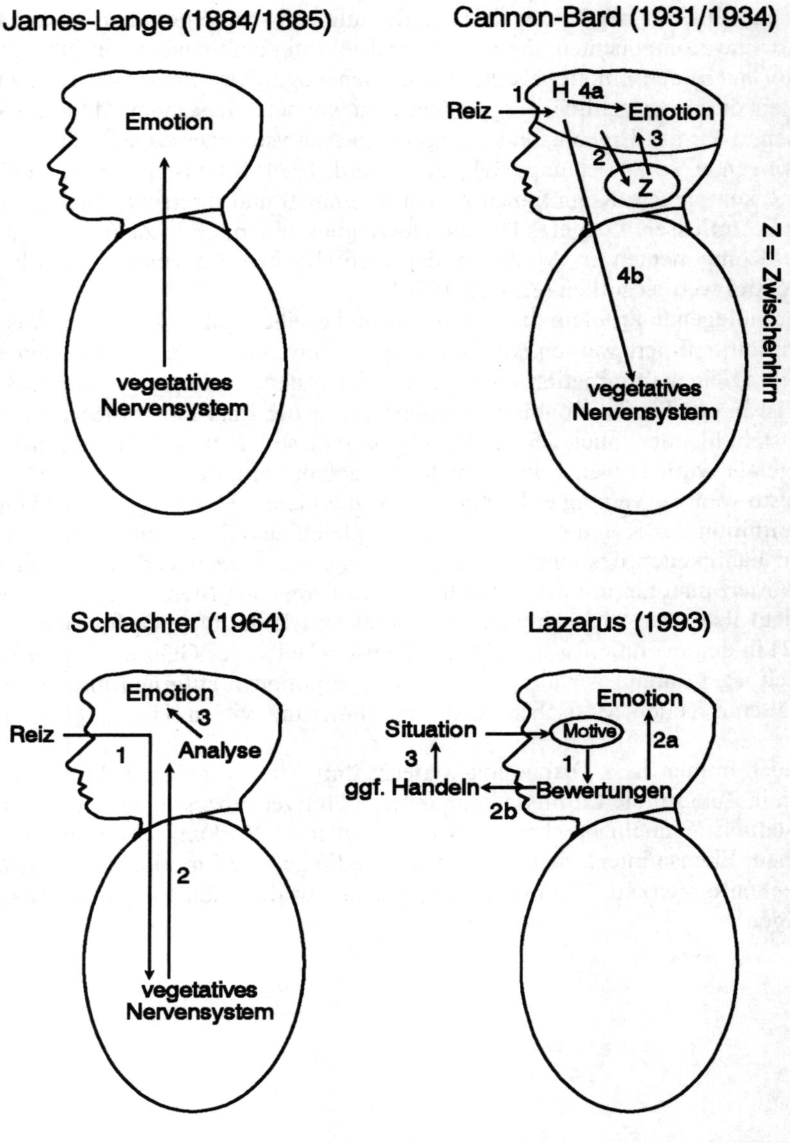

Abbildung 6-2: Vergleich verschiedener Emotionstheorien der letzten hundert Jahre

6.3 Einflüsse von Emotionen auf das Denken und Urteilen

Wer eine Situation erlebt, in der Emotionen eine wichtige Rolle spielen, der wird in seinem Gedächtnis nicht nur Informationen über die wahrgenommenen Sachverhalte, seine individuellen Einschätzungen oder Bewertungen, sondern ebenso auch *Informationen über seine Empfindungen abspeichern.* Erinnern wir uns später an ein solches Ereignis, so können leicht auch wieder die damaligen Emotionen aktualisiert werden. Dies gilt natürlich um so eher, je intensiver die gefühlsmäßige Beteiligung in der ursprünglichen Situation war. Fast jeder kennt wohl solche Sachverhalte aus dem eigenen Leben. Man erinnert sich an ein mitunter weit zurückliegendes Ereignis, bei dem man sich selbst z.B. zutiefst ungerecht behandelt fühlte und kann oft auch noch Jahre später die Wut nachempfinden, die man damals erlebt hat. Manch einer kennt solche Phänomene vielleicht aus seinem Schlaf, wenn er im Traum ein Geschehnis erneut durchlebt und dies eben auch mit der emotionalen Beteiligung, die in der ursprünglich real erlebten Situation vorlag. Personen, die im zweiten Weltkrieg Luftangriffe auf ihre Stadt miterlebt haben, können oft auch noch Jahrzehnten später Furcht und Bedrohung empfinden, wenn sie ein Sirenensignal hören. Auch wenn sie wissen, daß die Bedeutung der Sirene heute eine völlig andere ist als damals, so aktualisiert die Erkennung des Geräusches doch neben Bildern und abstrakteren Informationen über den Krieg, die eigene Lebenswirklichkeit etc. eben auch die seinerzeit erlebten Gefühle.

Rufen wir uns in diesem Zusammenhang noch einmal das Modell der *propositionalen Netzwerkstrukturen des Langzeitgedächtnisses* in Erinnerung (Kapitel 3). Informationen, die einer langfristigen Speicherung unterliegen, werden demzufolge zunächst in kleine Informationseinheiten zerlegt, die anschließend zu komplexen Netzwerken zusammengesetzt werden. Neu hinzugelernte Informationen werden dabei in bereits bestehende Netzwerke integriert. Die Erinnerung verläuft später entlang der Pfade, welche die einzelnen Informationseinheiten miteinander verbinden. Je intensiver ein solcher Pfad genutzt wird, desto leichter sind die dazugehörigen Gedächtnisinhalte zu aktualisieren. Besonders leicht werden mithin solche Informationen erinnert, die wir besonders häufig abrufen, da wir sie in unserem Alltag z.B. oft benötigen (Schulweg, Erkennen der Gesichter von Freunden u.ä.) oder weil wir uns mit ihnen aus irgendeinem Grunde gedanklich intensiver auseinandergesetzt haben. Zahlreiche Untersuchungsergebnisse deuten nun darauf hin, daß auch Emotionen als Informationen in Netzwerken verankert werden (Gilligan & Bower, 1984; Fiske & Taylor, 1991). Dies bedeutet aber, daß auch die abgespeicherten Emotionen assoziative Verbindungen zu zahlreichen anderen Gedächtnisinhalten aufweisen können. Dies wiederum bedeutet, daß Emotionen nicht nur, wie eben geschildert, durch spezifische Informationen aktualisiert werden können, sondern daß umgekehrt auch aktuell vorliegende Emotionen andere Informationen aus dem Gedächtnis dem Bewußtsein zugänglich machen können.

Verdeutlichen wir uns dies einmal anhand eines Beispieles. Ein Mitarbeiter wird von seinem Vorgesetzten in demütigender Weise behandelt. Erst wird der Mitarbeiter zu einer bestimmten Urzeit in das Büro des Vorgesetzten bestellt, muß dann aber eine halbe Stunde warten, bis er vorgelassen wird. Der Vorgesetzte verläßt unterdessen mehrmals sein Zimmer und läuft an dem Mitarbeiter vorbei, ohne diesen auch nur eines Blickes zu würdigen. Nach einiger Zeit öffnet er die Türe und signalisiert hierdurch, ohne eine Wort zu sagen, daß der vereinbarte Gesprächstermin nun stattfinden könne. Der Mitarbeiter betritt den Raum mit einer Begrüßung, die nicht erwidert wird, vielmehr beginnt der Vorgesetzte nun unvermittelt das Gespräch. Es gehört nicht viel Einfallsreichtum dazu, sich vorzustellen, daß der Mitarbeiter in einer solchen Situation eine starke Wut empfindet. Wie werden nun aber die Geschehnisse im Gedächtnis dieser Person repräsentiert? Abbildung 6-3 gibt den Ausschnitt einer denkbaren Netzwerkstruktur wieder. Neben Informationen über die äußeren Rahmenbedingungen und das Verhalten der beteiligten Personen wird auch die Emotion „Wut“ abgespeichert. An den Rändern dieses Netzwerkausschnittes finden sich Verbindungen zu bereits bestehenden Inhalten, die z.B. Informationen darüber beinhalten, wie der Vorgesetzte heißt, in welcher Organisation sich die Geschichte abspielte, welche Funktion der Mitarbeiter in dieser Organisation hat u.ä. Die Information über die erlebte Emotion weist ihrerseits Verbindungen zu anderen Inhalten auf, in denen der Mitarbeiter Wut erlebt hat. Dies können sowohl Informationen über frühere Interaktionen mit dem Vorgesetzten sein, als auch Ereignisse, deren einzige Verbindung zu den geschilderten Geschehnissen darin besteht, daß die betroffene Person seinerzeit ebenfalls wütend war.

Wird der Mitarbeiter sich zu einem späteren Zeitpunkt noch einmal an die fragliche Situation erinnern, so wird er sicherlich auch das Gefühl der Wut erinnern können, vielleicht erlebt er es nun auch tatsächlich noch einmal. Das im Rahmen unserer übergeordneten Fragestellung eigentlich interessante Phänomen besteht jedoch darin, daß auch der umgekehrte Fall eintreten kann. Befindet sich der Mitarbeiter Monate später in einer völlig anderen Situation, in der er heftige Wut empfindet, so entspricht dies – gedächtnistheoretisch ausgedrückt – der Aktualisierung einer bestimmten Information. Die Folge hiervon ist, daß auch angrenzende Informationen erinnert werden und zwar um so eher, je stärker die assoziative Verbindung zur aktualisierten Information ausfällt. Der Mitarbeiter wird sich u.U. also erneut an die ältere wutauslösende Situation, bzw. die daran beteiligten Personen erinnern. Mehr noch, er wird sich in bezug auf seinen Vorgesetzten besonders leicht negative Gedächtnisinhalte ins Bewußtsein rufen können.

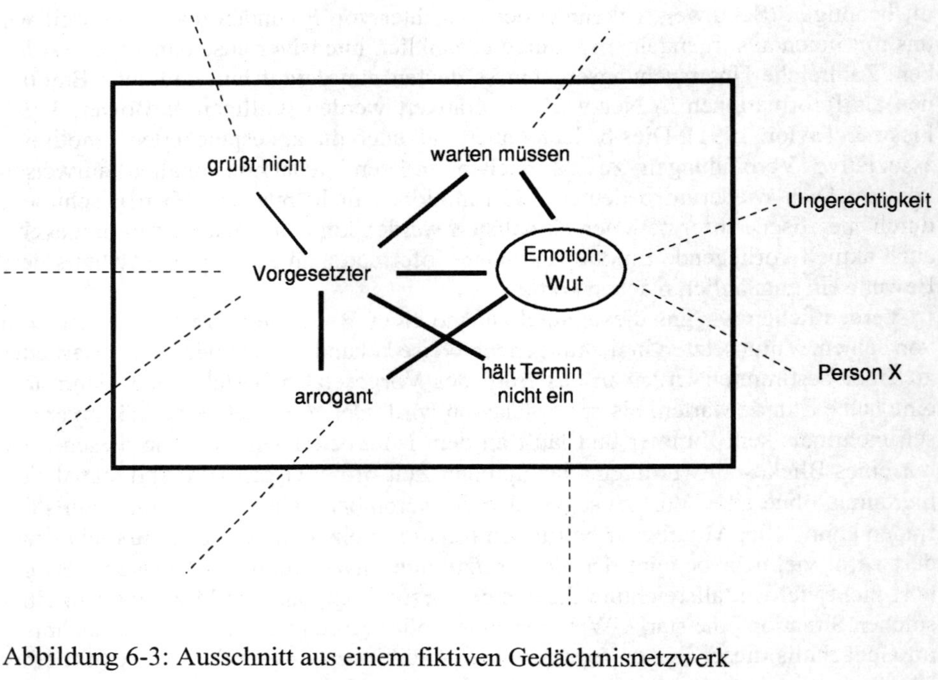

Abbildung 6-3: Ausschnitt aus einem fiktiven Gedächtnisnetzwerk

In der gedächtnispsychologischen Grundlagenforschung gibt es eine Vielzahl von Studien, die das soeben skizzierte Gedankengerüst bestätigen. Hierbei zeigt sich jedoch eine Asymmetrie der Effekte positiver und negativer Emotionen.

6.3.1 Konsequenzen positiver Emotionen

Wenden wir uns zunächst den Effekten positiver Emotionen zu. Personen, die sich in einer positiven Stimmung befinden, erinnern solche Informationen, die ebenfalls positiv bewertet werden, sehr viel leichter als neutrale oder negativ bewertete Gedächtnisinhalte (Blaney, 1986; Bower, 1981). Dieses Phänomen stellt eine besondere Form des Priming-Effektes (Kapitel 2) dar (Isen, 1984). Für die Beurteilung von Personen und sozialen Situationen bedeutet dies, daß ein gut gelaunter Beurteiler auch sehr viel eher eine positiv verzerrte Beurteilung abgibt. Der Vorgesetzte der vielleicht am Ende eines Jahres die Beurteilung seiner Mitarbeiter formulieren muß, wird, so er sich zum gegenwärtigen Zeitpunkt denn in einer positiven Stimmung befindet, positive Geschehnisse besonders leicht erinnern. Wenn keine differenzierten Aufzeichnungen vorliegen oder auch kein Gesprächspartner zur Verfügung steht, der eine alternative Bewertung einbringen könnte, wird die Beurteilung der Mitarbeiter wahrscheinlich zu positiv ausfallen. Dies mag den einzelnen Mitarbeiter natürlich freuen, ist aber kaum im Interesse der Organisation, in der beide beschäftigt sind. Die Organisation wird naturgemäß an einer möglichst zutreffenden Bewertung interessiert sein. Für den Vorgesetzten selbst bedeutet die stimmungskongruente Informationsverarbeitung, daß er seine positive Stimmung aufrechterhalten und vielleicht sogar verstärken kann.

Die verzerrenden Einflüsse positiver Stimmungslagen machten sich aber auch in der Wahrnehmung und Interpretation gegenwärtiger Informationen bemerkbar. Mehrfach konnte gezeigt werden, daß gut gelaunte Personen in ihrer Umwelt vor allem die positiven Dinge erkennen, Sachverhalte besonders positiv einschätzen und auch optimistischere Zukunftsprognosen anstellen (Isen, 1984). Fiske und Taylor (1991) berichten, zahlreiche Studien zusammenfassend, von entsprechenden Effekten bei der Beurteilung der eigenen Person, der eigenen Gesundheit, der Beurteilung anderer Menschen, der Zukunft, der Politik, ja selbst bei der Einschätzung der Qualität des eigenen Autos. Informationen, die mit der eigenen Stimmungslage übereinstimmen, werden darüber hinaus auch leichter behalten (Bower, 1981). Viele werden dieses Forschungsergebnis wohl auch aufgrund eigener Alltagsbeobachtungen an Fremden oder auch an der eigenen Person bestätigen können. Für einen Studenten dürfte es hilfreich sein, wenn sein Professor zum Zeitpunkt der Prüfung guter Stimmung ist. Die gutgelaunte Politesse läßt auch schon mal mit sich reden, wenn der Falschparker die richtigen Worte findet. Auch kann man seine Anliegen bei anderen Menschen viel leichter verwirklichen, wenn man diesen zuvor ein wenig „Honig um der Bart geschmiert“ hat. Besonders Kindern dürfte ein solcher Sachverhalt zumindest intuitiv geläufig sein. Wer positiv gestimmt ist, der legt gewissermaßen nicht jedes Wort auf die Goldwaage und ist gern bereit, das Positive im Leben zu sehen. Im Extremfall sieht er die Welt durch die rosarote Brille, wobei er – den Gedächtnisuntersuchungen zufolge – zusätzlich auch noch bevorzugt die „rosaroten“ Informationen in seinem Gedächtnis sucht. In dieses Bild fügen sich Forschungsergebnisse nahtlos ein, nach denen eine positive Stimmung flexibles, kreatives Denken fördert (Isen & Daubman, 1984; Schwarz, 1990). Dies bedeutet gleichzeitig aber auch eine Verflachung systematischer, analytischer Kognitionen. Bei guter Stimmung sollte man also vielleicht lieber ein Bild malen, einen Roman schreiben oder erste Ideen zu einem Forschungsprojekt entwickeln. Geht es hingegen darum, eine komplizierte Herzoperation durchzuführen oder einen Atomreaktor vor dem Durchschmelzen zu bewahren, so würde man sich doch lieber einen weniger euphorischen Protagonisten wünschen.

Alles in allem lassen sich mithin deutliche Verzerrungseffekte positiver Emotionen beim Wahrnehmen, Denken und Urteilen ausmachen. Auch wenn diese vordergründig für die betroffenen Personen eher positive Konsequenzen haben, kann dies, zumindest bei Entscheidungen, die gewichtige Konsequenzen nach sich ziehen, letztlich nicht befriedigen. Man denke hier nur einmal an einen Busfahrer, der aufgrund seiner guten Stimmung das Risiko unterschätzt, auf einer nassen Straße mit überhöhter Geschwindigkeit zu fahren.

6.3.2 Konsequenzen negativer Emotionen

Wie sieht es nun aber bei den negativen Emotionen aus? Hier sind die Forschungsergebnisse weniger einheitlich. Zwar lassen sich auch hier stimmungskongruente Effekte nachweisen, dies ist jedoch nicht immer der Fall. Manchmal finden sich keine Unterschiede zwischen neutraler und negativer Stimmung und gelegentlich zeigen sich sogar die gleichen Effekte wie bei positiven Stimmungslagen (Fiske & Taylor, 1991).

Eindeutig ist die Situation bei depressiven Personen. Sie rufen in sehr viel stärkerem Maße negative Informationen aus ihrem Gedächtnis ab als positive. Darüber hinaus interpretieren sie ihre aktuellen Erlebnisse negativer und stellen auch pessimistischere Prognosen auf als Personen mit positiver oder neutraler Stimmungslage (Beck, 1965). Dies gilt aber eben keineswegs für alle Menschen, die sich in einem negativen Emotionszustand befinden. Vielmehr scheinen diejenigen Menschen, die dauerhaft depressiv werden und eine dementsprechende Kongruenz von Emotionen und Kognitionen zeigen, eine besondere Personengruppe darzustellen, bei denen die Prinzipien des „mood-repair“ (Isen, 1984) aus unbekannten Gründen nicht funktionieren. Negative Emotionen werden im allgemeinen als unangenehm empfunden, was zur Folge hat, daß die betroffene Person Schritte unternimmt, um diesen Zustand zu ändern. Diese Maßnahmen können sowohl in einem aktiven Verhalten als auch in einer Veränderung der Wahrnehmung und Interpretation bestehen (ausführlicher: Kapitel 9). Bei depressiven Personen ist dieser Prozeß gestört. Sie selbst können sich ohne fremde Hilfe nicht mehr aus dem Teufelskreislauf negativistischer Informationsverarbeitung befreien.

Die Ausführungen zur (reaktiven) Depression sollen jedoch nicht den Eindruck erwecken, als wären stimmungskongruente Denk- und Beurteilungsprozesse im Bereich der negativen Emotionen nur ein Fall für den Therapeuten. So konnte z.B. Forgas (1994) in einer Untersuchung entsprechende Effekte finden, nachdem er seine Probanden durch das Lesen einer Geschichte zunächst in eine traurige oder eine fröhliche Stimmung versetzt hat. Anschließend wurden alle Untersuchungsteilnehmer nach Konflikten in ihrer Partnerschaft befragt. Obwohl die gelesene Geschichte in keinem inhaltlichen Zusammenhang zu Partnerschaftskonflikten stand, haben sich die traurigen Versuchspersonen in signifikant stärkerem Maße die Schuld für entsprechende Konflikte gegeben als dies bei fröhlichen oder neutral gestimmten Personen der Fall war. Die wahrgenommene Verantwortung der eigenen Person fiel erwartungsgemäß am geringsten aus, wenn die Versuchsperson in positiver Stimmung war.

Ähnliche Effekte kennen wohl die meisten Menschen aus ihrem Alltag. Wer übel gelaunt ist, der kann sehr leicht auch an solchen Dingen keine rechte Freude finden, die ihn für gewöhnlich erquicken. Einem schlecht gestimmten Vorgesetzten geht man am besten aus dem Weg. Verärgerte Prüfer sind der Alptraum eines jeden Studenten. Auch hier gilt, daß systematische Verzerrungen in der Beurteilung von Menschen oder sozialen Situationen wahrscheinlicher sind als bei Beurteilern mit neutraler Stimmungslage. Das Ausmaß der Verzerrungen muß beim gegenwärtigen Stand der Forschung jedoch als weniger massiv eingeschätzt werden, wenn man einen Vergleich zu den Konsequenzen positiver Stimmungslagen vornimmt. Zumindest bei moderat negativer Stimmung zeigt sich nämlich eine Tendenz, Denkprozesse nicht zu vereinfachen, sondern in stärkerem Maße analytisch und elaboriert vorzugehen (Schwarz, 1990). Ausgehend von der These, daß die meisten Menschen es schaffen, ihr Leben eher positiv denn negativ verzerrt wahrzunehmen, erscheint ein solcher Effekt auch nicht verwunderlich. Wenn der neutral bis positive Zustand der Regelfall ist, dann ruft eine negative Stimmungslage zwangsläufig mehr Aufmerksamkeit und Unterbrechung routinierter Abläufe hervor. Die negative Stimmungslage wird zur Figur auf einem positiven Hintergrund. Eiser (1990) diskutiert darüber hinaus die psychobiologischen Ursprünge einer solchen Reaktion. Entwicklungsgeschichtlich betrachtet, erweist es sich als durchaus sinnvoll, negativen Informationen – beziehen sie sich nun direkt auf die eigene Person oder nicht – eine größere Aufmerksamkeit und elaboriertere kognitive Analyse angedeihen zu lassen, da Negativität immer auch als potentielle Gefahr gedeutet werden kann.

6.3.3 Intensität der Emotionen

Unabhängig davon, ob es um positive oder negative Stimmungslagen geht, ist auch deren Intensität zu berücksichtigen. Man kann sich leicht vorstellen, daß sehr starke Emotionen, seien sie nun positiv oder negativ, einen sehr schädlichen Einfluß auf die Rationalität unserer Denk- und Beurteilungsprozesse haben. Weder Euphorie noch Wut dürften eine gute Basis für wichtige Entscheidungsprozesse sein. Handelt es sich um Stimmungen von eher moderater Intensität, so wirken sich positive Emotionen wahrscheinlich schädlicher, d.h. verzerrender aus als negative.

Interessant ist in diesem Zusammenhang der Hinweis von Fiedler (1997), daß Prozesse der Aufschaukelung von Verzerrungseffekten vermindert und beendet werden können, wenn sich die betreffenden Personen der negativen Konsequenzen derselben bewußt werden. Auch hier zeigt sich erneut, daß wir den geschilderten Mängeln unserer Informationsverarbeitung nicht schutzlos ausgeliefert sind. Ihre Kenntnis ist der Schlüssel zur Gegeninitiative.

6.4 Stimmung als Information

Während sich die bisher beschriebenen Theorien und Forschungsergebnisse entweder mit der Frage beschäftigten, welche Bedeutung den Kognitionen bei der Entstehung und Veränderung von Emotionen zukommt oder die Einflüsse von Emotionen auf Kognitionen zum Thema haben, beschreitet der Ansatz von Norbert Schwarz (1987) einen ganz neuen Weg. Stimmungslagen können demnach auch als Informationsquelle dienen und somit neben anderen, nicht-affektiven Informationen zur Beurteilung von Situationen oder Menschen herangezogen werden.

Vereinfacht ausgedrückt würde eine Person, die eine bestimmte Situation erlebt, also u.a. auch ihr eigenes Empfinden erforschen, um z.B. entscheiden zu können, ob sie einer anderen Person trauen kann oder lieber Vorsicht walten lassen sollte. Viele Menschen kennen die Situation, daß man mit einer Person zu tun hat, die einem auf irgendeine Weise suspekt erscheint. Man fühlt sich in ihrer Nähe irgendwie unwohl, ohne daß man sich darüber im klaren ist, woran dies eigentlich liegt. Auch wenn keine objektiv erfaßbaren Fakten gegen diese Person sprechen, wird man in einer solchen Situation die fragliche Person sicherlich nicht positiv oder neutral einschätzen können. Die Tatsache, daß die zu beurteilende Person ein unangenehmes Gefühl in uns auszulösen vermag, wird als Information gegen sie verwendet, ganz so, als ob ein Bericht über ein negatives Verhalten des Objektes vorliegen würde. Ähnlich verhält es sich mit sozialen Situationen. Auch hier erlebt manch einer schon mal ein ungutes Gefühl, welches ihn dazu veranlaßt, die Situation ungeachtet der objektivierbaren Fakten negativ einzuschätzen. Die Berücksichtigung der eigenen Stimmungslage als Informationsquelle führt dabei natürlich leicht auch zu voreiligen Fehlentscheidungen nach dem Motto: „Ich fühle mich in der Gegenwart von X unwohl, also muß X schlecht sein". Eine differenziertere Analyse der Situation, die sich insbesondere bei folgenschweren Entscheidungen anbieten würde, kann derartige Schnellschüsse verhindern.

Nach Schwarz (1988), treten derartige Effekte vor allem dann auf, wenn es sich um Beurteilungssituationen handelt, die für den Betrachter nicht ganz eindeutig sind, er sich also z.B. mit sehr viel neuen Informationen konfrontiert sieht oder in eine bis dahin ebenso unbekannte wie komplexe, schwer zu durchschauende Situation gerät. Wichtig ist hierbei das Phänomen, *daß eben nicht nur die direkte emotionale Reaktion auf das Beurteilungsobjekt, sondern auch hiervon völlig unabhängig entstandene Stimmungen das Urteil beeinflussen*. In dem oben genannten Beispiel würde eine andere Person u.a. also deshalb negativ beurteilt, weil der Beobachter schon vor der beiderseitigen Begegnung in einer unangenehmen emotionalen Verfassung war. Für den Beobachter ist oft nämlich nicht mehr so ohne weiteres zu trennen, ob eine Stimmungslage erst in der Situation des Zusammentreffens, z.B. durch eine bestimmte, zu beurteilende Person ausgelöst wird oder ob diese Stimmung auch schon zuvor vorlag. Um diese für den Beurteilungsprozeß so wichtige Differenzierung vornehmen zu können, müßte er die Geschehnisse in ihrem Verlauf bewußt analysieren. In den allermeisten Situationen unseres Alltags werden wir dies aber kaum machen. Stattdessen verlassen wir uns blindlings auf unsere gefühlsmäßige Einschätzung. Ja, mehr noch, manch ein Zeitgenosse wird derartigen Einschätzungen sogar eine höhere Güte und Zuverlässigkeit zuschreiben, da er sie selbst ja wahrhaft erlebt hat und nicht nur einfach „cool" analysiert. Gerade in unserer Zeit, in der das Glauben wieder hoch im Kurs steht, dürfte für viele Menschen das Erleben ein subjektiv besserer Indikator für die Wahrheit sein, als die Analyse und Vernetzung „kalter“ Fakten.

Das zentrale Problem von Stimmungslagen, die als Informationsquelle genutzt werden, besteht also weniger in denjenigen Emotionen, die durch die zu beurteilenden Menschen oder Situationen ausgelöst werden (obwohl auch diese problematisch sein können s.o.), als vielmehr in denen, die unabhängig hiervon entstanden sind und dann unreflektiert Einfluß nehmen. Die Betonung liegt hier auf dem Begriff „unreflektiert“. Die Untersuchungen von Schwarz konnten zeigen, daß die zuletzt genannten Stimmungen nur dann Einfluß nehmen, wenn die Beurteiler glauben, daß sie etwas mit dem Beurteilungsobjekt zu tun haben. Wissen sie hingegen, daß die Stimmung unabhängig von dem Objekt ihrer Bewertung zustandegekommen ist, so sind sie auch in der Lage, relevante von nicht relevanten Stimmungen zu trennen und letztere aus ihrem Urteilsprozeß auszuschließen (Schwarz, 1990). Es scheint mithin durchaus hilfreich zu sein, sich bei Entscheidungen von gewichtiger Bedeutung nicht nur der eigenen emotionalen Verfassung bewußt zu werden, sondern auch nach deren Ursprung zu fragen, will man ein möglichst rationales Urteil fällen.

Unabhängig von der Frage, ob eine emotionale Stimmung nun durch den Beurteiler in eine Urteilssituation hineingetragen wurde oder erst in der Situation selbst entstand, ist zu bedenken, *daß Emotionen, die im Beurteilungsprozeß berücksichtigt werden, die Relevanz nicht-emotionaler Informationen mindern* (Schwarz, 1990). Emotionen sind neben den nicht-emotionalen Informationen keineswegs gleichberechtigte Größen im Urteilsprozeß, sondern erfahren eine bevorzugte, andere Informationen mehr oder minder überlagernde Bedeutung. Dieser Effekt wird wohl um so größer ausfallen, je intensiver die vorliegenden Emotionen sind. Ein Vorgesetzter, der sich vielleicht selbst für ausgeglichen und besonnen hält, wird kurz nach einer Diskussion mit einem Mitarbeiter, die ihn stark verärgert hat, den Mitarbeiter besonders negativ bewerten, da er aufgrund der heftigen Emotionen, Fakten außerhalb seiner Empfindung gar nicht mehr zur Kenntnis nehmen kann. Besonders bedenklich ist es dann natürlich, wenn die Verärgerung de facto weniger auf den Gesprächspartner als vielmehr auf das Privatleben des Vorgesetzten zurückzuführen ist.

Abbildung 6-4 faßt die zentralen Aussagen zur Bedeutung von Emotionen als Informationsquelle noch einmal zusammen. Ein Beurteiler, der in einer bestimmten Situation eine andere Person bewerten muß, ist zunächst einer Vielzahl von Informationen ausgesetzt, die sowohl von dem Bewertungsobjekt als auch aus dem irrelevanten Kontext auf ihn einströmen (Abbildung 6-4 A). Der Tendenz nach werden in dem einsetzenden Urteilsprozeß die emotionalen Informationen stärker gewichtet als die nicht-emotionalen. In unserem Beispiel resultiert daher eine negative Gesamtbewertung, obwohl durchaus auch positive Informationen vorlagen. Analog verhält es sich, wenn die emotionale Stimmung des Beurteilers durch Umstände verursacht wurde, die völlig außerhalb der aktuellen Situation stehen (Abbildung 6-4 B). Letzteres kann jedoch vermieden werden, wenn dem Beurteiler bewußt wird, daß die eigene Stimmung extern verursacht wurde und er darüber hinaus die Absicht hat, ein faires, weitestgehend objektiviertes Urteil zu treffen (Abbildung 6-4 C).

Selbstverständlich können sich die geschilderten Abläufe auch im Sinne einer positiv verzerrten Beurteilung einer anderen Person oder einer sozialen Situation auswirken. Man denke hier an einen Lehrer, der sich von der Schönheit einer Schülerin einfangen läßt und sie aus diesem Grunde positiver benotet als dies die objektiven

Fakten erlauben. Ein solcher Effekt setzt – ebenso wie bei Verzerrungen in negativer Richtung – in keiner Weise voraus, daß der Lehrer absichtlich eine Fehlbenotung vornimmt. Er selbst kann sich subjektiv durchaus sicher sein, objektiv gehandelt zu haben. Seinen eigenen Fehlurteilen kommt er erst dann auf die Schliche, wenn er den alltäglich, routiniert ablaufenden Entscheidungsprozeß bewußt hinterfragt.

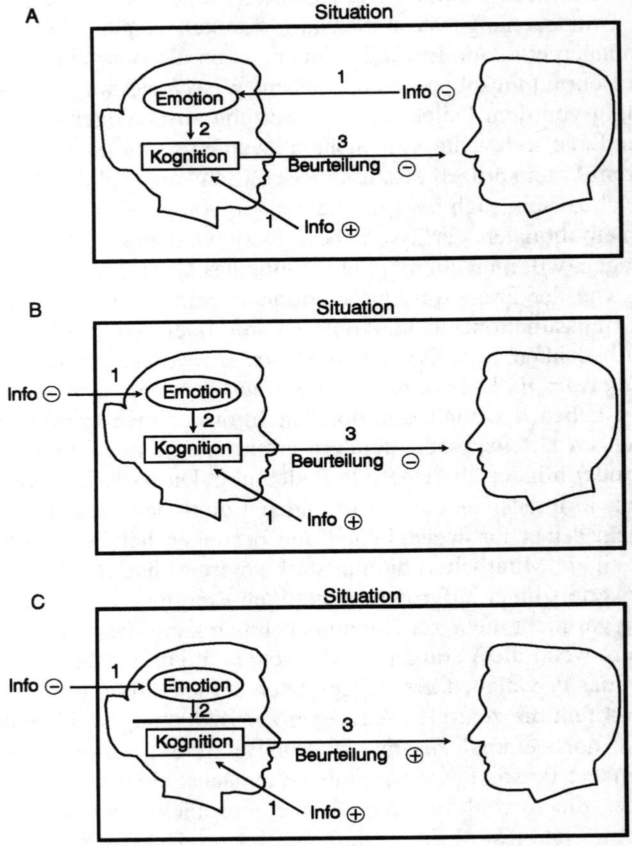

Abbildung 6-4: Emotionen als Informationsquelle im Urteilsprozeß

6.5 Emotionen, Kognitionen und Verhalten

Die bisherigen Ausführungen haben sich auf die Zusammenhänge zwischen Emotionen und Kognitionen beschränkt. Verschiedene Emotionstheorien zeigen auf, wie das Denken des Menschen seine Emotionen erzeugen und verändern kann. Die Untersuchungen zur Urteilsbildung thematisieren Zusammenhänge zwischen Emotionen und

Kognitionen in der entgegengesetzten Wirkrichtung. Emotionen können demnach als Bestandteil propositionaler Netzwerke das Erinnern stimmungskongruenter Informationen aus dem Gedächtnis fördern. Ebenso nehmen sie auch Einfluß auf die Art des Denkens. Während positive Emotionen ein kreatives, flexibles Denken fördern, veranlassen negative Stimmungen eher zu einem analytischen Vorgehen. Dies gilt jedoch nicht bei allzu starken Gemütszuständen, die sich schnell, auch unabhängig von ihrer Konnotation, als störend erweisen können.

Wie ist es nun aber um das Zusammenspiel zwischen den Emotionen und dem dritten großen Konstituenten des menschlichen Daseins, dem Verhalten bestellt?

Aus den bisherigen Ausführungen könnte leicht der Fehlschluß gezogen werden, daß Emotionen prinzipiell eher eine Fehlfunktion der Biologie des Menschen darstellen. Dies ist aber keineswegs der Fall. Die vorwiegend kritischen Anmerkungen beziehen sich auf die Rolle der Emotionen im Zuge bedeutsamer, folgenreicher Beurteilungsprozesse. Emotionen erfüllen gleichwohl eine wichtige Funktion bei der Steuerung des Verhaltens. Sie signalisieren, wann eine Gefahr für den Organismus besteht und mobilisieren den Körper um ggf. Gegenwehr zu leisten oder den Rückzug anzutreten. Ebenso tragen sie dazu bei, Orte oder Situationen aufzusuchen, die als angenehm erlebt werden. Izard (1981, 1984) sieht in den Emotionen das entscheidende Moment für die Motivationen des Menschen. Das Bedürfnis, unangenehme Situationen zu meiden und angenehme aufzusuchen, setzt voraus, daß Situationen emotional als angenehm oder unangenehm erlebt werden können. Aufbauend auf derartigen Emotionen entstehen dann Motivationen, die ihrerseits letztlich das Handeln des Individuums beeinflussen können. Bischof (1985) vertritt die Auffassung, daß Emotionen dem Organismus Hinweise darauf liefern, inwieweit er ein bestimmtes Bedürfnis befriedigt hat. In dieser Funktion legen sie die Basis für motiviertes Handeln zum Zwecke der Kompensation erlebter Defizite.

Emotionen helfen dabei, in einer unbekannten Situation schnell die Initiative zu ergreifen. Sie ähneln hierin der Funktion der Heuristiken (Kapitel 3). Denkbar ist weiterhin, daß Emotion oft im Sinne einer Intuition, also einer komplexen, auf Erfahrungen beruhenden Urteilsbildung wirken. Derartige Intuitionen sind keine übernatürliche Eingebung sondern vielmehr die Folge einer blitzartig ablaufenden, komplexen Analyse, die am ehesten mit dem Prinzip der Gestaltwahrnehmung (Kapitel 2) vergleichbar ist. Hierbei greift das Individuum in starken Maße auf eigene Erfahrungen zurück, ohne daß es selbst in der Lage wäre den genauen Prozeß der Urteilsbildung zu rekonstruieren. Wer könnte beispielsweise schon zutreffend erklären, warum er sich in einen völlig fremden Menschen verliebt? Oft sind intuitive Entscheidungen sehr wichtig. Dies gilt insbesondere dann, wenn schnelle Entscheidungen gefragt sind. Ob diese intuitiv-emotionalen Entscheidungen jedoch auch meist richtig sind, ist schwer zu sagen. Zumindest im Rahmen professioneller Beurteilungstätigkeit, wäre wohl eher einer sorgfältigeren Analyse der Vorzug gegenüber der emotionalen Verhaltenssteuerung zu gegeben.

Aber auch unabhängig von derartigen Effekten, denen man z.T. eine biologische Sinnhaftigkeit unterstellen kann, lassen sich zahlreiche Verhaltenskonsequenzen empirisch belegen. Isen (1984) berichtet von Forschungsergebnissen, die zeigen, daß Personen, die sich in einer positiven Stimmung befinden, anderen Menschen sehr viel eher zu Hilfe eilen als Personen, die neutral gestimmt sind. Ähnlich verhält es sich mit der Bereitschaft, auf andere Menschen zuzugehen und ein Gespräch zu beginnen. Positiv gestimmte Personen lassen sich zumindest kurzzeitig leichter in Gesprächen, von einer fremden Meinung überzeugen, als Individuen mit neutraler Stimmungslage. Schließlich zeigt sich bei ersteren auch eine größere Bereitschaft, moderate Risiken einzugehen. Eine genauere Analyse zeigt, daß diese Effekte verschwinden, wenn die Gefahr besteht, daß durch das eigene Verhalten die positive Stimmungslage gefährdet wird.

Hier offenbart sich nun auch, daß das Verhalten seinerseits auf die Emotionen zurückwirken kann. Allem Anschein nach gibt es ein Bemühen, durch Verhaltensweisen – und nicht nur, wie wir bereits gesehen haben auch durch Kognitionen – *positive Stimmungslagen aufrechtzuerhalten* und vor möglichen Angriffen von außen zu schützen (Isen, 1984). Wer anderen zur Hilfe eilt, gut gelaunt auf andere Menschen zugeht, sich nicht dogmatisch zeigt und auch mal ein kleines Risiko eingeht, der kann damit rechnen, daß ihm auch viel mehr Positives zurückgespiegelt wird als einer Person, die sich genau entgegengesetzt verhält.

Betrachten wir negative Emotionen, so muß erneut differenziert werden. Eigentlich sollte man annehmen, daß Personen mit negativer Stimmungslage ein durchgängiges Bemühen um eine Verbesserung der eigenen Situation zeigen. Dies trifft jedoch keineswegs immer zu. Auf der einen Seite gibt es Personen, die sich in ihrem Verhalten aktiv gegen eine negative Stimmung zur Wehr setzen, auf der anderen Seite gibt es aber auch immer Menschen, bei denen das Gegenteil der Fall ist. Gerade bei Personen, die an depressiven Verstimmungen leiden, findet sich häufig ein Verhalten (und Denken), welches eher dazu angetan ist, den gegenwärtigen Zustand aufrechtzuerhalten oder gar zu verschlimmern. Dies sagt jedoch noch nichts darüber aus, ob die Betroffenen ihren Zustand nicht doch gern auch ändern würden. In der Tat spricht vieles dafür, daß es sich bei diesem Kreis eher um Personen handelt, die nicht in der Lage sind, ihr Bedürfnis nach positiven Emotionen adäquat in eine Handlung (oder in entsprechende kognitive Prozesse) umzusetzen. Wir werden uns mit diesem Thema noch ausführlicher beschäftigen, wenn es um die Frage geht, ob und inwieweit Menschen aktiv an einem positiven Selbstkonzept arbeiten (Kapitel 9). Einstweilen bleibt festzuhalten, daß Stimmungslagen das eigene Verhalten nachhaltig beeinflussen und daß es umgekehrt auch eine Tendenz gibt, positive Stimmungen durch entsprechende Verhaltensstrategien aufrechtzuerhalten und meist wohl auch negative Stimmungen zu reduzieren und zu beseitigen.

Bleibt zum Schluß noch die Frage nach dem Zusammenspiel zwischen Kognitionen und Verhalten. Hier ist eine wechselseitige Beziehung besonders leicht zu belegen. Eigentlich setzen wir ja im Normalfall voraus, daß einem bestimmten Verhalten auch ein Denkprozeß vorausgeht. Zwar haben die Ausführungen der vorangestellten Kapitel gezeigt, daß derartige Denkprozesse oftmals kurzschlußartig, verzerrt oder zumindest doch recht fehleranfällig sind, die oft zweifelhafte Güte entsprechender Prozesse stellt die prinzipielle Bedeutung des Denkens für unser Handeln dabei aber natürlich nicht in Frage.

Das Verhalten selbst wirkt aber auch wieder auf das Denken zurück. Zur kognitiven Analyse einer Situation gehört – sofern vorhanden – selbstverständlich auch immer das eigene Verhalten. Die Verhaltenssteuerung setzt geradezu voraus, daß immer wieder überprüft wird, in welchem Zustand sich die Relation zwischen Situation und eigenem Verhalten befindet. Anders ist es nicht möglich ein Ziel, welches nicht mit einer einzelnen Tat erreicht werden kann, sicher anzusteuern. Hier verhält es sich vereinfacht so, wie bei einem Geschicklichkeitsspiel. Viele kennen vielleicht das Spiel, bei dem ein dicker, vielfach gewundener Draht mit einem kreisrund gebogenen zweiten Draht abgelaufen werden muß ohne daß beide Drähte einander berühren dürfen. Kommt es dennoch zu einer Berührung, so ertönt ein lautes Signal, da sich in diesem Moment, ein an beide Drähte angelegter Stromkreis schließt und das Fehlersignal ertönen kann. Eine solche Aufgabe gelingt nur dann, wenn das Verhalten unter ständiger Kontrolle des Zentralnervensystems steht. Zugegebenermaßen handelt es sich bei dieser Art von Kognitionen um eine sehr einfache, wenig komplexe Form des Denkens. Das Beispiel kann aber dennoch als Analogon für komplexere Sachverhalte dienen. Man denke hier z.B. an die Planung und Durchführung einer Urlaubsreise, an das Aufbauen eines Bücherregals oder auch nur an das gewöhnliche Einkaufen im Supermarkt.

Alles in allem kann an dieser Stelle also festgehalten werden, daß Emotionen, Kognitionen und Verhalten in einer komplexen wechselseitigen Einflußbeziehung miteinander verstrickt sind (Abbildung 6-5). Zum Zwecke der Analyse ist es notwendig, einzelne Zusammenhänge herauszugreifen und gezielt zu untersuchen, da die vorhandene Komplexität nur auf einem recht allgemeinen und letztlich dann doch unbefriedigenden Analyseniveau zu fassen sein wird. Ein hoher Grad an Vernetzheit darf nicht mit mangelnder Differenzierbarkeit gleichgesetzt werden. Letztlich kann doch wohl ein jeder für sich im Prinzip unterscheiden, was Denken und Fühlen und Handeln ist. Bei entsprechender Aufmerksamkeit wird er oft wohl auch die Zusammenhänge zwischen diesen Größen in seinem Alltag nachvollziehen können.

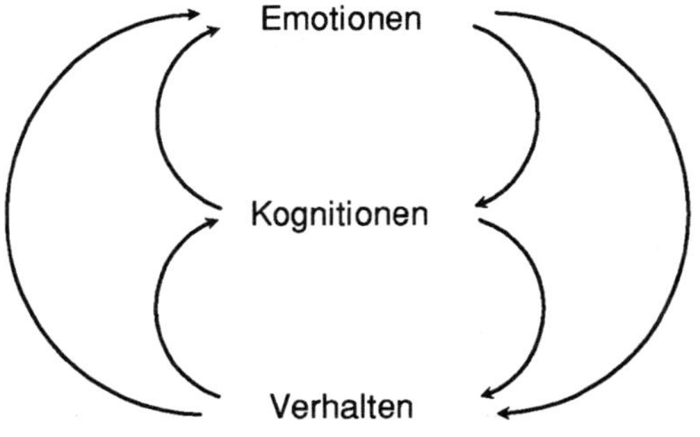

Abbildung 6-5: Zusammenhang zwischen Emotionen, Kognitionen und Verhalten

6.6 Fazit

Emotionen beeinflussen unser Verhalten und Denken in entscheidender Weise. Psychobiologische Ansätze betonen dabei die Bedeutung kultur- und z.T. auch gattungsunabhängiger Reaktionsmuster. Als Beispiel für derartige Muster kann vor allem der Gesichtsausdruck bei ganz grundlegenden Emotionen wie Haß oder Freude gelten.

Auch wenn sich solche Reaktionsmuster bei Menschen unterschiedlichster Kulturen – und in Grenzen sogar im Tierreich – belegen lassen, so sind diese doch nicht völlig autonom. Menschen sind in der Lage, ihre Emotionen hinter einer Fassade der gespielten coolness zu verstecken. Ebenso ist die Auswahl von Reizen, durch die ein bestimmtes Reaktionsmuster ausgelöst werden kann, durch Lernprozesse zu beeinflussen. So wird man beispielsweise wohl kaum einen biologischen Sinn darin erkennen können, wenn das Versagen in einer Schulklausur Verzweiflung auslöst oder das Wiedererkennen eines Fernsehstars in der Fußgängerzone bei seinen Fans zu großer Freude führt.

Darüber hinaus heben verschiedene neuere Emotionstheorien die Bedeutung komplexer kognitiver Analyseprozesse für die Entstehung und Steuerung von emotionalen Zuständen hervor. Insgesamt unterstreichen die bisherigen Forschungsergebnisse und theoretischen Analysen die Annahme einer komplexen wechselseitigen Beziehung zwischen Emotionen, Kognitionen und Verhalten.

Die Bedeutung der Emotionen im Rahmen der Bewertung von Menschen und sozialen Situationen wird zunächst durch die Gedächtnisforschung betont. Emotionen erweisen sich demnach als wichtige Knotenpunkte innerhalb von Netzwerkstrukturen des Langzeitgedächtnisses. Viele Gedächtnisinhalte sind daher auch mit Stimmungslagen und emotionalen Bewertungen assoziiert. Besonders bemerkenswert ist aber, daß die aktuelle Stimmung einer Person das Erinnern stimmungskongruenter Informationen fördert. Eine gut gelaunte Lehrerin wird mithin auch sehr viel leichter positive Informationen über ihre Schützlinge erinnern können als negative. Dieser Umstand kann zu bedenklichen Verzerrungen führen, wenn es um folgenschwere Beurteilungen geht. Der Priming-Effekt zeigt darüber hinaus auch seine Auswirkungen in der Wahrnehmung, Interpretation und Bewertung aktuell wahrgenommener Sachverhalte und fördert der Tendenz nach auch stimmungskongruente Zukunftsprognosen. Im Falle positiver Emotionen sind derartige Zusammenhänge allerdings viel einheitlicher belegt als für negative Stimmungslagen.

Hinzu kommt, daß die aktuelle emotionale Befindlichkeit auch die Art des Denken prägt. Während positive Stimmungen die Kreativität und Flexibilität des Denkens fördern, forcieren negative Emotionen eher die analytische Präzision. Dies gilt jedoch nur so lange, wie die emotionale Erregung ein bestimmtes Maß nicht überschreitet. Besonders intensive Emotionen fördern die Verflachung des Denkens und rufen leicht Kurzschlußentscheidungen hervor.

Schließlich können eigene Emotionen auch als Information für die Bewertung anderer Personen oder sozialer Situationen herangezogen werden. Unabhängig davon, ob eine bestimmte Stimmungslage durch das Bewertungsobjekt oder völlig irrelevante Sachverhalte hervorgerufen werden, besitzen sie im Urteilsprozeß häufig ein viel größeres Gewicht als die „harten Fakten". Eine andere Person wird im ungünstigsten Falle nur deshalb abgewertet, weil der Beobachter im Moment unpäßlich war und die eigene Stimmung als Indikator für die Merkmale des Objektes mißgedeutet hat. Derartige Verzerrungen bleiben jedoch aus, wenn sich die bewertende Person darüber im klaren ist, daß ihre eigenen Emotionen in einer spezifischen Situation nicht mit den tatsächlichen Merkmalen des Objektes zu tun haben. Hierbei wird allerdings vorausgesetzt, daß der Beurteiler an einer möglichst objektivierten Beurteilung interessiert ist.

Alles in allem erweisen sich Emotionen als schlechte Ratgeber, wenn es darum geht, folgenschwere Bewertungen anderer Menschen oder sozialer Situationen vorzunehmen. Dies gilt um so mehr, je stärker ihre Intensität ist. Zwar mag es durchaus den Fall geben, daß jemand in einer bestimmten Entscheidungssituation das intuitiv richtige Gefühl verspürt, um anschließend einen richtigen Entschluß zu fällen, hierauf sollte sich aber zumindest der professionelle Bewerter, auch aus Gründen der Fairneß gegenüber der zu beurteilenden Person, lieber nicht verlassen. Der Vorteil heftiger Emotionen mag oft darin liegen, daß sie wichtige Entscheidungen, im Sinne von „Angriff“ oder „Flucht“ beschleunigen. Bei nüchterner Betrachtung muß jedoch wohl festgestellt werden, daß uns zumindest professionelle Bewertungssituationen in aller Regel ein viel differenzierteres Entscheidungsmuster abverlangen.

Um nicht mißverstanden zu werden, hier soll keinem radikalen Kognitivismus das Wort geredet werden. Emotionen sind ein wichtiger Bestandteil des menschlichen Lebens. Dies gilt insbesondere für die Bereiche der Kommunikation und des Sozialverhaltens. Emotionen sind nicht prinzipiell von Übel. Es geht hier lediglich um die Frage, inwieweit sich eine Person, die eine folgenschwere Entscheidung für sich oder andere zu treffen hat, unreflektiert von emotionalen Kriterien leiten läßt.

Ein emotionaler Kurzschluß ist ebenso kritisch zu bewerten wie ein kognitiver Kurzschluß aufgrund von Vorurteilen, vereinfachten Attributionen oder unhinterfragten Erwartungen. Ganz so wie sich Vorurteile in manchen Situationen als durchaus zweckdienlich erweisen können, kommt auch Emotionen eine funktionale Bedeutung zu. Diese sollte jedoch – ebenso wie dies in den vorangestellten Kapiteln in bezug auf kognitive Prozesse vorgeschlagen wurde – in bestimmten Entscheidungssituationen auch bewußt hinterfragt werden können. Das Postulat eines prinzipiellen Antagonismus zwischen Emotionen und Kognitionen ist auch – unabhängig von der Bewertung beider Größen – schon deshalb falsch, weil beide wechselseitig miteinander verwoben sind.

6.7 Vertiefende Literatur

Fiske, S.T. & Taylor, S.E. (1991). Social cognition (2nd. Ed.). New York: McGraw-Hill.

Hammerl, M., Grabitz, H.-J. & Gniech, G. (1993). Die kognitiv-physiologische Theorie der Emotion von Schachter. In D. Frey & M. Irle (Hrsg.), Theorien der Sozialpsychologie, Band I: Kognitive Theorien (2. Aufl.) (S. 123-154). Göttingen: Hogrefe.

Izard, C. (1981). Die Emotionen des Menschen: Eine Einführung in die Grundlagen der Emotionspsychologie. Weinheim: Beltz.

Kolb, B. & Whishaw, I.Q. (1996). Neuropsychologie. Heidelberg: Spektrum.

7. „Mit den Wölfen heulen“ – Sozialer Einfluß

Menschliches Wahrnehmen, Denken, Urteilen, Fühlen und Handeln ist wohl niemals völlig frei von den Einflüssen des sozialen Kontextes, in dem sich eine Person aktuell bewegt oder früher einmal bewegt hat. Eine solche Aussage ist ebenso banal wie bedeutungsvoll.

Banal ist sie, weil ein jeder, der sich professionell mit menschlichem Verhalten beschäftigt oder sich privat schon einmal Gedanken über das eigene Verhalten oder das seiner Mitmenschen gemacht hat, sehr leicht zu dem gleichen Urteil kommen wird. Zwar gibt es eine generelle Tendenz, die Gründe für das Verhalten anderer Menschen primär in deren individueller Persönlichkeit zu suchen (siehe Kapitel 4), bei sorgfältiger Betrachtung läßt sich ein gewichtiger Einfluß der Umwelt jedoch kaum leugnen.

Die Aussage ist aber mindestens ebenso bedeutsam, da das wahre Ausmaß sozialer Einflüsse meist doch im Verborgenen bleibt.

Auf der einen Seite bedarf es nur einer geringen Selbstreflexion, um zu erkennen, warum wir beispielsweise unseren Lehrern, Prüfern, Vorgesetzten, einem Polizisten, der uns beim Falschparken erwischt hat oder ganz allgemein, einer Person von der wir in irgendeiner Weise abhängig sind, noch nie so richtig unsere Meinung gesagt haben. Wir fürchten negative Konsequenzen und verhalten uns dementsprechend angepaßt. Dies ist nicht schon an sich zu kritisieren, erfüllen wir auf diesem Wege doch nicht nur die Wünsche des Gegenübers, sondern handeln meist auch unmittelbar in unserem eigenen Interesse.

Auf der anderen Seite nimmt der soziale Kontext aber auch oft Einfluß, ohne daß dies den betroffenen Personen gleich bewußt wird. Im einfachsten Falle handelt es sich hierbei z.B. um Lerninhalte, die ohne einen sozialen Kontext meist gar nicht denkbar wären. Niemand von uns hätte Sprechen, Lesen, Rechnen, Schreiben, Autofahren, die richtige Benutzung eines Computers, eines Geldautomatens oder einer Hifi-Anlage gelernt ohne entsprechende soziale Einflüsse von Eltern, Lehrern oder anderen Personen. Die Liste ließe sich sehr weit fortführen. Aber auch hierbei handelt es sich doch eher um triviale Beispiele. Komplexer wird es, wenn wir Verhaltensweisen in sozialen Beziehungen betrachten. Gerade bei solchen Verhaltensweisen, die allgemeinhin als völlig normal gelten, zeigt sich der soziale Einfluß in seiner interessantesten Weise. Verhaltensweisen, bei denen man sich im Alltag schon darum bemühen muß, sie als Ergebnis eines sozialen Konsensus zu begreifen, offenbaren in besonderem Maße die Kraft, die von sozialen Kontexten auf einen jeden von uns wirkt.

Gegenstand des folgenden Kapitels ist die Bedeutung, die soziale Einflüsse bei der Urteilsbildung und Verhaltenssteuerung des Menschen spielen. Hierbei interessieren vornehmlich solche Phänomene, die sowohl dem Beeinflussenden, als auch dem Beeinflußten nicht bewußt sind.

Es wird deutlich werden, daß der soziale Einfluß – wie jeder psychologische Prozeß, der in diesem Buch diskutiert wird – zwei Seiten hat. Sozialer Einfluß kann zum einen negativ, entmündigend, ja zwingend und versteckt im Sinne einer Manipulation wirken. Zum anderen ist er aber auch ein unverzichtbares Element des Zusammenlebens von Menschen, die ihr Dasein nicht nur als Eremiten fristen wollen.

Wir beginnen mit der Darstellung indirekter Formen des sozialen Einflusses. In einem zweiten Schritt wird gezeigt, daß sich der soziale Einfluß einer Person nicht nur aufdrängt, sondern häufig von dieser auch aktiv aufgesucht wird. Hieran schließt sich eine Diskussion der Forschungsergebnisse zu den unterschiedlichen Beeinflussungsmöglichkeiten durch Majoritäten und Minoritäten an. Den Abschluß bildet schließlich die Betrachtung einiger betont negativer Konsequenzen der Anpassung des einzelnen an seinen sozialen Kontext.

7.1 Formen indirekter Einflußnahme

Es ist offensichtlich, daß sozialer Einfluß oft auf sehr *direktem* Wege wirkt. Die Eltern, die ihr Kind für Wohlverhalten belohnen und für Fehlverhalten bestrafen, der Staat, der seinen Bürgern die Einhaltung der Gesetze abverlangt oder der Arbeitgeber, der den Lohn nur bei entsprechender Gegenleistung auszahlen wird, können hier als alltägliche Beispiele dienen. Gleiches gilt auch für Bewertungssituationen. Manche Eltern werden sicherlich schon einen Versuch unternommen haben, einen Lehrer zu bestechen oder mit einer Beschwerde beim Schulrat zu drohen, um für ihre Sprößlinge eine Versetzung herauszuschlagen. Die hohe Kunst der völlig unverblümten Einflußnahme führen immer wieder auch die Bewerber um die Ausrichtung der olympischen Spiele vor. Mit fürstlicher Bewirtung, unterwürfigen Gesten und mehr oder minder kleinen Geschenken versuchen alle Jahre wieder die potentiellen Kandidaten, sich die Entscheidungsträger des IOC gewogen zu halten. Derartige Einflüsse sind für den Beeinflußten leicht als solche zu erkennen und führen gelegentlich auch zu gezielten Gegenmaßnahmen, wenn sich die betroffene Person hierdurch allzusehr in ihrer individuellen Freiheit eingeschränkt fühlt (Reaktanztheorie; siehe: Gniech & Grabitz, 1984).

Von größerem Interesse sind jedoch die indirekten Formen der Einflußnahme, die den Betroffenen meist nicht bewußt sind. Hierin liegt eine besondere Gefahr, denn Einflußfaktoren, die z.B. systematische Urteilsverzerrungen hervorrufen können, müssen natürlich zunächst einmal in ihrer Funktion erkannt werden, ehe man sich aktiv gegen sie zur Wehr setzen kann.

Die Erforschung *indirekter* sozialer Einflußprozesse zählt zu den zentralen Aufgaben der *Sozialpsychologie*. Ja, man kann wohl ohne Übertreibung sogar behaupten, daß sie den Kern sozialpsychologischer Forschungsgegenstände darstellen. Während die Allgemeine Psychologie sich mit der Erforschung von Gesetzmäßigkeiten individuellen Verhaltens, Denkens und Erlebens beschäftigt und die Entwicklungspsychologie nach den Veränderungen menschlicher Fähigkeiten und Fertigkeiten über die Lebensspanne hinweg fragt, widmet sich die Sozialpsychologie den wechselseitigen

Einflüssen, die Menschen aufeinander ausüben. Am Beispiel des Lernens lassen sich die unterschiedlichen Perspektiven leicht verdeutlichen:

Dem Lernen kommt neben genetisch festgeschriebenen Entwicklungsspielräumen die wichtigste Funktion bei der Entwicklung des Verhaltens zu. Kaum eine menschliche Verhaltensweise läßt sich gänzlich ohne den Rückgriff auf Lernprozesse hinreichend erklären. Die wichtigste Aufgabe der Entwicklungspsychologie ist es, zu erfassen, welche systematischen Veränderungen im Laufe eines Lebens auftreten und inwieweit sie auf biologische und/oder psychologische Faktoren zurückzuführen sind. Im Vordergrund der Betrachtung steht dabei weniger der Lernprozeß selbst als vielmehr seine Konsequenzen für die Entwicklung des Individuums.

Die Allgemeine Psychologie beschäftigt sich demgegenüber eingehend mit dem genaueren Ablauf von Lernvorgängen. Unterschiedliche Lerntheorien akzentuieren mehr oder weniger stark die Abläufe innerhalb der Person oder aber in der sie umgebenden Lernumwelt.

Den Übergang zur Sozialpsychologie markiert vor allem die *sozial-kognitive Lerntheorie* von Albert Bandura (1971). Sie hebt hervor, daß Lernen häufig über die Beobachtung von anderen Personen, sog. „Modellen“ abläuft, deren Verhalten anschließend nachgeahmt wird. An dieser Stelle rückt die Bedeutung, die der soziale Kontext beim Lernvorgang spielt, in das Zentrum der Analyse. Die Theorie von Bandura beschreibt somit eine vergleichsweise einfache Form des indirekten Weges, über den soziale Einflußprozesse wirksam werden. Da das Modellernen einen besonders wichtigen Aspekt des sozialen Lernens darstellt, wollen wir sie etwas ausführlicher behandeln.

7.1.1 Lernen am Modell

Am Anfang des Lernvorganges steht nach der Theorie von Bandura ein potentielles Modell, dessen Verhalten beobachtet wird (siehe Abbildung 7-1). Mit der genauen Betrachtung des Verhaltens ist der eigentliche Lernprozeß bereits abgeschlossen. Der aufmerksame Beobachter hat sich das Verhalten des Modells durch bloßes Zuschauen zumindest in seinen Grundzügen angeeignet. Ob das so gelernte Verhalten später dann von dem Beobachter auch tatsächlich imitiert wird oder nicht, hängt von verschiedenen Faktoren ab.

Hierzu gehören zunächst die Merkmale des Modells. Das Verhalten eines Modells wird um so leichter imitiert, je größer sein Ansehen ist. Kaum einer käme wohl auf die Idee, das Verhalten eines Stadtstreichers oder die Absonderlichkeiten eines offensichtlich psychisch gestörten Menschen zu imitieren. Ganz anders verhält es sich hingegen mit Pop- und Fernsehstars, reichen und/oder mächtigen Personen. Menschen, die sich wie Marilyn Monroe kleiden oder eine Handy-Attrappe besitzen, stellen hier eher Extremformen dar. Viel alltäglicher sind Kleiderordnungen, bestimmte politische Überzeugungen, welche die Meinung prominenter Politiker widerspiegeln oder z.B. die Veränderung von Freizeitgewohnheiten, wie sie etwa der Tennisboom nach den ersten Erfolgen von Boris Becker illustriert. Attraktive und damit nachahmenswerte Modelle sind aber auch solche, die dem Beobachter ähnlich sind. Das Verhalten von Freunden und Bekannten dient nicht zuletzt auch wegen der größeren Relevanz für das eigene alltägliche Leben oft als Vorlage für das eigene

Verhalten. Dabei kann die Modellwirkung natürlich auch in zweierlei Richtung laufen. Modell und Beobachter können die Rollen vertauschen. Nun lernt nicht nur A von B, sondern auch umgekehrt B von A. Die wechselseitige Angleichung des Verhaltens zweier oder mehrerer Personen festigt somit den Zusammenhalt von Gruppen oder auch innerhalb von Freund- und Partnerschaften.

Für die Nachahmung eines Modells ist neben der Statusfrage jedoch mindestens ebenso wichtig, ob das fragliche Verhalten zu erwünschten Zielen führt – allgemein gesprochen, mit Belohnung verbunden ist – oder ob es negative Konsequenzen (Bestrafung) zur Folge hat. Ein Modellverhalten wird um so eher nachgeahmt, je positiver die Konsequenzen für das Modell waren oder aber für den potentiellen Nachahmer sein könnten. So werden z.B. wohl nur sehr wenige Menschen einen Boxweltmeister zum Zweikampf auffordern, da sie sich hiervon kaum solch positive Konsequenzen erwarten können wie der amtierende Vizeweltmeister. Gleichwohl verfehlen solche stellvertretenden Verstärkungen, also Belohnungen bzw. Bestrafungen, die an den Modellen beobachtet werden können, meist nicht ihre Wirkung. Wohl jeder Berufsanfänger übernimmt von seinen erfahreneren Kollegen vor allem diejenigen Verhaltensweisen, die sich bislang (also für das Modell) als erfolgreich erwiesen haben.

Schließend kann die Imitation des Modellverhaltens natürlich nur dann funktionieren, wenn sich der Beobachter an das beobachtete Verhalten erinnern kann, motiviert ist, es zu zeigen und zusätzlich auch die Fähigkeit zur Umsetzung besitzt (Abbildung 7-1). So reicht es bekanntlich keineswegs aus, Olympiateilnehmern bei ihren Leistungen zuzusehen, um anschließend selbst entsprechend tätig werden zu können. Ebenso wird man auch nach noch so häufigem Anschauen alter amerikanischer Spielfilme wohl leider niemals auf Frauen wie Audrey Hepburne so wirken können, wie Cary Grant in seinen besten Tagen.

In einer heute als klassisch zu bezeichnenden Experimentalreihe konnten Bandura, Ross & Ross (1961, 1963; Bandura, 1979) die zentralen Aussagen der Theorie des Modellernens belegen. Als Versuchsteilnehmer dienten Kindergartenkinder, die in zwei Gruppen eingeteilt wurden. Die eine Hälfte der Kinder bekam einen Film zu sehen, in dem ein Erwachsener sich gegenüber einer großen Gummipuppe in höchstem Maße aggressiv verhielt. Der Erwachsene setzte sich zunächst auf die Puppe und boxte sie auf die Nase. Anschließend schlug er mit einem Gummihammer auf ihren Kopf, ehe er sie schließlich mit Tritten durch den Raum beförderte. Die ganze Zeit über kommentierte er sein Verhalten mit wütenden Schimpfen. Die Kinder der zweiten Gruppe bekamen einen Film zu sehen, in dem sich der Erwachsene der Puppe gegenüber friedlich verhielt. Alle Kinder wurden anschließend einzeln in einen Raum geführt, in dem es viele verschiedenen Spielsachen zu erkunden gab. Der Versuchsleiter bot dem Kind an, mit allen Dingen zu spielen, unterbrach das Spielen jedoch schon nach zwei Minuten, mit dem Hinweis, daß ihm diese Spielsachen doch zu kostbar seien und führte das Kind nun in einen anderen Raum, der identisch war mit dem Raum, den das Kind schon in dem Film sehen konnte. Das kurze Zwischenspiel hatte den Sinn, alle Kinder geringfügig zu frustrieren, um so die allgemeine Erregung der Kinder zu steigern. Ohne daß die Kinder es wußten, wurden sie nun von zwei Erwachsenen beobachtet, die alle Verhaltensweisen der Kinder dahingehend überprüften, ob sich Elemente aus dem Film wiederfinden ließen. Hierbei war es notwendig, zwischen irgendwelchen, möglicherweise aggressiven Verhaltensformen und denjenigen Verhaltensweisen zu unterscheiden, die exakt das Handeln des Modells wiedergaben. Um diese Entscheidung zu erleichtern, hatte das Modell im Film absichtlich eher ausgefallene Aktionen gezeigt, die wohl kaum vielen Kindern zur gleichen Zeit in der gleichen Weise einfallen würden.

Nach einiger Zeit in dem Spielzimmer zeigte sich nun, daß sich diejenigen Kinder, die einem aggressiven Modell ausgesetzt waren, welches für sein Verhalten noch belohnt wurde, ihrerseits in gleicher Weise aggressiv verhalten haben. Bei denjenigen Kindern, die kein aggressives Modell gesehen hatten bzw. deren Modell für aggressives Verhalten bestraft wurde, blieb eine entsprechende Reaktion aus. Gleiche Effekte ließen sich auch erzielen, wenn es sich bei dem Modell gar nicht um einen realen Menschen, sondern lediglich um eine Comic-Figur handelte. Die Effekte wurden noch verstärkt, wenn sich die Szenen nicht in einem Film abspielten, sondern direkt im Labor live beobachtet werden konnten.

Das Verhalten eines erfolgreichen Modells wird somit eher imitiert als das Verhalten eines nicht erfolgreichen Modells. Dieser Effekt verschwand jedoch wieder, wenn die Kinder selbst von dem Versuchsleiter dafür belohnt wurden, das aggressive Verhalten des Modells nachzuahmen. Auch dann, wenn das Modell zuvor bestraft wurde, imitierten die Kinder in diesem Falle sein Verhalten. Voraussetzung war, daß sie selbst hieraus Nutzen ziehen konnten. Die Tatsache, daß die Kinder unabhängig von der Belohnung oder Bestrafung des Modells in der Lage waren, dessen Verhalten nachzuahmen, bestätigt die Theorie darin, daß das Verhalten schon durch die bloße Beobachtung gelernt wurde. Ob das Verhalten später dann auch tatsächlich von dem Beobachter selbst gezeigt wird, hängt von den oben beschriebenen Bedingungen ab.

Diese Ergebnisse sind von großer Bedeutung. Sie decken auf, welche Gefahr von der ganz alltäglichen Gewalt in unseren Fernseh- und Kinofilmen ausgehen kann. Wir alle haben z.B. vieldutzendfach gelernt, auf welche Weise man einen Menschen zusammenschlägt, quält, tötet und die Leiche anschließend beseitigt. Die Tatsache, daß die wenigsten von uns dieses Wissen bisher auch wirklich in die Tat umgesetzt haben, hat vielleicht nur damit zu tun, daß wir noch nicht in eine entsprechende Situation gekommen sind, die uns ein solches Verhalten nützlich erscheinen ließ. Kriminalität und Gewalttätigkeit – vor allem auch bei Kindern und Jugendlichen – erscheint angesichts derartiger Lernprozesse keineswegs überraschend, sondern ist vielmehr eine vorhersehbare und auch beeinflußbare Konsequenz unserer Medienkultur.

Daß die Effekte des Modellernens jedoch keinesfalls die Wirkung der modernen Medienlandschaft voraussetzen, zeigen etwa die bekanntgewordenen Konsequenzen von Goethes Werther. Nach der Veröffentlichung „Der Leiden des jungen Werther“ sind viele Menschen – vielleicht bis in unsere heutige Zeit hinein – dem Beispiel des liebeskranken Helden gefolgt und haben sich das Leben genommen, weil sie das Herz ihrer Angebeteten nicht für sich zu gewinnen vermochten.

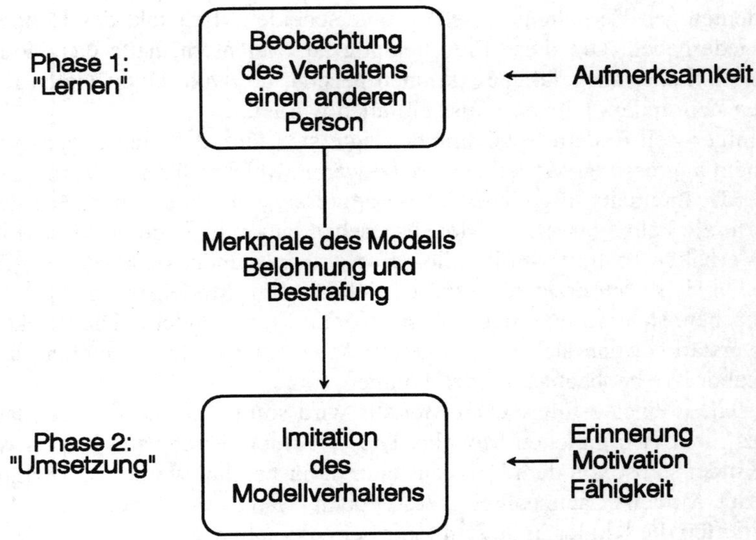

Abbildung 7-1: Die sozial-kognitive Lerntheorie von Albert Bandura

Die Lerntheorie von Albert Bandura beschreibt einen Weg, auf dem sozialer Einfluß wirksam werden kann. Der Einfluß wirkt hierbei sehr indirekt. Die beobachtende Person wird in der Regel von niemandem unmittelbar gezwungen, das gesehene Verhalten auch zu imitieren. Dem Lernprozeß kann sie sich dennoch kaum entziehen, denn das Lernen besteht ja schon in der Abspeicherung der beobachteten Handlungen in ihrem Gedächtnis. Ob das Verhalten später dann auch vom Beobachter selbst gezeigt wird oder nicht, hängt ebenfalls nicht nur ausschließlich von direkter Belohnung, also der direkten Einflußnahme durch den sozialen Kontext ab.

Die Prozesse der Beurteilung von Menschen und sozialen Situationen unterliegen wie die meisten anderen Ausdrucksformen des Menschen auch dem Modellernen. Der Referendar im Lehramt oder bei der Justiz beobachtet auch den Prozeß der Urteilsfindung bei seinen erfahrenen Kollegen und lernt somit u.a. auch an diesem Beispiel, selbst Beurteilungen vorzunehmen. Analog verhält es sich wohl in allen Berufen, aber auch im Privatleben wie z.B. bei der Erziehung von Kindern. So nützlich das Lernen von den alten Hasen auch sein kann, so können auf diesem sehr indirekten Wege der Beeinflussung doch auch systematische Beurteilungsfehler auf elegante Weise von einer Generation an die nächste weitergereicht werden. Auch hier würde man sich daher eine kritische Reflexion des Lehrers zumindest aber des Lernenden wünschen.

7.1.2 Soziale Erleichterung und Hemmung des Verhaltens

Das Lernen stellt nur einen von mehreren Wegen dar, über den ein sozialer Kontext indirekt auf unser Verhalten Einfluß nehmen kann. Das Phänomen der sozialen Erleichterung bzw. sozialen Hemmung des Verhaltens beschreibt einen weiteren Mechanismus, bei dem der Einfluß indirekt über die bloße Anwesenheit anderer Personen wirkt (Überblick: Rosch, 1985).

Ausgangspunkt der Erforschung dieses Phänomens bildet die Untersuchung des amerikanischen Psychologen Norman Triplett (1897). Sie gilt als das erste sozialpsychologische Experiment überhaupt. Triplett untersuchte den Einfluß, den eine simulierte Wettbewerbssituation auf die Leistung seiner Versuchspersonen hatte. Es war ihm bekannt, daß Radfahrer sehr viel mehr Leistung bringen, wenn sie nicht allein, sondern gemeinsam mit anderen ihre Runden drehen. Neben physikalischen Einflußgrößen, wie etwa der Ausnutzung des Windschattens einer vorausfahrenden Person, spielen hier vor allem psychologische Faktoren wie etwa der höhere Leistungsanreiz durch den unmittelbaren Vergleich mit anderen Radfahrern eine wichtige Rolle. Triplett simulierte entsprechende Situationen anhand einer einfachen motorischen Aufgabe, dem Aufspulen einer Angelschnur mit Hilfe einer Handkurbel in einem hierfür eigens konstruierten Untersuchungsgerät. Er fand heraus, daß sich die Wettbewerbssituation keineswegs bei allen Probanden leistungssteigernd auswirkte. Einige Untersuchungsteilnehmer erbrachten eine höhere Leistung, wenn sie allein arbeiten konnten. Eine empirisch abgesicherte Erklärung für dieses Ergebnis konnte er jedoch noch nicht vorlegen.

Der amerikanische Psychologe Floyd Allport (1920), baute später auf der Arbeit von Triplett auf, führte weitere Untersuchungen durch und gab dem beobachteten Phänomen seinen Namen: *social facilitation*. Das inzwischen vielfach empirisch belegte Phänomen besteht darin, daß die bloße Anwesenheit anderer Personen zu einer Leistungssteigerung führen kann, auch ohne daß diese Personen – wie etwa beim Radrennen – an der Leistungsaufgabe selbst beteiligt sind. So fand Allport (1920) z.B. daß seine Versuchspersonen bei Anwesenheit anderer Personen mehr Begriffe zu einem vorgegebenen Wort assoziieren konnten, als in einer Alternativbedingung ohne sozialen Kontext.

Einen weiteren bedeutsamen Schritt nahm die Erforschung der social facilitation mit der Erklärung des Phänomens durch die Theorie von Zajonc. Zajonc (1965) ging davon aus, daß die Anwesenheit anderer Artgenossen meist zu einer unspezifischen Steigerung der physiologischen Erregung innerhalb eines Organismus führt. Dies läßt sich auch im Tierexperiment belegen. Das erhöhte Erregungsniveau führt nun dazu, daß es bei solchen Handlungen oder Leistungen, die der betroffenen Person besonders leicht fallen, weil sie diese z.B. zuvor schon häufig eingeübt hat (siehe Radfahrbeispiel), zu einer Erleichterung des Handelns, zu einer Leistungssteigerung kommt. Die erhöhte Erregung steigert gewissermaßen die unmittelbar verfügbaren Energiereserven des Organismus, die dann besonders leicht auch nutzbringend eingesetzt werden können, wenn die Person in der Umsetzung der fraglichen Handlung erprobt ist. Diesen Effekt kennt ein jeder, der schon einmal versucht hat, ein und dieselbe, für ihn eigentlich leichte Aufgabe, einmal bei Müdigkeit, ein ander Mal im Zustand erholter Frische auszuführen. Leistungshemmend wirkt das erhöhte Erregungsniveau hingegen, wenn es gilt, eine Handlung auszuführen, für die bislang keine Routine ausgebildet werden konnte. In einer solchen Situation führt der Erregungsüberschuß zu einer Leistungsminderung. Landläufig sprechen wir ja auch davon, daß eine Person zu nervös sei, um eine bestimmte Aufgabe zufriedenstellend zu erfüllen. Einem solchen Problem sind schon viele Prüflinge begegnet, die trotz guter

Vorbereitung in einer Prüfung – also einer eher unüblichen, untrainierten Situation – aufgrund zu starker Erregung nichts Rechtes zustandebringen konnten.

Die Besonderheit der Theorie von Zajonc besteht nun darin, daß sie die Bedeutung des sozialen Kontextes für die Entstehung des Erregungsniveaus hervorhebt. Die durch die Anwesenheit anderer Menschen geförderte Erregung führt mithin bei der Bearbeitung einfacher bzw. eingeübter Aufgaben zu einer Leistungssteigerung (*social facilitation*), während sie bei der Bearbeitung schwieriger bzw. ungeübter Aufgaben zu einer Leistungsminderung (*social inhibition*) führt (siehe Abbildung 7-2).

Die zentralen Annahmen der Theorie konnten in vielen Humanuntersuchungen belegt werden. Besonders originell sind jedoch die Tierexperimente, die Zajonc mit Küchenschaben durchgeführt hat (Zajonc, 1968; Zajonc, Heingartner & Herman, 1969). Sie sind ein schönes Beispiel dafür, daß auch die sozialpsychologische Forschung Prinzipien mit naturwissenschaftlichen, noch dazu artenübergreifendem Charakter aufgedeckt hat.

Von seinen „Versuchspersonen" ist allgemein bekannt, daß es sich bei ihnen um ein lichtscheues Völkchen handelt. Eine natürliche und oft praktizierte einfache Verhaltensweise ist für Küchenschaben mithin die Flucht vor einer plötzlich eingeschalteten Glühbirne. Viel schwieriger, weil völlig ungewohnt, ist dabei die Flucht durch ein Labyrinth. In der Kenntnis dieser Zusammenhänge wurden Küchenschaben im Experiment bei Dunkelheit allein oder gemeinsam mit einem weiteren Artgenossen, entweder in ein Labyrinth oder in eine einfache Röhre aus Plexiglas gesetzt. Nach dem Einschalten des Lichtes wurde die Zeit gemessen, die die Probanden benötigten, um sich in Sicherheit zu bringen. In Übereinstimmung mit der Theorie waren die Küchenschaben in der Röhre schneller im Kollektiv, während sie sich im Labyrinth schneller aus dem Staub machen konnten, wenn sie allein waren. Nun könnte man annehmen, daß sich die Küchenschaben im Labyrinth gegenseitig behindert haben und daher nicht rechtzeitig den Weg in die schützende Dunkelheit fanden. Gegen diese Interpretation haben sich die Forscher durch eine weitere Versuchsbedingung abgesichert. In dieser dritten Bedingung wurde eine einzelne Küchenschabe, zwar allein in die Röhre bzw. in das Labyrinth gesetzt, durch die Plexiglaswände der Anlage konnte sie jedoch viele andere Artgenossen wahrnehmen, ohne daß ein unmittelbarer Kontakt zu ihnen möglich gewesen wären. Die Zeitmessungen ergaben das gleiche Ergebnismuster wie in der Bedingung, bei der zwei Schaben gleichzeitig getestet wurden. Der Effekt der sozialen Erleichterung bzw. Hemmung ist also auf die bloße Anwesenheit der Artgenossen und nicht auf mögliche Behinderungen im Laufgang zurückzuführen.

Trotz dieser illustren Belege für die Theorie von Zajonc gab es jedoch auch immer wieder Forschungsergebnisse, die durch seine Theorie nicht erklärt werden konnten. Hierzu zählt auch das eingangs geschilderte Experiment von Triplett. Das letzte Wort der Erklärung des Phänomens der social facilitation bzw. social inhibition ist mithin noch nicht gesprochen (weiterführend: Rosch, 1985). Für unsere Zwekke reicht es jedoch, sich mit dem Vorgestellten zu begnügen und festzuhalten, daß der soziale Einfluß auch ohne Lernprozesse höchst indirekt auf unser Verhalten einwirken kann.

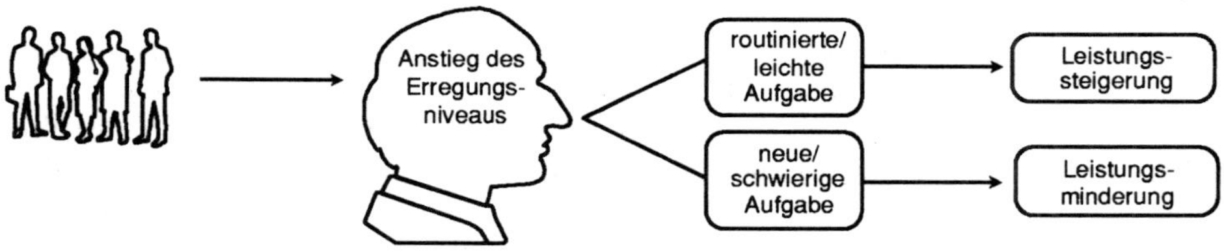

Abbildung 7-2: Theorie der sozialen Erleichterung und Hemmung des Verhaltens

7.1.3 Bystander-Effekt

Als drittes und letztes Beispiel für den indirekten Einfluß, den ein sozialer Kontext auf eine Person ausüben kann, soll auf Prozesse der wechselseitigen Einflußnahme am Beispiel des *Bystander-Effektes* eingegangen werden (Überblick: Bierhoff, 1997; Bierhoff & Montada, 1988). Es ist ein im Alltag häufig zu beobachtendes Phänomen, daß sich z.B. bei Unfällen auf der Autobahn sehr viele Leute für das Geschehen interessieren, vielleicht anhalten und gaffen, daß aber nur vergleichsweise wenige Personen dann auch hilfreich tätig werden. In Laborexperimenten hat man ähnliche Situationen simuliert, indem man z.B. Versuchspersonen zunächst in einem Raum hat warten lassen. Nach einiger Zeit hören die Probanden dann, daß im Nebenraum eine Frau, die sie zuvor kennengelernt hatten, auf einen Stuhl steigt, kurz darauf herunterfällt und sich verletzt. Die Frage, die sich Latané und Rodin (1969) in dieser Studie stellten, war nun, inwieweit die Versuchspersonen der Frau im Nebenraum zur Hilfe eilen würden. Saßen sie allein in dem Warteraum, so stand die Versuchsperson in 70 % aller Versuchsdurchläufe auf und ging in den Nebenraum, um Hilfe zu leisten. Saßen die Versuchspersonen jedoch zusammen mit einem Fremden im Warteraum, so verringerte sich die Wahrscheinlichkeit für das Hilfeverhalten auf 40 %. Dieses Phänomen konnte mehrfach in verschiedenen Versuchsanordnungen repliziert werden. Die Wahrscheinlichkeit, Hilfe zu leisten, sinkt auch dann ab, wenn mehr als zwei potentielle Helfer zur Verfügung stehen (Latané & Darley, 1969).

Der naive Betrachter hätte erwarten können, daß das genauer Gegenteil eintritt. Wenn die Anzahl der potentiellen Helfer dreimal so groß ist, sollte auch die Wahrscheinlichkeit dafür ansteigen, daß zumindest eine Person darunter ist, die zur Hilfe eilt. Tatsächlich ist aber das Gegenteil der Fall. Wie in verschiedenen Nachfolgeexperimenten gezeigt werden konnte, sinkt die Wahrscheinlichkeit für hilfreiches Verhalten mit einem Anstieg der potentiell zur Verfügung stehenden Helfer. Als Gründe hierfür werden vor allem drei Mechanismen untersucht (siehe: Bierhoff, 1997).

Da ist zunächst die *Verantwortungsdiffusion* zu nennen. Je mehr Personen anwesend sind, desto weniger fühlt sich der einzelne dafür verantwortlich, zur Tat zu schreiten, da die übrigen ja ebensogut helfen könnten. Die Verantwortung jedes einzelnen wird im subjektiven Erleben der Betroffenen mit jeder zusätzlich anwesenden Person ein wenig geringer. Dies gilt in noch verstärkterem Maße, wenn einzelne der potentiellen Helfer als besonders kompetent eingeschätzt werden. So könnten sich z.B. die älteren darauf zurückziehen, daß die Hilfeleistung eher eine Sache der jungen und kräftigen ist, die Frauen glauben vielleicht, daß Männer aufgrund größerer Körperkraft eher in der Lage seien bei einem Autounfall mit anzupacken und die Jüngeren sehen die Kompetenz vielleicht ausnahmsweise einmal bei den Älteren. Im Extremfall ist die subjektive Verantwortung eines jeden Beobachters so gering, daß niemand mehr einschreitet.

Eine zweite Erklärung fokussiert die wahrgenommene Notwendigkeit zur Hilfe. Wenn viele Zuschauer anwesend sind und niemand einschreitet, dann schwächt sich die subjektive Notwendigkeit zur Hilfeleistung auch entsprechend der Anzahl der Anwesenden immer weiter ab. Die systematische Fehlbeurteilung der Situation besteht darin, daß der Unfall schon nicht so schlimm sein wird, wenn doch so viele Leute zuschauen, ohne zu helfen. Dementsprechend bleibt man selbst auch einfach stehen und wartet ab. Man selbst bietet hierdurch den übrigen Zuschauern wiederum die Möglichkeit, ebenfalls die gleiche Interpretation anzustellen. Es kommt so zu einem Phänomen, das als *Pluralistische Ignoranz* bezeichnet wird.

Die dritte und letzte Erklärung ist eng verknüpft mit dem Phänomen der sozialen Hemmung des Verhaltens (s.o.). Gerade bei Verkehrsunfällen gilt, daß die meisten Menschen kaum Erfahrungen mit dem geeigneten Hilfeverhalten haben. Das zu zeigende Verhalten ist nur wenig eingeübt und fällt gemeinhin eher schwer. In einer solchen Situation wirkt sich das mit der Zuschaueranzahl ansteigende Erregungsniveau hemmend auf die Umsetzung des Verhaltens aus. Besonders bedeutsam ist hierbei die Furcht, von den umstehenden Personen negativ bewertet zu werden (*Bewertungsangst*) und infolge der mangelnden Routine auch tatsächlich etwas falsch machen zu können. In Übereinstimmung hiermit konnten Latané & Rodin (1969) finden, daß die Wahrscheinlichkeit für Hilfeleistung weniger stark absinkt, wenn es sich bei den potentiellen Helfern um Personen handelt, die miteinander befreundet sind. In diesem Fall wird das Erregungsniveau bzw. die Bewertungsangst eher kleiner ausfallen als gegenüber völlig Fremden.

Die Besonderheit des letzten Beispiels für sozialen Einfluß liegt darin, daß hier ein *jeder gleichzeitig Subjekt und Objekt des sozialen Einflusses* ist. Die anwesenden Personen sind in einem wechselseitigen Einflußprozeß miteinander verstrickt.

7.1.4 Indirekter Einfluß und Beurteilungen

Bei allen drei beschriebenen Prinzipien, dem Lernen am Modell, der sozialen Erleichterung oder Hemmung von Verhalten und dem Bystander-Effekt wirkt der soziale Einfluß indirekt. Es tritt hier unmittelbar niemand auf, der einen anderen Menschen zu einem bestimmten Verhalten zwingen würde. Dies läßt die Einflußnahme dem Betroffenen natürlich weniger leicht bewußt werden. Sehr viele Normen und Werte, die die Grundlage für Beurteilungen von Menschen und Situationen bilden, sind das Ergebnis sozialer Lernprozesse. Sie wirken so selbstverständlich im Verborgenen, daß sie in ihrer Relativität oft gar nicht mehr wahrgenommen werden. Der soziale Kontext bildet ein Bezugssystem, welches im Gegensatz zu den Bezugssystemen der Wahrnehmungsforschung (Kapitel 2) aus sich selbst heraus aktiv wird. Beurteilungen kommen ohne solch wertbehaftete Bezugssysteme kaum aus. Das Bezugssystem selbst kann allerdings prinzipiell zur Diskussion gestellt werden. Der soziale Konsensus ist letztlich ja kein Naturgesetz und besagt recht wenig über die Angemessenheit einer Bewertung.

Aber auch dann, wenn der soziale Kontext nicht als Bezugssystem wirkt, so beeinflußt doch schon die bloße Anwesenheit anderer Menschen unser Verhalten in Beurteilungssituationen. Je nachdem, wieviel Routine wir beim Prozeß einer bestimmten Beurteilung haben, wird auch unsere kognitive Leistungsfähigkeit und damit auch die Güte eines zu treffenden Urteils positiv oder negativ beeinflußt.

Schließlich spielt es auch noch eine Rolle, um welche Personen es sich bei dem Publikum handelt. Die Angst, selbst zum Gegenstand einer unvorteilhaften Bewertung zu werden, beeinflußt auch unser eigenes Bewertungsverhalten. In der Regel wird man versucht sein, eine Beurteilung vorzunehmen, die andere wichtige Personen zufriedenstellt (Selbstdarstellung siehe Kapitel 9). Eine Möglichkeit, sich analog zum Bystander-Effekt einfach nur passiv zu verhalten, bietet sich im Rahmen von professionellen Entscheidungssituationen etwa in Wirtschaft oder Politik eher selten.

Wenn man sich in den meisten Alltagssituationen also normalerweise den sozialen Einflüssen hingibt und sich von ihnen treiben läßt, so bedarf es einer aktiv betriebenen Infragestellung nicht nur des eigenen Beurteilungsverhaltens, sondern auch des sozialen Kontextes, in dem wir uns bewegen, um negative Effekte aufdecken und ihnen dann entgegenwirken zu können.

Auch in diesem Zusammenhang muß allerdings wieder betont werden, daß die psychologischen Mechanismen, die den sozialen Kontext auf jedes Individuum Einfluß nehmen lassen, sowohl positive als auch negative Konsequenzen haben. Die positive Funktion des sozialen Einflusses besteht darin, daß sie ein Zusammenleben der Menschen erst ermöglicht. Eine politische Ordnung, eine Gesellschaft, eine Organisation, eine Familie, ja selbst eine Partnerschaft wäre letztlich kaum denkbar und allenfalls von sehr kurzer Dauer, wenn die beteiligten Individuen nicht auch direkt oder indirekt wechselseitig auf ihr Verhalten, Denken und Erleben Einfluß nehmen könnten. Die Fähigkeit, im sozialen Kontext Einfluß zu nehmen und selbst auch aufnehmen zu können, ist ein nicht wegzudenkender Bestandteil der psychologischen Natur des Menschen. Dies gilt insbesondere für das Modellernen, ohne das wir uns viele Fertigkeiten, die in unserer aktuellen Lebensumwelt hilfreich oder gar notwendig sind, gar nicht aneignen könnten. Die negative Funktion des sozialen Einflusses liegt jedoch in der Gefahr, daß sich individuelles Verhalten oft auch dann nur schwer durchsetzen kann, wenn es zu erwünschteren Konsequenzen führen würde als das sozial beeinflußte Verhalten. Der Bystander-Effekt liefert hierfür ein gutes Beispiel.

7.2 Die Suche nach Beeinflussung

Der Begriff *sozialer Einfluß* ist meist mit der Vorstellung verbunden, daß eine einflußnehmende Person einen schädlichen Druck auf einen anderen Menschen ausübt. Einfluß wird leicht mit Manipulation gleichgesetzt. Die zu manipulierende Person wäre daher vor entsprechenden Übergriffen zu schützen und sollte selbst motiviert sein, den sozialen Einfluß abzuwehren. Bedenkt man jedoch, daß der soziale Einfluß für das Individuum durchaus auch positive Funktionen übernehmen kann, so erscheint es nicht weiter verwunderlich, wenn der Einfluß oft auch aktiv aufgesucht wird. Für die Beurteilung von Menschen und sozialen Situationen bedeutet dies, daß zur Absicherung eigener Beurteilungen auch Informationen über die Urteile anderer Personen eingeholt werden.

7.2.1 Vergleichsprozesse

Mit der Beschreibung und Erklärung eines solchen Verhaltens beschäftigt sich die *Theorie der sozialen Vergleichsprozesse* von Leon Festinger (1954). Festinger ging davon aus, daß Menschen im allgemeinen daran interessiert sind, ihre eigenen Meinungen auf ihre Stimmigkeit hin zu überprüfen. Eine Person würde es demnach als unbefriedigend erleben, wenn sie zu einem wichtigen Sachverhalt einfach nur so irgendeine Meinung ausgebildet hätte, von der sie aber nicht wüßte, ob diese Meinung mit der Realität übereinstimmt oder nicht. Wer also z.B. der Meinung ist, daß eine bestimmte politische Partei die Regierungsprobleme in besonderer Weise meistern wird, der stellt eine solche Behauptung in aller Regel nicht nur einfach auf, sondern ist daran interessiert, sie zumindest für sich selbst überzeugend zu untermauern. Als Quelle für ein solches Motiv nimmt Festinger die Lernerfahrungen eines jeden Menschen an, die diesen lehren, daß man einfach besser im Leben zurecht kommt, wenn man realitätsadäquate Meinungen vertritt, führen fehlerhafte Einschätzungen der Realität doch leicht zu unangenehmen Konsequenzen. Die Folge dieses Bedürfnisses nach Validierung der eigenen Meinungen ist zunächst die Suche nach Belegen anhand objektiver, physikalischer Gegebenheiten. Wer etwa der Meinung ist, mit seiner alten Ente dauerhaft auf der linken Autobahnspur fahren zu können, ohne mit seinem Leben zu spielen, könnte dies ja einmal ausprobieren. Das Ergebnis dieses Realitätstests wird ihn möglicherweise vor zukünftigen, schwerwiegenden Konsequenzen aufgrund einer falsch eingeschätzten Realität bewahren. In sozialen Situationen gibt es meist jedoch kaum objektivierte Informationen, an denen die eigenen Meinung überprüft werden könnte. In einer solchen Situation, die wohl den Regelfall in unserem Alltag darstellt, greift das Individuum zum sozialen Vergleich: Die Person schaut sich in ihrer Umgebung nach solchen Menschen um, deren Meinung sie zur Validierung der eigenen Meinung heranziehen kann. Dies bedeutet, daß sie, ohne es selbst vielleicht zu merken, aktiv eine soziale Beeinflussung sucht. Verkürzt ausgedrückt könnte man sagen, daß die eigene Meinung vor allem genau dann als zutreffend gilt, wenn andere, wichtig erscheinende Personen die gleiche Meinung vertreten. Findet sich hier eine andere Meinung, so wird die eigene Meinung entsprechend angeglichen. Der soziale Einfluß wirkt in dieser Situation nur aufgrund der Aktivität des zu Beeinflussenden. Er hilft der beeinflußten Person dabei, ihre eigene

Unsicherheit zu reduzieren. Natürlich wird die Meinung aber nicht in jedem Falle geändert. Voraussetzung hierfür ist eine hohe Ähnlichkeit zwischen der eigenen Person und dem Vergleichsobjekt. Ein Mitglied der CDU wird daher in aller Regel natürlich kein Mitglied der SPD nach dessen Meinung fragen, wenn es um die Einschätzung der Leistungsfähigkeit der eigenen Partei geht. Ebensowenig wird ein Richter die Frau des Angeklagten fragen, ob sie von dessen Unschuld überzeugt sei, um seine eigene Meinung auf ihren Realitätsbezug hin zu überprüfen. Meinungen im Sinne der Theorie von Festinger können also auch Beurteilungen von anderen Menschen und sozialen Situationen sein. Auch sie werden sehr häufig dem sozialen Vergleich ausgesetzt.

Manch einer wird einen solchen Prozeß des Vergleiches mit anderen Menschen bei sich selbst vielleicht nicht wiederfinden mögen und die Auffassung vertreten, daß er selbst eher als Maßstab für andere Menschen diene als umgekehrt. Eine solche Person sollte einmal ihr Denken im eigenen Alltag, vor allem bei Meinungsverschiedenheiten oder Diskussionen aufmerksam beobachten. Ohne mehr oder weniger häufigen Rückgriff auf irgendwelche Kronzeugen für die Richtigkeit der eigenen Meinung kommt wohl kaum jemand aus, wenn objektive Maßstäbe der Beurteilung nicht zur Verfügung stehen.

Die Gefahr des sozialen Vergleiches besteht vor allem in der *wechselseitigen Validierung*. Man dreht sich in diesem Falle gewissermaßen im Kreis: A überprüft die Richtigkeit seiner Beurteilung (anderen Menschen oder sozialer Situationen) über einen Vergleich mit B und B vergleicht seine Beurteilung wiederum mit A. Beide haben nun die Gewißheit, zutreffende Meinungen zu vertreten. Ein wirklich ernstzunehmender Realitätstest bleibt jedoch aus, denn bei diesem Verfahren besteht gar keine Chance, der tatsächlichen Realität ein Stückchen näher zu kommen. Eine soziale Gruppe kann sich auf diesem Wege in ihrer Meinungsbildung sehr einfach von der Realität loslösen. Auch dann, wenn die Beteiligten ursprünglich vielleicht ernsthaft an einem Realitätstest interessiert sind, bleibt dieser letztlich jedoch aus. Dennoch kann man subjektiv sicherer und in seiner Meinung gestärkt eine solche Quasi-Validierung abschließen.

Sekten sind sicherlich ein besonders dramatisches Beispiel für derartige Kreislaufprozesse der wechselseitigen Bestätigung von Beurteilungen. In abgeschwächter Form finden wir derartiges aber überall dort, wo Menschen sich formell oder auch informell zu Gruppen zusammenschließen. Die Konsequenzen sind mehr oder weniger bedeutsam. Findet sich ein solcher Kreislauf gegenseitiger Bestätigung in einem Kegelverein, so können wir alle damit wohl recht gut leben. Handelt es sich jedoch um eine Psychotherapieschule, die auf eine seriöse, empirische Überprüfung ihrer Thesen an der Realität verzichtet, dann ist hier große Vorsicht angeraten. Ähnlich verhält es sich mit Einfluß- und Entscheidungsprozessen in Politik und Wirtschaft.

Die empirische Überprüfung von Festingers Theorie hat die Grundannahmen im wesentlichen bestätigt (Überblick: Frey, Dauenheimer, Parge & Haisch, 1993; Haisch & Frey, 1984). Dabei wurden zahlreiche Differenzierungen vorgenommen, welche die Forschungsrelevanz der Theorie bis auf den heutigen Tag hin erhalten hat. Abbildung 7-3 gibt die zentralen Annahmen der Theorie der sozialen Vergleichsprozesse wieder. Das Individuum wählt nur dann den sozialen Vergleich zur Validierung der eigenen Meinung, wenn objektive, physikalische Bezugsgrößen nicht zur Verfügung stehen. Es ist zu betonen, daß hier nur ein kleiner Ausschnitt der Theorie vorgestellt wurde. Wir werden hierauf später noch einmal ausführlicher zurückkommen (Kapitel 9).

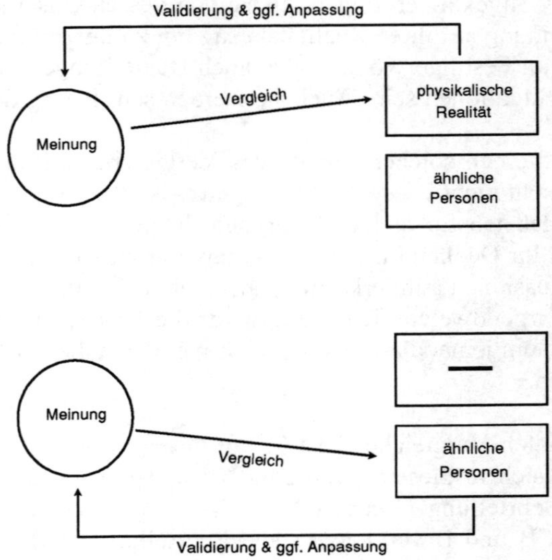

Abbildung 7-3: Soziale Vergleichsprozesse

7.2.2 Gegenseitige Einflußnahme

Die Suche nach sozialem Einfluß kann mehr oder weniger aktiv ausfallen. So kann man zur Validierung der eigenen Meinung z.B. aktiv andere Personen aufsuchen und nach deren Meinung fragen oder man greift auf bereits existierende Informationsangebote zurück. Ein Beispiel für letzteres liefern die Experimente von Muzafer Sherif (1935, 1936) zur *Meinungsbeeinflussung*. Ähnlich wie bei der Theorie von Festinger, so gilt auch hier, daß die theoretischen Überlegungen und Forschungsergebnisse auch auf den Spezialfall der Beurteilung von Menschen und sozialen Situationen übertragen werden können.

In seiner Untersuchungsreihe greift Sherif zunächst auf ein Ergebnis der Wahrnehmungsforschung zurück: Beobachtet man einen kleinen feststehenden Lichtpunkt in einem ansonsten völlig abgedunkelten Raum, so entsteht nach kurzer Zeit der Eindruck, daß sich dieser Lichtpunkt bewegt. Tatsächlich ist es jedoch die sehr starke Augenbewegung des Betrachters, die diesen Eindruck erzeugt. Dieses Phänomen der Bewegungswahrnehmung trotz objektiv nicht vorhandener Bewegung wird als *autokinetischer Effekt* bezeichnet. Sherif setzte nun nacheinander eine Reihe von Versuchspersonen einzeln in einen entsprechenden Raum und bat sie, im Anschluß an ihre Beobachtungen anzugeben, um wieviele Zentimeter sich der Lichtpunkt bewegt habe. Von jeder Versuchsperson wurden so nacheinander 100 Bewertungen eingeholt. Aus diesen Werten ergab sich für jede Person eine ganz individuelle Spannbreite der Einschätzungen, die als *individuelle Norm* bezeichnet wurde. In Nachfolgeuntersuchungen zu späteren Zeitpunkten konnte gezeigt werden, daß diese individuellen Normen auch über mehrere Tage aufrecht erhalten wurden. Die einzelnen Versuchsteilnehmer unterschieden sich demnach also nicht zufällig voneinander. Es handelte sich vielmehr um relativ stabile interindividuelle Unterschiede.

In einer zweiten Untersuchungsreihe wurden die gleichen Messungen zusätzlich in einer Gruppenbedingung durchgeführt. Nun wurden mehrere Untersuchungsteilnehmer gemeinsam in den Raum gesetzt und gebeten, nach jedem Durchlauf ihre Einschätzung der Bewegung laut auszusprechen. Auch diese Einschätzungen wurden vom Versuchsleiter für jeden Teilnehmer protokolliert, so daß auch in dieser Versuchsanordnung für jede Person eine Spannbreite der Bewegungseinschätzung berechnet werden konnte. Es zeigte sich, daß die Teilnehmer ihre zuvor ausgebildete individuelle Norm nach und nach aufgaben und sich in ihrem Urteil an die übrigen Versuchsteilnehmer anpaßten. Es bildete sich so eine Gruppennorm heraus. Da jeder Teilnehmer sich in einer unsicheren Situation im Hinblick auf die Bewegungseinschätzung befand – objektive physikalische Bezugsgrößen standen für die Beurteilung ja nicht zur Verfügung – validierte man in der Gruppensituation seine eigene Meinung einfach an den Meinungen der übrigen Personen. Dies hatte zur Folge, daß sich die Einschätzungen einander angenähert haben, was letztlich zur Ausbildung der Gruppennorm geführt hat.

Wurde die Reihenfolge der Versuchsanordnung umgekehrt, so daß die Untersuchungsteilnehmer zuerst in der Gruppensituation und anschließend in der Einzelsituation getestet wurden, bildeten sie keine individuelle Norm mehr aus. Die Probanden übernahmen die Gruppennorm auch bei den Einzelentscheidungen. Während die individuelle Norm jedes einzelnen im Zustand der Unsicherheit durch die Gruppennorm ersetzt wird, wirkt die einmal ausgebildete Gruppennorm also dauerhafter weiter. Offensichtlich wird dem Urteil, das über einen sozialen Vergleich zustandegekommen ist, eine größere Treffsicherheit zugeschrieben als dem Einzelurteil.

Das besondere der Sherifschen Experimente besteht darin, daß niemand hier absichtlich einen Einfluß ausgeübt hat, sondern daß von den beteiligten Personen in einer unsicheren Entscheidungssituation ein potentielles Angebot der sozialen Beeinflussung von allen Anwesenden aufgegriffen wurde. Die Folge ist eine wechselseitige Beeinflussung aller anwesenden Personen. Diese kollektiv gebildete Meinung vermittelt soviel Sicherheit, daß sie auch noch beibehalten wird, wenn sich die Gruppe bereits verflüchtigt hat. Die Gefahr eines solchen Prozesses wird offensichtlich, wenn wir uns in Erinnerung rufen, daß es sich bei dem autokinetischen Effekt um eine Wahrnehmungstäuschung handelt. Obwohl eine Bewegung des Lichtpunktes objektiv gar nicht stattfand, hat der soziale Einfluß bei der Meinungsbildung dazu geführt, daß alle Teilnehmer nun das sichere Gefühl besitzen, einigermaßen richtige Entscheidungen zu treffen.

Die Beeinflußbarkeit eines jeden einzelnen ist in Situationen, in denen er sich noch kein klares Bild gemacht hat, bzw. die objektiven Gegebenheiten so vielschichtig sind, daß eine eindeutige Urteilsbildung erschwert wird, besonders groß. Sind aber nicht sehr viele, ja vielleicht sogar die allermeisten komplexen Beurteilungssituationen in Wirtschaft, Politik, und Privatleben mehrdeutig? *Die subjektive Gewißheit, die eine Person in bezug auf die Richtigkeit der eigenen Meinungen, Beurtei-*

lungen, Entscheidungen etc. hat, sagt nichts darüber aus, inwieweit diese die Realität tatsächlich adäquat widerspiegeln. Der Verweis auf eine kollektiv, ja, vielleicht sogar massenhaft geteilte Meinung kann dieses Problem nicht lösen.

Wenn Menschen aber in Situationen der Unsicherheit, ohne dies selbst oft zu merken, ein Angebot sozialer Beeinflussung schon dann leicht aufnehmen, wenn ihnen niemand von außen eine Meinung aufdrängt, um wieviel leichter hätte es in einer solchen Situation dann aber eine Person oder eine Gruppe, die gezielt einen Beurteilungsprozeß zu beeinflussen versucht?

7.3 Majoritäten- und Minoritäteneinfluß

In der Untersuchungsreihe von Sherif haben die Versuchsteilnehmer nicht absichtlich aufeinander Einfluß genommen, sondern sind in einer Situation der Unsicherheit auf ein Angebot zur Absicherung der eigenen Entscheidungen eingegangen. Die Anzahl der beteiligten Personen ist dabei von untergeordneter Bedeutung. Derselbe Effekt wäre wohl auch zu beobachten gewesen, wenn nur zwei Personen gleichzeitig an der Untersuchung teilgenommen hätten.

Eine andere Form des Einflusses liegt nun vor, wenn entsprechende Prozesse innerhalb oder zwischen Gruppen von Personen ablaufen, die ein aktives Bemühen um die Beeinflussung anderer Gruppenmitglieder zeigen. Solche aktiv betriebenen Beeinflussungen können ohne sichtbare Zwangsmaßnahmen auskommen. Sie sind alltäglicher Bestandteil des Funktionierens von Gruppen.

Zwei verschiedene Phänomen können dabei unterschieden werden: Der Majoritäten- und der Minoritäteneinfluß.

7.3.1 Majoritäteneinfluß und Konformität

Beschäftigen wir uns zunächst mit dem Phänomen der Konformität innerhalb von Gruppen. Es ist das vielleicht zentralste Charakteristikum sozialer Gruppen, daß sie bemüht sind, sich durch einheitliche Meinungen, Einstellungen, Normen, Werte und Verhaltensweisen von anderen Gruppen abzugrenzen und ihre Interessen auch gegenüber solchen Gruppen durchzusetzen. Denken wir hier nur einmal an die Fraktionen im Bundestag, an Sportmannschaften oder etwa an Arbeitnehmer und Arbeitgeber in Tarifauseinandersetzungen. All diese Gruppen können nur dann ihre Interessen durchsetzen, wenn die einzelnen Mitglieder auch zusammenhalten und an einem gemeinsamen Strick ziehen. Eine solche, zumindest partielle Vereinheitlichung der Meinungen innerhalb der Gruppe funktioniert nur dann, wenn die Gruppe auf ihre einzelnen Mitglieder einen *Konformitätsdruck* ausübt. Da es hierbei immer darum geht, daß eine Mehrheit von Personen einen Einfluß auf eine Minderheit von Personen (potentielle oder tatsächliche Abweichler) ausübt, ist hierfür auch der Begriff *Majoritäteneinfluß* geläufig (Überblick: van Avermaet, 1997; Sader, 1991).

Die Untersuchung des Konformitätsdruckes geht zurück auf die klassischen Experimente des amerikanischen Psychologen Solomon Asch (1951). In der ersten Untersuchung von Asch wurden sieben Studenten gebeten, sich gemeinsam einige Dias anzuschauen, auf denen mehrere Linien mit unterschiedlicher Länge zu sehen waren (Abbildung 7-4). Eine Linie diente dabei als Bezugsreiz für die drei anderen Linien. Die Aufgabe bestand darin unter den drei Linien diejenige zu benennen, die genau so lang war, wie die Linie, die den Bezugsreiz darstellte. Die Aufgabe war insgesamt betrachtet also recht einfach und im Gegensatz zu den Untersuchungen von Sherif gab es hier auch eine objektiv richtige Antwort. Man hätte lediglich ein Maßband an die Linien halten müssen, um die Frage objektiv richtig beantworten zu können. Dies war aber gar nicht notwendig, da die Unterschiede zwischen den Linien auch mit bloßen Auge zu erkennen waren. Insgesamt mußten nacheinander 18 unterschiedliche Dias nach demselben Schema bearbeitet werden. Die Besonderheit der Untersuchung lag – wie so oft – darin, daß es sich um ein Täuschungsexperiment handelte. Sechs der sieben Studenten waren in Wirklichkeit gar keine Versuchspersonen, sondern Mitarbeiter (Konföderierte) des Versuchsleiters. Dies war der einzig richtigen Versuchsperson natürlich nicht bekannt. Die Konföderierten hatten die Aufgabe, systematisch falsch zu antworten. Da alle Versuchsteilnehmer der Reihe nach ihre Einschätzung der Linien laut aussprechen mußten, merkte die richtige Versuchsperson natürlich nach kurzer Zeit, daß sie selbst meist andere Antworten gab als die Majorität der Anwesenden. Die Frage war, inwieweit sie sich hierdurch in ihrem eigenen Urteil beeinflussen lassen würde. Die Ergebnisse waren überzeugend. Während eine normale Versuchsperson außerhalb der Gruppensituation in nur 0,7 % der Einschätzungen eine falsche Linie benannte, stieg dieser Prozentsatz auf fast 37 % in der Gruppenbedingung. Nur 25 % der Versuchspersonen blieben standhaft und glichen ihr Urteil nicht an die Meinung der Majorität an. 75 % der Probanden ließen sich hingegen bei mindestens einer Einschätzung in ihrem Urteil von der Mehrheitsmeinung leiten.

Bis auf den heutigen Tag hat es hunderte von Untersuchungen gegeben, welche die näheren Umstände des Majoritäteneinflusses analysieren. Hierbei zeigte sich z.B., daß der Effekt mit der Anzahl der Konföderierten – also der Mächtigkeit der Majorität – ansteigt, wobei jedoch der Effekt jedes einzelnen zusätzlichen Majoritätsmitgliedes absolut betrachtet immer geringer wird. Befindet sich die eigene Gruppe in einem Wettbewerb mit anderen Gruppen, steigt der Konformitätsdruck ebenfalls an. Der Einfluß der Gruppe sinkt hingegen, wenn der Abweichler nicht allein ist und mit sozialer Unterstützung seiner Position rechnen kann. Darüber hinaus zeigten sich sehr große interindividuelle Unterschiede im Ausmaß der Anpassung an die Gruppenmeinung, was auf die Bedeutung der individuellen Persönlichkeit hinweist.

Abbildung 7-4: Beurteilungsaufgabe aus dem Experiment von Asch (1951)

Als Erklärung für die Wirkung des Konformitätsdruckes kann zum einen wieder auf die Reduzierung von Unsicherheit verwiesen werden. Zum anderen sind die Probanden wahrscheinlich bemüht, möglichen Sanktionen aus dem Wege zu gehen. In bezug auf ersteres ist zu bedenken, daß die Unsicherheit der Versuchsteilnehmer bei dieser vergleichsweise einfachen Aufgabe oft wohl erst durch das Verhalten der Konföderierten geweckt wurde. Wer erlebt, daß er als einzelner eine abweichende Meinung in einer Diskussion oder einem Entscheidungsgremium vertritt, wird leicht an seiner eigenen Position Zweifel hegen und sie vielleicht in Frage stellen. Wenn er dies macht, hat er aber seine Position fast schon verloren, weil sich ihm die Mehrheitsmeinung dann besonders leicht aufdrängt, vergleichbar zu einem Verkäufer von Zeitschriftenabonnements, den man nur schwer wieder los wird, wenn er seinen Fuß erst einmal in der Türe hat. Da ist es schon besser, die Türe erst gar nicht zu öffnen. Wer jedoch niemals seine Türe einem anderen Menschen öffnet, verschließt sich aber auch der Möglichkeit, mit anderen zu kommunizieren.

Dies ist genau das Dilemma, vor dem wir alle stehen, denn es könnte ja sein, daß die eigene abweichende Beurteilung eines Menschen oder einer sozialen Situation objektiv betrachtet einen Fehler darstellt, der legitimerweise durch das soziale Umfeld sanktioniert wird. Im Einzelfall ist es also nicht immer leicht zu entscheiden, ob der soziale Einfluß eine Chance oder eine Gefahr darstellt. Sofern sich die Möglichkeit bietet, empfiehlt es sich also bei wichtigen Entscheidungen nach möglichst objektivierbaren Entscheidungskriterien Ausschau zu halten. Im Falle des Asch-Experimentes wäre dies z.B. ein Maßband gewesen.

Die Menge derjenigen Personen, die eine bestimmte Meinung vertreten, ist jedenfalls ein schlechtes Kriterium für die Richtigkeit der Position. Überspitzt ausgedrückt könnte man sogar behaupten, daß die Wahrscheinlichkeit für die Aufrechterhaltung einer fehlerhaften Meinung, Einschätzung etc., mit der Anzahl der Personen, die diese Position vertreten, ansteigt. Je mehr Menschen eine Position teilen, desto schwieriger ist es für die Gegenposition, Fuß zu fassen. Mehr noch, mit zunehmender Anzahl der Personen steigt die Wahrscheinlichkeit, daß sich dieser Position immer mehr Menschen anschließen. Unabhängig davon, ob die Grundposition richtig oder falsch ist, wird sie dadurch immer unangreifbarer. Falsche Positionen halten sich als Mehrheitsmeinung somit leichter, denn als Minderheitenmeinung. Für zutreffende, realitätsadäquate Positionen gilt dies natürlich ebenso. Als besonders negatives Beispiel eines solchen Prozesses der sich lawinenartig verbreitenden, objektiv falschen Position kann etwa der Judenhaß im „Dritten Reich" herangezogen werden, auch wenn der Majoritäteneinfluß hier als alleinige Erklärung sicherlich nicht ausreicht. Ein weniger dramatisches Beispiel stellt der sog. „Zeitgeist" dar.

Der Konformitätsdruck ist in den angeführten Untersuchungen so stark, daß es sogar zu objektiven Falschbeurteilungen der Realität kommt. Dies überrascht noch um so mehr, als daß hier zum einen keine für die Versuchspersonen langfristig besonders wichtige Gruppe vorhanden war und die Konföderierten zum anderen auch keinen direkten Druck ausüben konnten. Man kann an dieser Stelle leicht erahnen, wie weit der Einfluß reichen würde, wenn es sich um eine besonders bedeutsame Gruppe handelt, von der möglicherweise sogar Sanktionen ausgehen können. Auch hier mag man sich schnell an totalitäre Systeme erinnert fühlen. Im kleinen ist den meisten von uns dies aber auch aus unserem Alltag am Arbeitsplatz, in Vereinen oder auch in Familie und Freundeskreis bekannt. Die psychologischen Mechanismen, die hier wirken, sind die gleichen. Die Unterschiede liegen in der Reichweite der Konsequenzen.

7.3.2 Minderheiteneinfluß

Angesicht der Forschungsergebnisse zum Majoritäteneinfluß stellt sich die Frage, warum es überhaupt noch unterschiedliche Positionen in unserer Gesellschaft gibt. Eigentlich könnte die Majorität doch – wenn man einmal von individuellen Persönlichkeitsstrukturen, die eine besondere Autonomie einzelner Personen gewährleisten absieht – auch nach und nach fast alle Abweichler schlucken. Eine der wichtigsten Erklärungen für die nach wie vor bestehende Pluralität liegt in den Prozessen des *Minderheiteneinflusses* begründet (Überblick: Maas, West & Clark, 1985; Moscovici, Mugny, van Avermaet, 1985; van Avermaet, 1997).

Den Ausgangspunkt der Forschung zum Minoritäteneinfluß bildet die Untersuchung von Moscovici, Lage & Naffrechoux (1969). Auf der Grundlage der Beobachtung, daß politische Innovationen sehr häufig von Minderheiten und nicht etwa von den besonders einflußreichen Mehrheiten in Gang gesetzt werden, beschäftigten sie sich mit der Frage nach den psychologischen Mechanismen, die einem solch erfolgreichen Prozeß der Einflußnahme zugrundeliegen. Zur Untersuchung dieser Fragestellung nahmen sie eine Abwandlung des klassischen Experimentes von Asch vor. Diesmal setzte sich die zu untersuchende Gruppe aus sechs Personen zusammen, wobei die Konföderierten, im Gegensatz zum Experiment von Asch, eine Minderheit von zwei Personen darstellte, während die tatsächlichen Versuchsteilnehmer eine Mehrheit von vier Personen bildeten. Den Probanden wurden Dias präsentiert, die nichts anderes als einen bestimmten Farbton wiedergaben. Die Aufgabe bestand darin, die dargebotene Farbe einzuschätzen und der Reihe nach laut in der Gruppe zu benennen. Die beiden Konföderierten gaben dabei absichtlich falsche Antworten und bezeichnete unterschiedliche Blautöne systematisch als „grün". Als Folge hiervon taten es ihnen 32 % der richtigen Versuchsteilnehmer gleich und gaben an, auf mindestens einem der blauen Dias eine grüne Farbe gesehen zu haben. Vor diesem Experiment wurde die Farbwahrnehmung der Versuchsteilnehmer in einem Test überprüft, so daß sichergestellt war, daß die anschließend gewonnenen Ergebnisse nicht aufgrund individueller Sehschwächen zustandekommen konnten.

Voraussetzung für die Beeinflussung der Mehrheit durch die Minderheit war, daß die Minderheit konsistent antwortete. Änderten die Konföderierten ihre Meinung oder gaben widersprüchliche Antworten, so konnten sie die Aussagen der übrigen Teilnehmer nicht verändern. Dieser Aspekt ist von sehr großer Bedeutung. In zahlreichen Nachfolgeuntersuchungen hat sich herausgestellt, daß es wohl vor allem diese *Konsistenz innerhalb der Minorität* ist, auf die sich ihr Einfluß stützt. Eine Minorität ist demnach nur dann erfolgreich, wenn sie dauerhaft und geschlossen ihre abweichende Position gegenüber der Majorität vertritt. Als Begründung hierfür werden zwei, einander ergänzende Überlegungen angeführt. Zum einen vermittelt die Geschlossenheit der Minorität den Eindruck von Sicherheit und Kompetenz. Einzelne Minoritätsmitglieder können sich hierdurch veranlaßt sehen, ihre eigene Position zu hinterfragen, zumal, wenn sie selbst nicht vollständig von der Position ihrer eigenen Gruppe überzeugt sind. Zum anderen löst die Beharrlichkeit der Minorität einen dauerhaften Konflikt mit der Majorität aus. Hiermit geht im günstigen Falle eine soziale Instabilität einher. Die bestehende Ordnung wird in Frage gestellt und einzelnen Mitgliedern der Majorität, die innerhalb der eigenen Gruppe nicht zu den Überzeugtesten zählen, wird so ein Überlaufen erleichtert.

An dieser Stelle deutet sich ein gemeinsamer psychologischer Prozeß an, der sowohl die Funktion des Majoritäteneinflusses als auch den Minoritäteneinfluß erklären kann. Im Zustand der Unsicherheit bietet der Vergleich mit den Meinungen anderer Menschen eine Möglichkeit der Orientierung und verhilft zur Validierung oder ggf. auch zur Veränderung der eigenen Position. Sieht sich eine einzelne Person einer Majorität ausgesetzt, so wirkt schon die bloße, überlegene Anzahl von Menschen mit anderer Meinung oft verunsichernd und fördert den sozialen Vergleich, der letztlich die Anpassung an die Majorität begünstigt. Sieht sich hingegen ein Mitglied der Majorität einer Minderheitenmeinung ausgesetzt, so muß die Minorität durch ihr konsistentes Verhalten eine Unsicherheit erst auslösen, damit der gleiche Prozeß des sozialen Vergleiches mit anschließender Anpassung in Gang gesetzt werden kann.

Die empirischen Studien der nachfolgenden Jahrzehnte haben gezeigt, daß die konsistente Haltung der Minorität zwar eine notwendige Bedingung für deren Erfolg ist, hinreichend ist sie jedoch nicht. So zeigte sich beispielsweise, daß auch der konkrete Argumentationsstil der Minorität von großer Bedeutung ist. Einflußreich ist eine Minorität vor allem dann, wenn sie einen flexiblen Argumentationsstil pflegt, also durchaus auf den Gegenüber eingeht und mit wechselnder Gestaltung die eigene Position beharrlich vertritt. Schädlich ist meist hingegen ein stures Wiederholen der immer gleichen Argumente.

7.3.3 compliance vs. conversion

Häufig führt der Majoritäteneinfluß jedoch gar nicht zu einer wirklichen Veränderung in den Meinungen der sich anpassenden Personen. Die Betroffenen passen sich oft nur äußerlich an, um negativen Konsequenzen aus dem Wege zu gehen (*compliance*), ganz so, wie ein Fußballfan, der zufällig in eine Gruppe gegnerischer Fans gerät, seine tatsächlichen Präferenzen besser nicht verkündet, sondern sich nach außen hin angepaßt gibt und ggf. mit den Wölfen heult.

Beim Minoritäteneinfluß verhält es sich oft genau umgekehrt. Da ein Wechsel hin zur Minorität von der Majorität oft sanktioniert wird, laufen die von der Minorität überzeugten Majoritätsmitglieder nicht so leicht und offensichtlich über. Am Anfang steht eine Meinungsänderung, die nicht zu sichtbaren Verhaltensveränderungen führt (Sympathisanten). Die betreffende Person stimmt also schon mit der Minorität überein, traut sich aber noch nicht, dies auch offen einzugestehen. Erst in einem günstigen Moment, wenn vielleicht andere, mutigere Mitglieder offen zu ihrem Gruppenwechsel stehen, verwirklichen auch sie den letzten konsequenten Schritt und laufen offen zur Minoritätenposition über (*conversion*). Das Ziel einer Minorität muß es also sein, einzelne Mitglieder der Majorität zu einem offenen Positionswechsel zu ermuntern. Zeigen erst einmal ein, zwei der mutigeren Majoritätsmitglieder ein entsprechendes Verhalten, so können sie einen lawinenartigen Umschwung herbeiführen. Im Extremfall wird aus der vormaligen Minorität so eine neue Majorität.

Als praktisches Beispiel kann hier etwa das Ende der sozial-liberalen Koalition nach dem konstruktiven Mißtrauensvotum gegen Bundeskanzler Helmut Schmidt im Jahre 1982 dienen. Sicherlich haben sich schon lange Zeit vor dem Regierungswechsel viele FDP-Politiker innerlich für eine Koalition mit der CDU/CSU entschieden. Zu einem offensichtlichen Überlaufen zur Minorität der damaligen Opposition kam es jedoch erst, nachdem führende Politiker den Bruch öffentlich vollzogen hatten. Aus der vormaligen Minorität wurde so die neue Majorität.

Ähnliche Beobachtungen lassen sich sicherlich in allen möglichen Entscheidungsgremien wie Schulkonferenzen, Geschworenengruppen, Vorständen von Wirtschaftsunternehmen etc. anstellen. Zunächst hat es eine kleine Minorität sehr schwer, einzelne Majoritätsmitglieder für sich zu gewinnen. Dauerte der Einflußprozeß lang genug an, so kommt es zu einem plötzlichen Umkippen der Verhältnisse. Dabei ist natürlich zu bedenken, daß nicht alle Mitglieder der neuen Majorität auch tatsächlich überzeugte Anhänger derselben sind. Auch hier finden sich sicherlich nicht wenige, die die Zeichen der Zeit erkennen und schnell die Fronten wechseln, ehe negative Konsequenzen folgen. Man denke hier nur einmal an tausende von Nationalsozialisten, die nach dem Krieg in kürzester Zeit zu Demokraten mutierten.

7.4 Einige negative Konsequenzen des sozialen Einflusses

7.4.1 Polarisierung von Gruppenentscheidungen

Daß sozialer Einfluß im Sinne des Majoritäteneinfluß zu einer Vereinheitlichung von Wahrnehmung, Beurteilung und Verhalten vieler einzelner Individuen führt, liegt auf der Hand. Ebenso ist man leicht geneigt anzunehmen, daß Entscheidungen, die kollektiv in Gruppen getroffen werden, vergleichsweise moderat ausfallen, da hier ja – dem demokratischen Prinzip folgend – ein Konsens unterschiedlichster Positionen gefunden werden muß. Dies scheint aber keineswegs automatisch der Fall zu sein. Im Gegenteil, im Jahr 1961 fand Stoner in einem Experiment heraus, daß Gruppenentscheidungen in der Regel extremer ausfallen als der mathematische Mittelwert der Einzelmeinungen aller Mitglieder einer Gruppe. Inzwischen gibt es mehr als 300 Untersuchungen zu diesem Phänomen, das den Name *Gruppenpolarisierung* erhalten hat (Überblick: van Avermaet, 1997).

Die Ursachen für die extremere Position von kollektiven Beurteilungsprozessen gegenüber individuellen ist nicht eindeutig geklärt. Zum einen wird angenommen, daß viele Mitglieder einer Gruppe bestrebt sind, eine möglichst anerkannte Position unter den Gruppenmitgliedern zu erlangen. Dies führt dazu, daß man eine bereits bestehende Orientierung der Gruppenmeinung noch zusätzlich akzentuiert, um sich in der positiv bewerteten Richtung von den übrigen Gruppenmitgliedern günstig abzusetzen. Wenn z.B. in einer Gruppendiskussion die allgemeine Tendenz vorherrscht, eine härtere Bestrafung von Straftätern zu fordern, so kann ein Gruppenmitglied sein Ansehen steigern, indem es eine leicht extremere Position als den wahrgenommenen Gruppenkonsens vertritt. Sie traut sich in einer solchen Situation vielleicht etwas auszusprechen, was andere nur denken (z.B. eine Haftstrafe von zwei Monaten für Kaufhausdiebstahl). Ist dies der Fall, so ziehen viele der anderen Gruppenmitglieder nach und die konsensuale Entscheidung wird schon ein wenig extremer ausfallen als zuvor. Nun spielt sich die geschilderte Aufschaukelung mehrfach hintereinander ab, bis am Ende vielleicht die konsensuale Forderung nach der Todesstrafe steht. Soweit wird es jedoch nur sehr selten kommen. Irgendwann stößt der Aufschaukelungsprozeß nämlich an seine Grenzen, weil immer weniger Mitglieder bis zum äußersten extremen Rand ihres eigenen Meinungsspektrums gehen, bzw. viele Mitglieder diese Position schon erreicht haben. So kommt es, daß man sich z.B. nicht auch noch mehrheitlich für die Folterung von Inhaftierten ausspricht, obwohl dies von einzelnen Mitgliedern der Gruppe möglicherweise gefordert wird.

Eine andere Erklärung betont die Unsicherheit vieler Gruppenmitglieder bei der Entscheidungsfindung. Wenn viele Menschen zusammentreffen und über eine bestimmte Sache diskutieren, so wird es fast zwangsläufig dazu kommen, daß viele Argumente ausgetauscht werden, die den einzelnen Individuen bislang noch gar nicht bekannt waren. Als Folge des Konformitätsdruckes gilt dies aber vor allem für solche Argumente, welche die ohnehin vorherrschende Position unterstützen. Die Gruppenmitglieder überreden sich gewissermaßen gegenseitig. Dieses Gefühl der Sicherheit und der Überzeugung von der Richtigkeit der eigenen Position fordert eine akzentuierte, also extremere Gruppenentscheidung geradezu heraus.

7.4.2 Gehorsamkeit gegenüber Autoritäten

Unabhängig von den Einflüssen, die soziale Gruppen ausüben können, wirkt der soziale Kontext natürlich auch im interindividuellen Bereich. Hier haben vor allem die Experimente von Stanley Milgram ein extremes Beispiel für negative Konsequenzen des sozialen Einflusses geliefert. Mit Hilfe des inzwischen nach dem Forscher benannten Milgram-Experimentes wird die Bereitschaft des Menschen untersucht, Gehorsam gegenüber Autoritäten zu zeigen (Milgram, 1988). In seiner Grundform sah der Versuchsablauf folgendermaßen aus:

Die Versuchspersonen meldeten sich auf eine Zeitungsanzeige, um gegen Bezahlung an einem Lernexperiment teilzunehmen. Am Tag der Untersuchung wurde zwischen zwei Personen ausgelost, wer in dem Experiment den „Schüler“ und wer den „Lehrer“ darstellen sollte. Die Aufgabe des Lehrers bestand darin, dem Schüler zunächst eine Reihe von Wortpaaren vorzulesen. Anschließend las er jeweils nur die eine Hälfte eines solchen Wortpaares vor und der Schüler mußte das dazugehörige, zweite Wort aus eine Reihe von vier Wörtern auswählen. Das Ziel bestand darin, daß der Schüler alle Wortpaare korrekt erinnern konnte. Machte der Schüler einen Fehler, so war es die Aufgabe des Lehrer, ihm hierfür zur Bestrafung einen Elektroschock zu verabreichen. Je mehr Fehler der Schüler machte, desto intensiver wurde der Schock. Damit der Lehrer eine ungefähre Vorstellung von der Wirkung der Elektroschocks bekam, wurde ihm vor dem Beginn des Lerndurchlaufes selbst ein leichter Schock verabreicht. Das Experiment begann, nachdem der Schüler in einem Nachbarraum an Elektroden angeschlossen war und Lehrer und Schüler per Lautsprecheranlage miteinander kommunizieren konnten. Nach dem ersten Fehler des Schülers verabreichte der Lehrer gemäß den Anweisungen des Versuchsleiters einen Schock von 15 Volt. Bei jeder weiteren Fehlleistung sollte die Schockintensität um weitere 15 Volt gesteigert werden. Dem Lehrer stand hierzu ein Gerät zur Verfügung, an dem für jede Schockstufe ein eigener Schalter zu finden war. Die Schockskala reichte von 15 Volt bis 450 Volt. In einigen Abständen war die Stromspannung begrifflich gekennzeichnet, so daß der Lehrer auch eine Vorstellung von der Schwere der Elektroschocks im oberen Bereich der Skala bekam (siehe Abbildung 7-5). Der Versuchsdurchlauf begann nun. Was der Lehrer jedoch nicht wußte, war, daß es sich bei dem Schüler gar nicht um eine wirkliche Versuchsperson handelte, sondern um einen Mitarbeiter des Versuchsleiters. Dementsprechend war die Auslosung der Aufgaben vor dem Experiment fingiert, und der Schüler war selbstverständlich nicht auch tatsächlich den Elektroschocks ausgeliefert. Seine Aufgabe bestand lediglich darin, die Rolle des Schülers zu spielen, als wäre alles genau so, wie der Versuchsleiter es den Lehrer glauben machen wollte.

Die Ergebnisse des Milgram-Experimentes habe hohe Wellen geschlagen und sind weit über den Zirkel der Fachwissenschaftler hinaus bekannt geworden. Von 40 Versuchsteilnehmern in der Lehrerrolle gingen 26 bis zur höchsten Schockstufe von 450 Volt, obwohl der Schüler schon bei 75 Volt Unbehagen äußerte. Bei 120 Volt fing er an, über Schmerzen zu klagen. Bei 270 Volt brüllte er vor Schmerzen und ab 330 Volt gab er keinen Laut mehr von sich, so daß einige Versuchspersonen in der Lehrerrolle nach den Experiment in einer Befragung angaben, sie wäre der Meinung gewesen, den Schüler im Experiment getötet zu haben. Milgram bezeichnet die 26 Personen, die bis zum bitteren Ende Schocks verteilt haben, als Personen, die gegenüber dem Versuchsleiter Gehorsam zeigten. Sader (1991) betont aber zu recht, daß eigentlich alle Versuchsteilnehmer in höchstem Maße gehorsam waren, da kein einziger von ihnen früher als bei 300 Volt das Experiment abbrach. Jeder mußte also der festen Überzeugung sein, daß er dem Schüler ganz massive Schmerzen zugefügt habe. Die Nachbefragung der Probanden belegt diese Einschätzung.

Wie kam es aber zu diesem schockierenden Ergebnis, daß 26 von 40 Menschen bereit waren, einen anderen Menschen zu quälen und ggf. auch zu töten, nur weil dieser nicht hinreichend korrekt Wortpaare lernen konnte. Es handelte sich doch lediglich um ein kleines Experiment, bei dem sie wenige Dollar verdienen konnten und bei dem es, nüchtern betrachtet, für sie eigentlich um gar nichts wirklich wichtiges gehen konnte. In der Tat haben auch einige Versuchsteilnehmer Unbehagen geäußert, sich beschwert oder gedroht, das Experiment abzubrechen. Der Versuchsleiter hat sie aber durch ganz leichten Druck immer wieder dazu bewegen können, weiterzumachen. Hierzu reichten banale Aufforderungen, wie: „Bitte machen Sie weiter!“, „Das Experiment erfordert, daß Sie weitermachen!“ oder „Sie müssen unbedingt weitermachen!“.

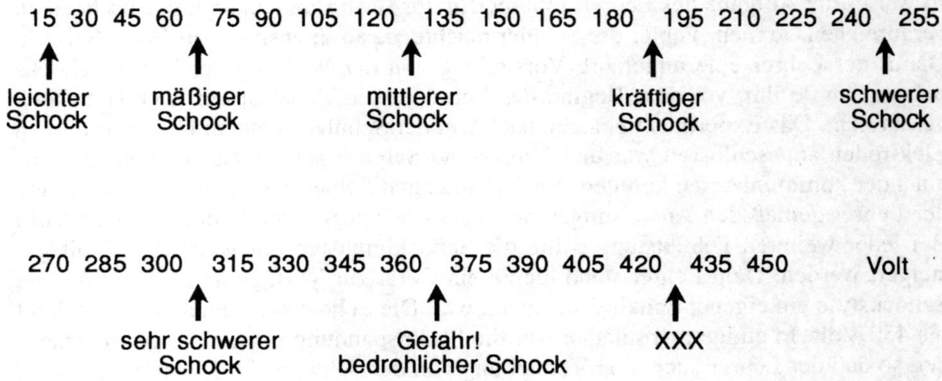

Abbildung 7-5: Elektroschockskala im Milgram-Experiment

Milgram selbst hat sein Experiment in 18 verschiedenen Versionen durchgeführt, um zu testen, von welchen Bedingungen die Bereitschaft zum Gehorsam beeinflußt werden kann. Unter anderem fand er heraus, daß die Bereitschaft zum Gehorsam ansteigt, wenn der physische Abstand zwischen Schüler und Lehrer erhöht wird. Gleiches ist zu verzeichnen, wenn ein zweiter Lehrer (ebenfalls ein Mitarbeiter des Versuchsleiters) zusätzlichen Druck auf die Versuchsperson ausübt. In diesem Fall gehen über 90 % der Probanden bis um äußersten und „töten“ den Schüler! Wird der Lehrer von einem zweiten Lehrer hingegen darin unterstützt, den Versuch abzubrechen, sinkt die maximal erreichte Schockintensität deutlich ab. Aber selbst in diesem Falle gehen noch 10 % der Probanden bis zu einer Schockstufe von 450 Volt.

Insgesamt hat Milgram selbst mehr als 1000 Personen untersucht. Darüber hinaus sind die Ergebnisse auch Jahre später immer noch viele Male in verschiedenen Ländern erfolgreich repliziert worden. Dabei handelte es sich nicht um besonders ausgewählte Versuchspersonen. Vielmehr waren alle Bevölkerungsschichten und die unterschiedlichsten Berufe vertreten. Entgegen den gängigen Stereotypen verhielten sich Frauen nicht wesentlich anders als Männer.

Hält man sich nun vor Augen, mit welch einfachen Mitteln ein doch recht niedrig dosierter sozialer Einfluß massivste Konsequenzen im Verhalten seiner Adressaten bewirkt, so vermittelt dies eine Ahnung davon, wie weit Menschen gehen würden, wenn man sie stark unter Druck setzt, wenn sie die „Schüler“ als minderwertige Individuen betrachten und/oder wenn sie nicht allein handeln müssen. So zieht Milgram seine Ergebnisse denn auch zur Erklärung des Holocaust heran. Die psychologische Forschung in diesem Bereich liefert zumindest partielle Erklärungen dafür, warum sich Menschen, die im Privatleben vielleicht liebende und warmherzige Ehepartner und Väter waren, im Vernichtungslager zu grausamen Folterknechten wandeln konnten.

7.5 Fazit

Die Ausführungen dieses Kapitels haben verdeutlicht, in welch starkem Maße unser eigenes Verhalten, ebenso wie die Wahrnehmung und Beurteilung von Situationen und Menschen durch den sozialen Kontext, in dem wir uns bewegen, beeinflußt wird. Selbst bei der Wahrnehmung einfachster physikalischer Objekte kann es zu massiven Verzerrungen der Realitätswahrnehmung kommen, obwohl es doch gerade hier besonders leicht ist, den Eindruck auch zu objektivieren. Es läßt sich leicht erahnen, wie groß der Einfluß erst wäre, wenn der zu beurteilende Sachverhalt nur schwer oder gar nicht zu objektivieren ist. In den meisten sozialen Situationen unseres Alltages ist dies eher die Regel, denn die Ausnahme. Denken wir hier nur einmal an die Beurteilung des Verhaltens von Kindern durch Pädagogen und Lehrer, die Einschätzung einer Straftat durch Polizisten und Juristen oder die Meinung, die wir uns von Personengruppen oder Ereignissen bilden, zu denen wir selbst kaum direkten Kontakt haben. Niemand von uns ist wirklich frei von sozialen Einflüssen, auch wenn wir uns gerade im westlichen Kulturkreis immer wieder gern diesem Glauben hingeben. Die Vorstellung, man werde nicht von anderen beeinflußt, sondern beeinflusse selbst nur die anderen, ist ebenso überheblich wie naiv.

Gleichwohl ist jeder von uns nicht nur Objekt, sondern auch Subjekt von Einflußprozessen. Der Beobachter kann auch – willentlich oder nicht – Einfluß auf das Verhalten, einer von ihm zu bewertenden Person nehmen. Im Extremfall bestätigt er hierdurch seine eigenen Erwartungen im Sinne eines Pygmalion-Effektes (Kapitel 5). Dies gilt besonders dann, wenn sich die fraglichen Personen bewußt sind, daß sie bewertet werden sollen. Ebenso kann der Beobachter durch seine Anwesenheit auch Einfluß auf soziale Situationen nehmen, die er zu bewerten hat. Ein um Objektivität bemühter Beurteiler wird sich also veranlaßt sehen, diesen Effekt seiner eigenen Person bei der Urteilsfindung in Rechnung zu stellen.

Negative Begleiterscheinungen von Beeinflussungsprozessen im Rahmen von Beurteilungen treten vor allem dann auf, wenn Kreislaufprozesse der gegenseitigen Bestätigung von objektiv falschen Überzeugungen auftreten. Jeder einzelne ist dann subjektiv fest von der Richtigkeit seiner Realitätswahrnehmung und -interpretation überzeugt und bestätigt hierdurch seinerseits wiederum Personen in seiner Umgebung. Am Ende handeln alle aus bestem Wissen und Gewissen, leider aber dennoch falsch. Die reine Anzahl derjenigen Menschen, die eine bestimmte Auffassung vertreten bzw. ein bestimmtes Verhalten zeigen, sagt bedauerlicherweise gar nichts über die Richtigkeit der Beurteilungen oder des Handelns aus. Massenbewegungen wie wir sie in extremer Form aus Kriegszeiten oder dem Nationalsozialismus kennen, illustrieren dies recht eindrucksvoll. Gleichwohl kann man aber auch nicht den Umkehrschluß ziehen, wonach kollektiv geteilte Einstellungen schon automatisch falsch sein müssen. Zwar wissen wir, daß sich jeden Morgen millionen Leser bei der Wahl ihrer Tageszeitung irren. Dies kann aber nicht zwingend aus der Zahl der Leser geschlossen werden, sondern setzt auch eine Kenntnis der Inhalte entsprechender

Schmierereien voraus. Da wir in unserem Alltag jedoch meist der Fehleinschätzung unterliegen, daß die Mehrheit auch die zutreffendere Position vertritt, muß dieser Fehlschluß besonders hervorgehoben werden. Hinzu kommt, daß in der kollektiven Urteilsbildung zusätzlich die Gefahr der Gruppenpolarisierung liegt. Eine Fehlentscheidung wird aber um so folgenschwerer sein, je extremer die vertretene Position ausfällt.

Auch wenn hier vor allem die negativen Konsequenzen des sozialen Einflusses betont wurden, sind doch auch die positiven Aspekte zu benennen. Ohne sozialen Einfluß wären wir nicht in der Lage, all jene Dinge zu lernen, die uns das Überleben in der gegebenen Lebenswirklichkeit erst ermöglichen. Ein friedfertiges Nebeneinander oder gar Miteinander von Menschen ist ohne die Wirkkraft des sozialen Einflusses kaum denkbar. Dabei wird dem einzelnen der Einfluß des anderen nicht nur aufgedrängt. Da es für den einzelnen auch von Vorteil sein kann, wird er oft z.B. in Situationen der Unsicherheit, auch aktiv aufgesucht.

Es gilt also wieder einmal, daß die psychologischen Mechanismen, die in diesem Buch beschrieben werden, nicht schon an sich positiv oder negativ zu bewerten sind. Es käme ja wohl auch niemand ernsthaft auf die Idee, es als positiv oder negativ zu bewerten, daß unser Blut nicht die Farbe grün oder weiß hat. Inwieweit ein Mechanismus positive oder negative Konsequenzen nach sich zieht, hängt von unserer Bewertung auf dem Hintergrund einer spezifischen Lebensumgebung ab. Es gilt also wie immer, nicht das Kind mit dem Bade auszuschütten, sondern sich vielmehr der möglichen Risiken bewußt zu werden, das Verhalten in bedeutsamen Entscheidungssituationen zu hinterfragen und möglichen negativen Konsequenzen des sozialen Einflusses dann auch dort, wo es möglich erscheint, entgegenzuwirken. Letzteres ist möglich, setzt aber die Kenntnis der zugrundeliegenden psychologischen Prinzipien des menschlichen Verhaltens voraus. Ein gutes Beispiel für die Umsetzung der Forschungsergebnisse, zur Reduzierung unerwünschter Konsequenzen des sozialen Einflusses stellt die Analyse der Ergebnisse zum Milgram-Experiment durch Manfred Sader (1991) dar. Ansatzpunkte wären hier etwa die Reduzierung der subjektiv erlebten Autorität durch ein verstärktes Durchdenken der Situation. Ebenso kann es hilfreich sein, sich vor dem Handeln zu vergegenwärtigen, daß man selbst die Verantwortung für das eigene Verhalten trägt, weil es immer auch Verhaltensalternativen gibt.

7.6 Vertiefende Literatur

Avermaet E. van (1997). Sozialer Einfluß in Kleingruppen. In W. Stroebe, M. Hewstone & G.M. Stephenson (Hrsg.), Sozialpsychologie (3. erw. Aufl.) (S. 503-544). Berlin: Springer.

Maas, A., West, S.G. & Clark, R.D. (1985). Soziale Einflüsse von Minoritäten in Gruppen. In D. Frey & M. Irle (Hrsg.), Theorien der Sozialpsychologie, Band II: Gruppen- und Lerntheorien (S. 65-91). Göttingen: Hogrefe.

Milgram, S. (1988). Das Milgram-Experiment: Zur Gehorsamsbereitschaft gegenüber Autorität. Reinbek: Rowohlt.

Sader, M. (1991). Psychologie der Gruppe. Weinheim: Juventa.

8. „Eins und eins sind eins" – Reduktionistische Personenbeurteilung

Den meisten Menschen wird es nicht schwer fallen, Personen in ihrer Umgebung mit sehr wenigen Begriffen hinreichend zu beschreiben und zu bewerten: André ist unterwürfig gegenüber Autoritäten und kostet seine Macht gegenüber Schwächeren aus. Gundula bemüht sich stetig, „everybodys darling" zu sein. Martin ist ein unerträglicher Schwätzer. Annemarie strahlt einen geradezu unwiderstehlichen Liebreiz aus. Der Terminus „hinreichend" meint in diesen Fällen natürlich nicht, daß die tatsächliche Komplexität der beurteilten Personen durch derartige Charakterisierungen umfassend zu würdigen wäre. Der Beobachter hat hier jeweils nur diejenigen Aspekte, die ihm besonders aufgefallen sind und wichtig erschienen, hervorgehoben. Die Auswahl dieser Aspekte stellt aber nur einen sehr kleinen Teil der tatsächlich vorhandenen Vielfalt dar.

Gerade dies ist es, was nachfolgend unter dem Begriff der *reduktionistischen Personenbeurteilung* diskutiert werden soll. Es geht darum, wie wir andere Menschen auf der Grundlage einer einzigen Information oder zumindest doch sehr wenigen Informationen scheinbar umfassend beurteilen können und welche Konsequenzen ein solches Vorgehen hat.

Für viele Beurteilungen des Alltages mag es eine vertretbare Strategie sein, nur die herausstechenden Merkmale einer Person zu ihrer Charakterisierung heranzuziehen. Dies gilt vor allem dann, wenn wir mit den entsprechenden Personen ohnehin nur selten und wenig intensiv in Kontakt treten. Oft stehen uns in solchen Fällen ja ohnehin nur sehr wenige Informationen zur Verfügung. Je bedeutsamer eine Person jedoch für unser Leben wird, desto nützlicher wäre es, weitere Informationen gezielt aufzusuchen, um eine komplexere und damit auch genauere Beurteilung vornehmen zu können. Wie trostlos und ungerecht wäre es etwa, wenn eine Frau nach 30 Jahren Eheleben von ihrem Mann nur zu berichten wüßte, daß er samstags gerne die Sportschau sähe und das Bier einer bestimmten Marke zu schätzen wisse.

Besonders relevant werden komplexe Beurteilungen dann, wenn sich hieraus weitreichende Konsequenzen ergeben. Dies gilt sowohl für den privaten Bereich als auch für professionelle Bewertungssituationen. Bei letzteren reicht es beispielsweise nicht aus, wenn der Personalchef nach Durchsicht der Bewerbungsunterlagen und nach einem persönlichen Gespräch ausschließlich feststellen könnte, daß es sich bei dem Bewerber um einen besonders redegewandten Menschen handelt. Weder der Organisation noch dem Bewerber wäre mit einer solch oberflächlichen und reduktionistischen Beurteilung gedient. Ebensowenig wäre es zu vertreten, wenn eine Erzieherin in einem Kinderheim nach mehrjähriger Betreuung eines Kindes lediglich aussagen könnte, daß Markus überaus leicht zu reizen sei und bei der geringsten Frustration maßlos aggressiv reagiere.

Beide Fälle werden in der Realität wahrscheinlich kaum anzutreffen sein. Es handelt sich um konstruierte Beispiele, die das prinzipielle Problem der reduktionistischen Personenbeurteilung in akzentuierter Weise verdeutlichen sollen. Auf den ersten Blick ist ein reduktionistisches Vorgehen sehr ökonomisch. Auf minimaler Datenbasis können weitreichende Entscheidungen getroffen werden. So z.B. die Entscheidung, ob ein Mitarbeiter befördert werden soll oder ob man mit einer bestimmten Person privat in näheren Kontakt treten möchte. Bei näherer Betrachtung fallen jedoch auch die Kosten einer solch reduzierten Betrachtungsweise in das Blickfeld. Denn Fehleinschätzungen aufgrund einer zu oberflächlichen Betrachtung verursachen ebenso Kosten wie dies bei einer aufwendigen Analyse zur Vermeidung derartiger Kurzschluß-Beurteilungen der Fall wäre. Im Einzelfall ist also abzuwägen, ob sich eine differenziertere Betrachtung lohnt oder gar dringend geboten ist. In jedem Falle ist es hilfreich, sich der Probleme reduktionistischer Personenbeurteilung bewußt zu werden.

Diesem Zwecke dient das folgende Kapitel. Wir werden uns zunächst auf allgemeiner Ebene mit dem Phänomen der reduktionistischen Personenbeurteilung beschäftigen, ehe wir in einem zweiten Schritt auf eine besonders prominente Basis für solche Simplifizierungen – die physischen Attraktivität eines Menschen – eingehen. In einem dritten Schritt geht es dann um die Frage, inwieweit es sinnvoll ist, von einem beobachteten Verhalten auf die Einstellungen und vielleicht sogar die Persönlichkeit der handelnden Person zu schließen. Den Abschluß bildet die Diskussion von Personenbeurteilungen, die mit der Tatsache zusammenhängen, daß die zu beurteilende Person primär als Mitglied einer bestimmten sozialen Gruppe wahrgenommen wird.

8.1 Grundlagen der reduktionistischen Personenbeurteilung

In vielen Situationen des alltäglichen Lebens stehen uns nur sehr wenige Informationen zur Verfügung, um uns ein Urteil über eine andere Person bilden zu können. Der Autofahrer, der an der Ampel hinter uns steht und schon intensiv zu hupen beginnt, wenn wir nicht in den ersten zwei Sekunden der Grünphase losgefahren sind, kann hier als Beispiel dienen. Die zentrale Information in diesem Falle ist sein Verhalten, das sich von den meisten übrigen Verkehrsteilnehmern unterscheidet. Würden wir uns viel Zeit bei der Beurteilung dieser Person nehmen, so könnten wir auch den Typ und den Zustand seines Autos in unsere Betrachtungen einfließen lassen oder wir könnten aussteigen und ein Gespräch mit ihm beginnen, um mehr über diese Person und ihre Beweggründe zu erfahren. Natürlich ist eine solche Überlegung reichlich unrealistisch. Die meisten von uns werden sich denken, daß es sich bei dem Autofahrer um irgendeinen Blödmann handelt. Manch einer wird sich auch zu drastischeren Charakterisierungen genötigt sehen. Jedenfalls werden wir geschwind oder eben auch betont langsam unsere Fahrt fortsetzen und den Zwischenfall schon nach kurzer Zeit vergessen haben.

In einer solchen Situation wird mithin eine einzige Information, die des Hupens, zur alleinigen Charakterisierung und Bewertung einer anderen Person herangezogen. Ein solches Vorgehen scheint akzeptabel, da es letztlich nicht von großer Bedeutung ist, wie eine Person bewertet wird, die man vielleicht nur einmal im Leben zu Gesicht bekommt und mit der keine unmittelbare Interaktion stattfindet. Doch schon dann, wenn wir uns näher auf das Geschehen einlassen, kann auch eine solch nebensächlich erscheinende, stark vereinfachende Urteilsbildung zu weitreichenden Konsequenzen führen. Nehmen wir nur einmal an, der Vordermann in unserem Beispiel befindet sich selbst zum Zeitpunkt der Geschehnisse in einer psychisch sehr angespannten Lebenslage oder neigt allgemein zum Aufbrausen. Ein solcher Verkehrsteilnehmer wird die Geschehnisse möglicherweise nicht einfach nur zur Kenntnis nehmen, sich ärgern und ansonsten seines Weges ziehen. Denkbar ist, daß er die Sache nicht auf sich beruhen läßt und vielleicht aus seinem Wagen aussteigt, um sich „den Idioten hinter ihm mal ordentlich zur Brust zu nehmen“. Es gehört nicht viel Phantasie dazu, sich auszumalen, daß ein solches Vorgehen leicht in eine Handgreiflichkeit ausarten kann, die ggf. auch noch ein gerichtliches Nachspiel haben wird.

Wir sehen, wie leicht eine reduktionistische Urteilsbildung auch gravierende Konsequenzen nach sich ziehen kann. Besonders bedenklich ist dies, wenn die Beurteilung einer Person aufgrund einer einzelnen Information nicht nur zu einer sehr undifferenzierten Betrachtung, sondern obendrein auch noch zu einer inhaltlich völlig falschen Charakterisierung führt. Nicht jeder Verkehrsteilnehmer, der an einer Ampel durch unfreundliches Hupen auffällt, ist natürlich auch gleich ein Mensch, der charakterlich zum Führen eines Fahrzeuges im Straßenverkehr ungeeignet wäre. Vielleicht befindet er sich momentan selbst in einer sehr angespannten Situation, ist in Zeitdruck und mußte bisher an fast jeder Ampel anhalten, obwohl er sonst auf dieser Strecke meist auf der grünen Welle schwimmen konnte. Vielleicht muß er ins Krankenhaus eilen, weil er kurz zuvor von einem schweren Unfall seiner Tochter gehört hat. Vielleicht mußte er aber auch viel länger als zwei Sekunden an der grünen Ampel warten, weil sein Vordermann in Gedanken versunken war. Die Liste möglicher, durchaus nachvollziehbarer, ja rechtfertigender Gründe für das Hupen des Hintermannes ließe sich leicht noch viel weiter fortschreiben. Zentral ist hierbei die Überlegung, daß ein Bemühen darum, ein differenzierteres Urteil über eine Person bzw. deren Verhalten zu fällen, für beide Seiten, für den Beurteiler wie für den Beurteilenden sinnvoll sein kann. Dies gilt vor allem dann, wenn es nicht bei einem einmaligen Zusammentreffen beider Personen bleibt. Für den Beurteiler selbst liegt der einfachste Nutzen z.B. darin, daß er sich nicht unnötig über seine Mitmenschen ärgern muß.

In der Regel stehen mehr Informationen zur Verfügung, als dies auf den ersten Blick hin scheinen mag oder es ist vergleichsweise einfach, zusätzliche Informationen gezielt zu suchen und aufzufinden. Situationen, in denen tatsächlich nur eine einzige Information zur Verfügung steht, sind eher selten. Man denke hier etwa an einen anonymen Anrufer, der sich mehrfach in einer Woche meldet und lediglich schweigt.

8.1.1 Das Experiment von Solomon Asch

Wie läuft nun aber die Urteilsbildung ab, wenn mehrere Informationen gleichzeitig zur Verfügung stehen? Zu den ersten Untersuchungen dieser Fragestellung gehören die heute als klassisch bezeichneten Experimente von Solomon Asch. In einer

Reihe von zehn Experimenten legte Asch (1946) insgesamt mehr als 1000 Versuchsteilnehmern unterschiedliche Listen mit Merkmalsbeschreibungen (Attributen) vor, die eine fiktive Person charakterisieren sollten. So wurde die Person z.B. als „energiegeladen", „unterhaltsam", „kühl", „ironisch" und „überzeugend" geschildert. Anschließend wurden die Versuchsteilnehmer gebeten, die beschriebene Person nun ihrerseits zu beschreiben. Bei allen Probanden ergab sich, daß sie ein mehr oder weniger lebhaftes Bild der skizzierten Persönlichkeit zeichnen konnten. Niemand wiederholte lediglich die einzelnen vorgegebenen Attribute. Aufgrund von wenigen Informationen konnte sich mithin eine recht komplexe Charakterisierung der fiktiven Person ergeben. Der Eindruck ging dabei weit über die tatsächlich gegebenen Informationen hinaus. Möglicherweise hätte es schon ausgereicht, nur eine einzige Information über die fragliche Person zu geben, um beim Beurteiler ein facettenreiches Bild erzeugen zu können.

Die einzelnen Untersuchungen von Asch beschäftigt sich mit der Frage, wie es zu einem solch komplexen Eindruck kommen konnte. Zu den zentralen Befunden dieser Studien gehört die Erkenntnis, daß nicht allen Attributen die gleiche Wirkung bei der Urteilsbildung zukommt. So war es z.B. von großer Bedeutung, ob sich unter den beschreibenden Begriffen die Attribute „kalt" oder „warm" befanden, während es keinen Unterschied machte, wenn die fiktive Person als „höflich" oder „geradeheraus" beschrieben wurde.

Fand sich in einer Liste zur Beschreibung der fiktiven Person neben sechs anderen Attributen (intelligent, geschickt, arbeitsam, entschlossen, praktisch veranlagt, vorsichtig) das Merkmal „warm", so bildeten die Versuchsteilnehmer einen völlig anderen Eindruck von der beschriebenen Person, im Vergleich zu einer anderen Untersuchungsbedingung, in der das Merkmal „warm" durch den Begriff „kalt" ersetzt wurde. 91 % der Befragten beschrieben die fiktive Person als „großzügig", wenn sie u.a. auch als „warm" gekennzeichnet wurde. Tauchte in der vorgegebenen List hingegen das Attribut „kalt" auf, so wurde die fragliche Person von nur 8 % der Befragten auch als „großzügig" erlebt. Fehlten beide Attribute in der Liste, so wählten 55 % der Befragten die Bezeichnung „großzügig". Obwohl die Begriffe „warm" und „kalt" rein mathematisch betrachtet, jeweils nur 1/7 der Gesamtinformation ausmachten, kam ihnen ganz offensichtlich eine durchschlagende Bedeutung bei der Urteilsbildung der Probanden zu. Abbildung 8-1 verdeutlicht dies.

Die Bedeutung beider Attribute ist jedoch keineswegs so eindeutig und massiv, daß sie auch unabhängig von den übrigen sechs Begriffen immer zu den gleichen Beschreibungen der Person führen. Ein weiteres Experiment, in dem die Kontextbegriffe ausgetauscht wurden, konnte dies belegen. Je nachdem, in welchem Kontext das Attribut „warm" auftauchte, nahm es einen prägenden Einfluß auf die Charakterisierung der fiktiven Person oder ging im Zusammenspiel mit übrigen Begriffen eher unter.

Begriffe, die die Probanden zur Beschreibung der fiktiven Person nutzen konnten	Bedingung 1: Merkmalsliste beinhaltet den Begriff „warm“	Bedingung 2: Merkmalsliste beinhaltet den Begriff „kalt“	Bedingung 3: Merkmalsliste beinhaltet keinen der beiden Begriffe
großzügig	91 %	8 %	55 %
weise	65 %	25 %	49 %
fröhlich	90 %	34 %	71 %
humorvoll	77 %	13 %	36 %
human	86 %	31 %	64 %

Erläuterung: die Prozentwerte beziehen sich auf die Anzahl der Versuchsteilnehmer, die bei der Beschreibung der fiktiven Person auf die Begriffe „großzügig“, „weise“ etc. zurückgegriffen haben.

Abbildung 8-1: Ausgewählte Ergebnisse aus den Experimenten von Asch (1946)

Wenn nicht alle Attribute in den vorgegebenen Listen den gleichen Einfluß auf die Urteilsbildung haben, so stellt sich natürlich die Frage nach den Merkmalen, über die ein Attribut verfügen muß, um bevorzugt berücksichtigt zu werden. Asch selbst untersuchte zur Klärung dieser Frage den Einfluß, der von der Reihenfolge der Attribute ausgeht. In zwei Experimenten zeigte sich, daß dem ersten Attribut in der Liste eine besonders prägende Kraft zukommt. Das erste Attribut schafft gewissermaßen ein Klima, welches auf die Wahrnehmung und Interpretation der nachfolgenden Begriffe abfärbt. Aus heutiger Sicht kann dies mit Hilfe des damals noch nicht bekannten Effekt des Priming erklärt werden (siehe Kapitel 3). Der erste Begriff aktualisiert einen bestimmten Bereich der Netzwerkstruktur des Langzeitgedächtnisses und erleichtert somit die Informationsverarbeitung von denjenigen Inhalten, die Verbindungen zu dem entsprechenden Begriff aufweisen. Gleichzeitig wird hierdurch die Informationsverarbeitung für weiter entlegene Informationen erschwert.

Verallgemeinern wir diese Ergebnisse, so wird hiermit der Eindruck bestätigt, daß es in alltäglichen Situationen gerade die ersten verfügbaren Informationen über eine Person sind, die wir auch zur Beurteilung einer bislang unbekannten Person bevorzugt heranziehen. Die ersten Informationen prägen demnach in sehr viel stärkerem Maße den Gesamteindruck, als die nachfolgenden. Oder anders formuliert, *es ist sehr viel leichter, bei einer unbekannten Person einen bestimmten Eindruck zu erwecken, als einen bereits bestehenden Eindruck bei einer bekannten Person zu korrigieren.* Gerade hierin liegt auch die negative Seite eines solchen psychologischen Prozesses. Der erste Eindruck kann leicht auch trügen, zumal die zugrundeliegenden Informationen oft nicht sehr zahlreich und noch dazu wenig elaboriert sind. Gleichwohl wird dieser Eindruck schwerer zu verändern sein, als er aufgebaut wurde.

8.1.2 Dominant wirkende Attribute

Die Untersuchungen von Asch haben bis zum heutigen Tag ihre Bedeutung behalten und viele Nachfolgeuntersuchungen angeregt, ohne daß die genauen Prozesse der reduktionistischen Personenbeurteilung schon abschließend erklärt werden könnten.

Die Frage danach, welche Bedingungen dazu führen, daß einzelne Attribute einen gewichtigeren Einfluß auf die Beurteilung einer Person nehmen als anderer, kann mit Fiske & Taylor (1991) wie folgt beantwortet werden.

Bevorzugt werden zunächst solche Informationen, die zuerst zur Verfügung stehen (s.o.). Im Sinne des *Priming-Effektes* werden wir uns beispielsweise nur schwer dagegen wehren können, Informationen, die wir vor dem Zusammentreffen mit einer unbekannten Person erhalten haben, in unserer Bewertung der Person zu berücksichtigen. Mehr noch, die Vorinformationen werden unsere Beurteilung leichter beeinflussen als die nachfolgend erhaltenen Informationen. Aus der Perspektive der zu beurteilenden Person stellt sich die Situation ähnlich kritisch dar. So wird eine üble Nachrede dem eigenen Ruf auch u.U. schon dorthin vorausgeeilt sein, wo man sich selbst noch gar nicht leibhaftig präsentiert hat und man wird einige Mühe haben, dagegen zu arbeiten.

Desweiteren werden solche Attribute einen gewichtigeren Einfluß auf die Urteilsbildung nehmen, die in irgendeiner Weise *besonders hervorstechend* sind. In den Begriffen der Wahrnehmungsforschung ausgedrückt, handelt es sich dabei um Attribute, welche die Figur auf dem Hintergrund anderer Informationen bilden (siehe Kapitel 2). Den Hintergrund bilden dabei nicht zwangsläufig nur solche Informationen, die auch in einem direkten Zusammenhang mit der zu beurteilenden Person stehen. Auch andere Personen und deren Attribute können Bestandteil des Hintergrundes werden. So werden etwa körperliche Merkmale, die im allgemeinen eher selten auftreten wie Behinderungen, Kleinwuchs, außergewöhnliche Schönheit, zu besonders starken Attributen, da sie deutlich aus der Masse der insgesamt zur Verfügung stehenden Informationen herausragen. Derartige Attribute sind nicht nur leichter wahrzunehmen, da sie unsere Aufmerksamkeit auf sich ziehen, sondern werden in der anschließenden Beurteilung auch stärker gewichtet. An dieser Stelle wird bereits deutlich, daß die verschiedenen Effekte durchaus auch gegeneinander arbeiten können. Stellen wir uns z.B. vor, wir besuchen eine Party, auf der wir viele Gäste persönlich gar nicht kennen. Zuvor wurden wir darüber informiert, daß die Schwester des Gastgebers arrogant und unnahbar sei. Am Abend begegnen wir nun dieser Person, die um vieles schöner und distinguierter wirkt als alle anderen Gäste. Es ist nicht unwahrscheinlich, daß der visuelle Eindruck unser Urteil über die Frau bestimmt. In diesem Falle ist es also nicht die erste Information, sondern die visuell hervorstechendste, die unser Urteil maßgeblich beeinflußt. Es wäre mithin voreilig zu behaupten, daß ein Priming-Effekt immer mit durchschlagender Wirkung auftreten wird. Der Priming-Effekt kann im konkreten Einzelfall auch durch andere Effekte kompensiert werden.

Besonders einflußreich sind darüber hinaus auch solche Attribute, die den *Erwartungen des Beobachters* entsprechen (siehe Kapitel 5). Der Erwartungseffekt kann im Einzelfall natürlich auch in die gleiche Richtung gehen wie der Priming-Effekt. Die meisten Menschen werden z.B. zu recht erwarten, daß Führungskräfte aus Wirtschaft, Wissenschaft oder Politik in der Regel sehr wenig Zeit für ein persönliches Gespräch haben. Diese allgemeine Erwartung kann mit den Vorinformationen übereinstimmen, die ein Journalist von seinen Kollegen bekommen hat, ehe er bei einem bekannten Wirtschaftsführer um ein Interview bittet. In diesem Falle wird ein und dasselbe Attribut („knapp bemessene Zeit" oder „voller Terminkalender") sowohl durch die Erwartungshaltung der Beobachter als auch durch das Priming in der Urteilsbildung begünstigt. Der Erwartungseffekt wirkt aber auch allein. Auch dann, wenn z.B. keine Vorinformationen über die ganz individuellen Merkmale einer Person vorliegen, wird man aufgrund der eigenen Lebenserfahrungen damit rechnen, daß etwa ein Universitätsprofessor eher überdurchschnittlich intelligent ist. Nehmen wir einmal an, eine bestimmte Person, die eine solche Erwartung hat, besucht die Sprechstunde eines ihr bis dahin völlig unbekannten Professors, um mit diesem über ein mögliches Forschungsprojekt zu sprechen. Nach dem Gespräch werden wahrscheinlich die Informationen über die wahrgenommene Intelligenz des Professors das Urteil des Studenten bevorzugt prägen. Auch hier läßt sich allerdings denken, daß andere Attribute im Sinne des Figur-Grund-Phänomenes einen noch viel gewichtigeren Einfluß auf die Urteilsbildung nehmen. Gleiches wird aber auch der Fall sein, wenn ein Attribut der Erwartung des Beobachters völlig widerspricht. Hierdurch wird es besonders auffällig und kann bevorzugt zur Urteilsbildung herangezogen werden.

Eine ähnliche Präferenz erfahren Attribute, die in Übereinstimmung mit den *Bedürfnissen des Beobachters* stehen. Wenn wir eine andere Person lieben, werden wir in der Regel das Bedürfnis verspüren, auch selbst von der auserwählten Person geliebt zu werden. Diesem Bedürfnis folgend werden solche Hinweise im Verhalten der fraglichen Person bevorzugt zur Urteilsbildung herangezogen, die als Hinweise auf ihre Liebe interpretiert werden können. Ein solcher Effekt trägt zur Festigung einer Bindung zwischen den Menschen bei.

Besonders leicht werden darüber hinaus solche Informationen in der Beurteilung eine Rolle spielen, die *visuell wahrnehmbar* sind. Visuelle Informationen wie z.B. die physische Attraktivität einer Person sind dem Betrachter besonders leicht zugänglich. Sie können auch dann zur Urteilsbildung herangezogen werden, wenn gar kein persönlicher Kontakt zu der zu beurteilenden Person besteht. Ebensowenig müssen visuelle Informationen aus einer komplexen Situation erst aufwendig erschlossen werden. Sie liegen offen zu Tage. Visuelle Eindrücke sind oft die ersten, die wir von einer Person haben. Insofern wird die leichte Verarbeitung visueller Informationen im Rahmen der Urteilsbildung auch durch den Priming-Effekt unterstützt.

Zusammenfassend bleibt festzuhalten, daß nicht alle Attribute die gleiche Chance haben, im Rahmen einer alltäglichen Urteilsbildung in gleichem Maße berücksichtigt zu werden. Einzelne Attribute werden besonders einflußreich sein, während andere – objektiv vielleicht nicht bedeutsamere – in den Hintergrund gedrängt werden.

Eine reduktionistische Personenbeurteilung liegt aber auch dann vor, wenn der Beobachter sich überhaupt nicht mit den spezifischen Merkmalen der zu bewertenden Person beschäftigt, sondern einfach von sich auf andere schließt. Normal, angemessen und nachvollziehbar erscheint ihm dann z.B. ein Verhalten, das er selbst in einer identischen Situation ebenso wählen würde. Auffällig und vielleicht pathologisch erscheint ihm hingegen ein Verhalten, das ihm selbst fremd ist. Einer solch systematischen Urteilsverzerrung liegt die *identifikatorische Annahme* zugrunde, daß alle gesunden Menschen im Prinzip so sind, wie man selbst. Sie denken, fühlen und handeln im wesentlichen gleich. Auffällig und damit auch kritisch zu bewerten ist, wer ein abweichendes Verhalten zeigt.

Aber auch dann, wenn keine Abweichung zu beobachten ist, fördert die identifikatorische Annahme eine systematische Urteilsverzerrung. Gerade dann, wenn es darum geht, Motive einer handelnden Person oder ihre Gefühle zu beurteilen, hilft es wenig, wenn der Beobachter sich die Frage stellt, „Wie würde ich mich in einer solchen Situation fühlen?" oder zu ergründen sucht, was ihn selbst dazu veranlassen könnte, das fragliche Verhalten zu zeigen. Wenn die Gleichheit der Menschen so weit gehen würde, wie wir es häufig in alltäglichen Beurteilungsprozessen implizit unterstellen, so wäre die Erforschung der Gesetzmäßigkeiten menschlichen Verhaltens geradezu ein Kinderspiel. Man bräuchte ja nur ein Exemplar der Gattung Mensch zu beobachten und könnte von ihm auf alle übrigen schließen. Daß dies nicht der Fall ist, wird uns aber schnell klar, wenn wir nur ein klein wenig über derartige Sachverhalte nachdenken und uns nicht einfach den Automatismen der Urteilsbildung hingeben.

8.1.3 Halo-Effekt

In den bisher geschilderten Forschungsergebnissen ging es um die Frage, der relativen Bevorzugung einzelner Attribute im Rahmen der Personenbeurteilung. Eine Extremform der reduktionistischen Beurteilung liegt vor, wenn ausschließlich ein einzelnes Attribut zur Bewertung einer Person herangezogen wird. Dieses Phänomen wird in der Psychologie mit dem englischen Begriff Halo-Effekt benannt. Ein einzelnes Attribut einer Person kann für einen Beobachter so gewichtig werden, daß es wie ein Heiligenschein (halo) über die gesamte Person ausstrahlt und alle übrigen Facetten derselben verblassen läßt (Abbildung 8-2). Frisch verliebte Menschen, aber auch Fans von Popgruppen und Anhänger eines Sektenführers können hier als mehr oder minder drastische Beispiele dienen. Die Beschreibung dieses Phänomens geht auf den amerikanischen Psychologen Edward Thorndike (1920) zurück, der bemerkte, daß in mehreren Untersuchungen zur Personenbeurteilung einzelne Attribute, die objektiv nichts oder nur sehr wenig miteinander zu tun haben konnten, hoch korrelierten. Dies galt beispielsweise für die wahrgenommene Intelligenz einer Person. Je intelligenter sie einem Betrachter erschien, desto charakterlich gefestigter, zuverlässiger oder sportlicher wurde sie auch beurteilt. Halo-Effekte treten in besonders starkem Maße auf, wenn wenig Zeit bleibt, um eine differenzierte Beurteilung treffen zu können (Klauer & Schmeling, 1990) bzw. wenn sich der Beurteiler selbst – aus welchen Gründen auch immer – nicht die nötige Zeit für eine differenzierte Betrachtung seines Gegenübers nimmt.

Ein Attribut, welches offenbar besonders leicht einen Halo-Effekt erzeugen kann, ist die physische Attraktivität eines Menschen. Hiermit wollen wir uns im folgenden Kapitel intensiver beschäftigen.

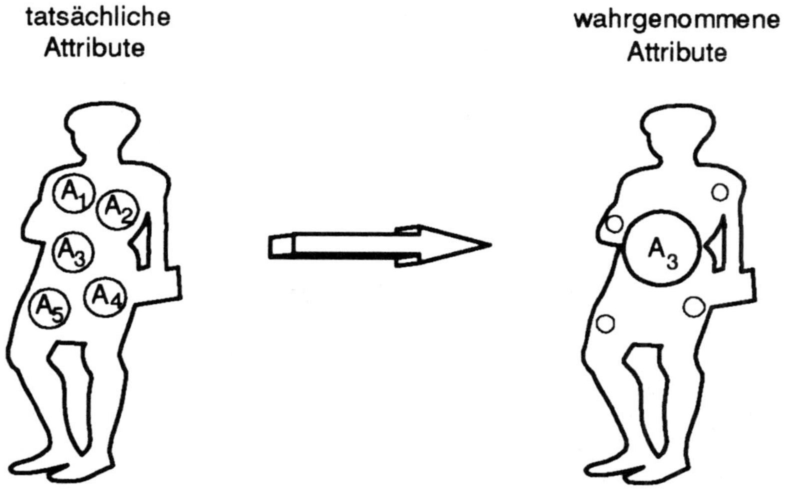

Abbildung 8-2. Grundprinzip des Halo-Effektes

8.1.4 Positive und negative Konsequenzen

Wie wohl jedes Phänomen menschlichen Verhaltens, so hat auch die reduktionistische Personenbeurteilung zwei Seiten.

Auf der einen Seite kann es durchaus sinnvoll sein, auf der Grundlage weniger Informationen die Charakterisierung einer Person vorzunehmen. Wer z.B. gerade auf der Straße ausgeraubt wurde, tut gut daran, den Herrn in der grünen Jacke, der beigefarbenen Hose und dem gelben Hemd, nach seiner Kleidung zu beurteilen und in seiner Eigenschaft als Polizist um Hilfe zu bitten. Wir treffen in unserem Alltag mit so vielen Menschen zusammen, daß es einer völligen Überforderung gleichkäme, wollten wir uns mit allen so eingehend beschäftigen, daß am Ende ein umfassendes, faires Urteil über einen jeden abzugeben sei. Die meisten Menschen, denen wir begegnen sind schließlich für unser eigenes Leben – deutlich gesprochen – auch viel zu unwichtig, als daß sich ein solcher Aufwand lohnen würde. Wer an jeder Straßenekke innehält, um in eine tiefschürfende Analyse der Persönlichkeit, Stärken und Schwächen, der Ängste und Zukunftsperspektiven eines jeden Passanten einzutreten, der verpaßt darüber wohl allzu leicht sein eigenes Leben.

Auf der anderen Seite kann die reduktionistische Personenbeurteilung natürlich leichter als eine umfassende Analyse auch zu Fehlentscheidungen führen. Hinzu kommt, daß sich die kurzfristig ökonomisch durchaus sinnvolle Vorgehensweise, einzelne Attribute einer Person stärker zu gewichten, auch erst längerfristig als unökonomisch erweisen kann. Wer beim Autokauf auf das vertrauenswürdige Auftreten des Verkäufers setzt, der einem ein Schnäppchen verkaufen will, für das es angeblich schon mehrere Interessenten gibt, der wird vielleicht erst nach einigen Monaten erfahren, daß es günstiger gewesen wäre, den Verkäufer komplexer zu betrachten, um sich so evtl. vor einem Fehlkauf zu schützen.

Die reduktionistische Personenbeurteilung ist mithin nicht generell abzulehnen. Vielmehr ist es sinnvoll, sich der entsprechenden Prozesse zunächst bewußt zu werden, damit man dann auch ggf. selbst entscheiden kann, in welchen Situationen ein solches Vorgehen akzeptabel erscheint. In jedem Falle sollten professionelle Beurteiler dem schnellen Gespür für Menschen oder dem untrüglichen Instinkt des Menschenkenners mit gebotener Skepsis und Selbstkritik gegenübertreten.

8.2 Die Bedeutung physischer Attraktivität

Bevor man sich mit der Frage beschäftigt, wie sich die wahrgenommene Attraktivität einer Person auf unsere Beurteilung auswirkt, ist zunächst zu fragen, was denn eigentlich unter physischer Attraktivität zu verstehen ist. Wer ist attraktiv oder besser, wie muß man aussehen, um als attraktiv zu gelten? Dutzende von Untersuchungen haben sich bislang mit dieser Frage beschäftigt und unterschiedliche Facetten des Phänomens beleuchtet. Im Vordergrund einschlägiger Untersuchungen steht meist die physische Attraktivität von Gesichtern (Überblick: Schuster, 1993).

8.2.1 Wer ist attraktiv?

Zu den diskutierten Einflußfaktoren zählt u.a. das *Kindchenschema* (Eibel-Eibesfeld, 1997). Hierbei handelt es sich um eine eher rundliche Gesichtsform mit weichen Gesichtszügen, eine kleine Nase und vergleichsweise großen Augen. Ein solches Gesicht ähnelt dem Gesicht eines Kleinkindes aber auch den Gesichtern junger Tiere, wie Hasen oder Hunden. Es wird davon ausgegangen, daß dem Kindchenschema eine biologische Bedeutung zukommt, da es einen angenommenen Pflegeinstinkt auslöst, Zuwendung einfordert und so das Überleben des Nachwuchses und damit letztlich auch das Überleben der eigenen Gattung sichert. Ob dies tatsächlich der Fall ist, wird schwer zu beweisen sein. Tatsache ist aber, daß kleine Tiere, Stofftiere und eben auch kleine Kinder, die ein entsprechendes Gesichtsschema aufweisen, bei vielen Menschen Zuneigung erwecken. Dies kann auch bei erwachsenen Gesichter, in denen sich das Kindchenschema bewahrt hat, der Fall sein.

Als schön werden vor allem solche Gesichter erlebt, die Gesundheit und Jugendlichkeit ausstrahlen. Dies wird etwa durch eine reine, nicht zu blasse, straffe Haut, weiße Zähne oder einen weißen Augapfel erreicht. Auch hier bietet sich eine psychobiologische Interpretation an. Das jugendliche Aussehen könnte deshalb so anziehend wirken, weil junge und gesunde Fortpflanzungspartner die größte Gewähr dafür liefern, daß das eigene Erbgut erfolgreich weitergegeben werden kann. Ein alter und/oder kranker Fortpflanzungspartner könnte sterben, ehe das Überleben des eigenen Nachwuchses gesichert ist bzw. die Wahrscheinlichkeit für erbkranken Nachwuchs erhöhen. Wenn es also ein entwicklungsgeschichtlich ererbtes, unbewußtes Interesse des Menschen geben sollte, das Überleben der eigenen Gattung zu sichern und wenn dies auch heute noch von durchschlagender Bedeutung für unsere Verhaltenssteuerung sein sollte, so wäre es erklärlich, warum gerade jugendliche Gesichter als attraktiv erlebt werden. Die wahrgenommene Attraktivität erhöht die

Wahrscheinlichkeit, daß man sich um einen näheren Kontakt zu der entsprechenden Person bemüht. Hierdurch wiederum erhöht sich die Chance auf eine gemeinsame, erfolgreiche Fortpflanzung.

Unabhängig von psychobiologischen Erklärungsmustern sind wir leicht geneigt, anzunehmen, daß Gesichter, die als besonders schön empfunden werden, auch immer symmetrisch sind. Dies scheint jedoch keineswegs der Fall zu sein. Gesichter, von denen man mit Hilfe einer Spiegelung ein völlig symmetrisches Bild erzeugt hat, werden leicht als starr und langweilig erlebt (Schuster, 1993). De facto folgt das menschliche Gesicht fast niemals dem Prinzip vollständiger Symmetrie. Dennoch ist ein Mindestmaß an Symmetrie durchaus eine wesentliche Bedingung dafür, daß ein Gesicht auch von vielen Menschen als attraktiv eingeschätzt wird. Dies zeigen vor allem Untersuchungen, bei denen Bilder von Gesichtern künstlich durch die Übereinanderschichtung verschiedener Bilder real existierender Personen erzeugt wurden (Müller, 1993). Solche sog. „composites“ werden meist als besonders attraktiv erlebt. Durch das Übereinanderlegen mehrerer Bilder wird eine Art visueller Mittelwert geschaffen, der Unebenheiten der einzelnen Gesichter ausgleicht und das Ausmaß an Symmetrie erhöht. Eine mögliche Erklärung für dieses Phänomen liegt in der Forschung zur Informationsverarbeitung. Möglicherweise entsprechen die composites besonders leicht dem Prototypen (siehe Kapitel 3) eines attraktiven Gesichtes, den der Betrachter im Laufe seiner Auseinandersetzung mit den Gesichtern der ihn umgebenden Menschen in seinem Gedächtnis abgespeichert hat.

Zahlreiche Versuche, der physischen Attraktivität von Gesichter durch die Vermessung der Verhältnisse von Pupillenabstand, Nasenlänge, Wangenknochen etc. auf die Schliche zu kommen waren nicht besonders erfolgreich. Zur Attraktivität eines Gesichtes gehört sicherlich auch das dynamische Geschehen der Mimik. Alles in allem scheint es sich bei der Attraktivitätsbeurteilung um einen sehr komplexen Prozeß zu handeln, bei dem – vergleichbar zur Gestaltwahrnehmung (siehe Kapitel 2) – nicht einfach nur viele Einzelinformationen addiert werden. Hinzu kommt selbstverständlich der soziale Einfluß. Schönheitsideale, wie sie durch die Werbung, Zeitschriften oder Filme vermittelt werden, können zur Herausbildung von Schönheitsstandards führen, an denen dann das einzelne Gesicht im Alltag gemessen und beurteilt wird. Gleichwohl darf dieser oft in den Vordergrund gerückte Aspekt der gesellschaftlichen Definition von Schönheit aber auch nicht überschätzt werden. Denn Untersuchungen zur Attraktivitätswahrnehmung weisen immer auch deutliche interindividuelle Unterschiede auf (siehe Hassebrauck, 1993). Das einzige, unverrückbare Schönheitsideal, das vielleicht auch noch von der Werbeindustrie diktiert wird, scheint eher eine Illusion zu sein. Viel wahrscheinlicher ist ein Nebeneinander zahlreicher Schönheitsideale, die einander mehr oder weniger überlappen. Die Werbung beeinflußt derartige Vorstellungen, ist selbst aber keine unabhängige Größe in diesem Spiel. Auch sie bedient gewissermaßen einen Markt, auf dem sie sich in nicht unerheblichem Maße an die bestehenden Attraktivitätskonzepte anpassen muß.

In den nachfolgend skizzierten Forschungsergebnissen bezieht man sich daher auch immer auf die wahrgenommene Attraktivität der Menschen. Die Attraktivität wird nicht durch objektive Merkmale definiert. Als physisch attraktiv gilt vielmehr diejenige Person, die im Rahmen einer Voruntersuchung von vielen anderen Personen oder im Rahmen der eigentlichen Untersuchung von den Versuchsteilnehmern selbst als attraktiv beurteilt wurde.

8.2.2 Konsequenzen physischer Attraktivität

Welche Konsequenzen sind nun aber mit diesem starken Einfluß der physischen Attraktivität auf unsere Urteilsbildung verbunden?

Die physische Attraktivität eines Menschen wirkt besonders leicht im Sinne eines Halo-Effektes. Sie ist eine der ersten, oftmals die erste Information überhaupt, die wir über eine Person besitzen und sie ist visuell unmittelbar zugänglich, ohne daß es einer weiteren Exploration bedarf. Beide Faktoren tragen dazu bei, daß das Aussehen bevorzugt zur Urteilsbildung herangezogen wird, auch wenn es objektiv betrachtet natürlich kaum Schlüsse auf weitere Eigenschaften einer Person zuläßt.

Zahlreiche Untersuchungen belegen, daß von dem Aussehen auf andere Merkmale, z.T. auch auf die Persönlichkeit der entsprechenden Person geschlossen wird. Attraktive Menschen werden demnach auch leicht als intelligenter, sozial kompetenter, anpassungsfähiger, dominanter und psychisch gesunder eingeschätzt als Personen mit geringerer Attraktivität (Feingold, 1992). Gleichzeitig ist das Bedürfnis, sich einer Person zu nähern, größer, wenn diese als attraktiv wahrgenommen wird. Insgesamt werden in mehr als 75 Untersuchungen attraktive Menschen allgemein positiver bewertet als weniger attraktive (Eagly et al., 1991). Dies gilt für Männer und Frauen in gleicher Weise. Weder bei den Untersuchungsteilnehmern noch bei denjenigen Personen, deren Attraktivität einzuschätzen war, zeigten sich Geschlechtsgruppeneffekte (Niketta, 1993). Eine der wenigen, negativen Einschätzungen bestand darin, daß attraktive Personen auch eher als eitel gelten.

Attraktive Personen dürften in Beurteilungssituationen gegenüber weniger attraktiven Personen meist im Vorteil sein, auch dann, wenn der zu bewertende Sachverhalt in keiner rationalen Beziehung zu dem Aussehen einer Person steht. Eine Reihe von Untersuchungen belegt diese Annahme (Überblick: Niketta, 1993).

Mehrfach konnte gezeigt werden, daß attraktivere Menschen bei Gesetzesübertretungen in simulierten Gerichtsverhandlungen weniger stark bestraft werden als unattraktive Personen. Letzteren wird leicht eine größere Schuldhaftigkeit und Verantwortung zugeschrieben. Ebenso traut man ihnen – sehr viel leichter als attraktiven Tatverdächtigen – auch die Beteiligung an schweren Delikten zu. Im Falle von sexuellen Belästigungen wird der Angeklagte am häufigsten schuldig gesprochen, wenn er selbst unattraktiv, sein Opfer aber attraktiv ist. Der Halo-Effekt reduziert sich, wenn die Beurteiler im Experiment auf die möglicherweise beeinflussende Rolle der physischen Attraktivität hingewiesen werden. Es handelt sich mithin um einen Effekt, der zumindest partiell kontrolliert werden kann. Ebenso sinkt der Einfluß der Attraktivität der Tendenz nach ab, wenn die Beurteiler über viele andere Informationen bezüglich der zu beurteilenden Person verfügen. Die Ausbildung des Halo-Effektes wird so zunehmend erschwert. Hier zeigt sich sehr schön, daß die Kenntnis systematischer Beurteilungsfehler bei der Vermeidung derselben helfen kann.

Ähnliche, für attraktive Menschen recht positive Effekte ließen sich im Zusammenhang mit Bewerbungssituationen beobachten. Wird eine Person im Rahmen eines Experimentes in den Glauben versetzt, ein bestimmter Text wäre von einer attraktiven Person formuliert worden, so wird der Text auch als besser eingeschätzt, im Vergleich zu einer Alternativbedingung, in der dasselbe Schriftstück als Produkt einer unattraktiven Person präsentiert wird (Landy & Sigall, 1974). Ebenso fanden sich Belege, daß attraktivere Personen leichter eingestellt werden, was im Bereich der

Spitzenpositionen aber nur noch für Männer gilt. Attraktiven Frauen wird hier auch leicht eine geringere Kompetenz unterstellt, da man möglicherweise davon ausgeht, sie haben ihre bisherige Karriere vor allem ihrem Aussehen zu verdanken (Niketta, 1993).

Ferner konnte gezeigt werden, daß es attraktive Personen leichter haben, bei gegengeschlechtlichen Gesprächspartnern eine Veränderung der Meinung zu erreichen. Hierbei erwiesen sich Männer als leichter beeinflußbar im Vergleich zu Frauen. Attraktive Menschen können auch eher damit rechnen, daß ihnen eine andere Person hilfreich zur Seite steht, wenn dies einmal nötig sein sollte. Schließlich werden attraktive Psychotherapeuten von ihren Klienten positiver beurteilt als unattraktive Therapeuten, wobei selbiges leider auch für die Beurteilung der Klienten durch den Therapeuten gilt.

Von ganz entscheidender Bedeutung ist die physische Attraktivität natürlich dann, wenn es um die Anbahnung von Beziehungen geht. In mehreren Untersuchungen wurden die ersten Minuten des Kennenlernens zweier Menschen im Labor dokumentiert, ohne daß die Beteiligten zuvor wußten, worum es in der Untersuchung eigentlich gehen sollte. Bierhoff & Grau (1993) berichten zusammenfassend von den folgenden Ergebnissen: Männer ließen sich von der physischen Attraktivität der Frauen in stärkerem Maße beeinflussen als die Frauen durch die Attraktivität der Männer. Je attraktiver eine der beiden Personen war, desto länger und intensiver fiel auch das gemeinsame Gespräch aus. Gleiches galt für die Häufigkeit der Blickkontakte oder die Dauer des gegenseitigen Anlächelns. Von großer Bedeutung war dabei auch die Selbsteinschätzung der eigenen Attraktivität. Während Männer, die sich selbst eher als unattraktiv erlebten, ein abblockendes Verhalten zeigten, wodurch ein gegenseitiges Kennenlernen deutlich erschwert wurde, zeigte sich bei Frauen der genau entgegengesetzte Effekt. Frauen, die sich selbst eher als unattraktiv erlebten, traten deutlich offensiver auf als Frauen mit einem sehr positiven Bild von der eigenen Attraktivität. Interessant ist in diesem Kontext, daß sowohl bei Männern als auch bei Frauen Selbst- und Fremdbild – also die Wahrnehmung der physischen Attraktivität durch die eigene Person und durch Außenstehende – oftmals nur einen geringen Zusammenhang aufweisen (Rost, 1993). Für manch einen Zeitgenossen würde es sich also durchaus lohnen, sich in seiner Umgebung einmal vorsichtig nach der wahrgenommenen Attraktivität seiner Person zu erkundigen. Andere sollten dies besser unterlassen. Schade nur, daß nicht schon im vorhinein deutlich ist, wer zu welcher Gruppe zu zählen wäre.

Die Unterschiede zwischen den Geschlechtern belegt auch eine Studie von Reis, Wheeler und anderen (1982), die entsprechende Prozesse mit ca. 100 Studenten über mehrere Tage hinweg in Alltagssituationen untersucht haben. Es zeigte sich, daß attraktive Männer viel mehr Kontakte zu Frauen aufnahmen als unattraktive Männer. Bei Frauen ergab sich kein Einfluß der eigenen Attraktivität auf die Häufigkeit der Kontakte zu Männern. In der Gruppe der Männer erwiesen sich die attraktiven als offensiver im Umgang mit dem anderen Geschlecht. In der Gruppe der Frauen galt dies für die weniger attraktiven. Mehr noch, attraktive Frauen mißtrauten in stärkerem Maße den männlichen Interaktionspartnern, als die weniger attraktiven Frauen, wahrscheinlich weil sie befürchteten vor allem wegen ihres Aussehens das Interesse des Gegenübers zu wecken. Die Ergebnisse, wonach Männer sich in stärkerem Maße von der physischen Attraktivität der Frauen beeinflussen lassen als umgekehrt, unterliegen offenbar kaum einem Wandel. Sie sind, wie Sieverding (1993) belegt, seit Jahrzehnten konstant und finden sich auch in unterschiedlichsten Kulturen.

Die große Bedeutung, die der wahrgenommenen physischen Attraktivität im Urteilsprozeß sowie im alltäglichen Verhalten zukommt, wird besonders brisant, wenn wir unsere Aufmerksamkeit einmal auf die Sozialisation von Kindern richten. Es gehört nicht viel Phantasie dazu und deckt sich wohl auch mit den subjektiven Erfahrungen der meisten Menschen, daß auch Kinder entsprechend ihrer Attraktivität differentiell beurteilt und behandelt werden. Entsprechende empirische Belege finden sich zusammengefaßt bei Rost (1993). Kinder, die von vielen Menschen als „niedlich", „süß" und mit zunehmendem Alter dann als „schön" und „attraktiv" erlebt werden, erfahren in gewissem Sinne eine völlig andere Sozialisation als ihre Altersgenossen. Auch sie werden wie die Erwachsenen der Tendenz nach eher positiv überbewertet. Der Halo-Effekt ist mit positiven Erwartungen verknüpft, die sich dann als Pygmalion-Effekt (siehe Kapitel 5) mit großer Wahrscheinlichkeit auch selbst erfüllen werden. Übernimmt ein Kind die positiven Bewertungen, die ihm vom sozialen Kontext angeboten werden in sein Selbstkonzept, so können auch hier Erwartungs- und Motivationseffekte – etwa im Sinne der Selbstwirksamkeitserwartung (Kapitel 5) – Raum greifen.

Alles in allem überwiegen die positiven Effekte für Menschen, die von anderen als physisch attraktiv beurteilt werden. Aus der Perspektive des neutralen Beobachters ist hier aber natürlich auch die Frage nach der Güte der Beurteilung zu stellen. Die physische Attraktivität eines Menschen ist wie kaum eine andere Variable prädestiniert, eine reduktionistische Personenbeurteilung zu erzeugen. Zumindest professionelle Beurteiler wie Lehrer oder Richter müssen sich diesem Prozeß aktiv entgegenstellen. Erstere, um auch den weniger attraktiven Kindern gleiche Chance einzuräumen und ggf. bei den attraktiven Kindern eine unrealistische Selbstüberschätzung zu vermeiden, letztere um ihrem Auftrag der Rechtsprechung auch tatsächlich nachkommen zu können. Ähnliche Begründungen lassen sich für fast alle Bewertungssituationen, auch im Privatleben aufstellen. Daß der einzelne Beurteiler dem Halo-Phänomen nicht schicksalhaft ausgeliefert ist, zeigen Untersuchungsergebnisse, wonach der Effekt zum einen schon durch das bloße Bewußtmachen reduziert werden kann. Noch durchschlagender ist der Erfolg, wenn sich der Beurteiler dazu zwingt, extreme Alternativen zu seiner eigenen Bewertungen zu durchdenken (consider-the-opposite-Strategie; Klauer, 1988). Zum anderen kann sein Einfluß in der Urteilsbildung vermindert werden, wenn möglichst viele zusätzliche Informationen neben der bloß visuellen Information über die Attraktivität eingeholt werden.

8.3 Verhalten und Einstellungen

Neben dem Aussehen einer Person steht uns in den allermeisten Fällen eine weitere Informationsquelle zur Verfügung, die zur Grundlage der Beurteilung einer Person werden kann. Es handelt sich hierbei um ein konkretes, oftmals unmittelbar zu beobachtendes Verhalten: A kommt zu spät zum Unterricht; B ist in Streitigkeiten mit seinen Kollegen verwickelt; C wäscht samstags sein Auto; D hält sich nicht an sein

Versprechen. Allzu häufig werden solche Verhaltensweisen zur Charakterisierung einer gesamten Person herangezogen, wenn von einer konkreten Verhaltensweise auf die Persönlichkeit des Handelnden geschlossen wird. In Kapitel 3 sind wir bereits auf das Problem eingegangen, daß Informationen über Menschen bevorzugt in Form von generalisierten Persönlichkeitsbeschreibungen in unserem Gedächtnis verankert werden. Auf der einen Seite handelt es sich dabei um ein durchaus ökonomisches Vorgehen, da nicht viele Einzelinformationen über das konkrete Verhalten einer bestimmten Person in spezifischen Situationen abgespeichert werden müssen. Auf der anderen Seite wird hier aber auch leicht eine unzulässige Verallgemeinerung vorgenommen. Oft haben wir es hier mit einem klassischen Fall der reduktionistischen Personenbeurteilung zu tun.

Grundlage einer solch voreiligen Verallgemeinerung ist die Annahme, daß das Verhalten eines Menschen immer im wesentlichen durch seine eigenen Einstellungen bestimmt ist: Eine Mutter schlägt ihre Kinder, weil sie diese verletzen will. Ein Vorgesetzter ist unfreundlich, weil er seine Mitarbeiter die eigene Statusüberlegenheit spüren lassen will. Ein Landstreicher lebt unter freiem Himmel, weil er faul ist. Natürlich fällt es uns nicht schwer, derartige Aussagen recht leicht zu entkräften. Wer ein wenig nachdenkt, wird schnell auch alternative Interpretationen für das geschilderte Verhalten anführen können. Aber dennoch treffen wir jeden Tag auf solche voreiligen Schlußfolgerungen und müssen wohl bei einer einigermaßen kritischen Selbstreflexion auch zugeben, daß vergleichbare Prozesse nicht nur bei unseren Mitmenschen zu beobachten sind.

8.3.1 Zusammenhang zwischen Einstellungen und Verhalten

Im Kapitel 4 wurde im Zusammenhang mit der Erforschung der Ursachenzuschreibung (Attribution) bereits auf die Frage eingegangen, wie von dem Verhalten einer Person auf zugrundeliegende Einstellungen und damit letztendlich auch auf die Persönlichkeit des Handelnden zu schließen ist. Ein anderer Forschungszweig der Sozialpsychologie hat sich diesem Problem in der entgegengesetzten Richtung genähert. Im Kern geht es hier um die Frage, inwieweit man das Verhalten einer Person in einer spezifischen Situation vorhersagen kann, wenn man die relevanten Einstellungen der betreffenden Person kennt (Überblick: Frey, Stahlberg & Gollwitzer, 1993; Stahlberg & Frey, 1997).

Reicht es also beispielsweise aus, zu wissen, daß eine bestimmte Person der SPD nahe steht, um deren Wahlverhalten bei der nächsten Bundestagswahl zutreffend vorhersagen zu können? Ist der Zusammenhang zwischen beiden Variablen, der Einstellung zu einer Partei auf der einen und dem tatsächlichen Verhalten auf der anderen Seite, besonders gering, so ist es nicht möglich, von dem beobachteten Wahlverhalten einer Person auf deren politische Orientierung zu schließen. Dies ist leicht einzusehen. Aber selbst dann, wenn sich der Zusammenhang zwischen beiden Variablen als besonders hoch erwiesen hat, ist ein solcher Schluß nicht ganz unproblematisch. Wenn bekannt ist, daß eine Person, die der SPD nahe steht bei jeder Bundestagswahl auch diese Partei wählt, so ist damit natürlich noch nicht viel darüber ausgesagt, ob jede Person, die die SPD wählt, dieser Partei auch tatsächlich ideologisch nahe steht. Es lassen sich viele andere Gründe denken, warum jemand diese Partei wählt, obwohl er selbst vielleicht konservativere Positionen vertritt. Eine Möglichkeit wäre, daß der Wähler eine bestimmte Koalition fördern möchte und weiß, daß diese nur dann zustande kommen kann, wenn sich die SPD in einer starken Position befindet. Eine andere Möglichkeit besteht darin, daß er aufgrund einer momentanen Unzufriedenheit mit der von ihm prinzipiell präferierten Partei, dieser eine Art Denkzettel verpassen will. Er ist sich vielleicht sicher, daß die Regierungsbeteiligung der CDU in keinem Falle gefährdet wird, möchte aber, daß sie eine deutliche Stimmeneinbuße hinnehmen muß, weil er sich hiervon evtl. eine politische Kurskorrektur in der von ihm präferierten Richtung erhofft.

Wir sehen also, daß uns die Erforschung des Zusammenhanges zwischen Einstellung und Verhalten kaum dabei helfen kann, von einem beobachteten Verhalten auf zugrundeliegende Einstellungen oder gar Persönlichkeitsmerkmale zu schließen. Dies war auch niemals Absicht dieser Forschungsrichtung. Vielmehr ging es um die Frage, wie man z.B. durch die Beeinflussung von Einstellungen das Verhalten von Menschen verändern kann. Man denke hier z.B. einmal an das Umweltschutzverhalten oder an die AIDS-Kampagne, bei denen sich die Kenntnis entsprechender Zusammenhänge als sehr nützlich erweisen kann. Dennoch erscheint es sinnvoll, sich auch im Rahmen unserer übergeordneten Fragestellung noch ein wenig eingehender mit den einschlägigen Forschungsergebnisse zu befassen, da sie die Sensibilität für die Komplexität der menschlichen Verhaltenssteuerung erhöhen. Die Kenntnis derartiger Prozesse mag im günstigsten Falle dazu beitragen, bei der Interpretation beobachteten Verhaltens – und wer könnte sich schon der Notwendigkeit der Interpretation des Verhaltens anderer Menschen entziehen – der Realität ein klein wenig näher zu kommen.

Als eine der ersten Untersuchungen zum Zusammenhang zwischen Einstellungen und Verhalten gilt die Studie von La Piere (1934). Auf einer längeren Reise durch die Vereinigten Staaten von Amerika, bei der La Piere von einem befreundeten chinesischen Ehepaar begleitet wurde, fiel ihm auf, daß seine Begleiter in nahezu allen Hotels und Restaurants respektvoll und zuvorkommend behandelt wurden, was im Gegensatz zu den damals vorherrschenden Vorurteilen gegenüber Chinesen in den USA stand. Dieses unerwartete Verhalten hat ihn auch später noch so stark beschäftigt, daß er sich nach der Reise dazu entschloß, mehr als 250 Hotels und Restaurants, die er etwa zur Hälfte zuvor auch besucht hatte, anzuschreiben. In den Briefen gab er sich als potentieller Kunde aus und fragte nach, ob in dem jeweiligen Hotel oder Restaurant chinesische bzw. andere ausländische Kunden akzeptiert würden. Im Gegensatz zu dem von ihm selbst zuvor beobachteten Verhalten reagierten fast 90 % der angeschriebenen Einrichtungen eindeutig ablehnend.

Abstrahiert man von den konkreten Geschehnissen, so bedeutet dies, daß der Zusammenhang zwischen Einstellung und tatsächlich gezeigtem Verhalten äußerst gering war. In den folgenden Jahrzehnten konnte dieses allgemeine Ergebnis in bezug auf unterschiedlichste Kontexte repliziert werden. Auch wenn man spontan doch annehmen sollte, daß das Verhalten eines Menschen auch etwas mit seinen Einstellungen zu tun hat, läßt sich kaum ein gewichtiger Zusammenhang zwischen beiden Variablen nachweisen. Es zeigte sich, daß die Frage nach dem einfachen Zusammenhang zwischen Einstellung und Verhalten wohl viel zu allgemein gestellt wurde. In der Folgezeit beschäftigte sich die Forschung daher mit der Frage, welche Bedingungen auf die Größe des Zusammenhanges zwischen Einstellung und Verhalten Einfluß nehmen.

Zu den wichtigen Ergebnissen dieses Forschungsgebietes gehört die Erkenntnis, daß der Zusammenhang zwischen Einstellung und Verhalten um so größer ist, je spezifischer beide Variablen gemessen werden (Frey, Stahlberg & Gollwitzer, 1993). Wer einfach nur danach fragt, ob eine Mutter im allgemeinen Kinder mag oder nicht, der erhebt die Einstellungen auf einem äußerst abstrakten Niveau. Es ist nicht zu erwarten, daß man mit einer solch allgemeinen Information eine gute Vorhersage des Verhaltens der Mutter tätigen kann. Auch dann, wenn die Mutter Kinder im allgemeinen sehr gut leiden mag, kann es dennoch sein, daß sie selbst ihre eigenen Kinder – etwa im Zustand einer allgemeinen Überforderung – einmal schlägt. Die Kenntnis einer abstrakten Einstellung sagt letztendlich fast nichts über das Verhalten in einer spezifischen Situation aus. Auch wenn man subjektiv leicht gegenteiliger Meinung sein wird, hilft es wenig, wenn von einem Tatverdächtigen, der beschuldigt wird, eine Bank ausgeraubt zu haben (= Verhalten), bekannt ist, daß er einer kapitalistischen Güterverteilung innerhalb der Gesellschaft ablehnend gegenübersteht (= Einstellung). Der Zusammenhang zwischen Einstellung und Verhalten erhöht sich erst dann, wenn das Abstraktionsniveau beider Variablen einander angepaßt wird und ggf. auch spezifische Rahmenbedingungen der Handlung mit in die Vorhersage einfließen.

8.3.2 Theorie des geplanten Verhaltens

Aufbauend auf diesen Überlegungen wurden verschiedene Theorien entwickelt und empirisch überprüft. Ein besonders prominentes und weitreichend empirisch überprüftes Modell in diesem Bereich stellt die Theorie des überlegten Handelns von Fishbein & Ajzen (1975), sowie deren Weiterentwicklung zur Theorie des geplanten Verhaltens von Ajzen & Madden (1985) dar.

Am Anfang dieses Modells steht zunächst die *Einstellung* der potentiell handelnden Person zu einem konkreten Verhalten. Nehmen wir einmal an, es handele sich um einen Menschen, der mit dem Gedanken spielt, sein spärliches Gehalt durch einen Ladendiebstahl aufzubessern. Die Frage, ob die Person dem Verhalten „Ladendiebstahl" mit einer positiven oder eher negativen Einstellung gegenüber steht, hängt von zwei Einflußgrößen ab (siehe Abbildung 8-3). Zu einen gilt es zu entscheiden, mit welchen möglichen Konsequenzen ein solches Verhalten verbunden ist. Zum zweiten ist von Bedeutung, ob die zu erwartenden Konsequenzen des fraglichen Verhaltens von der betreffenden Person auch als hinreichend positiv bewertet werden. Die Person wird nur dann eine positive Einstellung zum Ladendiebstahl entwikkeln, wenn sie zu der Auffassung gelangt, daß von einem solchen Verhalten in hinreichendem Maße positive Konsequenzen zu erwarten sind. Konkret könnte dies z.B. bedeuten, daß die Wahrscheinlichkeit, beim Diebstahl erwischt zu werden als gering eingeschätzt wird, während gleichzeitig die Belohnung einer entsprechenden Tat in Form der Beute als verlockend erscheint. Kaum jemand würde demgegenüber wohl ein besonderes Interesse daran haben, nachts in die pathologische Abteilung eines Krankenhauses einzubrechen. Für die allermeisten Menschen wäre die Einstellung zu einem solchen Verhalten negativ, da die zu erwartenden Konsequenzen für sie keinen interessanten Wert darstellen.

Neben der Einstellung zu dem fraglichen Verhalten spielt eine zweite Einflußgröße eine wichtige Rolle. Fishbein und Ajzen (1975) nennen diese Größe *subjektive Norm*. Eine Norm ist eine mehr oder minder allgemeingültige gesellschaftliche Regel, die das Zusammenleben der Gesellschaftsmitglieder steuert. Die Bezeichnung „subjektiv" trägt der Tatsache Rechnung, daß nicht alle Menschen zu jeder Zeit eine solche Norm in gleichem Maße befürworten. Unser potentieller Kaufhausdieb weiß sicherlich, daß Ladendiebstahl gesellschaftlich nicht akzeptiert wird. Es kann aber sehr wohl sein, daß er selbst diese Auffassung nicht teilt und Ladendiebstahl z.B. als ein legitimes Mittel zur Befriedigung seiner Konsumwünsche ansieht. Ob die subjektive Norm in diesem Falle eine solche Straftat fördert oder hemmt, hängt von zwei Faktoren ab. Zum einen spielt auch hier wieder die Erwartung von Konsequenzen eine Rolle. Diese Erwartung richtet sich aber nicht unmittelbar auf das Verhalten, sondern auf die Menschen in der Umgebung unseres potentiellen Täters. Die Frage lautet, wie werden seine Bezugspersonen (Freunde, Lebenspartner, vielleicht Eltern) reagieren, wenn er gegen die Norm verstößt und tatsächlich einen Ladendiebstahl begeht? Zum zweiten ist auch hier wieder von Bedeutung, wie er selbst die erwarteten Konsequenzen bewertet. Ist es ihm egal, was seine Bezugspersonen in dieser Situation von ihm denken oder legt er großen Wert auf deren Urteil? Es ist leicht einzusehen, daß die subjektive Norm den Ladendiebstahl begünstigt, wenn der Täter sich in einem sozialen Umfeld bewegt, in dem Ladendiebstahl als Kavaliersdelikt, Mutprobe oder gar völlig legitimes Mittel zur Sicherung der eigenen Existenz betrachtet wird und diese Bezugspersonen einen starken Einfluß auf unseren Protagonisten ausüben. Die subjektive Norm weicht in diesem Fall sehr deutlich von der (zumindest offiziellen) Norm der Gesamtgesellschaft ab.

Eine dritte wichtige Einflußgröße stellt die *wahrgenommene Kontrollierbarkeit* des Verhaltens dar. Es hat nur dann Sinn, ein potentielles Verhalten in Angriff zu nehmen und ggf. eine entsprechende Einstellung in die Tat umzusetzen, wenn man selbst davon überzeugt ist, das anvisierte Verhalten auch in gewünschter Weise umsetzen zu können. Wer sich selbst nicht zutraut, einen Kaufhausdiebstahl zu begehen, der wird mit großer Wahrscheinlichkeit erst gar keine näheren Schritte wie z.B. die Planung eines solchen Vorhabens, in die Wege leiten.

Alle drei Variablen nehmen wechselseitig aufeinander Einfluß. So wird etwa die Einschätzung der möglichen Konsequenzen eines Verhaltens (Einstellungskomponente) durch die wahrgenommene Verhaltenskontrolle beeinflußt. Wer selbst nicht daran glaubt, ein prinzipiell erwünschtes Verhalten erfolgreich ausführen zu können, der wird realistischerweise die drohenden Konsequenzen eines z.B. dilettantisch durchgeführten Kaufhausdiebstahls negativ einschätzen. Die Einsicht in die mangelnden Fertigkeiten der eigenen Person wird dazu führen, daß der potentielle Täter letztlich auch keine so sehr positive Haltung zu der Tat aufbauen wird. Wohlgemerkt, es geht hier nicht um die allgemeine Einstellung zu Kaufhausdiebstählen an sich, sondern um die Frage, ob man selbst in einer bestimmten Situation und zu einer bestimmten Zeit einem selbst durchgeführten Kaufhausdiebstahl gegenüber positiv eingestellt sein sollte oder nicht.

Die genannten Variablen beeinflussen letztlich eine vierte Größe, die als *Verhaltensabsicht* bezeichnet wird. In der Verhaltensabsicht fließen alle Informationen über die erwarteten Konsequenzen, ihre Bewertung und wahrgenommene Fähigkeit, die geplante Handlung selbst in die Tat umsetzen zu können, zusammen. Die Verhaltensabsicht steht am Ende eines nicht notwendigerweise bewußt ablaufenden Abwägungsprozesses und liefert als solche ggf. die Initialisierung des fraglichen Verhaltens. Während der Zusammenhang zwischen Einstellung und Verhalten aufgrund der nun deutlich gewordenen Komplexität der ablaufenden Prozesse nicht besonders groß ist, liefert die viel konkretere und situationsbezogene Verhaltensabsicht eine sehr gute Grundlage für die Vorhersage eines Verhaltens.

Das Verhalten selbst hängt, wenn es denn tatsächlich gezeigt wird, zusätzlich auch noch von seiner wahrgenommenen Kontrollierbarkeit ab (Abbildung 8-3). Wer sich selbst nichts zutraut oder sich überschätzt, der wird leicht auch an der Umsetzung seines Vorhabens scheitern, während eine korrekte Selbsteinschätzung auch am ehesten von dem in Aussicht gestellten Erfolg gekrönt sein dürfte.

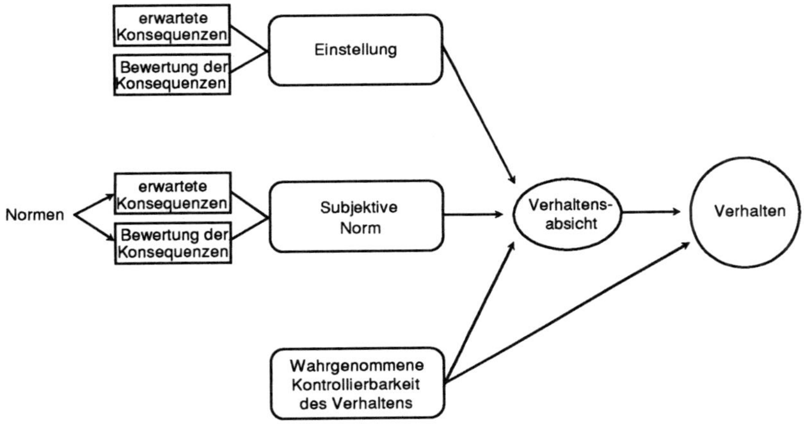

Abbildung 8-3: Theorie des geplanten Verhaltens (nach Ajzen & Madden, 1985)

Die Ausführungen zum Thema Einstellung und Verhalten haben zweierlei gezeigt. Zum ersten ist es kaum möglich, in seriöser Weise von einem beobachteten, konkreten und vielleicht sogar einmaligen Verhalten direkt auf zugrundeliegende Einstellungen oder gar Persönlichkeitsstrukturen des Protagonisten zu schließen (siehe auch Kapitel 3). Zum zweiten verdeutlichen die skizzierten Zusammenhänge, wieviel Sorgfalt gefordert ist, will man ein beobachtetes Verhalten im nachhinein erklären oder ein zukünftiges Verhalten vielleicht sogar prognostizieren. Die seriöse Erklärung und Bewertung menschlichen Verhaltens ist und bleibt ein schwieriges Geschäft, auch wenn wir alle in unserem Alltag damit beiläufig verfahren.

8.4 Vorurteile

Stellen wir uns einmal die folgende Situation vor: Es ist kurz vor 18.00 Uhr, als Frau X nach einem anstrengenden Arbeitstag die eigene Wohnung betritt. Nur beiläufig begrüßt sie ihren Mann, holt sich eine Dose Bier aus dem Kühlschrank und setzt sich vor das Fernsehgerät. Eine halbe Stunde später deckt Ihr Mann in der Küche den Tisch und ruft Frau X zum Abendbrot. Das gemeinsame Essen verläuft eher einsilbig. Er fragt, wie es heute in der Fabrik gewesen ist, sie schildert mit wenigen Worten in etwa die selben Ereignisse, wie auch schon am Tag zuvor. Nach dem Essen zieht sich Frau X im Wohnungsflur den Mantel über. Daraufhin entbrennt ein kurzer Streit zwischen den Eheleuten. Frau X will wieder mal in die nächste Kneipe gehen und ihren Mann mit dem Abwasch und dem nicht wesentlich erquicklicheren Fernsehprogramm allein lassen. Herr X beschwert sich, daß er immer allein gelassen werde, und daß sie seine Hausarbeit niemals richtig lobe. Das Gespräch endet damit, daß Frau X die Türe hinter sich ins Schloß fallen läßt und ihrer Wege geht.

Erscheint uns eine solche Geschichte glaubwürdig? – Die meisten Leser werden sie wohl eher als reichlich konstruiert und realitätsfern erleben. Aber warum eigentlich? – Auch diese Frage ist recht leicht zu beantworten. In der Geschichte werden die gängigen Rollenklischees von Frauen und Männern einfach vertauscht. Die Szene selbst ist vielen aus unzähligen Fernsehfilmen und manchem leider wohl auch aus eigener Anschauung bestens bekannt, nur daß es für gewöhnlich eben der Mann ist, der von der Arbeit heim kommt und später dann in die Kneipe zieht, während die Frau den Haushalt zu versorgen hat. Würden wir die Geschlechter beider Protagonisten in der Geschichte vertauschen, so wäre alles wieder im Lot.

Aber wissen wir tatsächlich, wie sich die meisten Männer und die meisten Frauen in einer solchen Alltagsszene verhalten? Oder was noch wichtiger ist, was wissen wir darüber, wie sich ein ganz spezifisches Ehepaar, z.B. die Familie X verhält? Eigentlich wissen wir nichts. Aber dennoch haben wir alle eine recht deutliche Vorstellung davon, wie sich Herr und Frau X wohl verhalten werden. Allein die Tatsache, daß es sich bei Herrn X um einen Mann und bei Frau X um eine Frau handelt, ermöglicht uns eine scheinbar genaue Prognose ihres Verhaltens und bildet gleichzeitig die Basis für unsere Bewertungen beider Personen. Dies ist ein klassischer Fall reduktionistischer Personenbeurteilung. Die Kenntnis eines einzelnes Merkmals eines Menschen reicht aus, um eine Bewertung der gesamten Person vorzunehmen. Genauer gesagt, die Zugehörigkeit dieses Menschen zu einer spezifischen Gruppe wird zur mitunter vollständigen Charakterisierung einer individuellen Person herangezogen. In einem solchen Falle wird ein Vorurteil erfolgreich zu Einsatz gebracht.

Vorurteile sind ihren Namen nach Beurteilungen von Personen oder Situationen, die getroffen werden, *bevor* eine hinreichende Auseinandersetzung mit dem Objekt stattfand. Wer diesen Begriff verwendet, will in der Regel deutlich machen, daß ein bestimmtes Urteil ungerechtfertigt, weil voreilig, zustande gekommen ist. Wer anderen vorwirft, Vorurteile zu haben, meint dies abwertend und ruft die betroffene Person dazu auf, sich erst einmal umfassend zu informieren, bevor sie ein Urteil fällt. Als moralisch eingefordertes Ideal gilt somit gewissermaßen das „Nachurteil“.

8.4.1 Der Sinn von Vorurteilen

Die ausschließliche Ächtung von Vorurteilen, die in unserem Alltagssprachgebrauch zum Ausdruck kommt, übersieht, daß viele Vorurteile eine sehr nützliche Aufgabe für einen jeden von uns erfüllen. Wer sich etwa mit knurrendem Magen in einer fremden Stadt auf die Suche nach etwas Eßbarem begibt, der benötigt Vorurteile, um diese Suche auch mit Erfolg abschließen zu können. Wer beispielsweise in einen Supermarkt und nicht etwa in eine Straßenbahn geht, um ein Brot zu kaufen, der beurteilt das entsprechende Geschäft bzw. das Fahrzeug aufgrund einzelner, hervorstechender Merkmale, die ihm auf der Grundlage seiner bisherigen Erfahrungen mit ähnlichen Gebäuden und Fahrzeugen sagen, daß er bei dem einen Objekt seinen Hunger stillen kann, bei dem zweiten aber nicht. Da er diesen einen spezifischen Supermarkt noch nie zuvor betreten hat, ist es streng betrachtet ein Vorurteil, das ihm dabei hilft, den richtigen Ort aufzusuchen, denn genau genommen weiß er ja erst nach dem Betreten des Geschäftes, daß es hier tatsächlich etwas Eßbares zu erwerben gibt. Das Vorurteil erweist sich hierbei als äußerst nützlich, hilft es ihm doch dabei, zielgerichtet den gesuchten Ort aufzufinden. Ohne ein entsprechendes Vorurteil müßte unser Protagonist alle möglichen Räumlichkeiten, die sich ihm darbieten, systematisch nacheinander aufsuchen. Wahrscheinlich wäre er längst verhungert, ehe er einen passenden Ort gefunden hätte.

Vorurteile in diesem wörtlichen Sinne bestimmen unser alltägliches Verhalten, ohne daß wir uns dessen immer bewußt sind. Immer dann, wenn wir erwartungsgesteuert eine Handlung vollziehen, ohne zuvor alle Informationen über die aktuelle Sachlage einzuholen, greifen wir streng genommen auf Vorurteile zurück. Können wir wirklich *wissen*, ob unser Auto heute früh noch dort steht, wo wir es gestern abend abgestellt haben? Nein, natürlich nicht, dennoch ist es sinnvoll, den ursprünglichen Parkplatz auszusuchen, weil wir unser Auto hier mit einer sehr großen Wahrscheinlichkeit wiederfinden werden. Wir folgen in diesem Falle also unserem Vorurteil, daß in den vergangenen Stunden wohl nichts Schlimmes mit dem Auto passiert sei. Ebenso nützlich erweist sich ein Vorurteil, wenn wir etwa um 20.00 Uhr den Fernsehapparat einschalten, in der Erwartung, nun die Tagesschau sehen zu können oder wenn wir unser Geld in der Erwartung auf die Bank bringen, daß es hier vergleichsweise sicher verwahrt wird. Ähnlich verhält es sich mit personenbezogenen Vorurteilen. So ist es z.B. im Falle eines Wohnungsbrandes sehr hilfreich, das Vorurteil zu haben, daß Feuerwehrmänner in einer solchen Situation helfen werden.

Vorurteile der beschriebenen Art helfen dabei, unser Leben zu strukturieren, ja, fast ist man geneigt zu sagen, sie helfen uns dabei, in einer komplexen Welt zu überleben. Der Rückgriff auf Vorurteile führt dabei natürlich nicht in jedem Falle auch zu einem erwünschten Ziel. Er erhöht jedoch die Wahrscheinlichkeit für einen solchen Erfolg.

Nun könnte man einwenden, daß in den genannten Beispielen ja auch Vorerfahrungen vorgelegen haben. Der Autofahrer hat z.B. bereits mehrfach erfahren, daß sein Auto auch am nächsten Morgen noch dort steht, wo er es geparkt hat. Persönliche Vorerfahrungen sind jedoch nicht immer mit im Spiel. Man denke hier etwa an das Feuerwehrbeispiel. Die wenigsten von uns haben schon eigene Erfahrungen mit Feuerwehrmännern gemacht. Kaum einer kennt einen Feuerwehrmann persönlich. In diesem Falle wird mithin auf Vorerfahrungen und Beurteilungen anderer Menschen zurückgegriffen. Dies ist aber auch bei allen übrigen Vorurteilen der Fall. Irgendwann und irgendwo hat eine Person Erfahrungen gemacht, die zu einer für sie subjektiv richtigen Beurteilung von Menschen oder Situationen geführt haben. Diese bilden dann wiederum die Basis für ein späteres Vorurteil. Die Silbe „vor" bezieht sich nur auf eine aktuelle Situation oder Person. Auch jemand, der schon sehr oft mit einem anderen Menschen zu tun hatte, wird diesem – streng betrachtet – jedes weitere Mal wieder aufs Neue mit einem Vorurteil begegnen.

8.4.2 Negative Vorurteile

Im Alltag bezeichnen wir Phänomene, wie die gerade geschilderten, im allgemeinen nicht als Vorurteil. Wir sprechen hier viel eher von Erwartungen. Im Alltagssprachgebrauch ist der Begriff des Vorurteils für abwertende Charakterisierungen von Menschen und ganzen Gruppen von Personen reserviert. Die Konsequenzen sind z.B. Konflikte, Fremdenfeindlichkeit, Gewalt gegenüber Minderheiten bis hin zur Ermordung solcher Menschen, die ein Täter aufgrund eines Vorurteils für minderwertig hält. Innerhalb einer Gesellschaft sind Vorteile gegenüber bestimmten Gruppen mehr oder weniger akzeptiert und werden gewollt oder ungewollt weiter tradiert.

In der Geschichte der Erforschung negativer Vorurteile gegenüber Menschen hat es recht unterschiedliche theoretische Erklärungen gegeben (Überblick: Oakes, Haslam & Turner, 1994). Zu den prominentesten gehört etwa das Konzept der autoritären Persönlichkeit von Theodor Adorno (Adorno et al., 1950). Unter dem Eindruck der Greueltaten des Nationalsozialismus nahm Adorno an, daß eine bestimmte rigide Persönlichkeitsstruktur in der deutschen Bevölkerung weiter verbreitet war, als in anderen Nationen. Dies sollte die Vorurteile und letztlich dann auch die Greueltaten gegenüber Juden und anderen Minderheiten erklären. Die Überlegungen Adornos stehen in einer Tradition von Theorien, die die Verantwortung für derartige Geschehnisse entweder in der individuellen Persönlichkeitsstruktur einzelner Menschen oder aber in gesellschaftlichen Strukturen ansiedeln. Nun ist sicherlich nicht zu leugnen, daß sowohl individuelle Faktoren wie z.B. Aggressivität oder Bildungsgrad sowie gesellschaftliche Normen und Werte einen Einfluß auf die inhaltliche Gestaltung von Vorurteilen und die sich hieraus ergebenden Verhaltenskonsequenzen nehmen. Die psychologische Forschung der letzten 20 Jahre hat ihre Aufmerksamkeit jedoch verstärkt auf die Suche nach den zugrundeliegenden kognitiven Prozessen gerichtet. Im Zentrum steht dabei die Frage nach den ganz grundlegenden, personen- und gesellschaftsunabhängigen Prinzipien menschlicher Informationsverarbeitung, welche die Entstehung und den Gebrauch von Vorurteilen erklären helfen. Von zentraler Bedeutung ist in diesem Zusammenhang das Konzept der Stereotype. Stereotype bilden die kognitive Basis für Vorurteile.

8.4.3 Stereotype als Basis für soziale Vorurteile

Ein Stereotyp liegt vor, wenn man eine Reihe von Elementen zu einer Gruppe zusammenfaßt und jedem Element aus dieser Gruppe aufgrund der Gruppenzugehörigkeit gleiche Eigenschaften zuschreibt (Brown, 1993).

Bezogen auf Menschen würde dies z.B. bedeuten, daß man alle menschlichen Wesen, die eine bestimmte geschlechtliche Ausstattung besitzen, als Männer bezeichnet und jedem Mitglied dieser Gruppe nun unterstellt, daß es z.B. aggressiv, dominant und skrupellos sei. Ebenso könnte man eine andere Gruppe von Menschen als Umweltschützer bezeichnen und jedem einzelnen von ihnen unterstellen, daß er besonnen, rücksichtsvoll und verantwortungsbewußt sei. Wir sehen, der Begriff des Stereotypes sagt noch nichts darüber aus, ob die Elemente positiv oder negativ bewertet werden. Von Bedeutung ist lediglich, daß alle zusammengehörigen Elemente in wichtigen Bereichen uniform erscheinen. Dies ist überhaupt erst die Grundlage dafür, daß die Elemente auch zu einer gemeinsamen Gruppe zusammengefaßt werden können. Aus der Tatsache, daß ein einzelnes Element Mitglied einer bestimmten Gruppe ist, lassen sich dann Aussagen über ein spezifisches Element treffen, selbst dann, wenn man lediglich die Merkmale der Gruppe kennt, ohne jemals nähere Informationen über dieses eine Element erhalten zu haben.

Wenn es um Menschen geht, befremdet uns ein solches Vorgehen leicht. Wer will schon gern allein aufgrund der Tatsache, daß er als Mitglied einer bestimmten Gruppe gilt, beschrieben und beurteilt werden? Jeder einzelne von uns erlebt zumindest sich selbst und Menschen, die ihm nahestehen, als so individuell bzw. heterogen, daß er eine Stereotypisierung weit von sich weisen möchte. *Dennoch ist die Stereotypisierung von Menschen nichts weiter, als der Spezialfall eines allgemeinen und überaus nützlichen, kognitiven Prozesses der Informationsverarbeitung.* Auch unbelebte Gegenstände oder Tiere werden stereotypisiert. Die Tatsache, daß wir z.B. höchst unterschiedliche Gegenstände in die Gruppe „Sitzmöbel“ oder sehr unterschiedliche Tiere in die Gruppe „Hunde“ einordnen, kann dies verdeutlichen. Die Stereotypisierung ist ein nahezu lebensnotwendiger Prozeß der Informationsreduktion und Strukturierung von Informationen in unserem Gedächtnis. Ein Mensch, der nicht stereotypisieren könnte oder wollte, der müßte sich mit jedem belebten oder unbelebten Objekt, dem er begegnet und natürlich auch mit jeder Situation seines Lebens so eingehend beschäftigen, daß er jedem dieser Objekte nicht nur eine von den anderen völlig unabhängige Merkmalskonfiguration, sondern ebenso auch eine individualisierende Bezeichnung zuschreiben kann. Das Kind auf dem Spielplatz könnte sich nicht in Sicherheit bringen, wenn sich ihm ein zähnefletschendes Ungetüm nähert, denn es wüßte nicht, daß es sich um einen großen gefährlichen Hund handelt, sondern müßte auch diesem Wesen erst einmal die gleiche differentialdiagnostische Aufmerksamkeit zuteil werden lassen, wie zuvor jedem einzelnen Sandkorn. Ebenso müßte der Fußgänger an jeder Ampel erst einmal die individuellen Merkmale und die Funktion dieses wunderbaren Lichtspiels analysieren, um der einmaligen Vielfältigkeit seiner Welt auch gerecht werden zu können. Ein Unterfangen, das allzu leicht mit dem vorzeitigen Ende der eigenen Vielfalt bezahlt werden dürfte. Letztendlich stellt die kognitive Fähigkeit des Stereotypisierens eine der zentralen Säulen dar, auf denen sich die Überlebensfähigkeit der Gattung Mensch – und wohl nicht nur dieser – aufbaut.

8.4.4 Soziale Kategorisierung

Wie kommen Stereotype in bezug auf Menschen nun aber zustande? Die Voraussetzung liegt in der Akzentuierung der Gemeinsamkeiten und Unterschiede verschiedener Menschen. Für diesen Prozeß ist der Begriff der sozialen Kategorisierung geläufig.

Am Anfang steht eine Reihe von Personen, die eine Vielzahl unterschiedlicher Merkmale aufweisen (siehe Abbildung 8-4). Im Zuge der Kategorisierung wird nun ein einzelnes Merkmal in den Vordergrund rücken. Dieses Merkmal verfügt über die Eigenschaft, die Komplexität der sozialen Wirklichkeit zu reduzieren. Auf einmal gibt es z.B. nicht mehr zehn verschiedene Individuen, die zu betrachten und ggf. zu beurteilen wäre, sondern nur noch zwei Gruppen von Menschen, nämlich solche, die über ein entsprechendes Merkmal verfügen und andere, bei denen dies nicht der Fall ist. Der Vorteil einer sozialen Kategorisierung liegt in der vergleichsweise überschaubaren Strukturierung der Realität. Die Kategorisierung hilft dabei, die Komplexität der sozialen Wirklichkeit zu bewältigen. In bezug auf die zugrundeliegenden Prozesse der Informationsverarbeitung und Speicherung im Gedächtnis, kann ein solches Vorgehen als durchaus ökonomisch bezeichnet werden. Gleichwohl darf nicht übersehen werden, daß der Gewinn an Übersicht mit einem Verlust an Differenzierung erkauft wird. Denn es werden nicht nur die Unterschiede zwischen den beiden Gruppen hervorgehoben, sondern gleichzeitig auch die Ähnlichkeiten der Menschen innerhalb jeder einzelnen Gruppe akzentuiert (Turner, 1982; Tajfel & Turner, 1986). Hierdurch erscheinen dann z.B. nicht nur Frauen und Männer viel unterschiedlicher als sie de facto sind. Zusätzlich werden auch die Gemeinsamkeiten der Frauen bzw. die Gemeinsamkeiten der Männer überschätzt.

Im Alltag ist es oftmals nur eine einzelne soziale Kategorie, die sichtbar dem Prozeß der Stereotypisierung ausgesetzt wird. Der tatsächliche Kategorisierungsprozeß basiert aber dennoch immer auf der wahrgenommenen Unterschiedlichkeit von mindesten zwei Gruppen. Dies hat damit zu tun, daß ein Attribut, das eine Person oder eine Gruppe von Personen kennzeichnet, nur dann sinnvoll zu definieren ist, wenn es auch die Negation eines solchen Attributes gibt. Es würde keinen Sinn machen, einen Menschen als „Mann" zu bezeichnen, wenn es nicht auch die Kategorie „Nicht-Mann" bzw. „Frau" gäbe. Die Bezeichnung „Mensch" wäre aussageleer, wenn es nicht auch zumindest in unserer Vorstellung etwas gäbe, was als „Nicht-Mensch", also z.B. als „Pflanze", zu bezeichnen wäre. Das antagonistische Aufeinanderbezogensein sämtlicher Beschreibungsbegriffe für belebte und unbelebte Objekte oder Geschehnisse ist der menschlichen Sprache und ebenso dem Denken inhärent, denn es ist nicht möglich, ein Objekt als geschlossenes Etwas zu definieren, ohne es von seinem Kontext abzugrenzen. Hier zeigt sich erneut die Analogie zur Wahrnehmungsforschung mit physikalisch einfachen Reizinformationen. Die Wahrnehmung der Figur setzt gleichzeitig auch die Definition des Grundes voraus (vergleiche Kapitel 2). Eine ausländerfeindliche Aussage über eine bestimmte Bevölkerungsgruppe schließt zumindest indirekt auch eine Aussage über die Nicht-Ausländer mit ein. Deshalb stellt auch jede Abwertung eines Menschen indirekt die Aufwertung eines anderen Menschen – in der Regel der bewertenden Person – dar (siehe auch Kapitel 9). Bezeichnet man eine Person als faul, so muß es zwangsläufig zumindest eine Person geben, die als „nicht-faul", vielleicht sogar als „fleißig" gilt.

Von entscheidender Bedeutung für die Art der Kategorisierung ist die Frage, welche Merkmale zur Gruppenbildung herangezogen werden. Denn man könnte ja prinzipiell auch zwischen Brillenträgern und Nicht-Brillenträgern oder zwischen blonden und dunkelhaarigen Menschen unterscheiden, statt z.B. immer die Unterschiede zwischen Frauen und Männern oder Inländern und Ausländern hervorzuheben, um einmal zwei sehr beliebte Differenzierungen zu nennen. In der Theorie der Selbstkategorisierung (Turner et al. 1987; Turner & Oakes, 1989) werden zwei Variablen genannt, welche die Auswahl einer spezifischen Kategorisierung bedingen. Zum einen müssen die zur Gruppenbildung herangezogenen Merkmale zum Zeitpunkt der Kategorisierung (kognitiv) verfügbar sein, zum anderen müssen sich auch inhaltlich passen. Die Verfügbarkeit fördert natürlich die Heranziehung visueller Merkmale. Frauen und Männer sind viel leichter voneinander zu unterscheiden als intelligente und weniger intelligente Menschen. Die Paßform hängt von sozialen Normen und aktuellen Gegebenheiten ab. Wenn im Bundestag eine Haushaltsdebatte stattfindet, so können die vertretenen Meinungen besonders leicht und vergleichsweise widerspruchsfrei durch eine Kategorisierung aufgrund politischer Parteien geordnet werden. Es wird nur wenige Politiker geben, die in einer solchen Situation zur Ausnahme von der Regel werden und eine andere Position vertreten als ihre eigene Partei. Dies ändert sich jedoch schnell, wenn im Parlament wieder einmal der Paragraph 218 diskutiert wird. Nun wird es schwierig, weil die Meinungen auch innerhalb der Parteien zu weit auseinander liegen, als daß die vorherige Kategorisierung die Realität widerspruchsfrei widerspiegeln könnten. Hier bietet sich möglicherweise eine Kategorisierung „Männer vs. Frauen“ an. Auch diese wird wahrscheinlich nicht widerspruchsfrei möglich sind. Die Ausnahmen werden jedoch von geringerem Umfang sein als bei der Kategorienbildung aufgrund der Parteizugehörigkeit.

Die geschilderten Prozesse der Kategorisierung von Menschen zeigen sich analog bei nicht belebten Elementen. Tatsächlich basieren die Ideen, die in der Sozialpsychologie vor allem durch die Arbeiten von Henri Tajfel und John Turner populär wurden, auf Forschungsergebnissen, die ursprünglich überhaupt nichts mit der Kategorisierung von Menschen zu tun hatten. Die beobachteten Prozesse wurden erst später auf soziale Kontexte übertragen und hier auch empirisch bestätigt.

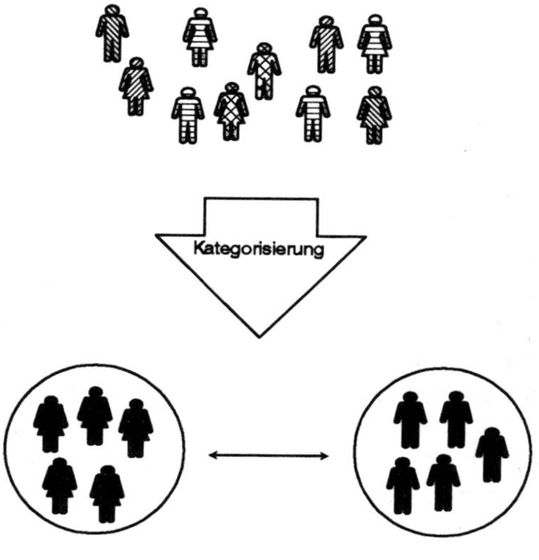

Abbildung 8-4. Soziale Kategorisierung und Stereotype

Die soziale Kategorisierung, bzw. die aus ihr resultierenden Stereotype bilden die Grundlage für den Gebrauch von Vorurteilen im abwertenden Sinne des Wortes. Nur wer zuvor in seinem Denken eine Reihe von Individuen zu einer gemeinsamen Merkmalsgruppe zusammengeschlossen hat, der kann ggf. auch eine individuelle Person abwerten, weil sie als Mitglied dieser Gruppe seiner Meinung nach auch alle negativen Eigenschaften besitzt, die der Beurteiler zuvor der gesamten Gruppe zugeschrieben hat.

Berücksichtigen wir die Ausführungen zur Stereotypisierung, *so kann nun aber niemand ernsthaft fordern, Vorurteile generell zu beseitigen.* Ebensogut könnte er fordern, aus praktischen Gründen das Blut im menschlichen Körper durch Wasser zu ersetzen. Viele Probleme wie z.B. die Knappheit von Blutspendern und Blutkonserven ließen sich bei oberflächlicher Betrachtung so schnell beseitigen. Die Bekämpfung des Stereotypisierungsprozesses an sich scheint eher eine Aufgabe für Tagträumer und Ideologen zu sein. Bei realistischer Betrachtung gilt es vielmehr, die konkrete Form der Kategorisierung, die spezifischen Inhalte der Kategorienbeschreibung bzw. die mit diesem Inhalten verbundenen negativen Bewertungen bestimmter Gruppen zu verändern. Es ist nicht prinzipiell von Übel, Menschen mit Lederkleidung, Irokesenschnitt und so allerlei Accessoires als Punker zu kategorisieren. Das Problem entsteht erst dann, wenn diese Stereotypisierung mit einer unrealistischen Bewertung entsprechender Personen einhergeht. Weniger häufig wird dabei bedacht, daß selbiges auch für zu positive Bewertungen gilt. Manch ein Individuum mag ganz unbehelligt sein Unwesen treiben, weil es von einer Mauer positiver Vorurteile geschützt wird. Man denke hier z.B. einmal an die Machenschaften mancher Ärzte, die nur aufgrund des hohen Ansehens ihres Berufsstandes jahrelang Patienten und Krankenkassen betrügen konnten. Noch vor wenigen Jahren haben vergleichsweise wenige Zeitgenossen ernsthaft angenommen, daß nicht wenige Vertreter dieses Berufsstandes aus Profitgier ihre Quartalsrechnungen fälschen.

8.5 Fazit

Ein besonderes Problem der Beurteilung von Menschen besteht häufig in der Reduktion der tatsächlich vorhandenen Personenmerkmale auf einzelne oder sehr wenige Attribute, die in der Eindrucksbildung letztlich berücksichtigt werden. Die Auswahl derjenigen Merkmale, die in das Urteil einfließen, wird dabei meist nicht von inhaltlich begründeten Kriterien geleitet. Vielmehr werden solche Attribute systematisch begünstigt, von denen der Beurteiler als erstes Kenntnis gewinnt, die besonders hervorstechend sind, visuell erfaßt werden können oder Erwartungen und Bedürfnisse des Beobachters erfüllen. Auf der Ebene der visuellen Informationen wurden bisher vor allem die Effekte der physischen Attraktivität eingehend erforscht.

Beurteilungen basieren häufig auf der Beobachtung eines sehr reduzierten Verhaltensausschnittes. Allzu leicht wird dann von diesem Verhalten auf die Einstellungen oder Persönlichkeitsmerkmale des Handelnden geschlossen. Die Attributionsforschung (Kapitel 4), sowie die Erforschung des Zusammenhanges zwischen Einstellung und Verhalten decken die prinzipiellen Schwierigkeiten eines solchen Vorgehens auf.

Schließlich werden Personen gern auch aufgrund ihrer Zugehörigkeit zu bestimmten sozialen Gruppen bewertet, ohne daß hierbei die individuellen Abweichungen des einzelnen von den Gruppenmerkmalen eine hinreichende Berücksichtigung finden würden.

Gerade die Ausführungen zur sozialen Kategorisierung bzw. zur Stereotypisierung zeigen aber, daß es keinen Sinn hat, die zugrundeliegenden psychologischen Prozesse an sich zu verteufeln. Bei den Phänomenen der reduktionistischen Personenbeurteilung handelt es sich um Konsequenzen allgemeiner kognitiver Prozesse, die für das Funktionieren des Menschen in der Welt an sich unverzichtbar sind.

Hilfreich ist es, sich der Schnellschüsse unserer Eindrucksbildung bewußt zu werden, um ihnen in Einzelfällen, wenn es sich um Bewertungen von gewichtiger Bedeutung handelt, entgegenwirken zu können. Die Untersuchungen zum Einfluß der physischen Attraktivität zeigen, daß dies durchaus möglich ist. Bei einem bewußten Bemühen um eine komplexere Betrachtungsweise kann das ebenso automatisierte wie oftmals sehr nützliche Reduktionsprinzip der menschlichen Informationsverarbeitung ausgehebelt werden.

8.6 Vertiefende Literatur

Brown, R. (1997). Beziehungen zwischen Gruppen. In W. Stroebe, M. Hewstone & G.M. Stephenson (Hrsg.), Sozialpsychologie (3. erw. Aufl.) (S. 545-578). Berlin: Springer.

Frey, D., Stahlberg, D. & Gollwitzer, P.M. (1993). Einstellung und Verhalten: Die Theorie des überlegten Handelns und die Theorie des geplanten Verhaltens. In D. Frey & M. Irle (Hrsg.), Theorien der Sozialpsychologie. Band I.: Kognitive Theorien (S. 361-398). Bern: Huber.

Hassebrauck, M. & Niketta R. (1993). Physische Attraktivität. Göttigen: Hogrefe.

9. „So bin ich und kann nicht anders“ – Selbstkonzept

Bisher haben wir uns mit der Beurteilung von anderen Menschen und sozialen Situationen beschäftigt. Das Objekt einer Bewertung kann aber natürlich auch die eigene Person sein. Auch hier ist mit systematischen Verzerrungen der Wahrnehmung und Beurteilung zu rechnen. Hiermit wollen wir uns in dem nun folgenden Kapitel beschäftigen.

Vorstellungen von der eigenen Person, ihren besonderen Persönlichkeitsmerkmalen, Fertigkeiten und Bedürfnissen stellen eine wichtige Instanz unserer Verhaltenssteuerung im Alltag dar. Im Zusammenhang mit der Theorie der Selbstwirksamkeit von Albert Bandura (Kapitel 5) wurde hierauf bereits hingewiesen. Ob eine Person in einer bestimmten Situation ein mögliches Verhalten tatsächlich ausführt, hängt u.a. davon ab, ob sie sich selbst zutraut, das geplante Verhalten auch so in die Tat umsetzen zu können, daß am Ende ein angestrebtes Ziel auch wirklich erreicht werden kann. Viele kennen z.B. die Situation, daß man irgendwo einer anziehenden Person begegnet, zu der man gern näheren Kontakt aufnehmen möchte. Wer sich nun selbst nicht zutraut, diese Person für sich gewinnen zu können, der wird auch kaum den ersten notwendigen Schritt wagen und sie in einem günstig erscheinenden Moment ansprechen. Die Folgen sind offensichtlich. Viele potentiell angenehme Bekanntschaften oder gar Partnerschaften kommen erst gar nicht zustande, weil zumindest eine der fraglichen Personen ein Bild von sich selbst hat, welches sie an der Kontaktaufnahme hindert. Bei vielen Menschen, die eher etwas zurückgezogen leben und eine gewisse soziale Ängstlichkeit aufweisen, hat dies etwas mit ihrem eigenen Selbstkonzept zu tun, genauer gesagt, mit der Frage, was sie sich zutrauen und was eben nicht. Demgegenüber stehen Menschen, die ein sehr positives Selbstkonzept aufbauen konnten, sich selbst etwa als attraktiv und durchsetzungsfähig erleben. Es liegt auf der Hand, daß eine solche Person eine Gelegenheit wie die zuvor geschilderte nicht so ohne weiteres vorüberziehen ließe. Ebenso wird sie möglicherweise in ihrem Beruf schon deshalb erfolgreicher sein, weil in vielen Bereichen ein offensives und selbstsicheres Auftreten positiv gewertet wird, obwohl eine andere Person mit gleichem oder gar höherem fachlichem know how die Aufgabe ebensogut oder vielleicht sogar besser erfüllen könnte. Der letzteren Person wird jedoch oft keine Gelegenheit gegeben, ihr Können unter Beweis zu stellen.

Unser Selbstkonzept hat mithin nicht nur eine Bedeutung für die eigene Person. Es wirkt sich mittelbar auch auf das nach außen gerichtete Verhalten aus und prägt auf diesem Wege auch zu einem nicht unerheblichen Teil das Bild, welches sich andere Menschen von uns machen (Fremdbild).

Der naive Beobachter könnte die Meinung vertreten, daß eine Person immer auch ein zutreffendes Selbstkonzept hat. Schließlich ist sie immer anwesend, wenn sie handelt, kennt nicht nur ihre eigenen Gedanken, Gefühle und Wünsche, sondern weiß auch um die Begebenheiten der eigene Geschichte. Kurzum, die Person selbst hat einen viel umfangreicheren und direkten Zugriff auf eine maximale Menge von Informationen über sich selbst als jeder andere Mensch in ihrer Umgebung. Ist ihr Selbstkonzept deshalb aber auch schon zutreffend? Ist es unverfälscht und zutreffender als jedes Urteil eines anderen Menschen, als das Urteil der eigenen Eltern, der Freunde, des Lebenspartners? Schon die Ausführungen zur menschlichen Wahrnehmung im zweiten Kapitel dieses Buches lassen dies fragwürdig erscheinen. Wir werden sehen, daß dies in der Tat eine viel zu einfache Sicht der Realität ist. Zwar verfügt ein jeder von uns über mehr Informationen bezüglich der eigenen Person als jeder ihm auch noch nahe stehende Mensch. Entscheidend ist jedoch, wie diese Informationen zu einem Konzept integriert werden, welche Informationen der Selektion anheimfallen und welche in das Zentrum der Aufmerksamkeit rücken.

Es wird sich zeigen, daß hier vor allem das Selbstwertmotiv – also das Bedürfnis einer jeden Person, sich selbst in wichtigen Bereichen ihres Lebens positiv bewerten zu können – einen deutlich verzerrenden Einfluß auf die Ausbildung eines Selbstkonzeptes nehmen kann. Zuvor muß jedoch erst einmal geklärt werden, worum es sich eigentlich handelt, wenn von dem Selbst einer Person die Rede ist.

9.1 Selbst und Selbstkonzept

So einfach die Frage nach der Definition des Selbst auch sein mag, die Beantwortung fällt doch recht schwer. Sie hat bis auf den heutigen Tag viele Wissenschaftler beschäftigt und wird auch sicherlich noch in ferner Zukunft Gegenstand zahlreicher Definitionsversuche sein.

Einer der ersten Psychologen, die sich mit dieser Frage beschäftigt haben, ist William James. James, ein Wissenschaftler, der mit einem Bein noch in der Philosophie, mit dem zweiten aber bereits in der neuen Wissenschaft, der Psychologie, stand, hat zwei Aspekte des Selbst unterschieden (James, 1890). Auf der einen Seite gibt es das sog. ICH, welches den Bewußtsein habenden Teil des Selbst ausmacht. Demgegenüber steht das sog. MICH, womit das ins Bewußtsein kommende Selbst bezeichnet wird. Der Grundgedanke ist hierbei, daß jede Person zwar ein ICH hat, das sich ihr dieses aber nicht unmittelbar erschließt. Das ICH ist jeder Person nur in Form des MICH zugänglich. Im moderneren Sprachgebrauch spricht man in diesem Zusammenhang von einem *Selbstkonzept*. Mummendey (1995) definiert das Selbstkonzept eines Menschen als die Gesamtheit der auf die eigene Person bezogenen Beurteilungen.

Die Vorstellung, die ich von meiner eigenen Person habe, ist nur ein Abbild meiner selbst und nicht die Person an sich. Hier verhält es sich ganz so wie bei der Wahrnehmung beliebiger Gegenstände, Menschen oder Ereignisse aus unserem Leben. Der Eindruck, den wir von einer Person bekommen, ist das Ergebnis unserer Wahrnehmung, die – wie bereits hinlänglich erläutert wurde – nicht zu einer reinen Abbildung der Realität führt. Zwischen der Wahrnehmung der Realität und der Realität selbst klafft mithin eine mehr oder minder große Lücke. Entweder wurde die Realität in reduzierter Form erfaßt, weil beispielsweise die Fülle aller Informationen die Wahrnehmungsaufgabe übermächtig werden ließen und/oder die Realität wurde durch Mutmaßungen, Informationen über frühere Begebenheiten, Vorurteile etc. ergänzt.

Bei der Wahrnehmung von anderen Menschen, Sachverhalten oder Gegenständen akzeptieren wir diese Diskrepanz zwischen Wahrnehmungsobjekt und dem Ergebnis des Wahrnehmungsprozesses noch vergleichsweise leicht. Bei der Wahrnehmung der eigenen Person fällt es viel schwerer, sich mit einer möglichen Diskrepanz abzufinden. Dies mag damit zusammenhängen, daß die Informationen über die eigene Person viel unmittelbarer und in viel größerer Menge zur Verfügung stehen. Darüber hinaus ist das Bild von der eigenen Person natürlich auch von einer viel größeren privaten Relevanz. Schließlich steht es auch im Widerspruch zur Ideologie der (zumindest) westlichen Kultur, daß wir nicht vollständig Herr unseres Handelns sind, oder noch schlimmer, uns selbst nicht einmal vollständig und unverfälscht kennen. Biologische und psychologische Grenzen der eigenen Freiheit nimmt man nur widerwillig zur Kenntnis. Daß es aber dennoch entsprechende Diskrepanzen zwischen dem eigenem Verhalten i.w.S. und dem dazugehörigen Selbstkonzept gibt, ist einzusehen, wenn man sich einmal automatisierte bzw. unbewußte Verhaltensweisen wie Attributionen, soziale Vergleiche, Reflexe, Entscheidungsprozesse, Prozesse der Eindrucksbildung, Reaktionen auf den sozialen Kontext oder einfach auch nur die mehr oder minder ausgeprägte Kontrolle von Mimik und Gestik vor Augen hält.

Aspekte eines Selbstkonzeptes äußern sich in unserem Alltag in mehr oder minder expliziten Charakterisierungen. Diese reichen von tiefschürfenden Auseinandersetzung mit der eigenen Person, über Autobiographien und Akzentuierungen einzelner Aspekte der eigenen Person („Ich bin fleißig.“, „Ich bin attraktiv.“), bis hin zu den leicht dümmlichen Aussagen einer Werbefigur: „Ich bin ein flippiger Typ und esse deshalb die XY-Schokolade“, also Aussagen, die eher in den Bereich der Selbstdarstellung zu verweisen sind.

9.1.1 Individuelle und kollektive Selbstkonzepte

Das Selbstkonzept einer Person umfaßt aber nicht nur zutiefst individuelle Merkmale wie etwa Aussehen, Vorlieben oder Schwächen. Wir alle sind auch Mitglieder in verschiedenen sozialen Gruppen, die unser Denken und Verhalten beeinflussen. In mehreren theoretischen Ansätzen wird daher zwischen einem individuellen und einem kollektiven Selbst(-konzept) unterschieden (Greenwald & Breckler, 1985; Turner, Hogg et al., 1987). Zum kollektiven Selbstkonzept eines Menschen zählen beispielsweise die Geschlechtsgruppe, die Berufsgruppe oder die Zugehörigkeit zu einem Verein oder einer politischen Gruppierung. Die Mitgliedschaft in derartigen Gruppen ist meist mit bestimmten Rollenerwartungen verbunden, die es zu erfüllen gilt, um als vollwertiges Mitglied der Gruppe akzeptiert zu werden. So bedarf es keiner allzu großen Phantasie, sich ausmalen, was einem Berufssoldaten widerfahren würde, der am Abend auf dem Lagerplatz vor allen Kameraden sein Strickzeug auspacken würde, um für seine Freundin ein Paar warme Socken zu fertigen. Sehr viel differenzierter als diese wehrhaften Herren wird da wohl schon der Vorstand eines Wirtschaftsunternehmens reagieren, wenn das für Finanzen zuständige Ratsmitglied in allen Punkten die Position des Arbeitnehmervertreters übernimmt. Beide Fälle sind zugegebenermaßen recht konstruiert und werden in der Realität nur äußerst selten vorkommen. Sie verdeutlichen jedoch ein Prinzip, das im kleinen ein jeder in seinem privaten Leben wiederfinden kann, wenn er nur ein wenig darüber nachdenkt. Wir haben dieses Phänomen bereits in Kapitel 7 unter dem Stichwort der Gruppenkonformität diskutiert.

Gruppenmitgliedschaften sind darüber hinaus aber immer auch *wertbehaftet*. Man ist vielleicht stolz darauf, ein Arzt oder Mitglied des Wissenschaftsrates der Bundesregierung zu sein. Wäre man hingegen Leichenwäscher in einem Bestattungsunternehmen, so würde man diesen Umstand möglicherweise weniger positiv bewerten. Gerade der Aspekt der Bewertung ist von zentraler Bedeutung für das Selbstkonzept (s.u.). Überhaupt, ist eine Beschreibung ohne zumindest implizite Bewertung wohl eher als Ausnahme denn als Regel anzusehen. Die Bewertung beschränkt sich dabei selbstverständlich nicht auf die kollektive Facette des Selbst. Auch individuelle Merkmale sind in aller Regel mit einer Bewertung assoziiert. So gilt es etwa meist als positiv, eine hohe Intelligenz, Charme oder ebenmäßige Gesichtszüge zu besitzen. Mit der Bedeutung der Selbstbewertung werden wir uns später in einem gesonderten Abschnitt noch eingehender beschäftigen.

9.1.2 Private und öffentliche Selbstkonzepte

Eine zweite Unterscheidung von Komponenten des Selbst(-konzeptes) bezieht sich auf die Tatsache, daß nicht alle Merkmale einer Person ohne weiteres von außen zu erschließen sind. Dies gilt etwa für Gefühle, Einstellungen oder Gedanken. Um für einen anderen Menschen wahrnehmbar zu werden, müßten diese Aspekte entweder von der fraglichen Person verbalisiert werden oder aber in ein sichtbares Verhalten einfließen. Im letzteren Falle könnte man dann zumindest indirekt auf Gefühle, die dem Verhalten zugrundeliegen, rückschließen. Zu den Merkmalen einer Person gehören auch solche, die nicht erst indirekt erschlossen werden müssen, sondern offensichtlich zu Tage treten wie etwa Aussehen, Sprachfertigkeit oder Sozialverhalten. Die verdeckten Aspekte des Selbst werden als privates Selbst, die von außen offen sichtbaren oder doch zumindest leicht erschließbaren Aspekte hingegen als öffentliches Selbst bezeichnet (private vs. public self; Scheier & Craver, 1983).

Zwischen privatem und öffentlichem Selbst besteht mithin ein qualitativer Unterschied. Dennoch stehen sie nicht unverbunden nebeneinander. Das öffentliche Selbst kann auch zum Gegenstand des privaten werden, wenn die fragliche Person solche Aspekte ihrerselbst zum Gegenstand ihres Denkens und Fühlens erhebt, die auch für andere Menschen äußerlich sichtbar geworden sind. Hierzu gehört z.B. ein Nachdenken über die eigene Attraktivität im Umgang mit anderen Menschen oder Leistungen in Prüfungssituationen (Abbildung 9-1).

Das öffentliche Selbst stellt die Grundlage für die Charakterisierung der Person durch andere Menschen dar (Abbildung 9-1). Dies gilt sowohl für enge, private Bezugspersonen, wie Partner, Eltern und Freunde, für offizielle Bezugspersonen wie Lehrer oder Vorgesetzte als auch für Menschen, mit denen die fragliche Person selbst gar nicht unmittelbar kommuniziert oder denen sie vielleicht noch nicht einmal persönlich begegnet ist. Der letztgenannte Personenkreis bildet seinen Eindruck dann z.B. aufgrund von Berichten über die fragliche Person, ohne selbst Kontakt zu ihr aufgenommen zu haben. Dies ist gar nichts Ungewöhnliches, haben wir alle doch wahrscheinlich schon einmal Charakterisierungen von Personen aus Politik oder Showbusineß vorgenommen, ohne diesen selbst von Angesicht zu Angesicht gegenübergestanden zu haben.

Je nachdem, um welche Menschen es sich handelt, die eine Charakterisierung unserer eigenen Person vornehmen, haben diese auch eine Bedeutung für das Selbstverständnis der Person. Einschätzungen durch Beobachter können dabei helfen, das eigene Verhalten und die Wirkung desselben auf andere Menschen besser einzuschätzen. Bei der psychotherapeutischen Arbeit greift man daher z.B. oft zu einer Supervision. Das Verhalten des Therapeuten wird dann von einem oder mehrere Beobachtern kommentiert, so daß möglicherweise vorliegende Schwächen erkannt und bearbeitet werden können. Weniger aufwendig und gleichzeitig geläufiger in vielen anderen Berufen sind regelmäßige Beurteilungen durch Vorgesetzte. Hier setzt sich ein nicht immer angenehmes Prinzip, der externen Kontrolle des eigenen Verhaltens fort, welches wir alle durch Eltern und Lehrer unzählige Male in unserem Leben erfahren haben. Analoge Prozesse spielen sich selbstverständlich auch Tag für Tag in unserem Privatleben ab. Das öffentliche Selbst wird dem Träger des Selbst über seinen sozialen Kontext zurückgespiegelt und kann so auch auf das private Selbst Einfluß nehmen (siehe Abbildung 9-1). Erfährt man häufig dieselben Charakterisierungen der eigenen Person und noch dazu von Menschen, deren Urteil einem wichtig ist, so wird dies auch die Gedanken und Gefühle bezüglich der eigenen Person beeinflussen. An diese Stelle offenbart sich erneut die Wirkkraft des sozialen Kontextes (siehe Kapitel 7). Im günstigsten Falle werden korrekte Selbsteinschätzungen auf diesem Wege gefördert und Fehlentscheidungen vermieden. Problematisch wird dieser Prozeß jedoch dann, wenn die Rückmeldungen über das öffentliche Selbst fehlerbehaftet sind. So ist etwa keineswegs jedem Gymnasiasten mit einer besonders nachgiebigen Benotung seiner Leistungen gedient, erfährt er vielleicht doch an der Universität, daß er seine Leistungen aufgrund der positiv verzerrten Lehrerurteile überschätzt hat. Mitunter hat er dann aber schon viele Jahre seines Lebens „in den Sand gesetzt" und muß nach einem schmerzlichen Selbsterkenntnisprozeß eine neue Orientierung aufbauen. Noch weitreichendere Konsequenzen können Fremdbeurteilungen nach sich ziehen, die dem Adressaten ein besonders negatives Bild von der eigenen Person vermitteln. Dies gilt in besonderem Maße für Kinder in jüngeren Lebensjahren, deren Selbstkonzept in aller Regel noch nicht sehr ausgeprägt ist und die den Erwachsenen noch fast alles glauben, was diese ihnen so erzählen.

Auch in bezug auf die Bewertung eines Menschen durch andere Personen kann eine potentiell selbstwertdienliche Funktion festgestellt werden. Im Allgemeinen sind wir nicht nur daran interessiert, uns selbst positiv bewerten zu können, sondern möchten auch von anderen, für uns wichtigen Personen, positiv bewertet werden.

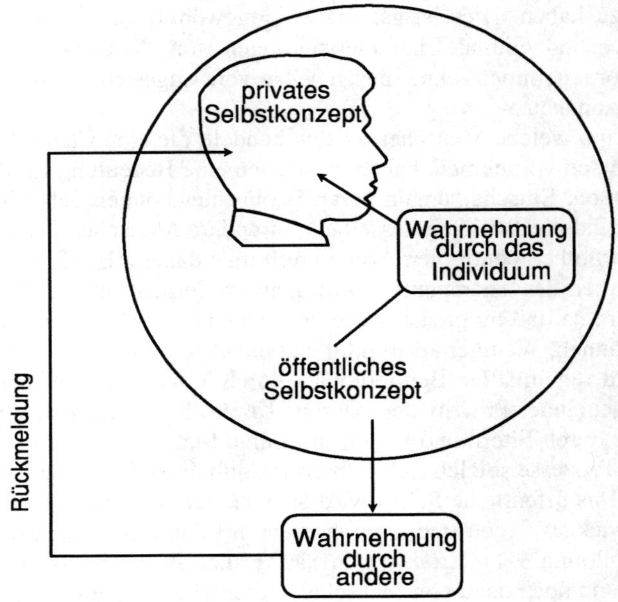

Abbildung 9-1: Zusammenhang zwischen privatem und öffentlichem Selbstkonzept

9.1.3 Potentielle Selbstkonzepte

Eine letzte Facette des Selbst(-konzeptes), die hier vorgestellt werden soll, bezieht sich auf die Zukunft des Individuums. Menschen verfügen nicht nur über Informationen bezüglich ihrer Gegenwart und Vergangenheit, sondern haben sehr oft auch eine Vorstellung davon, wie sie in Zukunft sein werden oder möchten. Dies gilt etwa für berufliche oder familiäre Perspektiven. Die Aufnahme eines Studiums oder einer betrieblichen Ausbildung ist mit der Absicht verbunden, ein bestimmtes Ziel zu erreichen. Dies kann sich z.B. auf den Erwerb bestimmter Fertigkeiten, einen Lebensstandard oder eine Stellung innerhalb der Gesellschaft beziehen. Markus & Nurius (1986) sprechen in diesem Zusammenhang von einem possible self. Ein solchermaßen antizipiertes, denkbares Selbstkonzept einer Person steuert schon in der Gegenwart ihr Verhalten. Wer glaubt, realistische Chancen auf einen Olympiasieg zu haben, muß schon viele Jahre vor der Qualifikation mit einem intensiven Training beginnen. Wer Familienvater oder -mutter werden will, muß sich beizeiten nach einem geeigneten Lebenspartner umschauen. Das possible self bezieht sich aber natürlich nicht nur auf erstrebenswerte Ziele eines Menschen, sondern beinhaltet auch die Erwartung unangenehmer Ereignisse. So wird sich eine Person, die unheilbar an Krebs erkrankt ist oder aus anderen Gründen keinen zukünftigen Sinn in ihrem Leben erkennen kann, möglicherweise das Leben nehmen.

Die Ausführungen zum Thema „Selbst und Selbstkonzept“ haben verdeutlicht, daß zwischen einem Selbst und dem Bild, welches wir uns von einer Person machen (Selbstkonzept) eine mehr oder minder große Lücke klaffen kann.

Angesichts der verschiedenen Facetten des Selbst bzw. des Selbstkonzeptes erscheint es sinnvoll, eine differenzierte Perspektive einzunehmen. Das eine große und unverrückbare Selbstkonzept gibt es wohl kaum. Viel wahrscheinlicher ist es, daß eine Person mehrere spezifische Selbstkonzepte benennen kann, die je nach Lebenssituation auch unterschiedliche Relevanz für das eigene Verhalten und Erleben haben werden. Der Plural bezieht sich dabei nicht nur auf die fünf beschriebenen Facetten. Auch innerhalb einer jeden Facette des Selbstkonzeptes können sich mehrere unabhängige Inhalte auffinden lassen. Beim kollektiven Selbstkonzept ist dies besonders leicht zu erkennen. Es kann soviele kollektive Selbstkonzepte geben, wie eine Person sich als Mitglied unterschiedlicher Gruppen betrachtet. Dabei klaffen oft nicht nur die Inhalte, sondern auch die Bewertungen mitunter weit auseinander. Jemand, der sich selbst als Versager in seinem Beruf sieht, kann sich gleichzeitig als der Meister seines Sportvereines erleben.

Ferner ist zu betonen, daß auch das Selbstkonzept einer Person, welches man ja spontan als zutiefst individuell beschreiben möchte, nicht völlig unbeeinflußt, von dem sozialen Kontext bleibt, in dem sich der Träger des Selbst bewegt.

9.2 Selbstwahrnehmung und Selbstaufmerksamkeit

Auf welchem Wege gewinnt denn nun aber eine Person eine Vorstellung über sich selbst? In der *Theorie der Selbstwahrnehmung* von Bem (1972) werden zwei zentrale Informationsquellen genannt (Überblick: Grabitz, 1984).

9.2.1 Selbstwahrnehmung

Der unmittelbarste Zugang zur eigenen Person liegt in der Wahrnehmung interner Hinweise oder Befindlichkeiten wie Emotionen, Meinungen, Gedanken oder Motive. Ein Junge, der auf dem Schulhof über einen seiner Mitschüler herfällt und diesen verprügelt, weiß in der Regel, warum er dies macht. Möglicherweise fühlte er sich von jenem Schüler beleidigt und war nun so wütend auf diesen, daß er selbst gar nicht anders handeln konnte. Vielleicht hat er lange Zeit zuvor überlegt, ob das Verprügeln den Mitschüler in Zukunft von entsprechenden Beleidigungen abhalten wird und hat die Bestrafung nach seinen Vorstellungen gerecht dosiert. Für die Beobachter dieses Vorfalles mag sich die Situation ganz anders darstellen. Sie verfügen lediglich über die Information, daß ein Schüler über einen anderen scheinbar ohne jeden Grund hergefallen ist. Sie werden den „Täter“ vielleicht als aggressiven Psychopathen abstempeln und zur Tagesordnung übergehen. Beide Seiten, der Handelnde selbst und die Beobachter in seiner Umgebung, haben einen Eindruck von der Person des „Täters“ gewonnen, die beide weit auseinanderliegen.

Bleiben wir aber noch bei dem Selbstbild des handelnden Jungen. Er bezieht seine Informationen über die Wahrnehmung interner Vorgänge. Was geschieht aber, wenn ihm keine internen Informationen in hinreichendem Maße zur Verfügung stehen? Wie erklärt er sich sein Verhalten, wenn er reflexartig oder automatisiert handelt, wenn er aufgrund der besonderen Umstände keine Zeit hat, sich eingehend mit seinen internen Prozessen zu beschäftigen, weil schnell gehandelt werden muß? Bem nimmt an, daß er sich in einem solchen Falle sein Urteil so bildet, wie dies auch jeder Beobachter des Verhaltens tun würde. So könnte er sein Verhalten z.B. mit dem Verhalten von anderen Personen vergleichen, die sich in einer ähnlichen Situation befunden haben. Findet er eine Übereinstimmung, so scheint sein Handeln nicht besonders viel über seine individuelle Person auszusagen, weil ja „fast jeder" so gehandelt hätte. Ebenso kann er in die Vergangenheit zurückblicken und sich fragen, wie er selbst in vergleichbaren Situationen gehandelt hat. Ist er tatsächlich mit einer aggressiven Persönlichkeit ausgestattet, weil er sich auch in völlig unterschiedlichen Kontexten ähnlich brutal verhält oder ist das Verprügeln auf die näheren Umstände der Situation und damit vielleicht auch auf das Verhalten des „Opfers" zurückzuführen, weil dem „Täter" Vergleichbares bisher noch nie unterlaufen ist? Wir sehen, eine Möglichkeit zum Aufbau einer spezifischen Facette des Selbstkonzeptes liegt in der Anwendung attributionstheoretischer Prinzipien, wie sie in Kapitel 4 beschrieben wurden.

Neben einem Vergleich mit anderen Personen (Konsensus) und einer Betrachtung des eigenen Verhaltens über die Zeit bzw. ähnliche Ereignisse hinweg (Distinktheit & Konsistenz), stehen oft auch „physikalische Kriterien" zur Beurteilung der eigenen Person zur Verfügung. Dies ist häufig in Leistungssituationen der Fall, in denen man oft auch unabhängig von den Leistungen anderer Personen entscheiden kann, ob man ein gestecktes Ziel erreicht oder verfehlt hat.

Nun kann man darüber streiten, ob sich eine Person in einer vergleichbaren Situation tatsächlich ausschließlich wie ein unbeteiligter Beobachter verhält. Entscheidend ist, daß ein Selbstkonzept zumindest partiell durch Informationsverarbeitungsprozesse zustandekommt, die der Wahrnehmung und Interpretation des Verhaltens von fremden Menschen sehr nahe kommt. Hiermit sind dann natürlich auch die vielfältig belegten Verzerrungen und Fehlereinflüsse verbunden, die bei der Beurteilung andere Menschen auftreten.

Eine weitere Quelle für den Aufbau von Selbstkonzepten ist zuvor bereits erwähnt worden. Gefragt oder ungefragt, teilen andere Menschen uns ihre Eindrücke und Bewertungen unserer Person mit. Dies kann auf direktem Wege geschehen, indem uns jemand mitteilt, wie er uns einschätzt. In Freundschaften und Partnerschaften ist dies ebenso üblich, wie in der Schule oder im Rahmen späterer Leistungsbeurteilungen. Viel häufiger dürfte aber der indirekte Weg eingeschlagen werden, der darin besteht, daß eine andere Person uns ihre Zu- oder Abneigung durch ihre Verhalten, durch Mimik, Gestik oder auch durch Gespräche, die sie mit anderen über uns führt, indirekt vermittelt. Viele Menschen, die unter Mobbing am Arbeitsplatz, unter einem arroganten, ablehnendem Verhalten ihrer Vorgesetzten oder süffisanten Bemerkungen ihrer Kollegen leiden, wissen sehr genau, was diese von ihnen halten, ohne daß entsprechende Bewertungen offen ausgesprochen werden. Ähnlich geht es z.B. einer sehr attraktiven Frau, die auch ohne explizite Angebote am Verhalten ihrer männlichen Mitmenschen merkt, daß sie diesen in der einen oder anderen Weise gefällt.

9.2.2 Selbstaufmerksamkeit

Kommen wir aber noch einmal zurück auf die Wahrnehmung der eigenen Person im Sinne der Theorie von Bem. Wie bei jeder Art der Wahrnehmung spielt auch hier die Aufmerksamkeit eine entscheidende Rolle. Bei der Selbstaufmerksamkeit, also der Aufmerksamkeit, die ein Mensch auf die eigene Person richtet, stößt man jedoch auf ein besonderes Phänomen, mit welchem sich die *Theorie der Selbstaufmerksamkeit* von Duval & Wicklund (1972; Wicklund, 1975) eingehend beschäftigt.

Ausgangspunkt der Überlegung ist, daß man seine Aufmerksamkeit entweder auf interne Prozesse der eigenen Person wie z.B. Gedanken, Motive und Gefühle oder aber auf die Umwelt, die einen umgibt, lenken kann. Die Theorie der Selbstaufmerksamkeit beschäftigt sich nur mit der ersten Form der Aufmerksamkeit, bei der das eigene Selbst zum Objekt der Betrachtung wird. Befindet sich eine Person im Zustand der Selbstaufmerksamkeit, so ist ihr die Möglichkeit gegeben, eventuell vorliegende Diskrepanzen zwischen ihren Verhaltensabsichten und ihrem tatsächlichen Verhalten aufzudecken. Derartige Diskrepanzen kommen wahrscheinlich viel häufiger vor, als man auf den ersten Blick glauben mag. Sehr oft können wir unsere Absichten nicht in die Tat umsetzen, weil uns hierzu nicht die nötigen Mittel zur Verfügung stehen, weil das Verhalten und der Einfluß anderer Menschen im Wege stehen oder weil wir unser Verhalten nicht immer in gleichem Maße sorgfältig kontrollieren. Ein Schüler, der die Absicht hat, sich besonders aufmerksam dem Unterrichtsgeschehen zu widmen, wird diese Absicht vielleicht nur sehr bedingt durchsetzen können, weil von anderen Schülern immer wieder Ablenkungen ausgehen, denen er sich nicht entziehen kann oder weil er sich gleichzeitig bemühen will, bei seinen Mitschülern beliebt zu sein. Beide Absichten können in diesem Falle also auch zumindest partiell im Widerspruch zueinander stehen.

Ein weiteres Beispiel wird allen Menschen geläufig sein, die sich schon einmal in der Kindererziehung probiert haben. Auch hier ist es wohl eher die Regel denn die Ausnahme, daß man seine Verhaltensabsichten nicht vollständig umsetzen kann, weil man sich z.B. doch immer wieder provozieren läßt, oder sich gleichzeitig mit mehreren Problemen beschäftigen muß, so daß man jedem einzelnen nicht die gewünschte Beachtung schenken kann. Analog verhält es sich oft mit Partnerschaften oder auch im Rahmen der beruflichen Tätigkeit. In der Theorie der Selbstaufmerksamkeit geht es aber nicht nur um sehr konkrete Verhaltensabsichten, wie „ich will jetzt mal diesen Brief zum Briefkasten bringen“, sondern auch um sehr übergeordnete Absichten wie „Ich will gerecht sein“ oder „Ich will bei der Arbeit mein Bestes geben“. Hier wird das *Idealselbst* einer Person angesprochen, also die Vorstellung davon, wie man selbst eigentlich sein möchte.

Die Frage ist nun, wie man mit Diskrepanzen zwischen konkreten Absichten bzw. dem Idealselbst auf der einen und einem ganz konkreten Verhalten auf der anderen Seit umgeht, wenn sie aufgrund der Selbstaufmerksamkeit zu Bewußtsein kommen. In der Theorie von Duval & Wicklund werden drei Vorgehensweisen benannt.

Die erste Möglichkeit besteht darin, das eigene Verhalten so abzuändern, daß die Diskrepanz zwischen den Absichten und der Umsetzung derselben reduziert wird und ggf. auch völlig verschwindet. Ein Student, der erkennt, daß er viel weniger Zeit und Mühe als beabsichtigt in sein Studium investiert, kann versuchen, seine Freizeitaktivitäten einzuschränken und sich feste Arbeitszeiten mit genauen Zielvorgaben aufzuerlegen. Zwei Personen, die erkennen, daß sie sich innerhalb ihrer Beziehung entgegen ihren Absichten immer weiter voneinander entfernen, können sich aktiv dagegen zur Wehr setzen und gemeinsam an einer stärkeren Annäherung arbeiten.

Eine zweite Möglichkeit besteht darin, die Verantwortung für die wahrgenommene Diskrepanz von sich zu weisen. Wenn man sich selbst nicht verantwortlich fühlt, dann besteht auch keine (so starke) Notwendigkeit, den unerwünschten Zustand selbst aktiv zu verändern. Duval & Wicklund bezeichnen Strategien, mit deren Hilfe die eigene Verantwortung für die wahrgenommene Diskrepanz von der eigenen Person abgewendet werden, als Defensivreaktionen. Der Schüler, der sich selbst beim Stören des Unterrichtes ertappt, kann dieses Verhalten z.B. auf den sozialen Kontext zurückführen und die Meinung vertreten, daß das störende Verhalten der Mitschüler ihn seinerseits zum Stören verleitet habe. Zwei Ehepartner, die einen zunehmenden Zerfall ihrer Beziehung wahrnehmen, können dem jeweils anderen die Schuld für diese ungewollte Entwicklung zuschreiben oder aber das Schicksal hierfür verantwortlich machen (Kontrollüberzeugungen, vergleiche Kapitel 4).

Eine dritte Möglichkeit, unangenehmen Diskrepanzen zwischen den eigenen Verhaltensabsichten und dem tatsächlich gezeigten Verhalten zu begegnen, liegt schließlich darin, selbige erst gar nicht zur Kenntnis zu nehmen. Personen, die z.B. aufgrund früherer Selbstaufmerksamkeitsprozesse auch bei einer zukünftigen Auseinandersetzung mit dem eigenen Verhalten mit einer entsprechenden, als unangenehm erlebten Diskrepanz rechnen, könnten sich darum bemühen, Selbstaufmerksamkeit zu vermeiden. Man lenkt sich in einem solchen Falle etwa ab oder vermeidet es, mit engen Bezugspersonen über das eigene Verhalten zu sprechen. Eine praktische Ausgestaltung einer solchen Strategie könnte z.B. darin liegen, daß sich einer von zwei Ehepartnern weigert, eine Ehe- oder Familienberatungsstelle aufzusuchen, weil damit zu rechnen ist, daß hier entsprechende Diskrepanzen besonders deutlich zu Tage treten werden.

Abbildung 9-2 faßt die beschriebenen Zusammenhänge noch einmal zusammen. Wird aufgrund von Selbstaufmerksamkeitsprozessen eine Diskrepanz zwischen Absichten und konkreten Verhaltensweisen wahrgenommen, so besteht zum einen die Möglichkeit diesem unangenehmen Zustand zu begegnen, indem die Verhaltensweisen den Absichten angeglichen werden. Eine zweite Möglichkeit besteht in der Ablehnung der Verantwortung für die wahrgenommene Diskrepanz. Ahnt eine Person bereits, daß die Selbstaufmerksamkeit zur Wahrnehmung von Diskrepanzen führen wird, so kann sie schließlich auch den Versuch unternehmen, die Aufmerksamkeit von dem eigenen Selbst wegzurichten. Es fällt auf, daß es nur bei einer Strategie auch zu einer wirklichen Diskrepanzreduktion kommt.

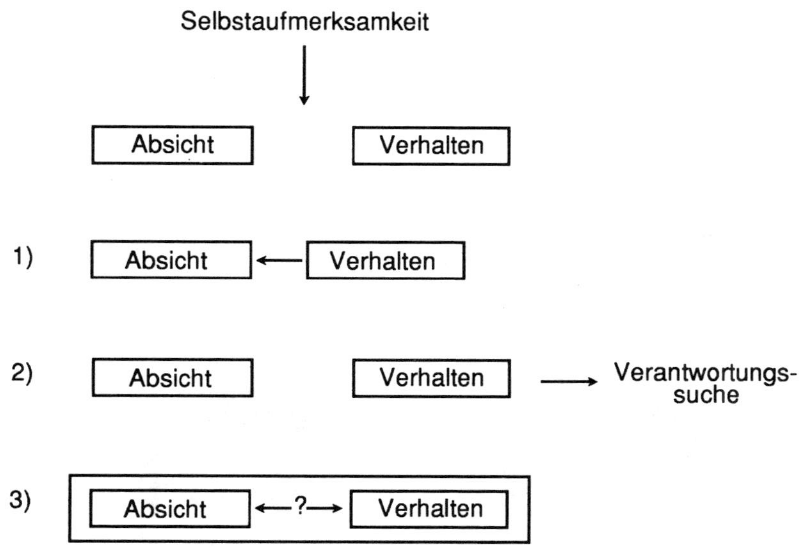

Abbildung 9-2: Die Theorie der Selbstaufmerksamkeit

Die grundlegenden Annahmen der Theorie der Selbstaufmerksamkeit konnten in verschiedenen empirischen Untersuchungen bestätigt werden (Überblick: Wicklund & Frey, 1993; Frey, Wicklund & Scheier, 1984). Im Laborexperiment erzeugt man Selbstaufmerksamkeit beispielsweise dadurch, daß die Versuchsteilnehmer vor einem Spiegel sitzen oder ihr Verhalten mit einer Kamera oder einem Tonband aufgezeichnet wird. Eine weitere Möglichkeit, die Selbstaufmerksamkeit zu forcieren, liegt in der offensichtlichen Beobachtung der Teilnehmer. Wer sich beobachtet fühlt, achtet sehr viel bewußter auf sein eigenes Verhalten als eine Person, die sich in einer gleichen Situation allein wähnt. Dieses Phänomen kennt ein jeder, der z.B. schon einmal vor Gruppen sprechen mußte oder dem in einem Kaufhaus ein öffentliches Mißgeschick passiert. So paradox es auch klingt, Öffentlichkeit fördert Selbstaufmerksamkeit.

Die Selbstaufmerksamkeit hat neben den möglichen Konsequenzen für die Diskrepanzwahrnehmung auch vielfältige Auswirkungen auf unser Alltagsleben. Es ist unmittelbar offensichtlich, daß sie eine Voraussetzung für die Durchführung zielgerichteten Verhaltens darstellt. Darüber hinaus läßt die Selbstaufmerksamkeit auch die Unterschiede zwischen der eigenen Person und anderen Menschen stärker in das Bewußtsein treten. So konnte Hass (1984) z.B. finden, daß 18 % seiner Versuchsteilnehmer, die jeder für allein in einem Raum aufgefordert wurden, sich mit einem Stift den Buchstaben E auf die Stirn zu malen, den Buchstaben auch so zeichneten, daß eine andere Person, die ihnen gegenüber stehen würde, den Buchstaben richtigherum lesen könnte (Abbildung 9-3a). Die übrigen Versuchspersonen malten den Buchstaben so, daß nur sie selbst ihn – quasi durch die Stirn hindurch – korrekt lesen konnten (Abbildung 9-3b). Befanden sich die Versuchspersonen jedoch im Zustand der Selbstaufmerksamkeit, was z.B. durch eine laufende Videokamera erreicht wurde, die neben oder hinter dem Untersuchungsteilnehmer plaziert war, zeichneten 55 % den Buchstaben so, daß er für einen externen Beobachter lesbar war. Die Selbstaufmerksamkeit hat in diesem Falle wohl das Bewußtsein um die Perspektivendivergenz zwischen der eigenen Person und anderen Menschen geschärft.

Als letztes Beispiel für die Bedeutung der Selbstaufmerksamkeit kann ihre Relevanz für die Steuerung diffuser Angstzustände genannt werden. Mehrfach konnte gezeigt werden, daß eine Reduzierung der Selbstaufmerksamkeit auch mit einer Verringerung entsprechender Angstzustände einhergeht (Überblick: Wicklund & Frey, 1993). Analoge Zusammenhänge lassen sich auch bei anderen psychischen Problemen vermuten (siehe Frey, Wicklund & Scheier, 1984).

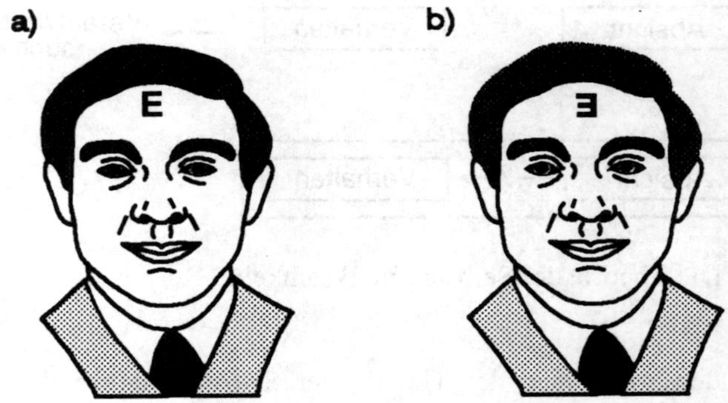

Abbildung 9-3: Das Experiment von Hass (1984)

Fassen wir die Aussagen zur Selbstwahrnehmung noch einmal zusammen, so ist festzustellen, daß auch die Wahrnehmung des eigenen Selbst keine einfache Reizaufnahme darstellt. Ähnlich wie bei der Wahrnehmung anderer Stimuli treten auch hier oftmals Verzerrungen, Selektionsprozesse und dergleichen auf. Am Beispiel der Vermeidung von Selbstaufmerksamkeit wird dies besonders deutlich. Dies gilt aber auch dann, wenn eine Person ihr Verhalten auf der Grundlage der gleichen Prinzipien wahrnimmt, wie dies auch bei der Wahrnehmung einer völlig fremden Person der Fall wäre. Man denke hier z.B. nur einmal an Attributionsprozesse. Gerade die Theorie der Selbstaufmerksamkeit betont darüber hinaus die enge Verknüpfung zwischen Selbstwahrnehmung und Verhalten. Abbildung 9-4 gibt diese Zusammenhänge noch einmal in allgemeiner Form wieder. Selbstbild und Verhalten bedingen sich dabei gegenseitig. Als zusätzliche Informationen über das eigene Selbst stehen einer Person aber auch die Kenntnisse eigener Gedanken, Gefühle, Motive etc. kurz, die inneren Befindlichkeiten zum Zeitpunkt des Handelns zu Verfügung. Hinzu kommen Informationen über den Vergleich mit anderen Personen, Informationen über objektive Gegebenheiten wie z.B. körperliche Merkmale und Fremdbeurteilungen der eigenen Person durch andere Menschen.

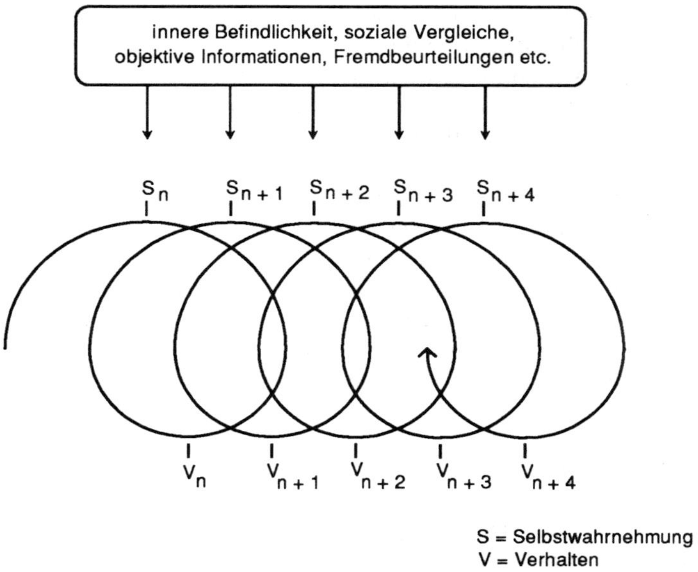

Abbildung 9-4: zentrale Variablen des Selbstwahrnehmungsprozesses

9.3 Selbstwertstreben

Möglicherweise verzerrte Selbstkonzepte basieren nicht nur auf den üblichen Schwächen des Wahrnehmungsprozesses, wie wir sie bei der Wahrnehmung verschiedenster Stimuli antreffen. Neben problematischen Beurteilungen, die andere Menschen an uns herantragen, spielen hier vor allem auch Motive innerhalb der eigenen Person eine wichtige Rolle. Die Theorie der Selbstaufmerksamkeit hat hierfür bereits ein gutes Beispiel geliefert.

Eine besonders herausgehobene Bedeutung kommt dem *Selbstwertmotiv* zu. Hinter dieser Bezeichnung verbirgt sich die vielfältig empirisch untermauerte Annahme, daß ein jeder Mensch im Prinzip bestrebt ist, ein positives Bild von der eigenen Person aufzubauen und zu bewahren. Die allermeisten Leser dieses Buches werden wohl für sich bestätigen können, daß auch Sie lieber eine gute Meinung von sich selbst haben als eine schlechte, ein positives Selbstwertgefühl oder eben ein positives Selbstkonzept einem negativen Selbstwertgefühl oder -konzept vorziehen.

Dies scheint nicht nur ein weit verbreitetes Anliegen zu sein, sondern erfüllt auch einen wichtigen Sinn. So konnten zahlreiche Untersuchungen belegen, daß ein positives Selbstkonzept auch mit psychischer und physischer Gesundheit einhergeht (z.B. Pelham, 1993; Rosenberg, 1965). Nicht umsonst definieren wir in unserer Gesellschaft die Abwesenheit eines positiven Selbstkonzeptes auch als psychische Störung, als reaktive oder neurotische Depression.

Den wissenschaftlich letztlich überzeugendsten Hinweis für das Vorhandensein eines Selbstwertmotives liefern schließlich aber hunderte von psychologischen Studien, die ein strategisches Verhalten zugunsten einer positiven Bewertung der eigenen Person belegen (Überblick: Kanning, 1997). Als erstes Beispiel kann hier auf die selbstwertdienlichen Attributionen verwiesen werden, von denen in Kapitel 4 bereits berichtet wurde: Erzielen wir in einer Prüfung, einer wichtigen Entscheidungssituation unseres Lebens o.ä. ein positives Ergebnis, so ist die Wahrscheinlichkeit recht groß, daß wir die Verantwortung hierfür uns selbst geben. Fällt das Ergebnis hingegen negativ aus, so steigt die Wahrscheinlichkeit für externale Attributionen. Die Verantwortung wird dann anderen Personen, situationalen Bedingungen oder vielleicht auch dem Schicksal zugeschrieben. Alles in allem trägt ein solcher Attributionsstil unabhängig davon, ob die Ursachenzuschreibung korrekt oder fehlerhaft erfolgte (!), dazu bei, ein positives Selbstkonzept aufbauen und bewahren zu können. Man selbst trägt subjektiv nur die Verantwortung für die gelungenen Handlungen, nicht aber auch in gleichem Maße für Fehler oder Mißerfolge.

9.3.1 Vergleichsprozesse

Bevor wir nun noch etwas detaillierter auf selbstwertdienliche Strategien der Informationsverarbeitung eingehen, ist zunächst die Frage zu stellen, welches der psychologische Prozeß ist, der einer Bewertung zugrundeliegt. Diese Frage führt uns erneut zu dem Konzept der *Vergleichsprozesse*, wie es in der Theorie von Festinger (1954) beschrieben wird.

Bewertungen sind immer das Ergebnis eines Vergleiches. Wer z.B. seine eigenen Leistungen im Sport bewerten möchte, vergleicht sich zu diesem Zwecke mit anderen Sportlern. Wer herausfinden möchte, wie beliebt er ist, schaut sich in seiner sozialen Umgebung um und ermittelt, wie anderen Menschen begegnet wird, wieviele Freunde andere Menschen haben, wieviel ihr Wort im Bekanntenkreis gilt, oder inwieweit Personen zur Stelle sind, wenn Hilfe benötigt wird. Aus dem Vergleich zwischen ausgewählten Personen der sozialen Umgebung und der eigenen Person ergibt sich so eine Bewertung der eigenen Beliebtheit. Wer den Erfolg der eigenen politischen Partei bewerten möchte, kann hierzu die eigenen Wahlergebnisse mit den Ergebnissen anderer Parteien vergleichen.

Dies alles sind Beispiele für soziale Vergleiche im engeren Sinne. Der Vergleich erfolgt hier jeweils zwischen zwei Individuen oder zwischen sozialen Gruppen. Vergleiche werden aber auch dann vorgenommen, wenn es gar keine Person oder Gruppe gibt, an der man sich messen könnte. Um beispielsweise feststellen zu können, wie sehr man sich moralisch korrekt verhält, könnte man sich auch in bezug auf die Einhaltung der zehn Gebote o.ä. vergleichen. In diesem Falle haben wir es mit einem Vergleich im weiteren Sinne zu tun. Die Menschenrechte oder die zehn Gebote dienen hier als ein Vergleichsstandard, als Bezugspunkt, auf den man sich bezieht, um eine Bewertung vornehmen zu können. Im Gegensatz zum Vergleich der ersten Art wird hier nicht unmittelbar ein Bezug zu anderen Menschen hergestellt. Als Vergleichsstandard können Normen, Wertvorstellungen, aber auch Ziele und Wünsche dienen. Wer z.B. am Ende seines Berufslebens zu dem Schluß kommt, daß er mit sich selbst eigentlich ganz zufrieden ist, kann dies u.a. über einen Vergleich mit seinen früheren Berufszielen oder -wünschen erreichen. Häufig sind beide Vergleichsarten auch miteinander verwoben. So kann man sich gut vorstellen, daß die Festlegung des beruflichen Zieles im vorherigen Beispiel auch viel mit dem Kontext zu tun hat, in dem sich die Person bewegt. Wer erlebt, daß alle Freunde und Bekannten innerhalb weniger Jahre nach der Ausbildung zu Geld und Einfluß gelangen, wird hierdurch wahrscheinlich auch seine eigenen Ziele und Wünsche bezüglich des beruflichen Fortkommens beeinflußt sehen. Besonders deutlich wird eine Verquickung beider Vergleichsarten bei den Schulnoten. Auf den ersten Blick handelt es sich hierbei um absolute Bewertungen. Jedem Schüler wird auf der sechsstufigen Notenskala eine Position zugewiesen, was über einen Vergleich mit der optimalen Leistung erfolgt. Bedenkt man nun aber, daß die Lehrer den Notenspiegel so gestalten, daß auf der einen Seite nicht zu viele Schüler eine 6 und auf der anderen Seite nicht zu viele Schüler eine 1 bekommen, so tritt neben dem Vergleich mit einem Standard auch die Bedeutung des Vergleiches zwischen den Schülern zu Tage.

Formalisieren wir das bisher Gesagte, so kann ein jeder Vergleich durch vier Parameter beschrieben werden (siehe Kanning, 1997). Da ist zunächst das *Subjekt* eines Vergleiches. Hierbei handelt es sich um jene Person (oder auch um jene Gruppe), zu deren Bewertung ein Vergleich angestellt wird (siehe Abbildung 9-5). In fast allen soeben angeführten Beispielen war die eigene Person oder aber eine Gruppe, zu der man sich zugehörig fühlte, das Subjekt des Vergleiches. Es ging darum, die eigenen Sportleistungen, die eigene Beliebtheit, den Erfolg der eigenen Partei oder den eigenen beruflichen Erfolg zu bewerten. In dem Beispiel zur Benotung in der Schule ist das Subjekt nicht identisch mit derjenigen Person, die den Vergleich anstellt. Der Lehrer wird bei der Benotung ja nicht sich selbst, sondern die unterschiedlichen Schüler der Reihe nach bewerten.

Im Zuge der Bewertung wird das Subjekt mit einem *Objekt* verglichen. Bei diesem Objekt kann es sich, wie bereits erläutert wurde, entweder um eine Person, eine Gruppe von Personen oder um einen Standard im Sinne von Normen, Wünschen, Ziele u.ä. handeln.

Subjekt und Objekt werden im Zuge der Bewertung auf einer *Vergleichsdimension* positioniert. Die Vergleichsdimension sagt etwas darüber aus, in welchem inhaltlichen Gebiet die Bewertung des Subjektes erfolgt. Bei den oben geschilderten Beispielen bezieht sich die Vergleichsdimension etwa auf die Leistungen im sportlichen Bereich, auf die Beliebtheit einer Person, das Ausmaß eines Wahlerfolges oder eine Schulnote. Voraussetzung für die Bewertung ist jedoch, daß die Vergleichsdimension auch wertbehaftet ist. Es muß also zumindest von derjenigen Person, die einen Vergleich anstellt, auch festgelegt werden, ob es z.B. als positiv oder als negativ zu bewerten ist, wenn das Subjekt die 100 Meter in 14 Sekunden läuft.

Eigentlich ist an dieser Stelle ein Vergleich und die damit einhergehende Bewertung einer Person in den meisten Fällen bereits abgeschlossen. Subjekt und Objekt wurden auf der wertbehafteten Vergleichsdimension zueinander in Beziehung gesetzt, so daß das Subjekt nun in Relation zum Objekt und im Hinblick auf ein bestimmtes Merkmal bewertet werden kann (Abbildung 9-5). Vergleiche können zusätzlich aber auch noch eine *Zeitdimension* beinhalten. So kann sich der Sportler aus unserem Beispiel etwa fragen, wie sich seine eigenen sportlichen Leistungen in den letzten Jahren entwickelt haben. In diesem Falle sind Subjekt und Objekt also identisch, da es sich bei beiden um den Sportler selbst handelt. Als Vergleichsdimension wird die „Leistung im Sport“ herangezogen. Das vierte Merkmal des Vergleiches ist die Zeit. Verglichen werden so z.B. die Leistungen aus dem Jahre 1996 mit denen des Jahres 1997.

Vergleiche zwischen dem Jetzt und der eigenen Vergangenheit werden mit zunehmendem Lebensalter immer wichtiger für die Konstruktion des eigenen Selbstkonzeptes (Filipp, Ferring, Mayer & Schmidt, 1997). Dies gilt selbst dann, wenn das Ergebnis eines solchen Vergleiches oft negativ ausfällt, weil hierbei – gerade im höheren Alter – Verluste, verpaßte Lebenschancen oder auch die zunehmende Einbuße körperlicher Fitneß besonders deutlich zu Tage treten (Freund & Smith, 1997). Je mehr die potentielle Zukunft einer Person schwindet und die Gegenwart ereignislos wird, desto relevanter wird die eigene Vergangenheit auch für Bewertungsprozesse.

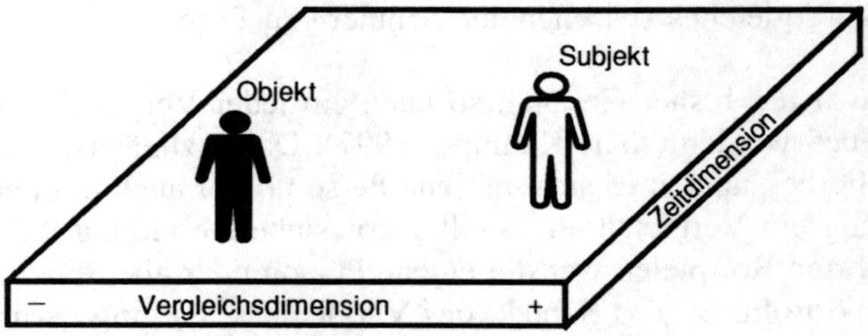

Abbildung 9-5: Vier Parameter des Vergleiches zur Bewertung von Personen und Gruppen

9.3.2 Strategien zur positiven Selbstbewertung

Warum haben wir uns nun aber so ausführlich mit dem psychologischen Prozeß beschäftigt, der einer Personenbewertung zugrunde liegt? In der Analyse der Bewertungsprozesse liegt der Schlüssel zum Verständnis der Manipulationsmöglichkeiten einer Bewertung. Wir haben eben erfahren, daß Menschen im allgemeinen daran interessiert sind, positive Selbstkonzepte aufzubauen. Die Selbstkonzepte einer Person sind das Ergebnis von Wahrnehmungs- bzw. Bewertungsprozessen. Wenn nun eine Person bewußt oder unbewußt dem Selbstwertbedürfnis folgend, eine positiv verzerrte Bewertung der eigenen Person vornimmt, so basiert dies meist auf einem verzerrten Vergleichs- bzw. Bewertungsprozeß.

Abbildung 9-6 systematisiert grob die vielfältigen Möglichkeiten, die einer Person für eine selbstwertdienlich verzerrte Selbstbewertung zur Verfügung stehen. Am Anfang eines solchen Prozesses steht eine erste Bewertung, deren Ergebnis mehr oder minder positiv ausfallen wird. Hierauf erfolgt dann der Einsatz einer selbstwertdienlichen Strategie, die ggf. dazu dient, eine negative Bewertung zu verbessern. Selbstwertdienliche Strategien können aber auch dann nützlich sein, wenn bereits ein positives Bewertungsergebnis vorliegt. Dies ist z.B. dann der Fall, wenn eine selbst vorgenommene positive Bewertung von anderen Menschen nicht akzeptiert wird und man nun die eigene Bewertung gegen Fremdbewertungen verteidigen muß. Ganz anders verhält es sich, wenn man sich schon recht lange an eine bestimmte positiv Bewertung gewöhnen konnte und daher nach einer noch positiveren Position strebt. Dieser Prozeß ist im Alltag vor allem in Leistungssituationen zu beobachten. Ein

Sportler, der seit einiger Zeit Deutscher Meister ist, wird sich hiermit bald nicht mehr zufriedengeben und vielleicht die Europa- oder gar die Weltmeisterschaft anstreben. Ähnlich verhält es sich im beruflichen Bereich oder in der Politik, wenn es darum geht, nach und nach eine immer prestigeträchtigere und einflußreichere Position zu erklimmen. Das Selbstwertmotiv dient hier als ein wichtiger innerer Motor dessen, was sich nach außen hin als Leistungsmotivation oder Ehrgeiz zu erkennen gibt, wobei das Selbstwertmotiv hier natürlich nicht als die alleinige Ursache anzusehen ist. Wie stark ein solches Motiv zur Verbesserung einer bereits positiven Selbstbewertung sein kann, zeigen verschiedene empirische Untersuchungen, die belegen, daß oftmals Personen mit einem positiven Selbstkonzept in sehr viel offensiverem Maße entsprechende Strategien einsetzen, als Personen mit vergleichsweise negativem Selbstkonzept (z.B. Swann, 1990). Selbstwertstrategien dienen also sowohl der Herstellung, als auch der Aufrechterhaltung, der Verteidigung und dem Ausbau positiver Selbstkonzepte. Die selbstwertdienlichen Strategien können an verschiedenen Punkten des Bewertungsprozesses ansetzen (Abbildung 9-6).

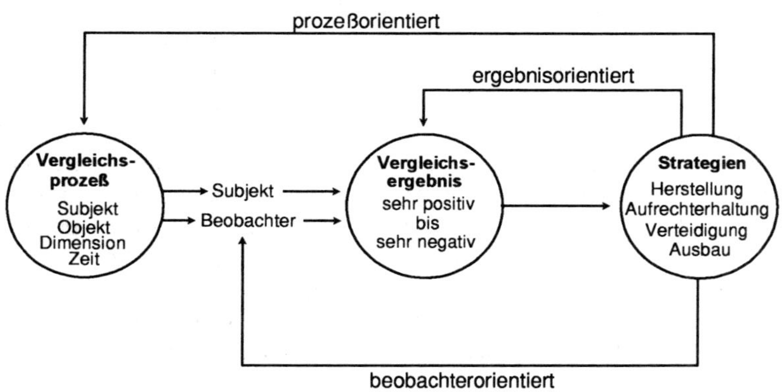

Abbildung 9-6: Formen selbstwertdienlicher Strategien

Ein erster möglicher Ansatzpunkt liegt bei den Parametern des Vergleiches, die einer Selbstbewertung zugrundeliegen. Wenn der eigene Selbstwert das Ergebnis eines Vergleiches ist, dann kann die Bewertung auch durch eine Veränderung der Vergleichsparameter modifiziert werden. Da hierdurch der Vergleichs- bzw. Bewertungsprozeß verändert wird, werden alle Strategien, die an den Parametern des Vergleiches ansetzen, zusammenfassend auch als *prozeßorientierte Strategien* bezeichnet (Kanning, 1997).

Ein Schüler, der etwa im Fach Mathematik immer wieder schlechte Noten erzielt, könnte den selbstwertbedrohlichen Charakter dieser Tatsache dadurch mildern, daß er die Note nicht in ihrer absoluten Ausprägung betrachtet, sondern sich vielmehr mit solchen Schülern vergleicht, die noch schlechtere Noten erzielen. Relativ zu diesen erscheinen seine Leistungen schon gar nicht mehr so schlecht. Formal ausgedrückt sucht sich der Schüler, der in diesem Beispiel das Subjekt des Vergleiches darstellt, gezielt ein solches Objekt aus, das ihm ein positives Vergleichsergebnis sichert.

Wills (1981) nennt dies einen passiv abwärtsgerichteten Vergleich. Passiv ist dieser Vergleich nur deshalb, weil der Schüler auf ein Objekt zurückgreift, das sich schon in der unterlegenen Position befindet. Der abwärtsgerichtete Vergleich wäre hingegen aktiv, wenn der Schüler seinen Mitschüler zuvor in die unterlegene Position bringt. Dies könnte er z.B. dadurch erreichen, daß er seinen Mitschüler während einer Klassenarbeit nicht abschreiben läßt. Die Folge wird möglicherweise sein, daß der Mitschüler eine deutlich schlechtere Note bekommt und sich gerade dadurch zum Objekt eines abwärtsgerichteten Vergleiches qualifiziert. Im Zusammenhang mit abwärtsgerichteten Vergleichen fühlt man sich auch schnell an Ausländerfeindlichkeit oder allgemein abwertendes Verhalten gegenüber sozialen Randgruppen der Gesellschaft erinnert. Die Abwertung derartiger Personen impliziert gleichzeitig auch immer eine Aufwertung der eigenen Person. Ihr kommt daher immer auch eine selbstwertdienliche Funktion zu.

Eine ganz andere Strategie besteht in der Auswahl einer möglichst günstigen Vergleichsdimension. Wenn der Schüler keine Chance darin sieht, im Fach Mathematik zu einer positiven Bewertung seiner Person zu gelangen, so könnte er die Überzeugung entwickeln, daß das Fach Mathematik im wirklichen Leben ohnehin von sehr untergeordneter Bedeutung ist. Viel wichtiger erschiene ihm vielleicht das Fach Sport. Voraussetzung für diesen Wechsel der Vergleichsdimension ist natürlich, daß er im Sportunterricht vergleichsweise gute Benotungen erzielen kann.

Eine dritte prozeßorientierte Strategie besteht in der Auswahl eines möglichst günstigen Zeitausschnittes, der im Vergleichsprozeß berücksichtigt wird. Der Schüler könnte seine Mathematikleistungen der letzten Jahre betrachten und ggf. zu dem Urteil kommen, daß er stetig besser geworden ist und daß sich dieser positive Trend auch in die Zukunft hinein fortschreiben läßt. Selbst dann, wenn die Leistungen zum gegenwärtigen Zeitpunkt noch nicht sehr befriedigen, so ist doch in Zukunft mit einer positiven Leistung zu rechnen. Der Schüler bezieht sich im Rahmen des Bewertungsprozesses also auf einen Aspekt seines possible self (s.o.). Eine solche Strategie ist natürlich nur dann sinnvoll, wenn sich tatsächlich entsprechende Erwartungen rechtfertigen lassen. Hier zeigt sich bereits, daß nicht alle Strategien in allen Situationen auch in gleichem Maße praktikabel sind.

Als viertes und letztes Beispiel für prozeßorientierte Strategien sei noch die Veränderung in der Definition des Subjektes hervorgehoben. Der Schüler, der selbst keine guten Noten erzielt, könnte einem solch ungünstigen Vergleich auf individueller Ebene aus dem Wege gehen. Statt dessen könnte er betonen, daß er zu einer besonders leistungsfähigen Klasse gehöre oder auf eine besonders anspruchsvolle Schule gehe. In diesem Falle abstrahiert er von seiner eigenen Person und akzentuiert eine bestimmte, ihm günstig erscheinende Gruppenmitgliedschaft, ein kollektives Selbst (s.o.). Er ist so in der Lage eine negative individuelle Bewertung durch eine positive kollektive Bewertung zu kompensieren. Ein alltäglicheres Beispiel mag in der Bandenkriminalität liegen. Auch hier kann man mutmaßen, daß der einzelne „Verlierer“ ein positives Selbstkonzept durch die Mitgliedschaft in einer starken und aktiven Gruppe aufzubauen sucht.

Eine zweite große Gruppe von selbstwertdienlichen Strategien bezieht sich direkt auf das Vergleichsergebnis. Sie werden daher zusammenfassend auch als *ergebnisorientierte Strategien* bezeichnet (Abbildung 9-6).

Die offensivste Form einer ergebnisorientierten Strategie besteht im Wettbewerb. Der Schüler, der schlechter im Fach Mathematik abschneidet als einer seiner Mitschüler, kann sich aktiv darum bemühen, diesen Zustand zu verändern, indem er sich selbst in Zukunft z.B. besonders anstrengt, viel mehr lernt oder sich von seinen Eltern Nachhilfeunterricht bezahlen läßt. Dieses einfache Beispiel verdeutlicht ein Grundprinzip, durch das gerade unsere westliche Kultur in starkem Maße geprägt ist. Das Bestreben, in irgendeiner Form besser zu sein als andere Menschen und zu diesem Zwecke mit ihnen in einen Wettbewerb zu treten, ist zweifellos eine der zentralen Antriebskräfte unseres kulturellen, politischen und ökonomischen Lebens. Der kleinste gemeinsame Nenner der vielfältigen Spielarten des Wettbewerbsverhalten ist wahrscheinlich das Streben nach einer positiven Bewertung der eigenen Person. Dabei beschränkt sich das Wettbewerbsverhalten nicht nur auf die Bewertung einzelner Personen, sondern umfaßt auch ganze Gruppen (kollektives Selbst).

Untersuchungen im Kontext der *Theorie der sozialen Identität* (Tajfel, 1978; Tajfel & Turner, 1986) konnten zeigen, daß Wettbewerbsverhalten schon dann auftritt, wenn ein Versuchsteilnehmer im Rahmen eines Experimentes zum Mitglied irgendeiner Phantasiegruppe erklärt wird. Selbst dann, wenn er hiervon keinen unmittelbaren materiellen Nutzen hat und weder die übrigen Mitglieder seiner Gruppe noch die Mitglieder einer gegnerischen Gruppe jemals zu Gesicht bekommen hat, zeigt die Versuchsperson Wettbewerbsverhalten zugunsten einer positiven Bewertung der eigenen Gruppe, in Abgrenzung zu einer zweiten Gruppe. Interessanterweise scheint es sehr vielen Probanden gar nicht so wichtig zu sein, wie positiv ihre Gruppe absolut betrachtet zu bewerten ist. Viel wichtiger ist den meisten, daß der Abstand zwischen beiden Gruppen zugunsten der eigenen Gruppe möglichst groß ausfällt. In Abbildung 9-7 ist dieser Unterschied bildlich dargestellt. Im Fall A schneidet die eigene Gruppe absolut betrachtet deutlich positiver ab als die Vergleichsgruppe. Dennoch entscheiden sich die meisten Versuchspersonen für B, weil hier der Abstand zur gegnerischen Gruppe deutlich größer zugunsten der eigenen Gruppe ausfällt, auch wenn dies absolut betrachtet zu Verlusten führt. Derartige Ergebnisse konnten inzwischen vieldutzendfach repliziert werden (Überblick: Diehl, 1990; Mullen, Brown & Smith, 1992). In der Theorie der Sozialen Identität spricht man aufgrund dieser Ergebnisse auch nicht nur von einem Streben nach positiver Bewertung der eigenen Gruppe, sondern von einem Streben nach positiver sozialer Distinkheit (Überblick: Mummendey, 1985).

Eine deutlich komplexere Strategie stellt das *self-handicapping* dar (Higgins, Snyder & Berglas, 1990). Hierbei legt sich eine Person, bildlich gesprochen, selbst ein Handicap in den Weg, um anschließend erklären zu können, daß sie ein gesetztes Ziel nur deshalb nicht erreichen konnte, weil sie behindert wurde. In Leistungssituationen kann als Handicap z.B. die mangelnde Anstrengung oder eine schlechte Vorbereitung dienen. Die Person kann sich so davor schützen, daß ihre mangelnden Fertigkeiten aufgedeckt werden. Die meisten Personen werden sicherlich lieber als faul, denn als dumm gelten. Dürfen sich Schüler im Rahmen einer Untersuchung z.B. selbst aussuchen, wie schwer die Aufgaben sind, die sie anschließend bearbeiten müssen, so wählen die leistungsschwächsten Schüler keineswegs auch die einfachsten Aufgaben. Im Gegenteil, bevorzugt werden besonders schwere Aufgaben (Atkinson, 1957). Natürlich können diese Schüler die Aufgaben dann auch nicht lösen. Hierin liegt aber gerade der selbstwertdienliche Sinn der Aufgabenauswahl. Denn wer bei besonders schweren Aufgaben scheitert, kann sich immer auf die Position zurückziehen, daß fast niemand diese Aufgaben gelöst hätte. Die Bearbeitung der Aufgabe sagt also letztlich gar nichts über die Leistungen des individuellen Schülers aus. Sie besitzt eine geringe Diagnostizität. Der Schüler hat sich durch die Wahl einer Aufgabe mit geringer Diagnostizität selbst ein Handicap gestellt, so daß die selbstwertbedrohliche Entdeckung seiner geringen Leistungsfähigkeit deutlich erschwert wird.

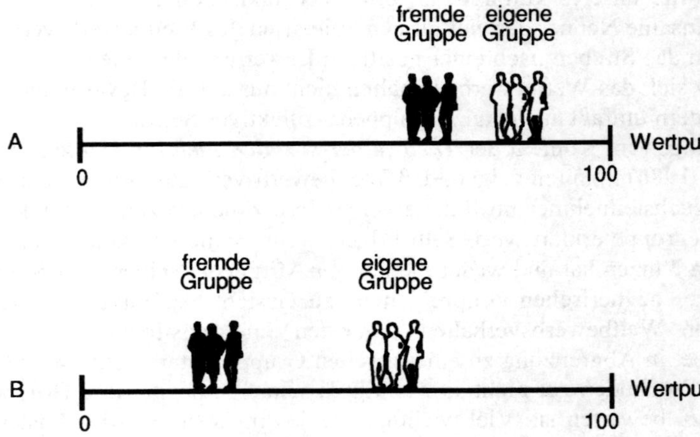

Abbildung 9-7: Wettbewerbsverhalten zwischen zwei Gruppen

Ein dritte Gruppe selbstwertdienlicher Strategien ergibt sich, wenn die Bewertung nicht durch das Subjekt selbst vorgenommen wird, sondern durch eine andere Person erfolgt, die selbst nicht unmittelbar in den Vergleichsprozeß involviert ist. Es handelt sich hierbei um *beobachterorientierte Strategien* (Abbildung 9-6).

Die einfachste Form beobachterorientierter Strategien besteht darin, den Beobachter in Gesprächen von dem besonderen Wert der eigenen Person (oder der eigenen Gruppe) zu überzeugen. Die Beobachterüberzeugung spielt sich in vielen Schulen immer wieder aufs neue zur Zeit der Notengebung ab, wenn einzelne Schüler – bevorzugt aus der Oberstufe – mit dem Lehrer um jeden Benotungspunkt feilschen.

Eine sehr viel feinere Form der Einflußnahme besteht in den vielfältigen Strategien der Selbstdarstellung, bei denen man auf indirektem Wege beim Beobachter einen positiven Eindruck zu hinterlassen versucht. Ihnen wird nachfolgend ein eigenständiger Abschnitt gewidmet.

Beharrt der Beobachter aber beständig auf seinem Urteil und läßt sich weder durch direkte noch durch indirekte Einflußnahme zu einem positiveren Urteil bewegen, so steht immer noch die Strategie der Bewertung des Beobachters zur Verfügung. Der Schüler kann einen Lehrer, der ihn schlecht benotet, beispielsweise für befangen oder inkompetent erklären. Damit verändert er zwar nichts an der tatsächlichen Bewertung seiner Person. Er läßt diese für sich selbst jedoch nicht gelten. Dies ist sicherlich die einfachste Form, mit Bewertungen durch andere Menschen umzugehen. Bewertet uns jemand positiv, so erkennen wir in ihm einen ebenso unbestechlichen wie überaus kompetenten Beobachter. Fällt das Urteil jedoch zu unseren Ungunsten aus, so halten wir ihn für unfähig.

Insgesamt lassen sich in der psychologischen Literatur weit mehr als zwei Dutzend unterschiedlicher Formen selbstwertdienlicher Strategien finden, die fast alle auch schon vielfach empirisch überprüft wurden. An dieser Stelle wurde nur eine kleine Auswahl vorgestellt, um die Vielfalt der Möglichkeiten zu demonstrieren. Ein jeder Leser wird bei aufmerksamer Beobachtung entsprechende Phänomene mit Leichtigkeit auch bei sich selbst und auch in seiner näheren sozialen Umgebung wiederfinden können. Es ist jedoch davon auszugehen, daß selbstwertdienliche Strategien meist weniger reflektiert als vielmehr automatisiert in unserem Alltag ablaufen. Sie treten außerhalb psychologischer Studien meist dann offen zutage, wenn man mit Menschen zu tun hat, die völlig entgegengesetzte Bewertungen vornehmen und hierfür nicht minder schlüssige Begründungen aufweisen. Jeder Mensch schafft sich wohl im Laufe der Zeit ein in sich schlüssiges und nach außen hin abgeschottetes System selbstwertdienlicher Strategien, das ihm zumindest in den für ihn zentralen Bereichen seiner Selbstkonzepte eine positive Bewertung sichert. Nur vergleichsweise wenige Menschen bewerten sich tatsächlich konsequent negativ. Untersuchungen mit depressiven Probanden zeigen jedoch, daß auch diese sich durchaus gerne positiv bewerten wollen (Baumeister, 1993). Ihnen fehlt es jedoch – aus welchen Gründe auch immer – in erster Linie an einer adäquaten Umsetzung potentiell zur Verfügung stehender Strategien zum Aufbau und zur Sicherung positiver SelbstBewertungen.

Selbst dann, wenn strategisches Verhalten mit im Spiel ist, besteht natürlich keine Garantie für eine positive Bewertung der eigenen Person. Nicht jede Strategie führt in jeder beliebigen Situation auch zum Erfolg. Strategien können völlig ausbleiben oder situationsunangepaßt ausgewählt sein. Ein besonders interessanter empirischer Beleg für ersteres ist, daß depressive Personen die Wahrscheinlichkeit dafür, daß unangenehme Ereignisse eintreffen, im Vergleich zu nicht depressiven Personen höher einschätzen. Schafft man in einem Laborexperiment ganz klar definierte Situationen, so stellt man fest, daß dieser Unterschied aber nicht etwa auf eine zu negative Sichtweise der Depressiven, sondern vielmehr auf eine zu positive Sichtweise der Nicht-Depressiven zurückzuführen ist. Die depressiven Probanden schätzen die Situation realistischer ein. Das Phänomen wird daher auch als depressiver Realismus bezeichnet (Alloy & Clements, 1992; Langer, 1975) und verweist darauf, daß alle übrigen Personen die eigene Realität der Tendenz nach eher positiv verzerrt wahrnehmen.

9.4 Selbstdarstellung

Bewertungen unserer eigenen Person werden nicht ausschließlich von uns selbst vorgenommen. Auch andere Menschen machen sich ein Bild von uns. Beide Bewertungen stehen dabei meist nicht unabhängig nebeneinander. Gerade in bezug auf die Persönlichkeitsentwicklung eines Menschen wird vielfach davon ausgegangen, daß den öffentlichen Selbstbildern eine gewichtige Rolle bei der Ausbildung privater

Selbstbilder zukommt. Eltern und Lehrer charakterisieren und bewerten das Verhalten ihrer Kinder und spiegeln diesen ihre Einschätzungen direkt oder indirekt wieder. Hierdurch nehmen sie zumindest langfristig Einfluß auf das Selbstbild der Betroffenen. Ähnlich verhält es sich auch bei Erwachsenen. Hier haben sich oftmals jedoch schon feste Einschätzungen bezüglich wichtiger Merkmale herausgebildet, so daß es schon einer intensiven Einflußnahme bedarf, ehe sich dies auch auf private Selbstbilder auszuwirken vermag. Besonders einflußreich sind Bewertungen, die von anderen Personen an uns herangetragen werden, vor allem in solchen Bereichen, für die man selbst noch kein gefestigtes Selbstkonzept entwickelt hat.

Aber auch unabhängig von der Frage, inwieweit Fremdbilder eigene Selbstbilder beeinflussen, kommt der Tatsache der nahezu permanent vorgenommenen Fremdbewertung eine große Bedeutung für das eigene Verhalten zu. Menschen sind nämlich nicht nur daran interessiert, sich selbst positiv zu bewerten, sondern streben auch eine positive Bewertung durch ihre Mitmenschen an. Dieser Teilaspekt des Selbstwertmotives richtet sich auf das öffentliche Selbst einer Person (Abbildung 9-1).

Im vorangestellten Abschnitt wurde bereits darauf hingewiesen, daß wohl fast jeder Mensch selbstwertdienliche Strategien einsetzt, die sich ggf. auch auf solche Personen richten, die eine Bewertung seinerselbst vornehmen. Neben dem Versuch der direkten Einflußnahme stehen zahlreiche Strategien der indirekten Einflußnahme zur Verfügung, die unter dem Stichwort *Selbstdarstellungstechniken* zusammengefaßt werden (Überblick: Mummendey, 1995, Mummendey & Bolten, 1985).

Zur Systematisierung entsprechender Techniken kann zunächst zwischen Strategien und Taktiken unterschieden werden (Tedeschi, Lindskold & Rosenfield, 1985). Im Rahmen der Theorie der Selbstdarstellung spricht man von *Taktiken*, wenn es darum geht, kurzfristig auf die Bewertung der eigenen Person durch eine andere Einfluß zu nehmen. Wer z.B. von einem Polizisten angehalten wird, weil er mit dem Fahrrad verkehrt herum in eine Einbahnstraße gefahren ist, muß sich ganz kurzfristig darum bemühen, den Beamten so zu beeinflussen, daß er im besten Falle von einer gebührenpflichtigen Verwarnung absieht. Ein langfristiges Vorgehen ist hier weder möglich noch sinnvoll, da das Zusammentreffen mit dem Polizisten nach wenigen Minuten beendet sein wird und man ihm wahrscheinlich auch nie mehr begegnet. Ganz anders verhält es sich bei Personen, mit denen wir über einen längeren Zeitraum zu tun haben. Hier sind auch langfristige Techniken, sog. *Strategien* sinnvoll. Dies ist z.B. in bezug auf Vorgesetzte, Freunde und Bekannte, aber auch bei Partnern und den eigenen Kindern der Fall.

Eine zweite Unterscheidung bezieht sich auf den Grad der Offensivität, mit dem man das Urteil seines Gegenübers zu beeinflussen versucht (Tedeschi, Lindskold & Rosenfeld, 1985). Eine *defensive* Selbstdarstellungstechnik besteht darin, daß man sich darum bemüht, eine drohende negative Bewertung zu vermeiden. So könnte man etwa den Versuch unternehmen, dem Polizisten aus dem letzten Beispiel davon zu überzeugen, daß das entsprechende Verkehrsschild sehr leicht zu übersehen ist und man daher kaum Verantwortung für das eigene Fehlverhalten zu tragen habe. Bemüht man sich hingegen aktiv darum, eine positive Bewertung beim Gegenüber zu erzeugen, ohne daß eine negative Bewertung zu erwarten ist, so spricht die Selbstdarstellungstheorie von *assertiven* Techniken. Ein typisches Beispiel für ein derartige Situation ist ein Bewerbungsgespräch.

Abbildung 9-8 gibt einen Überblick über verschiedene Selbstdarstellungstechniken. Dabei fällt auf, daß nicht jede Technik zweifelsfrei einem der vier Felder der Tabelle zugeordnet werden kann. Ein und dasselbe Verhalten kann, je nach Kontext und Zielrichtung, mal als Taktik, ein andermal als Strategie erscheinen. Ferner ist zu berücksichtigen, daß diese Techniken, analog zu den oben beschriebenen Formen selbstwertdienlichen Verhaltens, auch miteinander kombiniert werden können. Strategien und Taktiken schließen sich keineswegs aus. Auch wenn man längerfristige Ziele verfolgt, kann es hilfreich sein, in einer aktuellen Situation von der langfristigen Strategie abzuweichen und eine situativ vorteilhaftere Taktik zu wählen.

	Taktiken	Strategien
defensiv	Verantwortung abstreiten sich „herauswinden" sich entschuldigen	sich als hilflos darstellen sich als ängstlich darstellen sich als krank darstellen
assertiv	anderen schmeicheln nett sein andere einschüchtern hilfsbedürftig erscheinen Leistungen herausstellen kompetent erscheinen	als Experte auftreten sich als attraktiv darstellen sich als liebenswürdig darstellen den eigenen Status betonen Vertrauenswürdigkeit vermitteln glaubwürdig erscheinen

Abbildung 9-8: Beispiele für Selbstdarstellungstechniken (nach Tedeschi et al.,1985)

Eine besonders interessante Form der Selbstdarstellung sei an dieser Stelle noch besonders hervorgehoben. Sie besteht darin, daß man eine besondere Nähe der eigenen Person zur positiv bewerteten Personen herstellt bzw. herausstellt (Tesser, 1991; 1986). Dieses Phänomen werden vor allem prominente Personen und Menschen mit hohem gesellschaftlichen Status besonders gut kennen. Der Chauffeur brüstet sich damit, den Bundeskanzler zu fahren, die Sekretärin einer Konzertagentur berichtet von gelegentlichen Kontakten zu bekannten Größen des Showbusiness und der Pförtner eines Industriekonzens erzählt im Bekanntenkreis davon, daß er den Vorstandsvorsitzenden fast täglich zu Gesicht bekommt und sogar schon einmal ein kurzes Gespräch mit ihm geführt habe. Aber auch dann, wenn das Statusgefälle nicht so unüberwindlich groß ist, kann ein solches Verhalten häufig beobachtet werden. So bemüht sich z.B. manch einer auffallend häufig, in allen möglichen Frage mit seinem direkten Vorgesetzten übereinzustimmen.

Eine Aufwertung der eigenen Person kann aber auch durch eine Abgrenzung von negativ bewerteten Personen erfolgen (Snyder, Lassegard & Ford, 1986). So wird ein Mitarbeiter, der beim Vorgesetzten in Ungnade gefallen ist, wahrscheinlich erfahren, daß immer mehr seiner Kollegen auf Distanz zu ihm gehen. Hierdurch vermeiden sie es, mit in den Strudel des „sozialen Abstiegs" hineingezogen zu werden und können sich durch Klatsch und Tratsch und im Extremfall auch durch aktives Mobbing positiv abgrenzen. Ähnlich ergeht es vielen Menschen, die arbeitslos werden oder gar von der Sozialhilfe leben müssen.

An dieser Stelle wird deutlich, daß sich Selbstdarstellungstechniken mitunter viel komplexer gestalten, als es auf den ersten Blick scheinen mag. Dies gilt ebenso für die übrigen Formen selbstwertdienlichen Verhaltens.

Selbstdarstellungstechniken zielen jedoch nicht in jedem Falle darauf ab, beim Gegenüber eine positive Bewertung zu erzeugen. Manchmal ist auch das Gegenteil der Fall. So werden z.B. Punks oder Skinheads mit ihrem Aussehen und Auftreten wohl kaum die Absicht verfolgen, beim Normalbürger eine positive Resonanz zu erzeugen. Im Gegenteil, sie wollen Abwehr und Abwertung hervorrufen. Gerade diese Abwertung durch bestimmte andere Personen nutzen sie aber zur Aufwertung ihrer eigenen Person bzw. ihrer eigenen Gruppe. In einer allgemeineren Form ist dieses Prinzip wohl den meisten Menschen auch aus ihrem eigenen Leben bekannt. Positiv zu bewerten ist man unter anderem dann, wenn man von solchen Leuten negativ bewertet wird, die man selbst wenig schätzt. Die Ablehnung durch derartige Personen wird zur Bestätigung eigener positiver Selbstkonzeptionen herangezogen.

Zur empirischen Untersuchungen solcher und ähnlicher Techniken der Selbstdarstellung vergleicht man z.B. das Verhalten von Untersuchungsteilnehmern in Situationen, in denen sie allein sind, mit solchen Situationen, in denen andere Menschen anwesend waren. Interessanterweise lassen sich Selbstdarstellungstechniken aber auch dann noch in schwacher Intensität nachweisen, wenn gar keine Personen mehr anwesend sind, vor denen man eine Selbstdarstellung betreiben könnte. Dies hat zu der Annahme geführt, daß entsprechende Techniken auch zur Überzeugung der eigenen Person eingesetzt werden. Wir spielen demnach also nicht nur anderen etwas vor, sondern versuchen möglicherweise auch, uns selbst hierdurch zu überzeugen (inner audience hypothesis; Greenwald & Breckler, 1985). Je länger man sich anderen Menschen gegenüber in konsistenter Weise darstellt, desto größer wäre demnach auch die Wahrscheinlichkeit, selbst einmal daran zu glauben, daß man genau so (positiv) ist, wie man andere glauben machen will.

Die Selbstdarstellungstechniken verdeutlichen noch einmal recht nachdrücklich, daß der Einzelne im Kontext von Bewertungsprozessen keineswegs ein Spielball seines sozialen Kontextes oder gar eines Schicksals ist. Er nimmt immer auch aktiv Einfluß auf Bewertungsprozesse. So kritisch ein Selbsturteil über die eigene Person hinsichtlich des Wahrheitsgehaltes beurteilt werden muß (s.o.), so deutlich wird doch auch, daß ein unreflektiertes Fremdurteil im Alltag kaum zutreffender ausfallen dürfte. Neben den vielen Problemen der Personenbeurteilung, die in diesem Buch angesprochen wurden, gesellt sich in diesem Kapitel nun noch ein weiteres hinzu: *Die Informationen, die uns zur Beurteilung einer Person zur Verfügung stehen, wurden oft durch diese zielgerichtet manipuliert.*

Der soziale Einfluß zeigt sich wieder einmal als wechselseitiger Prozeß. Das Individuum kann Einfluß auf die Bewertung nehmen, die ihm durch die soziale Umgebung widerfährt. Hierzu ist es allerdings notwendig, auch „die Spielregeln" zu kennen und zu wissen, wie man sich in einem gegebenen Rahmen zu verhalten hat, um ein gesetztes Ziel auch tatsächlich erreichen zu können.

9.5 Konsequenzen

Die Selbstkonzepte einer Person weisen einen direkten und einen indirekten Bezug zu ihrem sozialen Kontext auf. Das öffentliche Selbst sowie die selbstwertdienlichen Strategien, die sich auf Bewertungen einer Person durch die sie umgebenden Menschen beziehen, verdeutlichen den direkten Bezug. Der indirekte Bezug ergibt sich aus dem Verhalten, welches unter anderen auf der Grundlage eigener Selbstkonzepte fußt und sich zumindest partiell auch auf andere Menschen richtet. Menschliches Verhalten ist fast immer interaktiv, d.h. niemand handelt letztendlich völlig isoliert von den Einflüssen anderer Menschen. Gleichzeitig stellt er selbst aber auch eine Einflußquelle für den sozialen Kontext dar. Dem privaten und öffentlichen Selbstkonzept kommt hierbei eine nicht zu unterschätzende Bedeutung zu.

Die Vielfalt der beschriebenen Strategien zur Schaffung und Sicherung von positiven Selbstkonzepten verdeutlicht, wie variabel die Basis entsprechender Bewertungsprozesse ist. Eigentlich kann jeder Mensch in wichtigen Bereichen seines Lebens zu einem positiven Selbstkonzept gelangen. Dabei ist die Frage nach dem Realitätsgehalt einer solchen Bewertung zweitrangig. Ja, mehr noch, im Einzelfall wird es schwierig sein, überhaupt eine Verzerrung der Selbstwahrnehmung definieren zu können, weil es einfach viel zu viele Möglichkeiten der Bewertung gibt, die gleichberechtigt nebeneinander existieren. Dennoch ist klar, daß es prinzipiell derartige Verzerrungen geben wird.

Wo liegt aber nun das Problem einer solch flexibel zu gestaltenden Bewertung eigener Selbstkonzepte? Wir haben bereits gehört, daß ein positiver Selbstwert zumindest der Tendenz nach mit psychischer und physischer Gesundheit verbunden ist. Auch wenn dies nicht zu bestreiten ist, muß gleichwohl betont werden, daß ein positiver Selbstwert nicht in jeder Ausprägung auch ausschließlich positive Konsequenzen nach sich zieht. Ein sehr unrealistisches, positiv verzerrtes Selbstkonzept geht auch schnell mit einer Überschätzung der eigenen Fähigkeiten einher. Dies kann dann z.B. dazu führen, daß man andere Menschen nicht um Hilfe bittet, wenn dies angebracht wäre (Wills, 1987). Ein solcher Zustand wird um so problematischer, wenn auch andere Menschen hiervon in Mitleidenschaft gezogen werden. Man denke etwa an die Erziehungsprobleme von Eltern, die selbst alkoholsüchtig sind und dennoch keine professionelle Hilfe aufsuchen. Ebenso folgenschwer wie die mangelnde Nachfrage nach entsprechender Hilfe ist ein betont offensives Auftreten bei der Durchsetzung eigener Interessen. Wer sich selbst überschätzt, der wird sich auch nicht viel Zeit für ein besonnenes Abwägen in Entscheidungssituationen lassen. Analoge Zusammenhänge finden sich auch auf einer komplexeren Ebene. So manche folgenschwere Fehleinschätzung in Wirtschaft und Politik wird das Ergebnis einer Selbstüberschätzung der Entscheidungsträger sein.

Wie so oft im Leben ist auch beim Selbstwert das „gesunde Mittelmaß“ erstrebenswert. Baumeister (1989) spricht daher von einem optimalen Grad der Realitätsverzerrung (optimal margin of illusion), welcher dem Menschen dabei hilft, seine Gemütsverfassung – salopp gesprochen – irgendwo zwischen Depression und Manie einzupendeln.

Welche Bedeutung haben die geschilderten Sachverhalte nun aber für die Wahrnehmung und Bewertung einzelner Menschen und sozialer Situationen? In den vorherigen Kapiteln dieses Buches haben wir gesehen, wie kritisch alltägliche, und in aller Regel unreflektiert vorgenommene Bewertung sozialer Phänomene, einzuschätzen sind. Der Nachweis der Begrenztheit menschlicher Wahrnehmungskapazität sowie zahlreicher systematischer Verzerrungen bei der Informationsverarbeitung begründen ein solch skeptisches Urteil. Die Forschungsergebnisse zum Thema Selbstkonzepte liefern zwei weitere wichtige Analysebausteine.

Zum ersten zeigen sie, daß die Beurteilung anderer Personen durch den Einsatz von Selbstdarstellungstechniken zusätzlich erschwert wird. Selbst wenn ein Beobachter seinen Gegenüber absolut präzise und rational erfassen könnte, basiert sein Urteil immer noch zu einem schwer abzuschätzenden Anteil auf einer gezielt für ihn präsentierten Information, die mehr oder weniger stark von der dahinterliegenden Realität abweichen kann. Zum zweiten zeigt sich, daß auch die Wahrnehmung der eigenen Person, über die man ja eigentlich die meisten Informationen haben sollte, gewichtigen Verzerrungseinflüssen ausgesetzt ist.

Überspitzt ausgedrückt bedeutet dies, daß wir weder uns selbst noch andere Menschen wirklich kennen (können).

9.6 Fazit

Die Selbstwahrnehmung eines Individuums unterliegt nicht prinzipiell völlig anderen Gesetzmäßigkeiten als die Wahrnehmung anderer Personen. Zwar stehen dem Individuum z.T. andere Informationsquellen als einem Beobachter zur Verfügung (z.B. innere Befindlichkeiten), dies führt aber nicht zwangsläufig auch zu zutreffenderen Einsichten. Die Selbstwahrnehmung wird zusätzlich durch die Bedürfnisse nach positiver Selbstbewertung und Vermeidung von Inkonsistenz beeinträchtigt. Hinzu kommt, daß die Selbstkonzepte nicht unbeeinflußt von Charakterisierungen und Bewertungen durch den sozialen Kontext existieren. Auch wenn das Individuum aktiv Einfluß auf derartige Fremdbilder seiner Person nehmen kann, wird es sich Beurteilungen durch wichtige Bezugspersonen kaum entziehen können.

Analog zu allen übrigen Phänomenen zeigt sich auch beim Einflußfaktor „Selbstwertstreben", daß es zwei Seiten der Medaille gibt. Auf der einen Seite erweist sich der Einsatz selbstwertdienlicher Strategien als überaus nützlich für die Person, wenn es um die Sicherung des psychischen und physischen Wohlbefindens geht. Auf der anderen Seite liegt in ihnen aber auch wieder die Gefahr der Selbstüberschätzung oder zumindest doch der mangelnden Kenntnis der tatsächlichen Fähigkeiten begründet. Ein situationsinadäquates Verhalten ist somit schon vorprogrammiert. Wieder einmal zeigt sich, daß es keinen Sinn hat, die Quelle der Fehlereinflüsse zu verdammen oder gar auszuschalten, da in diesem Falle – sofern eine Eliminierung überhaupt möglich wäre – auch die durchaus positiven Funktionen wegfallen würden.

9.7 Vertiefende Literatur

Kanning, U.P. (1997). Selbstwertdienliches Verhalten und soziale Konflikte. Waxmann: Münster.

Mummendey, H.D. (1995). Psychologie der Selbstdarstellung. Göttingen: Hogrefe.

Wicklund, R.A. & Frey, D. (1993). Die Theorie der Selbstaufmerksamkeit. In D. Frey & M. Irle (Hrsg.), Theorien der Sozialpsychologie, Band I: Kognitive Theorien (2. Aufl.) (S. 155-173). Göttingen: Hogrefe.

10. Urteilsverzerrungen und Gegenmaßnahmen

Beurteilungen von Menschen und sozialen Situationen zählen zu den ganz alltäglichen Dingen des Lebens, die ein jeder mehrfach am Tage vornimmt, ohne sich dessen in den meisten Fällen überhaupt bewußt zu sein. Dabei steht es uns in der Regel nicht frei zu entscheiden, ob wir eine solche Beurteilung vornehmen möchten oder nicht. Sie sind vielmehr Teil der Steuerung unseres eigenen Verhaltens und als solche unverzichtbar. Ein situationsangepaßtes und damit auch erfolgversprechendes Verhalten setzt eine Bewertung der gegebenen Umstände zwangsläufig voraus. Zu diesen „Umständen" gehören u.a. auch andere Menschen und soziale Situationen. Angesichts dieser herausgehobenen Funktion von Bewertungsprozessen erweist es sich um so problematischer, daß selbige einer Vielzahl von systematischen Verzerrungen unterworfen sind.

In den vorausgehenden Kapiteln haben wir uns mit einer großen Zahl einschlägiger Prozesse beschäftigt. Am Anfang standen dabei die optischen Täuschungen, die einen ersten Hinweis darauf lieferten, daß die Welt selbst in bezug auf sehr einfache physikalische Informationen offenbar nicht ganz so ist, wie sie dem Menschen erscheint. Wahrnehmung ist kein bloßer Abfüllprozeß, bei dem die Informationen – vergleichbar dem Füllen eines Eimers am Wasserhahn – einfach nur in das Gehirn einer Person hineinfließen. Wahrnehmung ist immer auch ein aktiver Prozeß, an dem das Individuum gestaltend mitwirkt. Aufbauend auf dieser Erkenntnis wurden nachfolgend vor allem Verzerrungen des Denkens diskutiert, angefangen von den grundlegenden Funktionen des Gedächtnisses bis hin zu spezifischen Phänomenen wie etwa den Fehlern bei der Ursachenzuschreibung. Auch wenn Urteilsprozesse zwangsläufig primär mit dem Wahrnehmen und Denken der urteilenden Person verbunden sind, so kommt doch auch den emotionalen Zuständen des Individuums die Rolle eines wesentlichen Einflußfaktors zu. Vielfach belegt ist insbesondere die generelle Tendenz, daß sich Erinnerungs- und Entscheidungsabläufe in ihrem Ergebnis an die aktuell vorliegende Stimmungslage des Beurteilers angleichen. Die Bewertung anderer Menschen findet dabei immer auch unter Bezugnahme auf einen sozialen Kontext statt, in den Beobachter und Akteur eingebettet sind. Beurteilungen unterliegen dementsprechend, ebenso wie die allermeisten Verhaltensweisen des Menschen, sozialen Beeinflussungen, die im negativen Falle eine Verzerrung der Bewertungen fördern. Zuguterletzt konnte gezeigt werden, daß sich systematische Urteilsverzerrungen auch im Selbstbild des Individuums nachweisen lassen. Vielfach belegt ist hierbei die Tendenz, die eigene Person aufzuwerten bzw. vor Abwertungen zu schützen.

Am Ende dieser Ausführungen ergibt sich nun die Möglichkeit zu einer umfassenden Betrachtung des Phänomens der Urteilsverzerrungen. Fast zwangsläufig stellt sich dabei natürlich auch die Frage, ob und inwieweit unerwünschten Verzerrungen und Fehlern begegnet werden kann. Dies zu diskutieren wird nun die Aufgabe des letzten Kapitels sein.

Wir beginnen zunächst mit einer allgemeinen Kennzeichnung des Phänomens der Urteilsverzerrungen, so wie sie sich aus der vorangestellten Analyse psychologischer Theorien und Forschungsergebnisse ergibt. Im Zentrum steht dabei die Frage nach den grundlegenden Prinzipien der Urteilsverzerrungen. Anschließend werden die spezifischen Formen der systematischen Fehler noch einmal zusammenfassend dargestellt. Im Rückgriff auf diese Analyse wird es in einem dritten Schritt schließlich um die Frage gehen, welche Maßnahmen zur Verhinderung unerwünschter, folgenschwerer Fehlbeurteilungen ergriffen werden können. Am Ende unseres nun doch schon recht weitreichenden Ausfluges in die psychologische Forschung stehen Wünsche und Empfehlungen, die sich aus den diskutierten Erkenntnissen ableiten lassen.

10.1 Grundprinzipien der Verzerrungsphänomene

Urteilsverzerrungen sind ein natürlicher Ausdruck alltäglicher Bewertungen von Menschen und Situationen. Als „natürlich“ sind sie nicht primär deshalb zu bezeichnen, weil wir sie sicherlich bei jedem Menschen antreffen werden, sondern weil sie vielmehr eine *Begleiterscheinung grundlegender Prinzipien der menschlichen Wahrnehmung und Informationsverarbeitung* sind. Einige kurze Beispiele mögen uns diesen Sachverhalt noch einmal in Erinnerung rufen.

Die Wahrnehmungsselektion ist eine notwendige Bedingung dafür, daß der Mensch sich überhaupt in seiner Umwelt zurechtfinden kann. Wenn jeder noch so schwache Reiz, der auf den Organismus in nur einer einziger Sekunde einströmt, bewußt verarbeitet werden müßte, so wäre letzterer nicht überlebensfähig. Wer sämtliche Nuancen der Licht- und Schallwellen, radioaktive Umgebungsstrahlung, alle körperintern ablaufenden Prozesse wie Hormonausschüttungen oder Zellteilungen bewußt zur Kenntnis nehmen muß, der verliert jegliche Freiheit der Verhaltenssteuerung. Ein solches – kaum vorstellbares Wesen – müßte über gigantische Kapazitäten zur parallelen Informationsverarbeitung verfügen. Ansonsten würde es wohl nur noch still in einer Höhle kauern und auf den erlösenden Tod warten. Eine Person, die nicht in der Lage ist, die eigenen Denkprozesse durch den Einsatz von Heuristiken zu vereinfachen, müßte ständig in ihrem alltäglichen Handlungsstrom innehalten, weil das sorgfältige Durchdenken auch unwichtigster Sachverhalte einen Großteil ihrer Aufmerksamkeit und Informationsverarbeitungskapazität binden würde. Wer kann sich schon vorstellen, beim Überqueren einer Straße zunächst sämtliche denkbaren Risiken und Handlungsszenarien systematisch zu durchdenken, ehe er sich dazu entscheiden kann, in einem Moment minimaler Gefährdung seiner Absicht auch eine Tat folgen zu lassen. Schließlich denke man sich einmal einen Menschen, der keinerlei Vorurteile hat: Eine Person, die nicht im vorhinein beurteilen kann, wo Nahrung aufzutreiben ist, wo sie im Notfalle Hilfe finden kann oder vor welchen Situationen man sich in acht nehmen sollte. Absolute Vorurteilslosigkeit käme wohl einer Gedächtnislosigkeit gleich, die das Individuum letztlich seiner Überlebensfähigkeit berauben würde.

Diese Beispiele verdeutlichen, daß Phänomene wie etwa die Wahrnehmungsselektion, die Vereinfachung des Denkens mittels Heuristiken oder auch Vorurteile wichtige Aufgaben erfüllen, die einen zentralen Beitrag zu Funktionsfähigkeit eines jeden Individuums und damit auch zum Überleben der eigenen Gattung leistet.

Analog verhält es sich mit Einflußprozessen, die nach klassischer Betrachtung außerhalb der eigentlichen Informationsverarbeitung liegen. Dies gilt z.B. für die Emotionen oder auch Einflüsse des sozialen Kontextes. Beide sind unverzichtbare Bestandteile einer realitätsangepaßten Verhaltenssteuerung. Weite Bereiche des Lernens wären beispielsweise ohne soziale Einflüsse gar nicht denkbar. Gleichwohl tragen auch sie, genau so wie die allgemeinen Prinzipien der Informationsverarbeitung, die Gefahr unerwünschter, folgenschwerer Urteilsverzerrungen in sich. Korrekte Beurteilungen und systematische Verzerrungen verhalten sich dabei wie die beiden Seiten einer Medaille. Die eine ist ohne die andere nicht zu haben.

Bei einer Intervention gegen Verzerrungsphänomene kann es nach dem bisher Gesagten nur darum gehen, spezifischen Verzerrungen in einer konkreten Entscheidungssituation zu begegnen. Der Versuch, die Grundprinzipien, auf denen diese Verzerrungen fußen, selbst zu beseitigen, erscheint ebenso aussichtslos wie kontraproduktiv. Ebenso gut könnte man sich das Leben nehmen, um einem drohenden Schnupfen vorzubeugen.

10.1.1 Ökonomie

Ein Grundprinzip der menschlichen Informationsverarbeitung stellt die Ökonomie der ablaufenden Prozesse dar. Im Wahrnehmungsprozeß geht es darum, die wesentlichen Informationen von den unwesentlichen zu trennen und nur letztere einer weiteren Verarbeitung zuzuführen. Im Gedächtnis werden die Wahrnehmungseindrücke in kleinste Informationsbestandteile zerlegt und dann in Form komplexer Netzwerke wieder zusammengefügt. Eine Information, die mehrfach wahrgenommen wurde, wird dabei keineswegs auch mehrfach isoliert abgespeichert. Statt dessen erhöht sich lediglich ihr Aktivierungsniveau und ggf. die Anzahl der assoziativen Verbindungen innerhalb des Netzwerkes. Die Alternative bestünde darin, jede Information, die aufgenommen wird, auch mehrfach originalgetreu zu speichern. Daß dies innerhalb kurzer Zeit zu einem Zusammenbruch des gesamten Systems führen würde, kann man sich leicht vorstellen, wenn man nur einmal daran denkt, wie oft in diesem Falle in unserem Gedächtnis z.B. das Gesicht des Partners, die Möbelstücke der eigenen Wohnung oder das Zifferblatt der eigenen Armbanduhr aufzufinden sein müßten. Im Bereich des Denkens erweist sich der Einsatz von Heuristiken als weiteres Beispiel für das Ökonomieprinzip der Informationsverarbeitung.

Für systematische Urteilsverzerrungen gilt das gleiche Ökonomieprinzip. Meist sind sie Ausdruck einer zeit- und ressourcensparenden Vorgehensweise bei der Urteilsfindung. Ursachensuche und Zuschreibung beschränken sich in der Regel auf eine einzige Ursache. Der Halo-Effekt ermöglicht es, auf der Grundlage einer einzigen Information eine weitreichende Charakterisierung einer Person vornehmen zu können. Ähnlich verhält es sich mit sozialen Vorurteilen. Die Einflußnahme von Emotionen gewährleistet in einer Gefahrensituation ein schnelles Reagieren des Organismus, ehe die Maschinerie einer differenzierten kognitiven Analyse aller Gegebenheiten in Gang gesetzt wird.

Urteilsverzerrungen können verstanden werden als derjenige Preis, den der Organismus zu zahlen hat, um von der ökonomischen Informationsverarbeitung profitieren zu können. Die Flexibilität, von der der Mensch aufgrund seiner vergleichsweise hoch entwickelten Psyche profitieren kann, ermöglicht es ihm allerdings, diesen Preis dort ein wenig „zu drücken“, wo er allzusehr schmerzt. Denn im Zuge der Urteilsverzerrung zieht ein kurzfristiger ökonomischer Gewinn oft langfristig auch Kosten nach sich, die es dann wiederum effektiv erscheinen lassen, schon zu Beginn einen größeren Aufwand bei der Urteilsfindung zu betreiben.

10.1.2 Kreislaufprozesse

Ein weiteres Charakteristikum systematischer Urteilsverzerrungen ist ihre kreislaufförmige Aufrechterhaltung. Am Beispiel der Erwartungen wird dies besonders deutlich. Gleiches gilt aber z.B. auch für den Häufigkeits-Validitäts-Effekt. Ein Mensch, die der Einschätzung unterliegt, daß alle Studenten faule Tagediebe seien, die es sich auf einem fetten Polster steuerlich finanzierter Privilegien wohlergehen lassen, während der einfache Arbeiter hart und gerecht für seinen Lebensunterhalt kämpfen muß, der wird in seiner Umgebung vor allem solche Informationen wahrnehmen, die diese Erwartungen unterstützen. Er wird bewußt zur Kenntnis nehmen, wenn Studenten im Sommer schon vormittags ins Freibad fahren. Ebenso wird er seine Aufmerksamkeit vielleicht auf junge Bauarbeiter gleichen Alters lenken, die zur selben Zeit bei sengender Sonne eine Straße asphaltieren. Informationen über die Höhe des Bafögs, die Doppelbelastung vieler Studenten durch Studium und Nebenjob wird er hingegen ignorieren oder als Charakterisierung extremer Ausnahmefälle ansehen. Alles in allem kann er seine Erwartungen also bestätigen. Die wiederholte Bestätigung festigt die Erwartung und immunisiert sie so zunehmend gegenüber der objektiven Realität.

10.1.3 Illusion der Urteilssicherheit

Besonders problematisch ist, daß sich die Beobachter in aller Regel ihrer Urteilsverzerrungen nicht nur nicht bewußt sind, sondern vielmehr über ein sehr starke Illusion der Urteilssicherheit verfügen. Untersuchungen zur subjektiv erlebten Urteilssicherheit zeigen regelmäßig, daß sich Menschen der Richtigkeit ihrer eigenen Entscheidungen auch dann sehr sicher sind, wenn diese sich objektiv als völlig falsch erweisen (Hoffrage, 1993). Der erlebte Wahrheitsgehalt einer Beurteilung ist offenbar weitestgehend unabhängig von der tatsächlichen Güte der Entscheidung. Dieses Phänomen der „overconfidence“ begünstigt einen sorglosen Umgang mit selbst vorgenommenen Beurteilungen. Wer sich der Richtigkeit der eigenen Entscheidungen sicher weiß, der sieht selbstverständlich auch keinen Anlaß, dieselben einmal zu hinterfragen. Neben dem Problem der Kreislaufprozesse liegt hierin eine zentrale Bedingung für die Aufrechterhaltung und Festigung systematischer Urteilsverzerrungen.

Treten einige Zeit nach einer falschen Einschätzung Bedingungen ein, die dem Beurteiler die Fehlerhaftigkeit seiner Entscheidung vor Augen führen könnten, so begünstigt der *Rückschaufehler*, daß dem Betroffenen der Widerspruch gar nicht auffällt. Wurde das Urteil nicht in irgendeiner Form festgehalten, so wird der Beurteiler im nachhinein zumindest der Tendenz nach glauben, ein anderes, in diesem Falle also ein richtigeres, Urteil gefällt zu haben. Auch dies festigt natürlich die systematischen Beurteilungsverzerrungen. Wenn sie dem Beurteiler selbst dann nur schwer zu Bewußtsein kommen, wenn er später eine entsprechende Information erhält, so ist auch kaum mit geeigneten Gegenmaßnahmen zu rechnen, denn die bewußte Vermeidung der systematischen Urteilsverzerrung setzt zumindest ein Wissen um ihre Existenz voraus.

Dies alles zusammen läßt es gerechtfertigt erscheinen, die Phänomene, die in den vorangestellten Kapiteln beschriebenen wurden, als *systematisch* zu bezeichnen. Es handelt sich nicht um Zufallsbegebenheiten. Es geht auch nicht um absichtlich herbeigeführte Fehlbeurteilungen, die ihrer Natur nach recht leicht in den Griff zu bekommen wären. Nein, im Zentrum der Betrachtung stehen automatisierte Prozesse, die auch unabhängig von der individuellen Persönlichkeit eines Menschen auftreten. Ihre Entstehung und Aufrechterhaltung ist eine negative Begleiterscheinung des menschlichen Wahrnehmens, Fühlens, Denkens und Verhaltens. Doch auch wenn sie in der Natur des Menschen zu liegen scheinen, so sind wir ihnen doch nicht schutzlos ausgeliefert. Ähnlich wie man Krankheiten wirksam entgegen treten kann, obwohl es ja auch in der Natur der Sache liegt, daß Menschen von ihnen heimgesucht werden, so kann man auch den systematischen Urteilsverzerrungen begegnen. Dies ist selbst dann sinnvoll, wenn man sich darüber im klaren ist, daß nicht alle Mißstände in jeder Situation und für immer beseitigt werden können. Das Ziel ist die Minderung entsprechende Fehler in solchen Beurteilungssituationen, in denen der Aufwand einer bewußt kontrollierten Urteilsfindung durch die Schwere der zu erwartenden Konsequenzen gerechtfertigt erscheint.

10.2 Urteilsverzerrungen im Überblick

Am Anfang des Beurteilungsprozesses steht die *Wahrnehmung* einer einzelnen Person oder einer sozialen Situation. Die Ausführungen in Kapitel 2 haben verdeutlicht, daß diese Wahrnehmung zwangsläufig immer zu einem gewissen Grade *selektiv* sein wird. Niemand kann alle Facetten einer Person oder eines Geschehens gleichzeitig erfassen. Da die prinzipiell zur Verfügung stehende Information viel zu reichhaltig ist, als daß wir sie vollständig verarbeiten können, muß eine unbewußte und/oder bewußte Auswahl getroffen werden.

Die erste Voraussetzung dafür, daß eine Information überhaupt bewußt in einen Urteilsprozeß einfließen kann, liegt in der Relation zwischen der Intensität der Information und der aktuellen Aufnahmebereitschaft des Beobachters begründet. Nur solche Informationen, die oberhalb einer aktuell vorliegenden *Wahrnehmungsschwelle* des Beobachters liegen, haben auch eine Chance, bewußt verarbeitet zu werden. Die Wahrnehmungsschwelle bezieht sich dabei auf die *physikalische Inten-*

sität des Reizes. Neben der absoluten Intensität der Information spielt auch ihre *relative Intensität* eine wichtige Rolle. Je markanter eine Information aus der Masse der sie umgebenden und mit ihr gewissermaßen konkurrierenden Informationen hervorsticht, desto größer ist die Wahrscheinlichkeit, daß sie den Sprung über die Wahrnehmungsschwelle schafft. Hier verhält es sich ganz so wie bei dem Figur-Grund-Phänomen. Der Schüler mit den besten Noten steht sehr viel leichter und häufiger im Zentrum der Aufmerksamkeit seines Lehrers als mittelmäßige Schüler. Dies gilt auch dann, wenn der Lehrer unabhängig von der relevanten Schulklasse andere Schüler kennt, die noch sehr viel bessere Leistungen erbringen. Entscheidend ist in diesem Falle vor allem die relative Leistung im direkten Vergleich zu den Mitschülern in der eigenen Klasse. Im Zusammenhang mit der relativen Reizintensität erweist sich ein dritter wichtiger Faktor, die *Reizeindeutigkeit*, als wichtiges Merkmal einer Information, die oberhalb der Wahrnehmungsschwelle liegt. Die Information muß sich klar von den übrigen Informationen abgrenzen lassen. Im Falle des Schulbeispieles muß die Leistung des Schülers mithin nicht nur höher sein als die seiner Mitschüler, sondern sie muß als solche zunächst auch erst einmal eindeutig definiert werden können. Inwieweit Informationen, die unterhalb der Wahrnehmungsschwelle liegen, und daher bestenfalls unbewußt wahrgenommen werden können, unseren Beurteilungsprozeß dennoch beeinflussen, ist im Einzelfall schwer abzuschätzen.

Auch wenn es sich bei dem Selektionskriterium der physikalischen Reizintensität um ein Merkmal der wahrzunehmenden Information selbst handelt, so ist doch auch hier schon ein individueller Spielraum des Beobachters zu verzeichnen, der ggf. auch die Quelle einer Urteilsverzerrung darstellen kann. Die Wahrnehmungsschwelle ist variabel. Der Beobachter kann seine *Aufmerksamkeit* einer bestimmten Information zuwenden und so die Wahrnehmungsschwelle für diesen spezifischen Ausschnitt der Realität senken. Im einfachsten Falle wird die Wahrnehmungsschwelle durch den Grad der *Adaptation* des wahrnehmenden Individuums bestimmt. Wurde ein und derselbe Reiz zuvor schon häufig in kurzen Abständen registriert und vielleicht auch noch für vergleichsweise unbedeutend befunden, so steigt die Wahrnehmungsschwelle an. Dies hat zur Folge, daß nachfolgend die entsprechende Information nicht mehr so leicht erfaßt werden kann, selbst dann, wenn sich ihre Bedeutung in einem veränderten Umfeld möglicherweise erhöht hat. Der Beobachter kann sich in gewissen Grenzen aber auch selbst für die Wahrnehmung wichtig erscheinender Informationen sensibilisieren, indem er die Wahrnehmungsschwelle für entsprechende Informationen senkt. So wird z.B. ein Opernkritiker während einer Vorstellung viele Nuancen des Dargebotenen erfassen, die ihm im Alltag, wenn vielleicht bei einer Autofahrt das Radio läuft, völlig entgehen würden. Ebenso kann er die Wahrnehmungsschwelle auch anheben, was zur Folge hat, daß eine ansonsten wahrnehmbare Information nicht zur Kenntnis genommen wird. So ist er möglicherweise in der Lage, den Straßenlärm, der durch das Fenster seines Arbeitszimmers dringt, für einige Zeit auszublenden, wenn er sich auf die Formulierung eines Zeitungsartikels konzentrieren muß. Eine unerwünschte und möglicherweise folgenschwere Urteilsverzerrung tritt bereits in diesem äußerst frühen Stadium der Urteilsbildung ein, wenn die Wahrnehmungsschwelle des Beobachters zu hoch ist um solchen Informationen einen Zugang zur weiteren Begutachtung zu ermöglichen, die objektiv betrachtet, besonders wichtig sind.

Gehen wir im folgenden nun einmal davon aus, es stünde eine ganze Reihe von Informationen zur Verfügung, die oberhalb der Wahrnehmungsschwelle liegen und damit die erste Hürde zur Verarbeitung im Rahmen der Urteilsbildung genommen haben. Welche dieser Informationen werden nun aber letztlich auch in die Urteilsbildung einfließen? Dies hängt neben den Merkmalen der Informationen selbst in sehr starkem Maße von den *Denk- und Gedächtnisprozessen* des Beobachters ab, die dieser im Rahmen der weiteren Informationsselektion aber meist gar nicht bewußt einsetzt. In der Regel handelt es sich dabei um automatisierte Abläufe wie dies etwa bei dem beschriebenen Cocktailparty-Phänomen der Fall ist. Auf der Ebene der Information gilt, daß besonders intensive Informationen, die sich von dem sie umgebenden Kontext deutlich abheben, besonders gute Chance haben, auch weitergehend verarbeitet zu werden. Noch stärker als bei der ersten Hürde, der Wahrnehmungsschwelle, fallen nun aber Aspekte ins Gewicht, die in dem kognitiven System des Beobachters angesiedelt sind. In die Urteilsbildung fließen vor allem solche Informationen ein, die der Beobachter aufgrund früherer Erfahrungen für besonders wichtig erachtet. Dies heißt jedoch nicht, daß diese Informationen auch tatsächlich in unverzerrter Weise verarbeitet werden.

Alles in allem betrachtet, ist der Wahrnehmungsprozeß mithin der erste Schritt im Rahmen der Urteilsbildung, in den sich die beurteilende Person aktiv – wenn auch oft unbewußt – einbringt. Wie weit der Einfluß der *Wahrnehmungsorganisation* geht, verdeutlichen sehr eindrucksvoll die Gestaltgesetze sowie unzählige optische Täuschungen. Beides ist vor allem deshalb so bedeutungsvoll, weil es sich hierbei um sehr einfache geometrische Reize handelt, deren Wahrnehmung vergleichsweise leicht objektiviert werden kann. Personen und soziale Situationen sind demgegenüber sehr komplexe Wahrnehmungsgegenstände bei denen der Spielraum für Wahrnehmungsverzerrungen folglich auch wesentlich größer ist.

Im Rahmen einer Beurteilung wird meist nicht ausschließlich auf diejenigen Informationen zurückgegriffen, die sich aus der aktuellen Situation entnehmen lassen und daher im Arbeitsspeicher, dem sog. *Kurzzeitgedächtnis* zur Verfügung stehen. Häufig wird auch auf Wissensbestände aus dem Langzeitgedächtnis zurückgegriffen. Dabei stehen jedoch nicht tatsächlich alle früher einmal wahrgenommene Informationen auch tatsächlich zur Verfügung. Die Gründe hierfür liegen entweder darin, daß eine früher wahrgenommenen Information nicht dauerhaft abgespeichert wurde oder aber der Zugriff auf eine früher gespeicherte Information nur sehr schwer möglich ist. Will also z.B. ein Vorgesetzter seinen Mitarbeiter, eine Lehrerin ihren Schüler oder ein Vater seine Tochter aus irgendeinem Grunde beurteilen, so beschränkt sich das Urteil auf aktuelle wahrgenommene Gegebenheiten sowie auf diejenigen Informationen über vergangene Ereignisse, die langfristig abgespeichert und heute noch erinnert werden können. Die Gedächtnisprozesse des Beurteilers stellen somit eine weitere Selektion derjenigen Informationen dar, die ursprünglich einmal prinzipiell zur Bewertung herangezogen werden konnten. Für diese nunmehr dritte Selektion sind sowohl Aspekte der Kodierung (Abspeicherung) einer Information als auch die ihrer Dekodierung (Erinnerung) verantwortlich (siehe Kapitel 3).

Auf der Ebene der *Kodierung* ist vor allem von Bedeutung, ob die entsprechende Information mehrfach wahrgenommen werden konnte und inwieweit sich der Beobachter intensiv mit ihr auseinandergesetzt hat. Beides, die *Häufigkeit* der Wahrnehmung einer bestimmten Information als auch die *Verarbeitungstiefe* erhöht die Wahrscheinlichkeit, daß die Information auch dauerhaft abgespeichert wird. Beurteilungsverzerrungen ergeben sich an dieser Stelle, wenn Informationen, die objektiv betrachtet von Bedeutung sind, nicht in das Langzeitgedächtnis aufgenommen werden, weil der Beobachter die Relevanz dieser Information kurz nach der Wahrnehmung unterschätzt. So mag sich ein Augenzeuge vielleicht noch an das Nummernschild eines Fluchtfahrzeuges erinnern, kann nach einem Jahr zum genauen Hergang des Geschehens aber keine klaren Angaben mehr machen, weil er damals auf ganz andere Dinge geachtet hat als die, für welche sich das Gericht nun interessiert.

Hier zeigt sich bereits, daß die Prozesse der Kodierung auf eine spätere *Dekodierung* Einfluß nehmen. Erinnert werden kann selbstverständlich nur das, was irgendwann einmal zuvor abgespeichert wurde. Auf der Ebene der Dekodierung spielen die Aspekte der Häufigkeit, mit der eine Information wahrgenommen werden konnte und ihre Verarbeitungstiefe erneut eine wichtige Rolle. Gedächtnistheoretisch ausgedrückt fördern beide die Ausbildung fester Verbindungen innerhalb der *Netzwerkstrukturen des Langzeitgedächtnisses*. Dies wiederum erhöht die Wahrscheinlichkeit dafür, daß die entsprechende Information im Zuge des Erinnerns – also dem kognitiven Durchlaufen des Netzwerkes – hervortreten kann.

Die Netzwerke des Gedächtnisses stellen einerseits eine sehr ökonomische und sinnvolle Strukturierung der abgespeicherten Informationen dar. Andererseits bilden sie aber auch wiederum die Grundlage für systematische Urteilsverzerrungen. Durch die Art der Speicherung werden neu hinzukommende Inhalte in eine Beziehung zu älteren Inhalten gesetzt. Bei der aktuellen Bearbeitung einer Information, die gerade eben aus dem Gedächtnis abgerufen wurde, kommt es gleichzeitig zu einer Aktivierung des Netzwerkes entlang der Verbindungen zwischen den einzelnen Informationen. Dies hat zur Folge, daß gleichzeitig auch solche Inhalte aus dem Langzeitgedächtnis in das Bewußtsein des Beurteilers treten, die eine starke assoziative Verbindung zur aktuell relevanten Information aufweisen. Die Folge dieser Funktionsweise ist, daß bevorzugt immer wieder die gleichen Inhalte aktualisiert, also erinnert werden, was nachfolgend wiederum die Wahrscheinlichkeit erhöht, daß sie zu einem späteren Zeitpunkt erneut bevorzugt erinnert werden. Ein Vorgesetzter, der diesen Prozeß nicht durchschaut, wird so immer wieder ein sehr ähnliches Urteil über seinen Mitarbeiter abgeben, da er vor allem auch immer wieder die gleichen Inhalte erinnert. Wenn der Mitarbeiter sein Verhalten aber inzwischen geändert hat – was von seinem Vorgesetzten möglicherweise nicht intensiv genug wahrgenommen wurde – so ändert dies aufgrund des Gedächtnisprozesse des Vorgesetzten kaum etwas an seiner Beurteilung. Wenn dann noch hinzu kommt, daß die gespeicherten Ereignisse und Charakterisierungen des Mitarbeiters objektiv falsch sind, so befindet sich dieser in einem Teufelskreislauf, aus dem es so schnell kein Entrinnen gibt.

Ganz ähnlich wirkt der besprochene *Priming-Effekt*. Eine soeben wahrgenommene Information aktualisiert bestimmte Gedächtnisverbindungen, die dann leichter erinnert werden und somit auch Einfluß auf die Urteilsbildung nehmen können. Ein Urteil wird daher insgesamt in sehr viel stärkerem Maße durch aktuell verarbeitete Informationen als durch eine gleichberechtigte Analyse aller relevanten Gedächtnisinhalte bestimmt, es sei denn, der Beurteiler wirkt diesem Prozeß aktiv entgegen.

Handlungsabläufe werden in Form kognitiver Schemata gespeichert. Das Problem derartiger Schemata besteht darin, daß Wahrnehmungs- und Gedächtnisinhalte leicht in Richtung auf das vorliegende Schema verzerrt werden. Die Schemata selbst erweisen sich dabei als relativ änderungsresistent. Nimmt das Individuum also Informationen wahr, die im Widerspruch zu einem bestehenden Schema stehen, so wird das Schema nicht automatisch an die Realität angepaßt, sondern – zumindest tendenziell – die Wahrnehmung und Erinnerung der Realität an die Inhalte des Schemas angeglichen. Auch hier ergibt sich leicht ein Teufelskreislauf, der fehlerhafte Schemata auch dann noch aufrechterhält, wenn sie eigentlich abgeändert werden sollten. Verzerrte Beurteilungen sind somit vorprogrammiert. Sie äußern sich beispielsweise in Form sozialer Vorurteile. Dies ist vor allem dann der Fall, wenn die Leerstellen eines Schemas mit Standardwerten gefüllt werden, die die aktuelle Realität nicht adäquat repräsentieren. Die Beurteilung wird dann nicht vollständig den tatsächlich vorliegenden Begebenheiten angepaßt, sondern basiert auf den Erfahrungswerten des Beurteilers.

Festzuhalten bleibt, daß unser Gedächtnis also nicht immer so einwandfrei funktioniert, wie man sich dies aus der Perspektive einer möglichst objektiven Beurteilung von Personen und Situationen wünschen würde. Dies belegen in besonderer Weise der Rückschaufehler, der Häufigkeits-Validitäts-Effekt sowie die Schwierigkeiten, die auftreten, wenn im Gedächtnis nicht mehr zwischen einer zeitlich weiter zurückliegenden und einer später abgespeicherten Information unterschieden werden kann (siehe Kapitel 3). In bezug auf die Bewertung von Personen erweist sich die Tatsache, daß allgemeine Charakterisierungen, nicht aber konkrete Verhaltensweisen bevorzugt abgespeichert und erinnert werden, als besonders problematisch. Hierbei handelt es sich ja jeweils schon um eine generalisierende Interpretation eines konkreten Verhaltens, wodurch zum einen der Differenzierungsspielraum eingeschränkt wird. Zum zweiten kann die Interpretation selbst schon ein verzerrendes Urteil darstellen, das später dann aber nicht mehr hinterfragt wird, sondern als feststehendes Faktum in die aktuelle Beurteilung einer Person einfließt.

Beurteilungen anderer Menschen und sozialer Situationen basieren meist nicht nur auf dem bloßen Abrufen einer Gedächtnisinformation, also dem Dekodieren eines bereits feststehenden Urteils. Dies ist nur bei sehr routinierten Entscheidungsprozessen der Fall. In der Regel werden mehr oder minder *komplexer Prozesse des Denkens* zum Einsatz kommen. Von besonderem Interesse sind hierbei die *Heuristiken*, also eingeschliffenen Strategien der Urteilsbildung, die den Gesamtprozeß des schlußfolgernden Denkens abkürzen, indem nicht alle verfügbaren Informationen zueinander in Beziehung gesetzt werden. Statt alle potentiellen Zusammenhänge sorgfältig zu durchdenken, werden die Entscheidungen übertrieben formuliert „über den Daumen gepeilt“. Vier solcher Heuristiken haben wir in Kapitel 3 kennengelernt: Verfügbarkeitsheuristik, Repräsentativitätsheuristik, Heuristik der Verankerung und Anpassung sowie die Simulationsheuristik. Ihnen allen ist gemeinsam, daß der Gewinn bei der Verarbeitungsgeschwindigkeit mit einem Verlust bei der Verarbeitungspräzision erkauft wird.

Einen weiteren wichtigen Denkprozeß, der für die Beurteilung von Menschen und sozialen Situationen von sehr großer Bedeutung ist, stellt die Suche nach Ursachen, die sog. *Attribution* dar (Kapitel 4). Verschiedene Attributionstheorien beschäftigen sich mit der Frage, wie der Prozeß der Ursachenzuschreibung optimalerweise ablaufen sollte, damit z.B. das beobachtete Verhalten eines Schülers zutreffend auf seine individuellen Persönlichkeitsmerkmale oder auf die näheren Umstände der Situation zurückgeführt werden kann. Ein Vergleich zwischen diesen normativen Modellen und der Attributionswirklichkeit verdeutlicht jedoch, daß Menschen zu systematischen Verzerrungen in der Ursachenzuschreibung neigen. Das erste Problem besteht darin, daß *meist nur nach einer einzigen Ursache gesucht wird*. Bei eingehender Betrachtung müßte man jedoch zu dem Urteil kommen, daß menschliches Verhalten immer durch das Zusammenwirken mehrere Ursachen zu erklären ist. Die ganz alltäglichen und unhinterfragten Attributionen beinhalten somit schon immer eine mehr oder minder geringfügige Verzerrung, die in der Akzentuierung einer einzigen Ursache begründet liegt. Ganz generell neigen wir dazu, die Ursachen für ein beobachtetes Verhalten primär in der handelnden Person anzusiedeln und die Bedeutung der sie umgebenden Umstände zu unterschätzen (*Fundamentaler Attributionsfehler*). Hierdurch werden leicht Individuen für etwas persönlich zur Verantwortung gezogen, das de facto jedem anderen, in der gleichen Situation ebenso passiert wäre. Würde man die handelnde Person selbst fragen, so würde diese die Bedeutung der Umgebungsfaktoren deutlich höher einschätzen als der Beobachter des Geschehens (*Akteur-Beobachter-Divergenz*). Die Realität liegt dabei wohl oft irgendwo zwischen diesen beiden Attributionen. Der fundamentale Attributionsfehler ist eng mit dem Problem verknüpft, daß der Beobachter dazu neigt, den *Konsensus eines Verhaltens* in seiner Urteilsbildung zu vernachlässigen. Der Konsensus bezieht sich auf die Frage, ob sich andere Menschen in der gleichen Situation ebenso verhalten würden. Meist denkt der Beobachter jedoch gar nicht an andere, am Geschehen unbeteiligte Menschen, sondern beschränkt sich ausschließlich auf den Protagonisten. Eine vierte Form der Attributionsverzerrung besteht in der Tendenz, durch die Art der Ursachenzuschreibung den Selbstwert der eigenen Person zu unterstützen. Im klassischen Falle wird man unabhängig von den objektiven Gegebenheiten, ein positiv bewertetes Verhalten der eigenen Person (z.B. Blutspende) auf besondere Persönlichkeitseigenschaften zurückführen, während man ein negatives Verhalten (z.B. Versagen in einer Prüfung) als unausweichliche Konsequenz, selbst nicht zu verantwortender Handlungsumstände erlebt und darstellt. Attributionsfehler tauchen vor allem dann auf, wenn die Person eine schnelle Entscheidung treffen muß, überlastet, oder mit der fraglichen Situation allzu gut vertraut ist. In den ersten beiden Fällen fehlen ihr die notwendigen Kapazitäten, um die Situation gründlich zu durchdenken. Im letzten Falle glaubt der Beobachter, eine gründliche Analyse nicht vornehmen zu müssen, weil er die Materie zu kennen glaubt.

Erwartungen stellen einen weiteren wichtigen Prozeß dar, der die Beurteilung von Menschen und sozialen Situationen maßgeblich beeinflussen kann (Kapitel 5). Erwartungen können sich sowohl aufgrund eigener Erfahrungen als auch auf der Basis mitgeteilter Erfahrungen anderer Menschen entwickeln. Vergleichbar den Attributionen stellen sie ein wichtiges Steuerungselement des Verhaltens dar. Probleme entstehen immer dann, wenn sich erfahrungsbedingte Hypothesen im Urteilsprozesses als so stark erweisen, daß eine ihnen möglicherweise widersprechende Realität in verzerrter Weise wahrgenommen wird. Die Hypothesentheorie besagt, daß wir fast immer mit einer Erwartung (Hypothese) in eine Situation hinein gehen. Vorinformationen und Gewohnheiten führen dazu, daß zunächst aus einer größeren Anzahl potentiell zur Verfügung stehender Hypothesen eine geeignet erscheinende ausgewählt wird. In der realen Situation wirken Informationen auf das Individuum ein, die mehr oder weniger stark mit der ausgewählten Hypothese vereinbar sind. Die Aufgabe des Individuums besteht nun darin, die eigene Hypothese mit den Informationen der Realität zu vergleichen. Dieser Prozeß bezieht sich sowohl auf die Wahrnehmung der Situation als auch auf die anschließende Interpretation und Beurteilung. Alles funktioniert reibungslos, wenn die Hypothese und die Information übereinstimmen. Zu Verzerrungen in der Wahrnehmung und Beurteilung der Realität kann es jedoch dann kommen, wenn beide einander nicht vollständig decken. Ob sich in einem solchen Fall die objektive Realität gegen eine falsche Hypothese durchsetzt und diese verändert oder ob der entgegengesetzte Prozeß abläuft und die Realität in hypothesengeleiteter Richtung verzerrt erlebt wird, ist dabei die zentrale Frage. Entscheidend ist in diesem Falle das Verhältnis zwischen *Hypothesenstärke* und der *Stärke der objektiv vorliegenden Information*. Die Information ist um so stärker, je weniger Interpretationsspielraum sie zuläßt. Die Hypothese wird um so stärker, je häufiger sie in der Vergangenheit bestätigt werden konnte, je weniger Alternativhypothesen zur Verfügung stehen, je stärker sie emotional und motivational unterstützt wird, je fester sie sich in die kognitiven Schemata des Beobachters einfügt und je intensiver sie auch durch den sozialen Kontext, in dem sich der Beobachter bewegt, gefördert wird. Zu Verzerrungen wird es vor allem dann kommen, wenn die Hypothese besonders stark ist und sich gleichzeitig die Realität als mehrdeutig interpretierbar erweist. In einer derartigen Situation wird die Hypothese erneut bestätigt und die Realitätswahrnehmung – sowie damit einhergehend die Beurteilung von Menschen und sozialen Situationen – hypothesengeleitet verzerrt. Aber selbst dann, wenn die Realität vergleichsweise eindeutig ist, wird sich eine starke, d.h. oft zuvor bestätigte, konträre Hypothese gegen sie durchsetzen können. Die Hypothesenstärke scheint meist einen dominanteren Einfluß zu haben als dies von der Informationsstärke der Realität zu behaupten wäre. In Kapitel 5 wurde von mehreren Beispielen aus der Forschung berichtet, die derartige Prozesse und ihre mitunter weitreichenden Konsequenzen belegen. Man erinnere sich hier nur einmal an die Psychiatriestudie von Rosenhan oder den Pygmalion-Effekt.

Ein besonderes Problem der hypothesengeleiteten Wahrnehmung und Urteilsbildung besteht darin, daß sich die verzerrte Wahrnehmung der Realität bestätigend auf eine objektiv falsche Hypothese auswirkt. Die Hypothese geht aus der Urteilsbildung gestärkt hervor und wird daher in Zukunft auch mit einer größeren Wahrscheinlichkeit erneut zum Einsatz kommen. Mehr noch, je häufiger sie in der Vergangenheit bestätigt wurde, desto schwieriger wird es sein, sie in Zukunft zu widerlegen. So entsteht ein Kreislauf der Wahrnehmungs- und Urteilsverzerrung, bei dem jede aktuelle Verzerrung die Wahrscheinlichkeit für eine zukünftige Realitätsverzerrung erhöht.

Neben den verschiedenen Funktionen des Gedächtnisses und des Denkens darf die Bedeutung emotionaler Befindlichkeiten im Urteilsprozeß nicht unterschätzt werden (Kapitel 6). Zwar können *Emotionen* in starkem Maße durch kognitive Prozesse beeinflußt werden, sie selbst wirken aber ihrerseits auch unabhängig auf das Denken des Menschen ein. Dies zeigt sich etwa in Untersuchungen, die belegen, daß positive Emotionen, so angenehm sie auch für den Betroffenen sein dürften, zumindest tendenziell mit einer Verflachung des systematischen, analytischen Denkens einher gehen.

Die enge Verknüpfung kognitiver und emotionaler Prozesse wird vor allem dann deutlich, wenn bedacht wird, daß Emotionen auch ein *Bestandteil der Netzwerkstrukturen* des Langzeitgedächtnisses sind. Demzufolge wirken sie genau so wie dies auch bei allen übrigen Gedächtnisinhalten der Fall ist. Wird eine spezifische Emotion aktualisiert, so führt dies dazu, daß solche Gedächtnisinhalte, die innerhalb des Netzwerkes eine starke Verbindung zu dieser Emotion aufweisen, ebenfalls leicht ins Bewußtsein kommen können. Das Vorliegen einer Emotion fördert somit die Wahrscheinlichkeit dafür daß bestimmte Gedächtnisinhalte im Rahmen einer Urteilsbildung berücksichtigt werden, obwohl diese im schlimmsten Fall objektiv für die aktuelle Bewertung einer Person oder Situation irrelevant oder irreführend sind. Der Vorgesetzte, der die aktuelle Leistung seines Mitarbeiters beurteilen muß und durch diesen unbeabsichtigt in eine negative Stimmung versetzt wird, muß sich schon aktiv dagegen wehren, will er vermeiden, daß er nun primär negative Gedächtnisinhalte aus seinem Gedächtnis abruft und daher die Beurteilung in negativer Richtung verzerrt. Der gegenwärtige Forschungsstand belegt, daß derartige, emotionskongruente Erinnerungsprozesse bei positiven Emotionen sehr viel häufiger ablaufen als bei negativen. Ein positiv verzerrtes Urteil, daß z.B. zu einer Überbewertung der Leistungen einer Person führt, kann sich letztlich jedoch als ebenso schädlich erweisen, wie dies bei negativen Verzerrungen offensichtlich ist. Man stelle sich nur einmal einen jungen Chirurgen vor, dessen Fertigkeiten von seinem Chefarzt überschätzt werden.

Neben der Funktion, die Emotionen als Bestandteil propositionaler Netzwerke zukommt, konnte der Forschungsansatz von Norbert Schwarz zeigen, daß Emotionen auch unmittelbar einen Einfluß auf das Denken und Urteilen nehmen. *Stimmungen wirken als Information* über eine beobachtete Person oder Situation, ganz so wie dies auch für jede emotionslose Information gilt. Der Beobachter wird seine aktuelle emotionale Befindlichkeit als Information in die Beurteilung einfließen lassen. Er geht dabei – vereinfacht gesagt – offenbar davon aus, daß eine Person, die negative Gefühle in ihm weckt, auch negative Eigenschaften haben muß oder daß etwa eine Situation, die von positiven Emotionen begleitet ist, auch objektiv positive Merkmale in sich trägt. Entsprechend wird dann die Beurteilung ausfallen. Die Rolle, die der eigenen Person bei diesem Geschehen zukommt, wird von dem Beobachter offenbar sehr leicht ignoriert. Auch dann, wenn eine bestimmte Stimmung objektiv völlig unabhängig von der zu beurteilenden Person oder Situation zustandegekommen ist, wird sie als Information über das Bewertungsobjekt verarbeitet. Dieser Automatismus wird erst dann unterbrochen, wenn der Beurteiler bewußt zu Kenntnis nimmt, daß die Emotion unabhängig zustandegekommen ist. Besonders bedenklich stimmen darüber hinaus Forschungsergebnisse, die belegen, daß emotionalen Informationen bei der Beurteilung ein größeres Gewicht beigemessen wird als nicht-emotionalen Informationen.

So wie das Verhalten eines jeden Menschen direkt oder indirekt in einen sozialen Kontext eingebettet ist, so sind auch Beurteilungen nicht frei von sozialen Einflüssen. Die Beurteilung anderer Menschen und *sozialer Situationen* ist häufig auch eine Antwort auf die Frage, inwieweit sozial geteilte Verhaltensregeln und Wertvorstellungen realisiert werden bzw. gegen diese verstoßen wird. Kapitel 7 gab einen Einblick in die psychologische Erforschung sozialer Einflüsse. Phänomene wie das Lernen am Modell oder die soziale Hemmung und Erleichterung von Verhalten verdeutlichen indirekte Formen der Einflußnahme, die neben dem Handeln ebenso natürlich auch auf Beurteilungen in systematischer Weise einwirken können. Im Zusammenhang mit der Rolle von Erwartungshaltungen wurde dies bereits gezeigt. Die Stärke einer Hypothese hängt u.a. davon ab, wie sehr sie auch durch den sozialen Kontext, in dem eine Person lebt, unterstützt wird. So wird man etwa damit rechnen können, daß sich die 10 Prozent der ärmsten und 10 Prozent der reichsten Bürger eines Landes systematisch dahingehend unterscheiden, welche Erwartungen sie darüber haben, wie eine Person zum Sozialhilfeempfänger wird. Die unterschiedlichen Lebenswirklichkeiten beider Gruppen begünstigen verschiedene Erklärungsmuster, die innerhalb der eigenen Gruppe möglicherweise mehrheitlich vertreten und unterstützt werden. Dieser Hypothese folgend, werden sie dann auch einen aktuell relevanten Ausschnitt der Realität in divergenter Weise wahrnehmen und beurteilen.

Menschen sind jedoch nicht nur Objekt eines sozialen Einflusses, dem sie sich nicht entziehen können. Sie sind auch selbst an entsprechenden Hilfestellungen zur Validierung ihrer eigenen Urteile interessiert und suchen daher den sozialen Einfluß aus eigenen Antrieb. Die Forschung zur Theorie der *sozialen Vergleichsprozesse* verdeutlicht dies. Die Gefahr lauert hier in der wechselseitigen Validierung der Urteile. Wenn zwei oder mehr Personen ihr Urteil im wesentlichen auf der Tatsache aufbauen, daß die jeweils anderen zu dem gleichen Ergebnis kommen, dann fehlt es hier an einem ernstzunehmenden Objektivitätskriterium. Durch die kreisförmige Validierung bestätigt letztlich jeder sein Urteil durch sich selbst, ohne dies zu merken. Da die subjektive Sicherheit derartiger Urteile aufgrund der sozialen Unterstützung besonders groß sein dürfte, werden entsprechende Fehleinschätzungen auch nur sehr schwer zu korrigieren sein. Hierin liegt z.B. ein ganz wichtiges Kriterium für die Aufrechterhaltung irriger Realitätswahrnehmungen innerhalb von Sekten. In abgeschwächterer Form wird man diesem Phänomen sicherlich überall dort begegnen, wo mehrere Menschen zusammenkommen, die sich mit den gleichen Beurteilungen beschäftigen. Dies ist auch ein Grund für den *Polarisierungseffekt*, also der Tendenz zu extremen Urteilen, wenn diese innerhalb einer Gruppe gefällt werden. Zu bedenken ist in diesem Zusammenhang auch, daß Majoritäten sehr viel leichter als Minoritäten Einfluß ausüben können. Je einflußreicher eine Gruppe aber ist, desto weniger leicht kann verzerrenden Urteilsprozessen, die von ihr ausgehen, entgegengewirkt werden.

Schließlich dürfen auch ganz direkte, willentlich vorgenommene Beeinflussungen im Rahmen einer Analyse der Urteilsbildung nicht unberücksichtigt bleiben. Die Experimente von Milgram zum Gehorsam gegenüber Autoritäten liefern ein eindrucksvolles Beispiel für die Wirkkraft, die in solchen Prozessen liegen kann.

Das zentrale Problem der sozialen Einflüsse besteht darin, daß hier die urteilsverzerrenden Prozesse, die in den vorangestellten Abschnitten beschrieben wurden, bei allen beteiligten Personen auftreten und sich gegenseitig verstärken können. Die Analyse eines solchen Beurteilungsprozesses zum Zwecke seiner Objektivierung setzt mithin voraus, daß in einem solchen Falle mehr als nur eine einzelne Person betrachtet wird.

Einen ebenso geläufigen wie folgenschweren Fehler stellt die *reduktionistische Personenbeurteilung* dar (Kapitel 8). Sie beruht darauf, daß eine Person auf der Grundlage von nur sehr wenigen Merkmalen, ja, manchmal sogar nur einem einzelnen Attribut charakterisiert wird. Der Beurteiler nimmt in diesem Falle die tatsächlich vorhandene Komplexität des Individuums einfach nicht in gebotenem Maße zur Kenntnis. Sein Urteil hängt natürlich entscheidend davon ab, welches der prinzipiell doch eher zahlreich vorhandenen Merkmale von dem Beobachter zur Gesamtbewertung herangezogen wird.

Die Erforschung der reduktionistischen Personenbeurteilung hat gezeigt, daß dies vor allem solche Attribute sind, von denen der Beurteiler zuerst Kenntnis erlangt. Dies trifft beispielsweise für Äußerlichkeiten wie die physische Attraktivität aber auch für Informationen zu, die dem Beobachter schon vor dem Zusammentreffen mit der zu beurteilenden Person vorliegen. Die zuerst aufgenommenen Informationen wirken dann im Sinne eines *Priming-Effektes*. Besonders begünstigt sind hierbei vor allem *visuelle Informationen.*

Sehr leicht werden besonders *hervorstechende Merkmale* zu reduktionistischen Urteilen herangezogen. Als hervorstechend erweisen sich dabei vor allem solche Attribute, die eine bestimmte Person von anderen Menschen deutlich unterscheidet.

Darüber hinaus kommt den *Bedürfnissen des Beobachters* eine richtungsweisende Funktion bei der Auswahl der Merkmale zu. Attribute, die zur Befriedigung entsprechender Bedürfnisse dienen können, werden leicht zu einer dominanten Einflußvariable im Urteilsprozeß.

Schließlich spielen auch noch die Erwartungen des Beobachters eine wichtige Rolle. Merkmale, die den Erwartungen des Beobachters entsprechen, werden von diesem besonders leicht bzw. schnell wahrgenommen und können dann im Sinne eines Priming-Effektes wirken. Ebenso ist es aber auch denkbar, daß ein Merkmal, welches den Erwartungen völlig zuwider läuft, in besonderer Weise urteilsprägend wirkt, da es aus der Masse der gewöhnlichen Merkmale besonders hervorsticht.

Eine Extremform der reduktionistischen Personenbeurteilung liegt vor, wenn nur ein einziges Attribut die Bewertung der Person bestimmt. In diesem Falle liegt ein *Halo-Effekt* vor. Ausgehend von der Wertkonnotation eines einzelnen Merkmals wird auf andere Merkmale der Person geschlossen. So wird eine intelligente Person sehr leicht auch als zuverlässig und charakterlich gefestigt erlebt, obwohl ersteres mit letzterem – objektiv betrachtet – nicht unmittelbar zusammenhängt. Gern wird auch von einem ganz konkret zu beobachtenden Verhalten auf zeitlich überdauernde Einstellungen eines Menschen geschlossen. Die Erforschung des Zusammenhanges zwischen Einstellung und Verhalten verdeutlicht, wie sehr die Realität hier simplifiziert wird. Fehlurteile sind geradezu vorprogrammiert.

Eine weitere Form reduktionistischer Personenbeurteilung liegt schließlich vor, wenn eine Person nur aufgrund der Tatsachen, daß sie Mitglied einer bestimmten Gruppe ist, bewertet wird. In diesem Falle kommen *soziale Vorurteile* zum Einsatz. Die Person wird schon bewertet, bevor eine wirkliche Auseinandersetzung mit ihren Eigenschaften und Verhaltensweisen erfolgt ist, ja, oft sogar bevor der Beurteiler ihr überhaupt begegnen konnte.

Zuguterletzt konnte gezeigt werden, daß systematische Fehlurteile keineswegs nur bei der Bewertung anderer Menschen auftreten. Systematische Fehler lassen sich auch in bezug auf die Bewertung der eigenen Person nachweisen (Kapitel 9). Besonders bedeutsam ist hierbei das *Selbstwertmotiv*, also das Bedürfnis einer jeden Person, sich selbst positiv bewerten zu können. Auch Selbstbeurteilungen basieren nicht auf unverrückbaren, objektiven Standards, sondern sind Ergebnis einer ebenso individuellen, wie flexiblen Betrachtung der Realität. Selbstbeurteilungen können als das Ergebnis von Vergleichsprozessen aufgefaßt werden, die der Bedürfnislage des Individuums folgend, oft in selbstwertdienlicher Weise gestaltet werden. Ebenso ist es möglich, bestehende Vergleichsergebnisse abzuändern oder in ihrer subjektiven Interpretation und Relevanz zu verändern. Insgesamt werden in der einschlägigen Forschung mehr als zwei Dutzend Strategien zur Schaffung und Aufrechterhaltung einer positiven Selbstbewertung unterschieden.

Das Bemühen um eine positive Bewertung der eigenen Person beschränkt sich jedoch nicht nur auf die Selbstwahrnehmung. Bewertungen unserer Person werden auch immer von anderen Menschen an uns herangetragen. Solche Fremdbewertungen sind schon für sich allein betrachtet relevant, können darüber hinaus aber auch auf das Selbstbild eines Menschen einwirken. Beides veranlaßt Personen dazu, durch entsprechende *Selbstdarstellungsstrategien* einen selbstwertdienlichen Einfluß auf Fremdbewertungen zu nehmen. Derartige Strategien stellen eine besondere Form der sozialen Einflußnahme dar, bei der der Einfluß nicht von den potentiellen Bewertern einer Person, sondern von der zu beurteilenden Person selbst ausgeht.

Neben dieser motivgesteuerten Urteilsverzerrung treten systematische Fehler auch dann auf, wenn eine Person sich selbst im Sinne der *Selbstwahrnehmungstheorie* zum Gegenstand ihrer Betrachtungen macht. Zumindest teilweise wird eine Selbstbewertung auf Wahrnehmungs- und Denkprozessen beruhen, die mit denen der Beurteilung anderer Menschen identisch sind. Hieraus folgt, daß bei Bewertungen der eigenen Person im Prinzip die gleichen Fehler auftreten können, die auch bei der Beurteilung anderer Menschen und sozialer Situationen anzutreffen sind.

Die soeben zusammengefaßten Prozesse der systematischen Urteilsverzerrungen belegen gerade in dieser kompakten Zusammenstellung die Komplexität des Problems. Leicht kann der Eindruck entstehen, daß relativ objektivierte Beurteilungen so gut wie nie auftreten. Dieser Eindruck wird jedoch in nicht unwesentlichem Maße dadurch gefördert, daß wir uns eben primär mit den Fehlern und Fallen des Wahrnehmens und Denkens beschäftigt haben. Die problemlosen Abläufe sind hier infolgedessen eher unterrepräsentiert.

Wie auch immer das quantitative Verhältnis zwischen realitätsadäquaten und verzerrenden Beurteilungen im Alltag ausfällt, so steht die Notwendigkeit einer gezielten Intervention bei folgenschweren Beurteilungen doch außer Frage. Hierfür ist es aber zunächst unumgänglich, eine Vorstellung von den relevanten Einflußfaktoren zu bekommen. Abbildung 10-1 gibt einen Überblick über die verschiedenen Faktoren von denen eine systematische Urteilsverzerrung ausgehen kann.

Am Anfang steht eine Person oder eine soziale Situation, die es zunächst einmal wahrzunehmen gilt. Die Wahrnehmung selbst wirkt dabei im Sinne eines Selektionsprozesses, an dessen Ende nur eine Auswahl der ursprünglich vorhandenen Informationsmenge weitergeleitet wird. Die erste Selektion bezieht sich auf die physikalischen Eigenschaften der Information. Nur diejenigen Informationen, die oberhalb der variablen Wahrnehmungsschwelle liegen, haben auch eine Chance, später bewußt im Beurteilungsprozeß verarbeitet zu werden. Im Zuge einer zweiten Selektion werden aus denjenigen Informationen, die die Wahrnehmungsschwelle hinter sich gelassen haben, diejenigen herausgefiltert, die in das Bewußtsein – also den Arbeitsspeicher – des Beobachters gelangen. Ein wichtiger Einflußfaktor bei der ersten und zweiten

Selektion ist die Aufmerksamkeitssteuerung des Individuums. Solche Informationen, die dem Beobachter von vornherein wichtig erscheinen, werden von ihm auch besonders leicht zur Kenntnis genommen, da er seine Aufmerksamkeit auf die Wahrnehmung entsprechender Informationen lenkt. Bei der Aufmerksamkeitssteuerung wird häufig auf frühere Erfahrungen, auf Gedächtnisinhalte, zurückgegriffen. Dieser Umstand läßt es auch gerechtfertigt erscheinen, zwischen der Wahrnehmung und dem Gedächtnis eine Wechselwirkung anzunehmen. In das Gedächtnis gelangt nur diejenige Information, die zuvor wahrgenommen wurde. Die Wahrnehmung selbst wird aber wiederum von bereits vorliegenden Gedächtnisinhalten beeinflußt.

Beim Übergang vom Kurz- ins Langzeitgedächtnis (Selektion Nr. 3) spielen vor allem die Häufigkeit, mit der die Informationen wiederholt eingespeist wurden sowie die Verarbeitungstiefe eine zentrale Rolle. Sowohl die Wahrnehmung selbst, als auch die Gedächtnisfunktionen werden zusätzlich von Denkprozessen beeinflußt. Dies ist beispielsweise der Fall, wenn die Wahrnehmungsschwelle für eine spezifische Information gesenkt wird.

Informationen, die aufgrund einer aktuellen Wahrnehmung im Arbeitsspeicher liegen oder aber aus dem Langzeitgedächtnis abgerufen wurden, werden nun in einem letzten Schritt der komplexen Urteilsbildung unterzogen. Die Bezeichnung „komplex" leitet sich allerdings weniger von der Tatsache ab, daß sich die beurteilende Person sehr viele Gedanken machen würde. Meist kommen Heuristiken zum Einsatz. Attributionen und Bezugssysteme werden ebenfalls eher selten hinterfragt. Die Grundlage für wertende Urteile stellen Vergleiche mit Standards oder anderen Personen dar.

Die Komplexität ergibt sich vor allem aus den zahlreichen Einflußfaktoren: Erwartungseffekte, Halo-Effekte, soziale Vorurteile, emotionale und motivationale Einflüsse, Faktoren des sozialen Umfeldes. Faktoren wie z.B. die Erwartungen sind ihrerseits im Gedächtnis des Beurteilers angesiedelt. Am Ende steht eine Beurteilung, die mehr oder weniger stark die objektive Realität widerspiegelt oder aber das Ergebnis systematischer Prozesse der Urteilsverzerrung darstellt. Nicht allzu selten dürfte es auch vorkommen, daß ein bereits feststehendes Urteil unter Umgebung eines aktuell ablaufenden Urteilsprozesses direkt aus dem Langzeitgedächtnis abgerufen wird. Auch hier können systematische Verzerrungen wirksam werden, sie liegen jedoch zeitlich weiter zurück und sind im Zustandekommen des abgespeicherten Urteils zu suchen. Unabhängig davon, wie das Urteil nun im einzelnen zustandegekommen ist, wirkt es seinerseits wiederum auf die Wahrnehmung, das Gedächtnis und die Beurteilung zurück. Dies ist u.a. die Grundlage für die Aufrechterhaltung von „Teufelskreisläufen" der verzerrten Beurteilung.

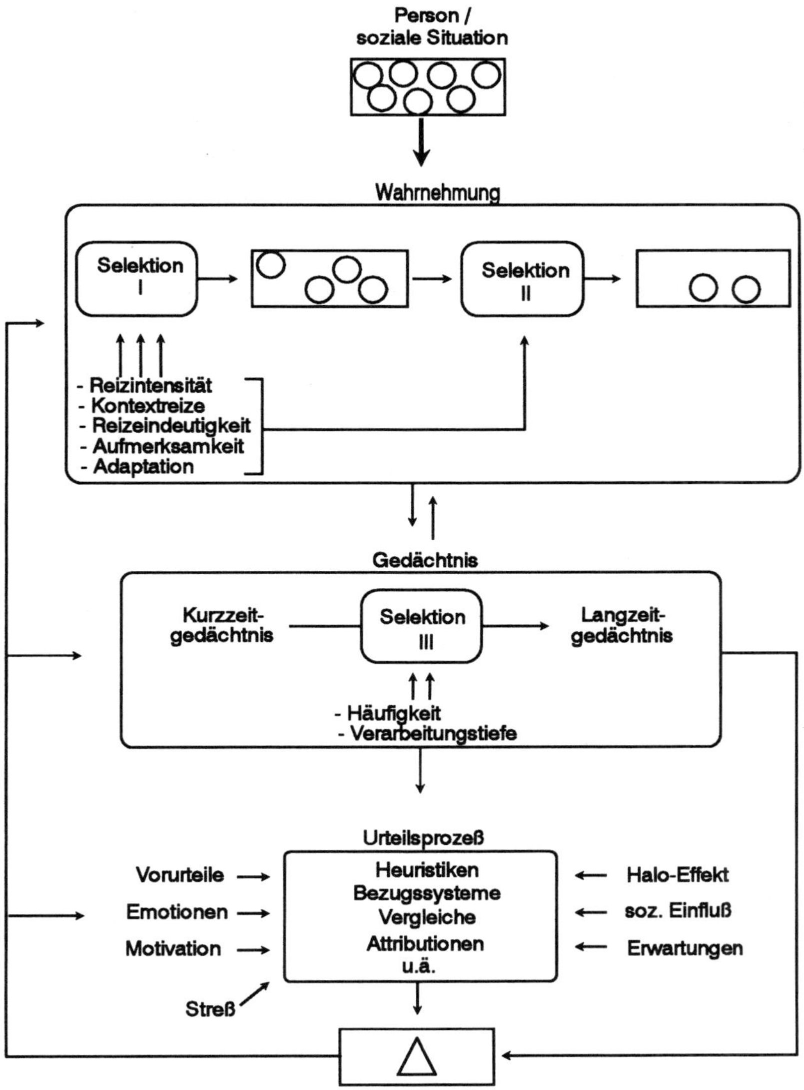

Abbildung 10-1: Relevante Einflußfaktoren im Urteilsprozeß

10.3 Bewertung und Gegenmaßnahmen

Wir haben es bereits angesprochen, nicht jede systematische Verzerrung in der Beurteilung anderer Menschen und sozialer Situationen ist derart folgenschwer, daß hier zwingend Gegenmaßnahmen zu fordern wären. Hierbei spielt es keine Rolle, ob es sich tatsächlich um objektive Fehler oder nur um systematische Verzerrungen handelt, von denen mit großer Wahrscheinlichkeit angenommen werden kann, daß sie oft zu objektiven Fehlern führen werden.

Interventionen zur Verringerung der Beurteilungsverzerrungen bestehen in ihrem Kern darin, daß *bestehende Automatismen unterbrochen werden und an ihre Stelle eine ganz bewußt vorgenommene Beurteilung gestellt wird.* Diese partielle Auflösung routinierter Abläufe erfordert einen Aufwand, den man sicherlich nicht in allen Entscheidungssituationen des Lebens betreiben möchte, zumal die Entscheidungsgeschwindigkeit hierunter zwangsläufig leiden würde. Es geht also keineswegs darum, den gesamten Prozeß der Urteilsfindung in allen Lebenslagen umzustrukturieren. Dennoch gibt es aber genügend Situationen in denen ein bewußtes Hinterfragen und Steuern der eigenen Urteilsbildung geboten erscheint. Besonders augenfällig ist dies bei professionellen Beurteilern wie Lehrern, Juristen, Polizisten, Humanwissenschaftlern oder Wirtschaftsführern.

Welche Gegenmaßnahmen lassen sich nun denken? Die Ausführungen zur Natur der menschlichen Urteilsfindung, zu den Prinzipien der Wahrnehmung, der Informationsspeicherung und des Denkens haben gezeigt, daß systematische Verzerrungen unerwünschte Begleiterscheinungen von Prozessen darstellen, denen an sich eine sehr nützliche Funktion zukommt. Die Absicht, die zugrundeliegenden Prozesse zu eliminieren wäre also mindestens ebenso töricht, wie illusorisch. Der Schlüssel zur Bewältigung unerwünschter Effekte liegt vielmehr in der genaueren Kenntnis der allgemeinen Prinzipien der menschlichen Urteilsbildung. Wer die Natur derartiger Abläufe verstanden hat, der kann sich ihrer selbst zumindest teilweise bedienen. Nicht gegen, sondern mit Hilfe der natürlichen Wirkmechanismen läßt sich dem Problem der systematischen Urteilsverzerrungen erfolgversprechend begegnen. Hierin liegt ein großes Anwendungsgebiet einer Empirie, die sich zum größten Teil als Grundlagenforschung versteht. Das nötige Rüstzeug für erfolgversprechende Maßnahmen zur Vermeidung oder zumindest doch zur Verringerung systematischer Urteilsverzerrungen und -fehler liefern die Forschungsergebnisse, von denen in den vorangestellten Kapiteln berichtet wurde.

Diese Grundannahme vor Augen, beginnen wir nun mit unsere Analyse potentieller Gegenmaßnahmen beim Prozeß der Informationsaufnahme, der Wahrnehmung.

10.3.1 Bewußte Steuerung der Aufmerksamkeit

Ganz zu Beginn der Urteilsbildung ist das Zusammenspiel von zwei Variablen von besonderer Bedeutung. Eine Information hat überhaupt nur dann eine Chance, bewußt zur Kenntnis genommen zu werden, wenn die Intensität des entsprechenden Reizes oberhalb der Wahrnehmungsschwelle des Individuums liegt. So manches Fehlurteil mag darauf beruhen, daß objektiv bedeutsame Informationen erst gar nicht zu Kenntnis genommen wurden. Der Beurteiler selbst wird in der Regel die Intensität der zur Verfügung stehenden Information nicht manipulieren können, wohl aber ist er in der Lage, seine eigene Wahrnehmungsschwelle für derartige Informationen zu senken. Er kann sich sensibilisieren für Aspekte, die ihm bislang unentdeckt blieben. In den Begriffen der Wahrnehmungsforschung ausgedrückt bedeutet dies, daß er seine eigene Aufmerksamkeit bewußt steuert. Voraussetzung hierfür ist natürlich, daß er um die Existenz solcher Informationen weiß. Ein Lehrer, der eine verweigernde Arbeitshaltung bei einem seiner Schüler wahrnimmt, kann den Schüler als faul abqualifizieren und dann zur Tagesordnung übergehen. Er kann sich aber ebenso gut darüber informieren, welche verschiedenen Gründe für eine derartig Haltung vorliegen können und dann in einem zweiten Schritt überprüfen, inwieweit diese wohl auf seinen Schüler zutreffen. Er richtet seine Aufmerksamkeit nun also auf Informationen, die von ihm bislang völlig vernachlässigt wurden. Am Ende dieses Prozesses wird er bei sorgfältiger Arbeit ein realitätsangemesseneres Urteil fällen können. Vielleicht kommt er erneut zu dem Schluß, daß der Schüler nur einfach faul sei. Diesmal hat er sein Urteil aber systematisch überprüft und gegen etwaige Alternativen abgesichert. Die Konsequenzen, die er nun aus seiner Bewertung zieht, basieren zumindest auf einer vergleichsweise seriösen Urteilsfindung.

An dieser Stelle werden bereits Querverbindungen zu anderen Teilbereichen der Informationsverarbeitung deutlich. Die Aufmerksamkeitssteuerung basiert letztlich auf Vorerfahrungen des Individuums. Der Lehrer in unserem Beispiel hat sich zuvor möglicherweise mit der einschlägigen Fachliteratur beschäftigt, ehe er hierauf aufbauend seinen Wahrnehmungsprozeß bewußt auf neue Informationen gerichtet hat. Die Quellen der Aufmerksamkeitssteuerung können ebenso aber ganz persönliche Erfahrungen, Erwartungen oder soziale Vorurteile sein. Hier empfiehlt es sich, die Basis der eigenen Aufmerksamkeitssteuerung einmal zu hinterfragen. Der Objektivität eines Urteils ist in keiner Weise damit gedient, wenn an die Stelle mangelnder Aufmerksamkeit eine selektive Aufmerksamkeit tritt, die in systematischer Weise Erwartungen und Vorurteile bestätigt, die objektiv betrachtet falsch sind. In diesem Falle würde ein Fehler nur durch einen anderen ersetzt. Die systematische Urteilsverzerrung bleibt bestehen, nur ihr Inhalt ändert sich.

Als Beispiel für einen derartigen Prozeß kann die gewachsene Aufmerksamkeit gegenüber dem sexuellen Mißbrauch von Kindern angesehen werden. Während noch vor einigen Jahren dieses Thema bestenfalls in kleinen Fachkreisen diskutiert wurde, hat sich seine Popularität so stark erhöht, daß hieraus eine neue Quelle der Fehlbeurteilungen erwächst. Vor zehn oder zwanzig Jahren sind sicherlich sehr viele Mißbrauchsfälle einfach übersehen worden, weil Kindergärtnerinnen, Erzieherinnen, Lehrer und andere Menschen, die professionell mit Kindern zu tun haben, die entsprechenden Symptome aufgrund mangelnder Kenntnis gar nicht erst wahrnehmen konnten. In vielen Fälle ist das auffällige Verhalten eines Mädchens sicherlich auf deren Persönlichkeit oder andere irrige Faktoren zurückgeführt worden. Heute besteht jedoch mindestens genauso stark die Gefahr des entgegengesetzten Fehlers. Einschlägige Berufsgruppen sind eher übersensibilisiert und erwarten in jeder Kindergruppe und jeder Schulklasse mindesten einen Fall sexuellen Mißbrauches. Dies ist eine Folge der hohen Publizität des Themas und nicht zuletzt wohl auch seiner Nutzbarmachung durch primär politisch motivierte Kreise. Die Folge ist, daß die Realitätswahrnehmung in Richtung auf die eigenen Hypothesen verzerrt wird. Auch wenn das Anliegen ursprünglich ein sehr hehres war, zieht es nun eindeutig schädliche Konsequenzen für viele Kinder und ihre Eltern nach sich. Jede Regung und Äußerung des Kindes wird aufmerksam beäugt, mißgedeutet und hypothesenkonträre Informationen werden ausgeblendet. Im schlimmsten Falle wird durch unprofessionelles Vernehmungsgebaren dem Kind ein Mißbrauch eingeredet, ohne daß dies je beabsichtigt war. Vergleichbar dem Rosenhan-Experiment wird hier eine an sich unauffällige Person und ihre Familie psychiatrisiert. Auf einmal gewinnt so die Aussage, „der sexuelle Mißbrauch beginnt im Kopf" eine ganz neue Bedeutung. Hier deuten sich die Grenzen der autodidaktischen Aneignung wissenschaftlicher Kompetenz an. Das Lesen eines Buches ersetzt keine diagnostische Ausbildung. Der Hobby-Diagnostiker richtet im schlimmsten Falle mehr Schaden an, als er durch sein Vorhaben ursprünglich vielleicht verhindern wollte. Übertragen auf unser Beispiel des Lehrers, der seine Aufmerksamkeit bei der Beurteilung der Schüler bewußt steuert, bedeutet dies, daß diese Strategie zur Verringerung systematischer Urteilsverzerrungen selbstverständlich auch kritisch begleitet sein will. Der Lehrer kann sich für bestimmte Informationen sensibilisieren, muß sich aber gleichzeitig auch der Gefahr einer Übersensibilisierung bewußt sein. Im Zweifelsfalle bietet sich ihm hier die Möglichkeit an, sein Urteil durch andere Kollegen oder Experten zu validieren.

10.3.2 Aufdeckung von Bezugssystemen

Mit der Aufmerksamkeitssteuerung eng verknüpft ist das Problem der Adaptation. Der Beurteiler gewöhnt sich an solche Informationen, mit denen er besonders häufig konfrontiert wird. Ein Sonderschullehrer wird die Leistungen eines durchschnittlichen Schülers der Tendenz nach wahrscheinlich überbewerten, während ein anderer Lehrer, der vorwiegend hochbegabte Schüler unterrichtet, möglicherweise zu einer verzerrten Beurteilung in entgegengesetzter Richtung neigt. Auf der Grundlage der alltäglichen Erfahrungen baut sich bei beiden ein Bezugssystem auf, dem eine entscheidende Rolle bei der Bewertung zukommt.

Für die Vermeidung von Urteilsverzerrungen ist es notwendig, sich der eigenen Bezugssysteme bewußt zu werden. Ob wir eine Situation oder einen Menschen als gefährlich oder ungefährlich, bedeutsam oder unbedeutsam, angenehm oder unangenehm, langweilig oder anregend beurteilen, hängt davon ab, mit welchen Situationen und Menschen wir häufig konfrontiert werden. Dies ist besonders offensichtlich bei dem Gebrauch des Wortes „normal". Der Vater, der seiner Tochter vorwirft, nicht ganz normal zu sein, weil sie ihre Haare grün färben ließ, hat mit dieser Behauptung natürlich Recht, wenn er sich bei diesem Urteil auf diejenigen Menschen bezieht, mit denen er als Versicherungsvertreter tagtäglich zu tun hat. Aus der Perspektive der Tochter heraus betrachtet hat er unrecht, wenn man ihren eigenen Freundeskreis als Bezugssystem wählt. In Abhängigkeit vom jeweiligen Bezugssystem kommen mithin zwei völlig verschiedene Beurteilungen zustande. Eine Objektivierung kann vor allem dann erreicht werden, wenn ein jeder die aktuelle Nützlichkeit der eigenen Bezugssysteme überprüft und zusätzlich auch noch versucht, sich einmal in das Bezugssystem des Gegenübers hineinzuversetzen. Vater und Tochter könnten bei diesem Vorgehen nicht nur zu einer angemesseneren Bewertung des Gegenübers gelangen, sondern gleichzeitig auch noch unnötige Konflikte vermeiden. Neben dem Abgleich der Bezugssysteme unterschiedlicher Personen bietet sich manchmal auch die Schaffung eines übergeordneten Bezugssystems an.

Will man gewährleisten, daß verschiedene Beurteiler bei einer identischen Person auch zu dem selben Urteil gelangen, so ist es notwendig, den Prozeß der Urteilsfindung und auch die Kriterien der Bewertung, also das zugrundeliegende Bezugssystem, explizit festzulegen. Als Beispiel für dieses eher seltene, weil sehr aufwendige

Vorgehen, kann die psychologische Diagnostik, die mit Hilfe von Testverfahren arbeitet, dienen. In einem solchen Verfahren wird nicht nur die Vorgehensweise der Messung standardisiert, sondern zusätzlich auch noch eine einheitliche Norm festgelegt, die als Bezugssystem für alle Testungen herangezogen wird. Die Norm selbst wird über empirische Studien und mathematische Verfahren hergeleitet, so daß jeder einzelne Klient, der sich einem Test unterzieht, z.B. in bezug auf seine Alters- und Geschlechtsgruppe innerhalb eines bestimmten Kulturkreises beurteilt wird. Auch in diesem Falle kann eine spezifische Urteilsfindung natürlich unangemessen sein. Ein wesentlicher Vorteil des beschriebenen Vorgehens besteht jedoch darin, daß das Bezugssystem glasklar definiert ist. Es kann sich somit mehr als jedes unserer alltäglich verwendeten Systeme der Diskussion und damit auch der Innovation stellen. Fehler werden natürlich immer gemacht. Es geht darum, den Fehlerspielraum einzuschränken. Kritiker der Testdiagnostik übersehen dabei häufig, daß es keine wirkliche Alternative zum Einsatz von Bezugssystemen gibt. Entweder greift man auf ein eindeutig definiertes und damit auch diskutables Bezugssystem zurück oder aber jeder einzelne Diagnostiker bedient sich seiner eigenen Bezugssysteme, die sich aufgrund ihrer mangelnden Expliziertheit kaum diskutieren lassen.

Nun wird es in den meisten beruflichen Entscheidungssituationen schwierig, zu aufwendig oder zu teuer sein, einheitliche Bezugssysteme aufzubauen. In diesem Falle kann man sich einer Technik bedienen, die ursprünglich aus dem Bereich der sozialen Berufe stammt, aber auch in jedem anderem Beruf Platz greifen kann. Es handelt sich hierbei um die Supervision des Entscheidungsverhalten. Ein Supervisor ist eine Person, die z.B. das Verhalten eines Psychotherapeuten beobachtet und im Anschluß an eine Therapiestunde mit diesem die Geschehnisse noch einmal bespricht. Ziel ist u.a., systematisch verzerrende Einflüsse zu beseitigen. Supervisoren kann man sich in sehr vielen Berufen denken, so auch bei Richtern, Polizisten, Ärzten, Sachbearbeitern im Jugend- oder Sozialamt oder bei Lehrern. Eine zentrale Aufgabe des Supervisors besteht neben der Analyse der Entscheidungsabläufe auch in einem Offenlegen impliziter Bezugssysteme. Die Arbeit des Supervisors ist eine andere als die der meisten Vorgesetzten. Es geht nicht darum, die Arbeit nach den Vorstellungen des Supervisors zu gestalten, sondern vielmehr, eine kritische Projektionsfläche zu liefern, auf der gemeinsam ein Hinterfragen eingeschliffener Prozesse möglich ist. Diese Analyse bietet dann die Grundlage für eine Optimierung der Entscheidungsabläufe.

10.3.3 Aspekte der Funktion des Gedächtnisses

Die Funktionen des Gedächtnisses lassen sich in besonderer Weise für die Reduzierung systematischer Urteilsverzerrungen nutzbar machen. Ein wichtiges Ziel der geplanten Gegenmaßnahmen besteht darin, alternative Sichtweisen und differenziertere Beurteilungen zu etablieren. Gedächtnisinhalte werden um so eher gefestigt und in späteren Situationen wieder zum Einsatz kommen, je häufiger sie präsentiert und benötigt werden, bzw. je intensiver die Auseinandersetzung mit ihnen ausfällt (Verarbeitungstiefe). Für die Interventionen gegen Urteilsverzerrungen bedeutet dies, daß eine möglichst intensive Auseinandersetzung und häufige Beschäftigung mit entsprechenden Maßnahmen die Wahrscheinlichkeit erhöhen wird, daß sie auch in zukünftigen Situationen immer leichter zum Einsatz kommen. Auch wenn es zu Beginn ungewohnt und lästig sein dürfte, die eigenen Entscheidungsprozesse zu hinterfragen und z.B. differenziertere Analysen vorzunehmen, so mag dies von Mal zu Mal immer leichter fallen.

Ein besonderes Problem der Personenwahrnehmung besteht in der Bevorzugung von generalisierenden Charakterisierungen. Ein auffällig gewordener Straftäter wird häufig nicht als Individuum betrachtet, das u.a. auch einmal eine kriminelle Tat begangen hat, sondern gilt vielmehr als Krimineller, ganz so, als ob dies zur vollständigen Beschreibung seiner Person hinreichend wäre. Entsprechend wird man diese Person auch erinnern. Diese Erinnerung erhöht wiederum die Wahrscheinlichkeit, daß die Person auch in Zukunft wieder in der gleichen undifferenzierten Weise wahrgenommen wird. Die Generalisierung wirkt in diesem Falle wie eine Hypothese. Die Kenntnis der systematischen Reduktion der Komplexität kann dabei helfen, selbst derartige Verallgemeinerungen zu unterlassen. Der engagierte Vorgesetzte wird sich fragen, welches Bild er sich von seinen Mitarbeitern macht, Generalisierungen als solche erkennen und auf ihre Berechtigung hin überprüfen. Er wird sich fragen, ob es nicht viele Merkmale seine Mitarbeiter gibt, denen er vielleicht nicht die nötige Aufmerksamkeit schenkt, weil ihm diese allzu selbstverständlich erscheinen. Bei zukünftigen Beurteilungen seiner Mitarbeiter wird so im günstigsten Falle die Wahrscheinlichkeit ungerechtfertigter Generalisierungen sinken.

Ähnlich verhält es sich mit dem Priming- und dem Halo-Effekt. Wer darum weiß, daß besonders herausgehobene Merkmale einer Person oder Situation das anschließende Urteil in besonderer Weise prägen, der kann sich bewußt dagegen zur Wehr setzen. Dies ist z.B. durch Ergebnisse aus dem Bereich der Attraktivitätsforschung belegt, die zeigen, daß ein Halo-Effekt ausbleibt, wenn sich die Entscheidungsträger dieses verzerrenden Einflusses bewußt sind. Wenn bekannt ist, daß in besonderem Maße diejenigen Informationen, die zuerst wahrgenommen werden, in hervorstechender Weise die Grundlage für die Beurteilung bilden, so kann hieraus auch die Forderung nach einer möglichst breit gefächerten Informationssuche zu Beginn des Bewertungsprozeß abgeleitet werden. Es erscheint erfolgversprechend, wenn sich z.B. der Sachbearbeiter im Jugendamt darum bemüht, gleich schon zu Beginn der Auseinandersetzung mit einem neuen Fall möglichst breit gestreute Informationen einzuholen. Dies wird mit größerer Wahrscheinlichkeit zu einem realitätsadäquaten Urteil führen als die wohl sehr viel gängigere Strategie, sich erst einmal einen ersten Eindruck zu verschaffen. Der erste Eindruck ist dann im Zweifelsfall leider oft auch der letzte, weil alle nachfolgend aufgenommenen Informationen im Rahmen der Informationsverarbeitung keine gleichberechtigte Chance mehr erhalten werden. Wenn es sich schon nicht vermeiden läßt, daß zwangsläufig irgendwelche Informationen die ersten sein werden, die man aufnimmt, so sollte dieser Effekt doch nicht noch dadurch verstärkt werden, daß man bewußt ein erstes, vermeintlich vorläufiges Urteil anstrebt.

10.3.4 Heuristiken hinterfragen

Beim schlußfolgernden Denken ist es hilfreich, nach den eigenen Heuristiken im Urteilsprozeß zu suchen und diese auf ihre Angemessenheit hin zu überprüfen. Die

Kenntnis der Forschung zu gängigen Heuristiken hilft bei dieser Analyse. Im Bereich professioneller Beurteilungen wird es sich lohnen, neue Heuristiken auf der Grundlage empirischer Studien aufzubauen, die dabei helfen, Entscheidungen dort zu beschleunigen, wo es notwendig ist, ohne dabei allzuviel Qualität einzubüßen. Als Beispiel für ein derartiges Vorgehen kann die Bewerberauswahl mittels Testergebnissen oder aufwendigeren Auswahlverfahren wie etwa dem Assessment Center dienen. Statt jeden Bewerber erst einmal für eine Probezeit einzustellen, wird hier eine Abkürzung der Entscheidungsabläufe gesucht, bei der möglichst auf der Grundlage von Voruntersuchungen gezielt solche Merkmale untersucht werden, die einen Zusammenhang mit dem Erfolg am Arbeitsplatz versprechen. Denkpsychologisch ausgedrückt handelt es sich hierbei also um eine bewußte Planung und Umsetzung von Heuristiken.

10.3.5 Systematische Ursachensuche

Die Attributionsforschung bietet ein besonders gutes Beispiel dafür, wie Urteilsverzerrungen auf der Grundlage von Theorien und Forschungsergebnissen begegnet werden kann. Insbesondere die Attributionstheorie von Kelly liefert als normatives Modell wichtige Hinweise für die bewußte Steuerung der Ursachenzuschreibung. Professionelle Beurteiler wie z.B. Vernehmungsbeamte bei der Polizei oder Erzieherinnen, die sich häufig mit der Frage beschäftigen müssen, ob die Ursachen für ein gezeigtes Verhalten primär in der Person des Handelnden liegen oder nicht, können der Reihe nach die drei Faktoren Konsensus, Distinktheit und Konsistenz hinterfragen, um ihrem Urteil so eine größere Reflexion zu geben. Ganz generell dürfte die Güte einer Attribution steigen, wenn der Beobachter sich nicht nur mit der Analyse einer einzigen Begebenheit abgeben muß, sondern die Möglichkeit bestand, das fragliche Verhalten in unterschiedlichen Kontexten und ggf. auch bei verschiedenen Personen beobachten zu können. Soweit dies möglich ist, sollte der Beurteiler sich also darum bemühen, solche zusätzlichen Informationen einzuholen. Zwar reichen auch die bestehenden Attributionsmodelle nicht aus, um in jedem Falle ein absolut sicheres Ergebnis zu erzielen, sie helfen jedoch dabei, den Beurteiler für den Prozeß der Ursachenzuschreibung zu sensibilisieren. Hierauf aufbauend kann dieser dann je nach Situation spezifische Kenntnisse einfließen lassen, die seine Entscheidung erleichtern. Ein erster Schritt zur Auflösung automatisierter Kurzschlußattributionen ist damit bereits getan. Daß die Berücksichtigung derartiger Modelle prinzipiell hilfreich sein kann, belegen u.a. die Attributionstrainings mit Patienten, die an leichten Depressionen leiden.

Neben den normativen Attributionsmodellen kann sich auch die Kenntnis der systematischen Attributionsfehler selbst als hilfreich erweisen. Wer sich darüber im klaren ist, daß auch er generell dazu neigt, die Ursachen für ein beobachtetes Verhalten primär in der Person des Handelnden anzusiedeln, der liefert sich hierdurch die notwendige Basis, den routinierten Attributionsprozeß zu problematisieren und ggf. auch zu durchbrechen. Ähnlich hilfreich dürfte sich hier die Kenntnis des Phänomens der Akteur-Beobachter-Divergenz erweisen. Sie fordert geradezu auf, einmal die Perspektive zu wechseln und das Geschehen nicht nur aus dem Blickwinkel des unbeteiligten Beobachters, sondern auch aus der Perspektive des Handelnden zu betrachten. Ein solches Vorgehen, das beispielsweise für professionelle Erzieherinnen selbstverständlich sein sollte, könnte auch Eltern oder Angehörigen anderer Berufe wie z.B. Richtern, Werbestrategen und Vorgesetzten jeglicher Profession zum Vorteil gereichen. Zumindest wird hierdurch ihr Horizont für die real vorhandene Diversität und Interpretierbarkeit von Alltagsphänomenen erweitert.

Ein solches Vorgehen beugt auch der empirisch belegbaren Tendenz vor, sich bei der Attribution mit der Suche nach einer einzigen Ursache zufriedenzugeben. Schon eine Auseinandersetzung mit den Prinzipien der menschlichen Verhaltenssteuerung – die man sich eigentlich bei allen professionellen Entscheidungsträgern wünschen würde, deren Beurteilungsobjekt der Mensch ist – könnte den Blick für die vorhandene Multikausalität schärfen. Da eine intensivere Beschäftigung mit humanwissenschaftlichen Erkenntnissen wohl eher die Ausnahme denn die Regel sein dürfte, gewinnt die Vermittlung von systematischen Attributionsfehlern, wie sie beispielsweise im Rahmen von Fortbildungsveranstaltungen erbracht werden könnte, eine große Bedeutung für ein an sich einfaches Phänomen.

10.3.6 Absicherung gegenüber Erwartungen

Die Rolle der Hypothesen im Urteilsprozeß wurde bereits ausgiebig diskutiert. Zu unterscheiden sind Erwartungseffekte, die nur die Wahrnehmung eines Beobachters beeinflussen und solche, die im Sinne des Pygmalion-Effektes auch zu einer tatsächlichen Veränderung der Realität führen. Die beiden entscheidenden Größen bei der hypothesengeleiteten Wahrnehmung und Beurteilung sind die Hypothesenstärke und die Stärke der objektiven Gegebenheiten. Die Beurteilung einer Person oder einer sozialen Situation wird um so eher von den Erwartungen des Beobachters dominiert, je stärker die Hypothese und je schwächer die objektiven Informationen ausfällt.

Eine hypothesengeleitete Verzerrung von Beurteilungen kann schon dadurch vermieden werden, daß der Beurteiler mit sehr *eindeutigen Informationen* versorgt wird, bei denen der Interpretationsspielraum weitgehend eingeschränkt ist. Im Bereich der professionellen Bewertung von Menschen in psychiatrischen Kliniken oder bei der Personalauswahl wird man also möglichst auf standardisierte Meßverfahren zurückgreifen, die den individuellen Wahrnehmungs- und Entscheidungsspielraum beschneiden. Ebenso kann man sich darum bemühen, Entscheidungsprozesse so zu formalisieren, daß immer begründet wird, auf welcher Grundlage welche Entscheidungen getroffen werden. Dies ermöglicht es, zumindest im nachhinein hypothesengeleitete Urteilsverzerrungen leichter zu erkennen.

Andere Strategien setzen bei der *Hypothesenstärke* an. Eine Reduzierung der Hypothesenstärke kann u.a. dadurch erreicht werden, daß dem Beurteiler möglichst viele Alternativhypothesen zur Verfügung stehen. Der Beurteiler könnte sich selbst um entsprechend alternative Erwartungen bemühen, wenn er sich in möglichst vielfältiger Weise mit dem Bewertungsgegenstand auseinandergesetzt hat, ehe er zu einer Bewertung schreitet. Ein Lehrer, dem eine bestimmte Lernschwäche bei einem seiner Schüler aufgefallen ist, wäre gut beraten, sich mit der einschlägigen Fachliteratur auseinanderzusetzen oder einen Experten zu konsultieren, um zu vermeiden, daß falsche Hypothesen über die Verursachung und die Folgen einer solchen Lernschwäche einen verzerrenden Einfluß auf seine Leistungsbeurteilung nehmen. So könnte z.B. vermieden werden, daß der Lehrer eine spezifische intellektuelle Schwäche als Indikator für die Gesamtintelligenz ansieht und demzufolge den Schüler eher zu negativ bewertet und ggf. auch weniger fördert. Die Wahrscheinlichkeit eines Pygmalion-Effektes ließe sich so mindern.

Die Hypothesenstärke kann aber auch dadurch vermindert werden, daß die eigenen Erwartungen explizit aufgedeckt werden und diese dann einer kritischen Überprüfung unterzogen werden können. Im Rahmen der Hypothesentheorie würde dies als eine Schwächung der kognitiven Verankerung einer Hypothese bezeichnet werden. Hierbei können u.a. Gespräche mit Außenstehenden besonders behilflich sein. Die eigenen Erwartungen, die uns so selbstverständlich sind, daß wir sie als Bedingungen unseres Wahrnehmens gar nicht mehr erkennen, treten besonders deutlich zutage, wenn sie mit den Erwartungen anderer Menschen konfrontiert werden, die den eigenen widersprechen. In der Begegnung mit abweichenden oder zuwiderlaufenden Hypothesen anderer Menschen liegt ein Ansatzpunkt, sich die eigenen Hypothesen ins Bewußtsein zu rufen, sie einer Diskussion zu stellen und ggf. auch gegenüber anderen zu verteidigen. Ebenso besteht die Möglichkeit, eine neue, realitätsadäquatere Hypothese aufzubauen.

Hieraus leitet sich auch die Überlegung ab, daß wichtige Entscheidungskommissionen in einem Unternehmen, in der Politik o.ä. heterogen besetzt sein sollten. Die unterschiedlichen Perspektiven können – eine gewisses Offenheit der Beteiligten vorausgesetzt – dabei helfen, die Routine der hypothesengeleiteten Urteilsbildung zu unterbrechen, da hier sehr unterschiedliche Hypothesen direkt aufeinander treffen. Sie alle können aber nicht gleichzeitig widerspruchsfrei bestätigt werden. In Begriffen der Hypothesentheorie ausgedrückt, handelt es sich bei diesem Vorgehen um eine Reduzierung der sozialen Unterstützung für eine bestimmte Hypothese, bzw. die Bereitstellung alternativer Erwartungen. Beides schwächt die Stärke der einzelnen Erwartung und mindert damit die Wahrscheinlichkeit einer hypothesengeleiteten Urteilsverzerrung.

10.3.7 Vorurteile

Eng verknüpft mit der hypothesengeleiteten Wahrnehmung ist die Verwendung von sozialen Vorurteilen. Einmal in bezug auf eine bestimmte Person aktiviert, werden sie die Wahrnehmung eines Beurteilers in Richtung auf eine Bestätigung und Festigung der Vorurteile verzerren. Für die Intervention gegenüber Vorurteilen gilt insofern dasselbe, was wir auch schon bezüglich der hypothesenverzerrten Wahrnehmung und Beurteilung diskutiert haben.

Die Besonderheit sozialer Vorurteile besteht darin, daß eine Person zunächst auf der Grundlage eines oder weniger Merkmale als Mitglied einer sozialen Gruppe definiert wird und daß erst dann in einem zweiten Schritt dieser Person all diejenigen Merkmale und Eigenschaften zugeschrieben werden, die in den Augen des Beobachters für alle Vertreter der Gruppe in gleicher Weise gelten: Eine Person, wird z.B. aufgrund ihres Aussehens zunächst als Sozialhilfeempfänger definiert. Diese soziale Kategorisierung wird anschließend dazu benutzt, um auf weitere Merkmale dieser Person, die für den Beobachter nicht unmittelbar zu erfassen sind, zu schließen. Der

Beobachter wird sich möglicherweise sicher sein, daß es sich bei der fraglichen Person um einen faulen Menschen handelt, der ausschließlich auf Kosten anderer lebt.

Dem Vorurteil an sich kann im Sinne einer Intervention gegen Wahrnehmungshypothesen begegnet werden. Die Gegenmaßnahmen können jedoch auch schon früher, nämlich bei der *sozialen Kategorisierung* einsetzen. Unabhängig von der Frage, ob ein bestimmtes Vorurteil zutreffend ist oder nicht, kann die betreffende Person natürlich auch fälschlicherweise einer Gruppe zugeordnet werden. Die Grundlage hierfür liegt in der Überbetonung eines einzelnen Merkmals in Sinne der reduktionistischen Personenwahrnehmung. Ein Beobachter kann sich gegen dieses Problem ganz einfach dadurch absichern, daß er sich zwingt, eine Person durch mehrere Merkmale zu beschreiben, die sich nicht auseinander ableiten lassen. Wer sich der prinzipiellen Differenziertheit der menschlichen Persönlichkeit bewußt ist, der kann eine reduktionistische Beurteilung aktiv vermeiden. Im Rahmen professioneller Entscheidungen sollte dies selbstverständlich sein. Der Effekt kann noch dadurch verstärkt werden, daß mehrere Beurteiler ein und dieselbe Person getrennt voreinander begutachten und die Einzelurteile anschließend ausgetauscht und diskutiert werden.

10.3.8 Berücksichtigung sozialer Einflußnahme

Eine voreinander getrennte Vorbegutachtung durch mehrere Beurteiler hilft dabei, den möglicherweise verzerrenden Einfluß, der durch einen Gruppendruck entstehen kann, zu mindern. Diskutieren alle Beobachter schon von Beginn an ihre Wahrnehmungen und Interpretationen, so besteht die Gefahr, daß ein Effekt der Entscheidungspolarisierung eintritt, das Gruppenurteil also extremer ausfällt als der mathematische Mittelwert aller Einzelentscheidungen. Der Polarisierungseffekt wird um so eher und intensiver auftreten, je größer die Statusunterschiede innerhalb eines Entscheidungsgremiums sind, da sich die statusschwächeren Personen besonders leicht in ihrer Auffassung an die statusüberlegenen angleichen.

Im Kontext von Gruppenentscheidungen scheint es darüber hinaus auch lohnenswert, die *Auffassungen von Minderheiten gezielt einzuholen*. Da es für ein Individuum sehr viel leichter ist, die Meinung der Majorität zu vertreten als sich der Auffassung einer Minorität anzuschließen, sollten letztere zumindest der Tendenz nach auch über besonders gut durchdachte Argumente verfügen. Die Berücksichtigung der Minderheitenposition stellt mithin einen potentiellen Beitrag zur Differenzierung der Beurteilungen dar. Dies ist erneut ein gutes Beispiel dafür, daß man den psychologischen Prinzipien des menschlichen Verhaltens nicht einfach schutzlos ausgeliefert ist und bestenfalls versuchen kann, ihren negativen Konsequenzen aus dem Wege zu gehen. Bei entsprechender Kenntnis kann man sie sich vielmehr auch direkt zunutze machen.

Bei wichtigen Beurteilungen, die innerhalb einer Gruppe von Entscheidungsträgern zu treffen sind, empfiehlt es sich darüber hinaus, nicht nur ein kollektives Votum abzugeben, sondern zusätzlich auch die individuellen Beurteilungen explizit festzuhalten. Hierdurch verringert man das Problem der *Diffusion der Verantwortlichkeit*. Wenn jedes Mitglied des Gremiums weiß, daß auch seine individuelle Entscheidung dokumentiert wird, dann ist es für diese Person wesentlich schwieriger, sich „in der Masse zu verbergen“. Demzufolge wird sie sich auch verstärkt mit der

Urteilsfindung auseinandersetzen, mitdenken, mitentscheiden, denn im schlimmsten Falle muß die betreffende Person damit rechnen, auch ganz individuell für ihre Entscheidung zur Verantwortung gezogen zu werden.

Die Psychologie der sozialen Einflußnahme richtet schließlich unsere Aufmerksamkeit auch auf die *Selbstdarstellung* des Bewertungsobjektes. Beurteiler sollten immer auch berücksichtigen, daß andere Personen, die sich beobachtet wissen, ihr Verhalten kontrollieren, um beim Gegenüber gezielt einen bestimmten Eindruck zu erwecken. Von besonderem Interesse sind für den Beobachter mithin Informationen über das Verhalten dieser Person in Situationen, in denen sie sich weitgehend unbeobachtet glaubt bzw. auch objektiv allein ist. Ein Vergleich zwischen beiden Typen von Situationen hilft dabei, das Ausmaß der Selbstdarstellung zu beurteilen. Ähnlich wie dies auch schon im Zusammenhang mit der Ursachenzuschreibung diskutiert wurde, spricht auch diese Überlegung dafür, Beurteilungen bevorzugt auf mehrmaligen Beobachtungen aufzubauen.

Das Problem der Selbstdarstellung sowie das Phänomen der sozialen Erleichterung bzw. Hemmung des Verhaltens verdeutlicht darüber hinaus, daß der Beobachter selbst – auch ungewollt – Einfluß auf das Verhalten der beurteilenden Person nimmt. Auch dies spricht für den verstärkten Einsatz verdeckter Beobachtung, bei der sich der Beurteiler bewußt im Hintergrund des Geschehens hält, wo immer ihm dies möglich ist.

10.3.9 Vergleiche

Die Ausführungen zur Selbstbewertung schärfen unseren Blick für den psychologischen Prozeß des sozialen Vergleiches. Sie verdeutlichen, daß eine jede Beurteilung – nicht nur solche der eigenen Person – auf einem Vergleich beruht: Das zuvor definierte Bewertungssubjekt wird mit einem Objekt entlang einer wertbehafteten Dimension innerhalb eines bestimmten Zeitausschnittes verglichen und bewertet. Die Kenntnis der Vergleichsprozesse hilft bei der Analyse einer spezifischen Bewertung und kann für den Beurteiler mithin auch als Basis für eine kritische Analyse bzw. eine bewußte Planung eigener Bewertungen dienen. Aufbauend auf dem beschriebenen Modell können darüber hinaus auch systematisch alternative Bewertungsprozeduren vollzogen werden. Die zentralen Variablen der Reduzierung systematischer Urteilsverzerrungen sind auch hier wieder eine Erhöhung der Transparenz der Entscheidungsabläufe und die Förderung einer ebenso bewußten wie differenzierten Beurteilung.

10.3.10 Emotionen

Schließlich bleibt noch die Funktion emotionaler Zustände des Beurteilers zu erwähnen. Wir haben gesehen, daß Stimmungen einen bedeutsamen Einfluß auf Bewertungsprozesse nehmen können. Ihr systematisch verzerrender Einfluß besteht in einer Angleichung des Urteils an die aktuelle Stimmungslage auch dann, wenn eine bestimmte Stimmung objektiv betrachtet völlig unabhängig von der zu beurteilenden Person oder Situation zustandegekommen ist. Dieser Automatismus wird erst dann unterbrochen, wenn der Beurteiler erforscht, wie die Emotion zustandegekommen ist. Die Kenntnis der Emotionstheorien kann dabei helfen, die naive Vorstellung vom Zustandekommen eigener Emotionen zu korrigieren und entsprechende Automatismen zu vermeiden.

Ebenfalls bedeutsam ist in diesem Zusammenhang das Ergebnis, daß negative Stimmungslagen die Bereitschaft zum analytischen Denken fördern, während positive Stimmungen eher zu einer Verflachung des Denken führen. Wichtige Beurteilungen sollten vor allem also dann vermieden oder doch zumindest später kritisch hinterfragt werden, wenn der Beurteiler zum Zeitpunkt seiner Entscheidung allzu guter oder extremer Stimmung war.

Schließlich bleibt auch noch die Möglichkeit, emotionale Stimmungen innerhalb gewisser Grenzen auch durch das eigene Denken zu kontrollieren.

Fassen wir die zentralen Überlegungen noch einmal kurz zusammen, so bleibt festzuhalten, daß der Mensch den systematische Verzerrungen seiner Urteilsbildung keineswegs schutzlos ausgeliefert ist, auch wenn diese Begleiterscheinung ganz basale Prozesse seines Fühlens, Denkens und Handelns darstellen. Der erste und wichtigste Schritt zur Intervention liegt in der Kenntnis der einschlägigen Phänomene der systematischen Verzerrung auf der einen, und dem Wissen um die ihnen zugrundeliegenden allgemeinen Prozesse auf der anderen Seite.

Die Gegenmaßnahmen bestehen dann im wesentlichen in einer bewußten Steuerung solcher Prozesse, die im Alltag häufig automatisiert ablaufen. Routinen sollen weitestgehend vermieden und das eigene Vorgehen kritisch hinterfragt werden. Dies alles ist auch damit verbunden, das subjektiv übersteigerte Sicherheitsgefühl in bezug auf die Korrektheit der eigenen Entscheidungsprozesse in Frage zu stellen. Die subjektiv erlebte Sicherheit bei der Urteilsfindung ist ebensowenig ein Kriterium für die Wahrheit des Urteils, wie dies für die Plausibilität einer Schlußfolgerung gilt. Schließlich sollten wichtige Beurteilungen nicht unter Zeitdruck, innerer Anspannung oder ähnlich belastenden Situationen getroffen werden, da letzteres die Trivialisierung der Denkprozesse fördert.

Besonders bedeutsam erscheint der Umstand, daß meist dieselben Prozesse, welche die systematischen Verzerrungen der Urteilsbildung im wesentlichen verursachen, auch dazu eingesetzt werden können, systematischen Urteilsverzerrungen korrigierend zu begegnen.

10.4 Schlußbemerkungen

Systematische Verzerrungen in der Beurteilung von Menschen und sozialen Situationen gehören zu unserem Alltag. Ihre Konsequenzen sind mehr oder weniger weitreichend. Dort, wo mit erheblichen Konsequenzen zu rechnen ist, bieten sich dem Beurteiler eine ganze Reihe von Gegenmaßnahmen an. Voraussetzung hierfür ist immer die Kenntnis entsprechender Probleme. Gerade im Bereich der professionellen Bewertungen leitet sich hieraus die Forderung ab, daß bereits in der *beruflichen Grundausbildung*, zumindest aber in der *Fortbildung*, auf die Grundprinzipien der menschlichen Urteilsbildung eingegangen wird. Dies läßt sich nicht abdecken durch einige

Stunden „Einführung in die Psychologie“, die in vielen Ausbildungsordnungen heute schon vorgesehen sind. Vielleicht hätte durch eine bewußte Sensibilisierung der zuständigen Entscheidungsträger z.B. der Fall des Bauunternehmers Jürgen Schneider vermieden werden können. Neben den absichtlich betriebenen Versuchen, seine Gesprächspartner zu täuschen, ist die Entwicklung seiner Karriere nur dadurch zu erklären, daß die Kreditgeber offenbar völlig naiv geurteilt und gehandelt haben. Der Fall Schneider ist ein so brillantes Beispiel für Urteilsverzerrungen, daß man schon fast versucht ist, ein Schneider-Syndrom zu definieren. Das zentrale Moment war die Erwartung, daß ein Mann von solch hohem Status einfach nicht betrügen wird. Ein geschicktes Selbstdarstellungsverhalten von seiten Schneiders wird ein übriges getan haben, daß er als absolut seriös und glaubwürdig galt. Bei einer genaueren Analyse ließen sich ohne Zweifel viele der in diesem Buch beschriebenen Phänomene der Urteilsverzerrungen bei den Bankvertretern nachweisen.

Mit einer bloßen theoretischen Ausbildung allein wird es in den meisten Fällen jedoch kaum getan sein. Die entsprechenden Gegenmaßnahmen müßten auch in praktischen Übungen einstudiert werden, so daß sie im Alltag ganz selbstverständlich und ohne große Verzögerung eingesetzt werden können. Auch können Evaluationsmaßnahmen und Supervisionsangebote dabei helfen, Entscheidungsprozesse zu optimieren.

Die Integration psychologischer Inhalte in die Berufsausbildung legt auch nahe, einmal über die *schulische Ausbildung* nachzudenken. Auch hier wäre es prinzipiell wünschenswert, daß die Schüler etwas über die Funktion des menschlichen Handelns, Fühlens und Denkens lernen. Lebenspraktische Inhalte scheinen aber zumindest aus den Gymnasien weitestgehend verbannt zu sein. Kaum ein Abiturient hat hier etwas über Steuern, Versicherungen, Arbeitnehmerrechte u.ä. gelernt, wohl aber kann er u.U. ein Integral berechnen. Die Diskussion der schulischen Lerninhalte ist eine so weitreichende gesellschaftliche Aufgabe, daß sie hier nicht einmal annähernd zufriedenstellend behandelt werden kann. Wir wollen es daher an dieser Stelle bei einem allgemeinen Denkanstoß belassen.

Was für die schulische Ausbildung gilt, trifft prinzipiell auch auf die *Universitäten* zu. Aber hier scheint die Perspektive noch hoffnungsloser. Unter dem Diktat des Sparzwanges und vermeintlicher Effizienzsteigerung wird die Ausbildung zum Schmalspur-Akademiker, zum Hyper-Spezialisten, der den einzelnen Grashalm in- und auswendig kennt, ohne den Wald, in dem er steht, zur Kenntnis zu nehmen, immer weiter gefördert. Für allgemeinbildende Studieninhalte bleibt hier kaum noch Platz.

Auch wenn die meisten Beispiele in diesem Buch eher auf private oder gesellschaftliche Situationen zurückgreifen, darf doch auch die *wirtschaftliche Relevanz* psychologischer Faktoren nicht übersehen werden. Auf dem Gebiet der Personalauswahl, der Marktforschung und des Marketing ist dies unmittelbar einsichtig. Überall in der Wirtschaft werden jedoch Beurteilungen vorgenommen, Entscheidungen getroffen und Absichten in Verhalten umgesetzt. Die geschilderten Fehler in der menschlichen Informationsverarbeitung beziehen sich nicht nur auf explizite Beurteilungssituationen, bei denen anwesende oder zuvor leibhaftig wahrgenommene Menschen zu bewerten wären. Sie gelten ebenso auch für sehr abstrakte Entscheidungsprozesse. Das Börsengeschehen kann hier als ein Beispiel gelten. Auch hier geht es darum, in kurzer Zeit möglichst realitätsadäquate Beurteilungen einer Situation zu treffen und diese dann in eine richtige Handlung umzusetzen.

Wahrnehmung, Bezugssysteme, Erinnerungsprozesse, schlußfolgerndes Denken, Attributionen, Erwartungen, sozialer Einfluß, Vorurteile und Vergleiche, dies alles sind Faktoren, die auch im Kontext Wirtschaft eine wichtige Rolle spielen. Möglicherweise hilft diese Erkenntnis dabei, entsprechende Inhalte auch in anderen Bereichen hoffähig zu machen, denn das ökonomische Argument hat in unserer Gesellschaft ja bekanntlich ein besonders großes Gewicht.

Für die *Politik* läßt sich ebenfalls eine große Relevanz der vorgestellten Probleme konstatieren. Die psychologischen Prinzipien der Entscheidungsfindung sind hier nicht grundlegend anders als in einem Wirtschaftsunternehmen, vor Gericht oder im Rahmen der Kindererziehung. Die Unterschiede liegen eher in der Tragweite der Entscheidungen. Ein besonderes Problem besteht darin, daß die Entscheidungsträger über keine spezifische Ausbildung zum Beruf des Politikers verfügen, auch wenn sie mitunter jahrzehntelang in diesem Bereich tätig sind und niemals mehr in ihren eigentlichen Beruf zurückkehren. Demzufolge kann ein politikspezifisches Training zur bewußten Vermeidung systematischer Urteilsverzerrungen auch nicht in eine Berufsausbildung implementiert werden. Zu überlegen wären hier freiwillige Fortbildungsveranstaltungen und ggf. Supervision, die auf einer möglichst frühen Karrierestufe einsetzten müßten, da die Teilnahmebereitschaft mit zunehmendem Status wohl sinken wird.

In diesem spezifischen Anwendungsgebiet ist jedoch zu bedenken, daß gesellschaftliche Innovationen nicht selten gerade durch eine Abwesenheit streng rationaler Entscheidungen zu erklären ist: Ausgehend von einem rational begründbaren Kern politischer Forderungen entwickelt sich leicht ein Glaube an die gerechte Sache. Die an sich oft wohl wünschenswerten Veränderungen werden dann von Personen vorangetrieben, die eher an einen Sektenführer als an eine besonders besonnenen Entscheidungsträger erinnern lassen.

Am Ende dieses Buches stellt sich die Frage, warum entsprechende Erkenntnisse über die Fehleranfälligkeit der menschlichen Urteilsbildung bislang eigentlich kaum Aufmerksamkeit oder gar Konsequenzen in einer breiteren Öffentlichkeit nach sich gezogen haben? An einer zu geringen praktischen Bedeutsamkeit der erforschten Phänomene kann es nicht liegen.

Das zentrale Problem liegt wohl eher in dem Eindruck, der sich in der Öffentlichkeit von der Wissenschaft der Psychologie gebildet hat. Noch immer wird die Psychologie mit Psychiatrie oder – was viel schlimmer ist – mit Psychoanalyse gleichgesetzt. Dabei ist derjenige Bereich der Psychologie, der sich mit der Erklärung und Therapie psychischer Störungen beschäftigt, also die Klinische Psychologie, in der Forschung nur eine Subdisziplin neben vielen anderen. Vergleichbar der Medizin, in der ja auch nicht alle Ärzte Proktologen sind.

Zum Teil werden Erkenntnisse der psychologischen Forschung gern in Zweifel gezogen, weil sich immer auch Fälle finden lassen, bei denen ein völlig anderes Verhalten als das prognostizierte auftritt. Eine solche Argumentation übersieht, daß es sich bei den gefundenen Gesetzmäßigkeiten im Gegensatz zur Physik, um Wahrscheinlichkeitsaussagen handelt. *Wahrscheinlichkeitsaussagen* sind uns aus der Medizin bestens bekannt. Kaum jemand fühlt sich hierdurch jedoch so weit verunsichert, daß er die Sinnhaftigkeit medizinischer Forschung generell in Frage stellen würde. Ein Arzt kann nie mit hundertprozentiger Sicherheit vorhersagen, wie ein bestimmtes Medikament oder eine Operation bei einem spezifischen Patienten X wirkt. Er verläßt sich auf Forschungsergebnisse, die ihm aber sagen, daß eine bestimmte Behandlung unter definierten Rahmenbedingungen mit einer gewissen Wahrscheinlichkeit, also z.B. bei 80 % aller Patienten zur Heilung führt. Es bleiben 20 % Unsicherheit, die den Wert der wissenschaftlichen Erkenntnis jedoch keineswegs prinzipiell in Frage stellen. Genau so verhält es sich mit der Psychologie. Wer also nachweisen kann, daß in einer bestimmten Beurteilungssituation z.B. einmal kein Halo-Effekt oder eine selbstwertdienlich verzerrte Attribution auftritt, der hat hiermit keineswegs ein überzeugendes Argument gegen empirisch ermittelte Zusammenhänge gefunden. Der Forschungsgegenstand der meisten Wissenschaften ist viel zu komplex, veränderlich und unzähligen Einflüssen ausgesetzt, als daß 100%-Aussagen, also sog. deterministische Gesetzmäßigkeiten aufgestellt werden könnten. Es geht vielmehr darum, durch den Einsatz wissenschaftlicher Methoden eine Struktur im Informationsnebel zu finden und mit Hilfe der Mathematik gegenüber dem Zufall abzusichern. Letztlich bleibt aber diese Struktur zu einem gewissen Grade unscharf. Eine unscharfe Struktur ist aber immer noch viel wert, müßte man ansonsten doch ohne jegliche Erkenntnisstruktur quasi blind im Nebel herumirren.

Die mangelnde gesellschaftliche Reflexion psychologischer Forschungsergebnisse hat ohne Zweifel auch damit tun, daß Psychologen, die in den Medien auftreten, sehr oft einen wenig kompetenten Eindruck vermitteln. Während man bei medizinischen, juristischen oder ökonomischen Fragen ganz selbstverständlich ausgewiesene Experten aus der Wissenschaft zu Worte kommen läßt, scheinen die Journalisten in Sachen Psychologie gern auf den erstbesten Wald-und-Wiesen-Psychologen, der ihnen über den Weg läuft, zurückzugreifen. Leider gilt jedoch auch für den Berufsstand der Psychologen, daß sich zwar viele berufen fühlen, aber nur vergleichsweise wenige auch „auserwählt" sind. Viel zu oft verkaufen diese „Experten" ihre subjektiven Theorien oder auch Alltagsweisheiten als wissenschaftlich abgesicherte Erkenntnis. Kaum jemand hat den Mut Hypothesen als solche zu kennzeichnen und von gesichertem Wissen abzugrenzen. Hoffen wir, daß die meisten wenigstens den Unterschied kennen.

Hier sind die Universitäten gefordert, den Standard der beruflichen Ausbildung deutlich zu heben und in letzter Konsequenz ggf. auch mehr Mut zur Selektion der Kandidaten zu zeigen. Rechtliche Regelungen für die Fortbildung sowie gerade auch für die Zulassung zum Betrieb einer Praxis sind ebenso zu fordern. Nicht wenige Psychologen nutzen ihr Universitäts-Diplom ausschließlich dazu, ihr Türschild zu schmücken. Nach dem Studium werden privatwirtschaftliche Angebote zur „Zusatzausbildung" genutzt, deren wissenschaftlicher Wert nicht selten fragwürdig ist. Dem potentiellen Kunden – ebenso wie dem Journalisten, der eine möglichst spektakuläre Deutung irgendeines banalen Sachverhaltes sucht – wird durch das Diplom der Eindruck vermittelt, daß hier gesicherte Erkenntnisse abgerufen werden können. Oft erhält er aber nur einen von vielen möglichen Deutungsversuchen der Realität. Dies wäre nicht weiter schlimm, wenn der Hypothesencharakter der Deutung herausgestellt würde. Von einem Psychologen, dem seine Therapiezusatzausbildung als Religionsersatz dient, wird man ein solches Maß an Selbstreflexion jedoch kaum erwarten dürfen. Wer aber glauben will, wo er wissen könnte, der sollte doch auch so konsequent sein, sich nicht den Anschein der Wissenschaftlichkeit zu geben. Da dies viel zu oft – auch aus wirtschaftlichen Gründen – natürlich nicht geschieht, verkommt die Psychologie in den Augen des Laien nicht selten zur „Pseudologie", der scheinbaren Lehre oder vielleicht doch auch der tatsächlichen Leere, die den kritischen Betrachter zu recht zweifeln läßt.

Will man psychologische Erkenntnisse zur Bewältigung privater und gesellschaftlicher Probleme nutzbringend einsetzen, so muß man zunächst darauf achten, daß die angebotenen Erkenntnisse auch tatsächlich diese Bezeichnung verdienen.

Die Wissenschaft muß dann sehr viel stärker von sich aus an die Öffentlichkeit treten und nicht nur darauf warten, daß jemand an sie herantritt und höflich um eine Stellungnahme bittet. Allzu leicht degradiert sie sich andernfalls zu einem reinen Dienstleistungsunternehmen für Wirtschaft und Politik. Um nicht mißverstanden zu werden, hier wird keiner „kritischen" Wissenschaft nach dem Vorbild der Frankfurter Schule das Wort geredet. Forschung darf nicht zur Politik mit anderen Mitteln verkommen. Wer ernsthaft Erkenntnis sucht, darf nicht schon zuvor wissen, was nachher dabei herauskommen soll. Dies verdeutlicht die im vorliegenden Buch ausgebreitete Analyse zur menschlichen Urteilsbildung in besonderer Weise. Die Ergebnissuche muß hingegen von den heute vielleicht etwas altmodisch klingenden Werten der Objektivität und Wertfreiheit getrieben sein (siehe Kapitel 1). Die solchermaßen zustandegekommen Erkenntnisse müssen dann aber auch ggf. offensiv nach außen vertreten werden. Vielleicht besinnt man sich doch auch in unseren Tagen, die vor allem von Wissenschaftskritik gekennzeichnet sind, wieder einmal auf das innovative Potential, das in jeder Wissenschaft schlummert. Seit der erste Urzeitmensch sich Gedanken darüber gemacht hat, wie denn wohl Feuer zustande kommt und was man damit alles anstellen könnte, hat die Wissenschaft den Glauben und die Einfalt vor sich hergetrieben und trotz Atombombe und Umweltverschmutzung unter dem Strich zweifellos mehr Veränderungen zum Nutzen der Menschen als zu ihrem Schaden gefördert. Letztlich bietet sich uns auch gar keine Alternative. Die Probleme der Zukunft werden sicherlich nicht ohne, sondern nur mit Hilfe der Forschung zu lösen sein. Dies gilt in Zukunft sicherlich auch verstärkt für die Psychologie.

Unsere nunmehr fast abgeschlossene Diskussion versteht sich als ein Beitrag zu einer offensiv betriebenen Wissenschaft, die nicht darauf wartet, daß sie jemand nach ihrer Meinung fragt, sondern die aus sich selbst heraus aktiv wird. Dabei ist selbstverständlich, daß die derzeitigen Forschungsergebnisse nur eine Etappe der Erkenntnisgewinnung widerspiegeln. Wissen ist immer nur vorläufig. Dies gilt für die Psychologie wie für alle anderen Wissenschaften. In wenigen Jahrzehnten wird man über manches vielleicht lachen, was wir heute noch für den Stein der Weisen halten.

Diese Erkenntnis wird jedoch nur der Kurzsichtige auch als ein Argument gegen die aktuelle Anwendung psychologischer Forschungsergebnisse verwenden. Jede Zeit in der Geschichte kann sich nur dasjenige Wissen zunutze machen, über das sie aktuell verfügt. Es hat meist keinen Sinn, auf ein besseres Wissen zu warten, denn wie lange soll man denn eigentlich ausharren 30, 100, 500, 1000 oder 10000 Jahre?

Die Wartezeit wäre niemals lange genug, wenn man absolute Risikofreiheit anstrebt und gleichzeitig immer viel zu lang, wenn aktuelle Probleme auf ihre Lösung warten.

Die Nutzbarmachung von Forschungsergebnissen bezieht sich dabei auch auf die wissenschaftliche Arbeit selbst. Die vorgestellten Untersuchungsergebnisse sind ein einziges Plädoyer für eine sozialwissenschaftliche Forschung nach naturwissenschaftlichem Vorbild. Eine Wissenschaft, die ohne Zwang auf ein bloßes Wahrnehmen und Deuten der Realität durch den einzelnen Forscher vertraut, muß sich ggf. die Kritik der Naivität gefallen lassen. Der einzelne Wissenschaftler ist nicht nur Erkenntnissubjekt in seiner Disziplin, sondern als Mitglied der Gattung Mensch auch Erkenntnisobjekt der Psychologie. Auch für Wissenschaftler gelten die in diesem Buch beschriebenen Phänomene. Und auch von ihnen ist eine Absicherung der eigenen Urteilsbildung gegenüber entsprechenden Verzerrungseinflüssen zu fordern, da auch sie als professionelle Beurteiler oft Entscheidungen von mitunter beträchtlicher Tragweite treffen. Dies gilt um so mehr, wenn sich praktische Konsequenzen aus wissenschaftlicher Arbeit ableiten sollen.

In dem bewußten Bemühen um Objektivität und Wertfreiheit – im Sinne einer sukzessiven Annäherung an ein utopisches Ziel – liegt der entscheidende Punkt, in dem sich Wissenschaft vom Alltagsdenken, eine wissenschaftliche Theorie von einer Laientheorie und letztlich auch Wissen und Glauben voneinander unterscheiden.

An dieser Stelle schließt sich nun also der Kreis unserer Abhandlung über die Psychologie der Beurteilung von Menschen und sozialen Situationen. Die Wissenschaft, die uns entsprechende Erkenntnisse bereit stellt, ist selbst ein Prozeß der Urteilsfindung und hat ihre eigenen Forschungsergebnisse auch zu beherzigen, will sie ihre Glaubwürdigkeit bewahren.

Literaturverzeichnis

Abramson, L.J., Seligman, M.E.P. & Teasdale, J.D. (1978). Learned helplessness in humans: Critique and reformulation. Journal of abnormal Psychology, 87, 49-74.

Adorno, T.W., Frenkel-Brunswik, E., Levinson, D.J. & Sanford, R.N. (1950). The autoritarian personality. New York: Harper.

Ajzen, I. & Madden, T.J. (1985). Prediction of goal directed behavior: Attitudes, intention, and perceived behavioral control. Journal of Experimental Social Psychology, 22, 453-474.

Alloy, L.B. & Clements, C.M. (1992). Illusion of control: Invulnerability to negative affect and depressive symptoms after laboratory and natural stressors. Journal of Abnormal Psychology, 101, 234-245.

Allport, F.H. (1920). The influence of the group upon association and thought. Journal of Experimental Psychology, 3, 159-182.

Anderson, J.R. (1996). Kognitive Psychologie (2. erw. Aufl.). Heidelberg: Spektrum der Wissenschaft.

Arntzen, F. (1993). Psychologie der Zeugenaussage. München: Beck.

Asch, S.E. (1946). Forming impression of Personality. Journal of Abnormal Social Psychology, 41, 258-290.

Asch, S.E. (1951). Effects of group pressure upon the modification and distortion of judgement. In J, Guetskow (Eds.), Groups, leadership, and men (pp. 177-190). Pittsburg: Carnegie Press.

Atkinson, J.W. (1957). Motivational determinants of risk-taking behavior. Psychological Review, 64, 359-372.

Avermaet E. van (1997). Sozialer Einfluß in Kleingruppen. In W. Stroebe, M. Hewstone & G.M. Stephenson (Hrsg.), Sozialpsychologie (3. erw. Aufl.) (S. 503-544). Berlin: Springer.

Bandura, A. (1971). Analysis of modeling processes. In A. Bandura (Eds.), Psychological Modeling (pp. 1-62). Chicago: Aldine.

Bandura, A. (1977). Self-efficacy: Toward a unifying theory of behavioral change. Cognitive Therapy and Research, 1, 287-310.

Bandura, A. (1979). Aggression. Eine sozial-lerntheoretische Analyse. Stuttgart: Klett-Cotta.

Bandura, A. (1986). Social foundation of thought and action: A social cognitive theory. Englewood-Cliffs, NJ: Prentice Hall.

Bandura, A., Ross, D. & Ross, S.A. (1961). Transmission of aggression through imitation of aggressive models. Journal of Abnormal and Social psychology, 63, 575-582.

Bandura, A., Ross, D. & Ross, S.A. (1963). Imitation of film-mediated aggressive models. Journal of Abnormal and Social psychology, 66, 3-11.

Bard, P. (1934). Emotion 1: the neuro-humoral basis of emotional reactions. In C. Murchison (Ed.), Handbook of general experimental Psychology. Worchester: Clark University Press.

Baumeister, R.F. (1989). The optimal margin of illusion. Journal of Social and Clinical Psychology, 8, 176-189.

Baumeister, R.F. (Ed.). (1993). Self-esteem. The puzzle of low self-regard. New York: Plenum.

Baxter, J.S. (1990). The suggestibility of child witnesses: A review. Applied Cognitive Psychology, 4, 393-407.

Beck, T.A. (1967). Depression, causes and treatment. Philadephia: Philadelphia University Press.

Beck, A.T., Rush, A.J., Shaw, B.F. & Emery, G. (1981). Kognitive Therapie der Depression. München: Urban & Schwarzenberg.

Becker-Carus, C. (1981). Grundriß der Physiologischen Psychologie. Heidelberg: Quelle & Meyer.

Beecher, H.K. (1961). Surgery as placebo. Journal of the American Medical Association, 176, 1102-1107.

Bem, D.J. (1972) Self-perception theory. In L. Berkowitz (eds.), Advances in Experimental Social Psychology, Vol. 6. New York: Academic Press.

Bierhoff, W. (1997). Prosoziales Verhalten. In W. Stroebe, M. Hewstone & G.M. Stephenson (Hrsg.), Sozialpsychologie (3. erw. Aufl.) (S. 395-420). Berlin: Springer.

Bierhoff, H.W. & Grau, I. (1993). Die Bedeutung der physischen Attraktivität für interpersonelle Attraktion und Liebe. In M. Hassebrauck & R. Niketta (Hrsg.), Physische Attraktivität (S. 201-234). Göttigen: Hogrefe.

Bierhoff, H.W. & Montada, L. (1988). Altruismus. Bedingungen der Hilfsbereitschaft. Göttingen: Hogrefe.

Bischof, N. (1985). Das Rätsel Ödipus. Die biologischen Wurzeln des Urkonfliktes von Intimität und Autonomie. München: Piper.

Bischof, N. (1989). Emotionale Verwirrungen oder: Von den Schwierigkeiten im Umgang mit der Biologie. Psychologische Rundschau, 40, 188-205.

Blaine, B. & Crocker, J. (1993). Self-esteem and self-serving biases in reaction to positive and negative events: An integrative review. In R.F. Baumeister (Ed.), Self-esteem. The puzzle of low self-regard (pp. 55-85). New York: Plenum.

Blaney, P.H. (1986). Affect and Memory: A review. Psychological Bulletin, 99, 229-246.

Bower, G.H. (1981). Mood and memory. American psychologist, 36, 129-148.

Bradbury, T.N. & Fincham, F.D. (1990). Attribution in Marriage: Review and critique. Psychological Bulletin, 107, 3-33.

Broadbent, D.E. (1958). Perception and communication. London: Pergamon Press.

Brown, R. (1993). Group processes: Dynamics within and between groups. Oxford: Blackwell.

Brown, R. (1997). Beziehungen zwischen Gruppen. In W. Stroebe, M. Hewstone & G.M. Stephenson (Hrsg.), Sozialpsychologie (3. erw. Aufl.) (S. 545-578). Berlin: Springer.

Bruner, J.S. (1951). Personality dynamics and the process of perceiving. In R.R. Blake & G.V. Ramsey (Eds.), Perception, an approach to personality (pp. 121-147). New York: The Ronald Press.

Bruner, J.S. & Goodman, C.C. (1947). Value and need as organizing factors in perception. Journal of Abnormal Social Psychology, 42, 33-44.

Bruner, J.S. & Postman, L. (1948). Symbolic value as an organizing factor in perception. Journal of Social Psychology, 27, 203-208.

Bruner, J.S. & Postman, L. (1949). Perception, cognition and behavior. Journal of Personality, 18, 206-223.

Bruner, J.S. & Postman, L. (1951). An approach to social perception. In W. Dennis & R. Lippitt (Eds.), Current trends in social psychology (pp. 71-118). Pittsburg: University of Pittsburg Press.

Cannon, W.B. (1931). Against the James-Lamge and the thalamic theories of emotions. Psychological Review, 38, 281-295.

Cezi, S.J. & Bruck, M. (1993). Suggesitibility on the child witness: A historical review and synthesis. Psychological Bulletin, 113, 403-439.

Craik, F.I.M. & Lockhart, R.S. (1972). Levels of processing: A framework for memory research. Journal of Verbal Learning and Verbal Behavior, 11, 671-684.

Diehl, M. (1990). The minimal group paradigm: Theoretical explanations and empirical findings. In W. Stroebe & M. Hewstone (Eds.), European Review of Social Psychology Vol. 1 (pp. 265-292). Clichester: Wiley & Sons.

Dörner, D. (1996). Die Logik des Mißlingens. Strategisches Denken in komplexen Situationen. Reinbek: Rowohlt.

Duval, T.S. & Wicklund, R.A. (1972). A theory of objective self-awareness. New York: Academic Press.

Eagly, A.H., Ashmore, R.D., Maklijani, M.G. & Longo, L.C. (1991). What is beautiful is good, but...: A meta-analytic review of research on the physical attractiveness stereotype. Psychological Bulletin, 110, 109-128.

Ebbinghaus, H. (1885). Über das Gedächtnis. Leipzig: Duncker & Humbolt.

Edelman, W. (1996). Lernpsychologie. Weinheim: Psychologie Verlags Union.

Eibel-Eibesfeld, I (1997). Die Biologie menschlichen Verhaltens (3. Aufl.). Weyarn: Seehamer

Eiser, J.R. (1990). Social judgement. Buckingham: Open University Press.

Feingold, A. (1992). Good-looking people are not what we think. Psychological Bulletin, 111, 304-341.

Festinger, L. (1954). A theory of social comparison processes. Human Relations, 7, 117-140.

Fiedler, K. (1997). Die Verarbeitung sozialer Informationen für Urteilsbildung und Entscheidungen. In W. Stroebe, M. Hewstone & G.M. Stephenson (Hrsg.), Sozialpsychologie (3. erw. Aufl.) (S. 143-175). Berlin: Springer.

Filipp, S.-H., Ferring, D., Mayer, A.-K. & Schmidt, K. (1997). Selbstbewertung und selektive Präferenz für temporale vs. soziale Vergleichsinformation bei alten und sehr alten Menschen. Zeitschrift für Sozialpsychologie, 28, 30-43.

Fishbein, M. & Ajzen, I. (1975). Belief, attitude, intention and behavior: An introduction to theory and research. Reading Mass.: Addison-Wesley.

Fiske, S.T. & Taylor, S.E. (1991). Social cognition (2nd. Ed.). New York: McGraw-Hill.

Försterling, F. (1986). Attributionsheorie in der Klinischen Psychologie. München-Weinheim: Psychologie Verlags Union.

Försterling, F. (1994). Attributionstheorie in der Klinischen Psychologie: Gemeinsamkeiten mit Kognitiven und Verhaltenstherapien. In F. Försterling & J. Stiensmeier-Pelster (Hrsg.) Attributionstheorie (S. 235-254). Göttigen: Hogrefe.

Forgas, J.P. (1994). Sad and guilty? Affective influences on the explanation of conflict in close relationships. Journal of Personality and Social Psychology, 66, 56-68.

Freund, A.M. & Smith, (1997). Die Selbstdefinition im hohen Alter. Zeitschrift für Sozialpsychologie, 28, 44-59.

Frey, D., Dauenheimer, D., Parge, O. & Haisch, J. (1993). Die Theorie der sozialen Vergleichsprozesse. In D. Frey & M. Irle (Hrsg.), Theorien der Sozialpsychologie. Band I.: Kognitive Theorien (S. 81-122). Bern: Huber.

Frey, D. & Stahlberg, D. (1990). Erwartungsbildung und Erwartungsveränderung bei Börsenakteuren. In P. Maas & J. Weibler (Hrgs.), Börse und Psychologie: Plädoyer für eine neue Perspektive (S. 103-139). Köln: Deutscher Institutsverlag.

Frey, D., Stahlberg, D. & Gollwitzer, P.M. (1993). Einstellung und Verhalten: Die Theorie des überlegten Handelns und die Theorie des geplanten Verhaltens. In D. Frey & M. Irle (Hrsg.), Theorien der Sozialpsychologie. Band I.: Kognitive Theorien (S. 361-398). Bern: Huber.

Frey, D., Wicklund, R.A. & Scheier, M.F. (1984). Die Theorie der objektiven Selbstaufmerksamkeit. In D. Frey & M. Irle (Hrsg.), Theorien der Sozialpsychologie. Band I.: Kognitive Theorien (S. 192-216). Bern: Huber.

Gilligan, S.G. & Bower, G.H. (1984) Cognitive consequences of emotional arousal. In C. Izard, J. Kagen & R. Zajonc (Eds.), Emotions, cognitions, and behavior (pp. 547-588). New York: Cambridge University Press.

Gniech, G. & Grabitz, H.-J. (1984). Freiheitseiengung und psychologische Reaktanz. In D. Frey & M. Irle (Hrsg.), Theorien der Sozialpsychologie, Band I: Kognitive Theorien (S. 48-73). Bern: Huber.

Goldstein, E.B. (1996) Wahrnehmungspsychologie. Heidelberg: Spectrum.

Grabitz, H.-J. (1984). Die Theorie der Selbst-Wahrnehmung von Bem. In D. Frey & M. Irle (Hrsg.), Theorien der Sozialpsychologie. Band I.: Kognitive Theorien (S. 138-159). Bern: Huber.

Greenwald, A.G. & Breckler, S.J. (1985). To whom is the self presented?. In B.R. Schlenker (Ed.), The self and social life (pp. 126-145). New York: McGraw-Hill.

Groeben, N. (1991). Subjektive Theorien und schulpsychologische Beratung auf Systemebene am Beispiel geschlechtfspezifischer Bildungschancen. In T. Fleischer (Hrsg.), Schule im Spannungsfeld von Beratung (S. 320-332). Bonn: Deutscher Psychologenverlag.

Haisch, J. & Frey, D. (1984) Die Theorie der sozialen Vergleichsprozesse. In D. Frey & M. Irle (Hrsg.), Theorien der Sozialpsychologie. Band I.: Kognitive Theorien (S. 75-96). Bern: Huber.

Hammerl, M., Grabitz, H.-J. & Gniech, G. (1993). Die kognitiv-physiologische Theorie der Emotion von Schachter. In D. Frey & M. Irle (Hrsg.), Theorien der Sozialpsychologie, Band I: Kognitive Theorien (2. Aufl.) (S. 123-154). Göttingen: Hogrefe.

Harris, M.J. & Rosenthal, R. (1985). Mediation of interpersonal expectancys effects: 31 meta-analyses. Psychological Bulletin, 97, 363-386.

Hass, G. (1984). Perspective talking and self-awarenss: Drawing an E on your forehead. Journal of Personality and Social Psychology, 46, 191-200.

Hassebrauck, M. (1993). Die Beurteilung der physischen Attraktivität. In M. Hassebrauck & R. Niketta (Hrsg.), Physische Attraktivität (S. 29-60). Göttigen: Hogrefe.

Hassebrauck, M. & Niketta R. (1993). Physische Attraktivität. Göttigen: Hogrefe.

Hastie, R. (1984). Causes and effects of causal attribution. Journal of Personality and Social Psychology, 46, 44-56.

Heider, F. (1958). The psychology of interpersonal relations. New York: Wiley.

Hell, W. (1993). Kognitive und optische Täuschungen. In W. Hell, K. Fiedler & G. Gigerenzer (Hrsg.), Kognitive Täuschungen (S. 317-324). Heidelberg: Spektrum.

Hell. W. (1993). Gedächtnistäuschungen. In W. Hell, K. Fiedler & G. Gigerenzer (Hrsg.), Kognitive Täuschungen (S. 13-38). Heidelberg: Spektrum.

Helson, H. (1947). Adaptation level as frame of reference for prediction of psychophysical data. American Journal of Psychology, 60, 1-29.

Helson, H. (1964). Adaptation level theory. New York: Harper & Row.

Hertwig, R. (1993). Frequency-validity-effect und hindsight-bias: Unterschiedliche Phänomene - gleiche Prozesse?. In W. Hell, K. Fiedler & G. Gigerenzer (Hrsg.), Kognitive Täuschungen (S. 39-71). Heidelberg: Spektrum.

Hewstone, M. & Antaki, C. (1990). Attributionstheorie und soziale Erklärung. In W. Stroebe, M. Hewstone, J.-P. Codol & G.M. Stephenson (Eds.), Sozialpsychologie (2. Aufl.) (pp. 112-143). Berlin: Springer.

Hewstone, M. & Fincham, F. (1997). Attributionstheorie und -forschung: grundlegende Fragen und Anwendungen. In W. Stroebe, M. Hewstone & G.M. Stephenson (Hrsg.), Sozialpsychologie (3. erw. Aufl.) (S. 177-218). Berlin: Springer.

Higgins, R.L., Snyder, C.R. & Berglas, S. (1990). Self-handicapping: The paradox that isn't. New York: Plenum.

Hoffrage, U. (1993). Die Illusion der Sicherheit bei Entscheidungen unter Unsicherheit. In W. Hell, K. Fiedler & G. Gigerenzer (Hrsg.). Kognitive Täuschungen (S. 73-97). Heidelberg: Spektrum.

Hudson, W. (1960). Pictorial depth perception in subcultural groups in Africa. Journal of Social Psychology, 52, 182-208.

Isen, A.M. (1984). Toward understanding the role of affect on cognition. In. R.S. Wyer & T.K. Srull (Eds.), Handbook of social cognition (Vol. 3) (pp. 179-236). Hillsdale NJ: Erlbaum.

Isen, A.M. & Daubman, K.A. (1984). The influence of affect on categorization. Journal of Personality and Social Psychology, 47, 1206-1217.

Izard, C. (1981). Die Emotionen des Menschen: Eine Einführung in die Grundlagen der Emotionspsychologie. Weinheim: Beltz.

Izard, C. (1984). Emotional-cognitive relationships and human development. In C. Izard, J. Kagen & R. Zajonc (Eds.), Emotion, cognition, and behavior. (pp. 17-37). New York: Cambridge University Press.

James, W. (1884). What is an emotion? Mind, 9, 188-205.

James, W. (1890). Principles of Psychology. New York: Holt.

Jensen, M.P & Karoly, P. (1991). Motivation and expectancy factors in symptom perception: A laboratory study of the placebo effect. Psychosomatic Medicine, 53, 144-152.

Jones, E.E. & Nisbett, R.E. (1972). The actor and the observer: Divergent perceptions of the causes of behaviour. In E.E. Jones, D.E. Kanouse, H.H. Kelley, R.E. Nisbett, S. Valins & B. Weiner (Eds.), Attribution: Perceiving the cause of behavior. Morristown, NJ: General Learning Press.

Kahneman, D., Slovic, P. & Tversky, A. (1982). Judgement under uncertainty: heuristics and biases. New York: Cambridge University Press.

Kanning, U.P. (1997). Selbstwertdienliches Verhalten und soziale Konflikte. Münster: Waxmann.

Kebeck, G. (1994). Wahrnehmung. Theorien, Methoden und Forschungsergebnisse der Wahrnehmungspsychologie. Weinheim: Juventa.

Kelley, H.H. (1967). Attribution theory in social psychology. In D. Levine (Ed.), Nebraska symbosium on motivation (pp. 192-238).

Kelley, H.H. (1973). The process of causal attribution. American Psychologist, 28, 107-128.

Kihlstrom, J.F. (1996). Perception without awareness of what is perceived, learning without awareness of what is learned. In M. Velmans (Ed.), The science of consciousness: Psychological, neuropsychological and clinical reviews (pp. 23-46). London: Routledge.

Klauer, K.C. (1988). Die Consider-the-opposite-Strategie für Korrektur und Analyse von Halo-Fehlern. Zeitschrift für Experimentelle und Angewandte Psychologie, 35, 597-627.

Klauer, K.C. & Schmeling, A. (1990). Sind Halo-Fehler Flüchtigkeitsfehler? Zeitschrift für Experimentelle und Angewandte Psychologie, 37, 594-607.

Klingler, O. (1989). Aberglaube und der Placebo-Effekt. Psychologie in Österreich, 9, 85-90.

Köhnken, G. (1987). Nachträgliche Informationen und die Erinnerung komplexer Sachverhalte: Empirische Befunde und theoretische Kontroversen. Psychologische Rundschau, 38, 190-203.

Köhnken, G. (1990). Glaubwürdigkeit. München: Psychologie Verlags Union.

Köhnken, G. & Wegener, H. (1982). Zur Glaubwürdigkeit von Zeugenaussagen: Experimentelle Überprüfung ausgewählter Glaubwürdigkeitskriterien. Zeitschrift für Experimentelle und angewandte Psychologie, 1, 92-111.

Kolb, B. & Whishaw, I.Q. (1996). Neuropsychologie. Heidelberg: Spektrum.

Krech, D., Crutchfield, R.S., Livson, N., Wilson, W.A.jr. & Parducci, A. (1992). Grundlagen der Psychologie. Weinheim: Psychologie Verlags Union.

Kuhn, T.S. (1988). Die Strukur wissenschaftlicher Revolution (8. Aufl.). Frankfurt am Main: Suhrkamp.

Kulik (1983). Confirmatory attribution and the perpetuation of social beliefs. Journal of Personality and Social Psychology, 44, 1171-1181.

Lamnek, S. (1993). Theorien abweichenden Verhaltens (5. Aufl.). München: Fink.

Landy, D. & Sigall, H. (1974). Beauty is talent: Task evaluation as a function of the performer's physical attractiveness. Journal of Personality and Social Psychology, 29, 299-304.

Lange, C.G. (1885). The emotions. Baltimore: William and Wilkins.

Langer, E.J. (1975). The illusion of control. Journal of Personality and Social Psychology, 32, 311-328.

Latané, B. & Darley, J.M. (1969). Group inhibition of bystander intervention in emergencies. Journal of Personality and Social Psychology, 1968, 10, 215-221.

Latané, B. & Rodin, J. (1969). A lady in distress: inhabiting effects of friends and strangers on bystander intervention. Journal of Experimental Social Psychology, 5, 189-202.

Lazarus, R.S. (1966). Psychological stress and the coping processes. New York: McGraw-Hill.

Lazarus, R.S. (1984). On the primacy of affect. American Psychologist, 39, 124.129

Lazarus, R.S. (1993). From psychological stress to the emotions: A history of changing outlooks. Annual Review in Psychology, 44, 1-21.

Lazarus, R.S. & Folkman, S. (1984). Stress, appraisal, and coping. New York: Springer.

Levine, R., Chein, J. & Murphy, G. (1942). The relation of the intensity of a need to the amount of perceptual distortion: A preliminary report. Journal of Psychology, 13, 283-293.

Lewin, K. (1935). A dynamic theory of personality. New York: McGraw-Hill.

Lilli, W. (1975). Soziale Akzentuierung. Stuttgart: Kohlhammer.

Lilli, W. (1984). Die Hypothesentheorie der sozialen Wahrnehmung. In D. Frey & M. Irle (Hrsg.), Theorien der Sozialpsychologie, Band I: Kognitive Theorien (S. 19-46). Göttingen: Hogrefe.

Lilli, W. & Frey, D. (1993). Die Hypothesentheorie der sozialen Wahrnehmung. In D. Frey & M. Irle (Hrsg.), Theorien der Sozialpsychologie, Band I: Kognitive Theorien (2. Aufl.) (S. 49-78). Göttingen: Hogrefe.

Loftus, E.F. (1975). Leading questions and the eyewitness report. Cognitive Psychology, 7, 560-572.

Loftus, E.F. (1979). The malleability of Human Memory. Americam Scientist, 67, 312-320.

Lohaus, A. (1990). Gesundheit und Krankheit aus der Sicht von Kindern. Göttingen: Hogrefe.

Lohaus, A. (1993). Gesundheitsförderung und Krankheitsprävention im Kindes- und Jugendalter. Göttingen: Hogrefe.

Lorenz, K. (1992). Die Naturwissenschaft vom Menschen: Eine Einführung in die vergleichende Verhatensforschung. München: Pieper.

Maas, A., West, S.G. & Clark, R.D. (1985). Soziale Einflüsse von Minoritäten in Gruppen. In D. Frey & M. Irle (Hrsg.), Theorien der Sozialpsychologie, Band II: Gruppen- und Lerntheorien (S. 65-91). Göttingen: Hogrefe.

Maas, P. & Weibler, J. (1990). Wahrnehmungs- und Informationsverarbeitungeprozesse an der Börse. In P. Maas & J. Weibler (Hrsg.), Börse und Psychologie - Plädoyer für eine neue Perspektive. (S. 72-101). Köln: Deutscher Institutsverlag.

Markus, H. & Nurius, P. (1986). Possible selves. American Psychologist, 41, 954-969.

Mayer. H. (1993). Werbepsychologie. (2. Aufl.). Stuttgart: Schäffer Poeschel.

Memon, A. & Vartoukian, R. (1996). The effects of repeated questioning on young children's eyewitness testimony. British Journal of Psychology, 87, 403-415.

Meyer, W.-U. (1983). Attributionstheoretische Ansätze. In H.A. Euler & H. Mandl. (Hrsg.), Emotionspsychologie: Ein Handbuch in Schlüsselbegriffen (S. 80-84). München: Urban & Schwarzenberg.

Meyer, W.-U. & Försterling, F. (1993). Die Attributionstheorie. In D. Frey & M. Irle (Hrsg.), Theorien der Sozialpsychologie, Band I: Kognitive Theorien (2. Aufl.) (S. 175-214). Göttingen: Hogrefe.

Meyer, W.-U. & Schmalt, H.-D. (1984). Attributionstheorie. In D. Frey & M. Irle (Hrsg.), Theorien der Sozialpsychologie, Band I: Kognitive Theorien (S. 98-136). Göttingen: Hogrefe.

Mietzel, G. (1986). Psychologie in Unterricht und Erziehung. Göttingen: Hogrefe.

Milgram, S. (1988). Das Milgram-Experiment: Zur Gehorsamsbereitschaft gegenüber Autorität. Reinbek: Rowohlt.

Moscovici, S., Lage, E. & Naffrechoux, M. (1969). Influence of a consistent minority on the responses of a majority in a colour perception task. Sociometry, 32, 365-380.

Moscovici, S., Mugny, G. & van Avermaet, E. (1985). Perspectives on minority influence. Cambridge: Cambridge University perss.

Moser, K. (1990). Werbepsychologie. Eine Einführung. München: Psychologie Verlags Union.

Müller, A. (1993). Visuelle Prototypen und die physikalischen Dimensionen der Attraktivität. In M. Hassebrauck & R. Niketta (Hrsg.), Physische Attraktivität (S. 123-162). Göttigen: Hogrefe.

Mullen, B., Brown, R.J. & Smith, C. (1992). Ingroup bias as a function of salience, relevance, and status: An integration. European Journal of Social Psychology, 22, 103-122.

Mummendey, A. (1985). Verhalten zwischen sozialen Gruppen: Die Theorie der sozialen Identität. In D. Frey & M. Irle (Hrsg.), Theorien der Sozialpsychologie, Band II: Gruppen- und Lerntheorien (S. 185-216). Göttingen: Hogrefe.

Mummendey, H.D. (1995). Psychologie der Selbstdarstellung. Göttingen: Hogrefe.

Mummendey, H.D. & Bolten, H.-G. (1985). Die Impressionn-Management Theorie. In D. Frey & M. Irle (Hrsg.), Theorien der Sozialpsychologie. Band III; Motivations- und Informationsverarbeitungstheorien (S. 57-78). Bern Huber.

Narby, D.J., Cutler, B.L. & Penrod, S.D. (1995). The effects of witness, target, and siuational factors on eyewitness identification. In S.L. Sporer, Malpass, R.S. &

Köhnken, G. (Eds.), Psychological issues in eyewitness identification (pp. 23-52). Mahwah NJ: Erlbaum.
Niketta, R. (1993). Das Stereotyp der physischen Attraktivität. In M. Hassebrauck & R. Niketta (Hrsg.), Physische Attraktivität (S. 163-200). Göttigen: Hogrefe.

Oakes, P.J., Haslam, S.A. & Turner, J.C. (1994). Stereotyping and social reality. Oxford. Blackwell.
Offe, H. & Offe, S. (1994). Anforderungen an die Begutachtung der Glaubwürdigkeit von Zeugenaussagen beim Verdacht des sexuellen Mißbrauchs. Praxis der Rechtspsychologie, 4, 24-37.
Oswald, M.E. (1993). Hypothesentesten: Suche und Verarbeitung hypothesenkonformer und hypothesenkonträrer Informationen. In W. Hell, K. Fiedler & G. Gigerenzer (Hrsg.), Kognitive Täuschungen (S. 189-211.). Heidelberg: Spektrum.

Pelham, B.W. (1993). On the highly positive thoughts of the highly depressed. In R.F. Baumeister (Ed.), Self-esteem. The puzzle of low self-regard (pp. 183-199). New York: Plenum.
Pettigrew, T.F. (1979). The ultimate attribution error: Extending Allport's cognitive analysis of prejudice. Personality and Social Psychological Bulletin, 5, 461-486.
LaPiere R.T. (1934). Attitudes vs. action. Social Forces, 13, 230-237.
Pohl, R.F. & Hell, W. (1996). No reduction in hindsight bias after complete information and repeated testing. Organizational Behavior and Human Decision Processes, 67, 49-58.
Postman, L. (1951). Toward a general theory of cognition. In J.H. Rohrer & M. Sherif (Eds.), Social psychology at the crossroads (pp. 242-272). New York: Harper & Brothers.
Prinz, W. (1992). Wahrnehmung. In H. Spada (Hrsg.), Lehrbuch Allgemeine Psychologie (2. Aufl.) (S. 25-113). Bern: Huber.
Pyszczynski, T.A. & Greenberg, J. (1981). Role of disconfirmed expectancies in the investigation of attributional processing. Journal of Personality and Social Psychology, 44, 31-38.

Quattrone, G.A. (1982). Overattribution and unit formation: When behavior engulfs the person. Journal of Personality and Social Psychology, 42, 593-607.

Reinecker, H. (1990).Grundlagen verhaltenstherapeutischer Methoden. In Deutsche Gesellschaft für Verhaltenstherapie (Hrsg.), Verhaltenstherapie: Theorien und Methoden (S. 43-63). München: Steinbauer & Rau.
Reis, H.T., Wheeler, L., Spiegel, N. & Kernis, M.H. (1982). Physical attractiveness in social interaction II.: Why does appeareance affect social experience? Journal of Personality and Social psychology, 43, 979-996.
Reisenzein, R. (1994). Kausalattribution und Emotion. In F. Försterling & J. Stiensmeier-Pelster (Hrsg.) Attributionstheorie (S. 123-161). Göttigen: Hogrefe.
Roebers, C., Rieber, F. & Schneider, W. (1995). Zeugenaussagen und Suggestibilität als Funktion der Erinnerungsgenauigkeit: Eine entwicklungspsychologische Studie. Zeitschrift für Entwicklungspsychologie und Pädagogische Psychologie, 3, 210-225.

Rosch. M. (1985). Verhalten im sozialen Kontext: Soziale Förderung und Unterdrückung von Verhalten. In D. Frey & M. Irle (Hrsg.), Theorien der Sozialpsychologie, Band II: Gruppen- und Lerntheorien (S. 11-37). Bern: Huber.

Rosenbaum, R.M. (1972). A dimensional analysis of the perceived causes of success and failure. Dissertation. University of Carlifornia, Los Angeles.

Rosenberg, M. (1965). Society and the adolescent self-image. Princeton NJ: Princeton University Press.

Rosenhan, D.L. (1973). On being sane in insane places. Science, 179, 250-258.

Rosenstiel, L.v. & Neumann, P. (1991). Einführung in die Markt- und Werbepsychologie (2. Aufl.). Darmstadt: Wissenschaftliche Buchgemeinschaft.

Rosenthal, R. & Jacobson, (1971). Pygmalion im Unterricht. Weinheim: Betz.

Ross, L.D. (1977). The intuitive psychologist and his shortcomings: Distortions in the attribution process. In L. Berkowitz (Ed.), Advances in Experimental Social Psychology, Vol. 10. New York: Academic Press.

Ross, L., Green, D. & House, P. (1977). The "false consensus effect": An egocentric bias in social perception and attribution processes. Journal of Experimental Social Psychology, 13, 279-301.

Rost, D.H. (1993). Attraktive Grundschulkinder. In M. Hassebrauck & R. Niketta (Hrsg.), Physische Attraktivität (S. 271-306). Göttigen: Hogrefe.

Rüther, W. (1975). Abweichendes Verhalten und "labeling approach". Köln: Carl Heymanns.

Sader, M. (1991). Psychologie der Gruppe. Weinheim: Juventa.

Sarris, V. (1975) Wahrnehmung und Urteil. Göttingen: Hogrefe.

Schachter, S. (1964). The interaction of cognitive and physiological determinants of emotional state. In L. Berkowitz (Ed.), Advances in experimental social psychology, Vol 1 (pp. 49-80) New York: Academic Press.

Schachter, S. & Singer, J.E. (1962). Cognitive, social, and physiological determinants of emotional state. Psychological Review, 69, 379-399.

Scheier, M.F. & Carver, C.S. (1983). Two sides of the self: One for you and one for me. In J. Suls & A.G. Greenwald (Eds.), Psychological perspectives on the self, Vol. 2 (pp. 123-157). Hillsdale, NJ: Erlbaum.

Schulz von Thun, F. (1994). Miteinander Reden 1: Störungen und Klärungen. Allgemeine Psychologie der Kommunikation. Reinbek: Rowohlt.

Schuster, M. (1993). Gesichtsschönheit: Begriff, Geschichte und Merkmale. In M. Hassebrauck & R. Niketta (Hrsg.), Physische Attraktivität (S. 11-28). Göttigen: Hogrefe.

Schwarz, N. (1985). Theorien konzeptgesteuerter Informationsverarbeitung. In D. Frey & M. Irle (Hrsg.), Theorien der Sozialpsychologie. Band III; Motivations- und Informationsverarbeitungstheorien (S. 269-291). Bern Huber.

Schwarz, N. (1987). Stimmung als Information: Untersuchungen zum Einfluß von Stimmungen auf die Bewertung des eigenen Lebens. Heidelberg: Springer.

Schwarz, N. (1988). Stimmungen als Information: Zum Einfluß von Stimmungen und Emotionen auf evaluative Urteile. Psychologische Rundschau, 39, 148-159.

Schwarz, N. (1990). Feelings as Information: Informational and motivational funktions of affective states. In E.T. Higgins & R.M. Sorrentino (Eds.), Handbook of Motivation and Cognition: Foundations of Social Behavior, Vol. II (pp. 527-561.

Schwarzer, R. (1992). Psychologie des Gesundheitsverhaltens. Göttingen: Hogrefe.

Schönpflug, W. & Schönpflug, U. (1995). Psychologie. Allgemeine Psychologie und ihre Verzweigungen in die Entwicklungs-, Persönlichkeits- und Sozialpsychologie. Weinheim: Psychologie Verlags Union.

Seewi, D. (1995). Zur Vereinheitlichung attributionstheoretischer Ansätze: Ein integratives Modell und seine empirische Überprüfung. Frankfurt a.M.: Lang.

Seligman, M.E.P (1975). Helplessness. On Depression, Development and Death. San Francisco: Freeman.

Seligman, M.E.P. (1986). Erlernte Hilflosigkeit. München-Weinheim: Psychologie Verlags Union.

Sherif, M. (1935). A study of some factors in perception. Archives of Psychology, 27.

Sherif, M. (1936). The psychology of social norm. New York: Harper

Sieverding, M. (1993). Geschlecht und physische Attraktivität. In M. Hassebrauck & R. Niketta (Hrsg.), Physische Attraktivität (S. 235-270). Göttigen: Hogrefe.

Skinner, B.F. (1953). Science and human behavior. London: Macmillan.

Skinner, B.F. (1969). Contingencies of reinforcement. A theoretical analysis. New York: Appleton-Century.

Snyder, C.R., Lassegard, M. & Ford, C.E. (1986). Distancing after group success and failure: Basking in reflected glory and cutting off reflected failure. Journal of Personality and Social Psychology, 51, 382-388.

Sporer, S.L. & Franzen, S. (1991). Das Kognitive Interview: Empirische Belege für die Effektivität einer gedächtnispsychologische fundierten Technik zur Befragung von Augenzeugen. Psychologische Beiträge, 33, 407-433.

Sporer, S.L. & Aus dem Kahmen, A. (1994). Irreführung von Zeugen durch Falschinformationen: Empirische Befunde zur Beeinflußbarkeit von Aussagen. In S.L. Sporer & D. Meurer (Hrsg.), Die Beeinflußbarkeit von Zeugenaussagen (S. 58-81). Marburg: Elwert.

Sporer, S.L. (1995). Psychological aspects of person description. In S.L. Sporer, Malpass, R.S. & Köhnken, G. (Eds.), Psychological issues in eyewitness identification (pp. 53-86). Mahwah NJ: Erlbaum.

Stadler, M. & Crabus, H. (1986). Wolfgang Metzger: Gestaltpsychologie. Ausgewählte Werke aus den Jahren 1950 bis 1982. Frankfurt am Main: Waldemar Kramer.

Stahlberg, D. & Frey, D. (1997). Einstellungen: Struktur, Messung und Funktion. In W. Stroebe, M. Hewstone & G.M. Stephenson (Hrsg.), Sozialpsychologie (3. erw. Aufl.) (S. 219-252). Berlin: Springer.

Steller, M. (1987). Psychophysiologische Aussagebeurteilung. Göttingen: Hogrefe.

Stiensmeier-Pelster, J. (1994) Attribution und erlernte Hilflosigkeit. In F. Försterling & J. Stiensmeier-Pelster (Hrsg.) Attributionstheorie (S. 185-211). Göttigen: Hogrefe.

Stoner, J.A.F. (1961). A comoarison of individual and group decision involving risk. Unpublished master's thesis. Massachusetts Institute of Technology.

Storms (1973). Videotape and the attribution process: Reversing actors' and observers' point of view. Journal of Personality and Social Psychology, 27, 165-175.

Strack, F. (1985) Urteilsheuristiken. In D. Frey & M. Irle (Hrsg.), Theorien der Sozialpsychologie. Band III; Motivations- und Informationsverarbeitungstheorien (S. 239-267). Bern Huber.

Strauch, I. & Meier, B. (1992). Den Träumen auf der Spur. Ergebnisse der experimentellen Traumforschung. Bern: Huber.

Swann, W.B., Jr. (1990). To be adored or to be known?: The interplay of self-enhancement and self-verification. In: E.. Higgins & R.M. Sorrentino (Eds.), Handbook of motivation and cognition: Foundation of Social Behaviour (pp. 408-448). New York: Guiford.

Tajfel, H. (Ed.). (1978). Differentiation between social groups. London: Academic Press.

Tajfel, H. & Turner, J.C. (1986). The social identity theory of intergroup behavior. In S. Worchel & W.G. Austin (Eds.), Psychology of intergroup relations (2 nd. Ed.) (pp. 7-24). Chicago: Nelson-Hall.

Tedeschi, J.T., Lindskold,S. & Rosenfield, P. (1985). Introduction to social psychology. St. Paul: West.

Tennen, H. & Affleck, G. (1990). Blaming others for threatening events. Psychological Bulletin, 108, 209-232.

Tesser, A. (1986). Some effects of self-evaluation maintenance on cognition and action. In R.M. Sorrentino & E.T. Higgins (Eds.), Handbook of motivation and cognition: foundations of social behavior, (pp. 435-464). New York: Guilford.

Tesser, A. (1991). Emotion in social comparisons and reflection processes. In J. Suls & T.A. Wills (Eds.), Social comparison. Contemporary theory and research (pp. 117-148). Hillsdale, NJ: Erlbaum.

Thorndike, E.L. (1920). A constant error in psychological ratings. Journal of Applied psychology, 4, 25-29.

Triplett, N. (1897). The dynamogenetic factors in pacemaking and competition. American Journal of Psychology, 9, 507-533.

Turnbull, C.M. (1961). Some observations regarding the experiences and behavior of BaMbuti Pygmies. American Journal of Psychology, 74, 304-308.

Turner, J.C. (1982). Toward a cognitive redefinition of the social group. In H. Tajfel, (Ed.), Social Identity and intergroup relations (pp. 15-40) Cambridge: Cambridge University Press.

Turner, J.C., Hogg, M.A., Oakes, P.J., Reicher, S.D. & Wetherell, M.S. (1987). Rediscovering the social group: A self-categorization theory. Oxford: Basil Blackwell.

Turner, J.C. & Oakes, P.J. (1989). Self-categorization theory and social influence. In Paulus, P.B. (ed.), Psychology of group influence (2 nd. Ed.) (pp. 233-275). Hillsdale NJ.: Erlbaum.

Tversky, A. & Kahneman, D. (1974). Judgement under uncertainty: Heuristics and biases. Science, 185, 1124-1131.

Valins, S. & Nisbett, R.E. (1972). Attribution process in the development and treatment of emotional disorders. In E.E. Jones, D.E. Kanouse, H.H. Kelley, R.E. Nisbett, S. Valins & B.B. Weiner (Eds.), Attribution: perceiving the cause of behavior (pp. 137-150). Morrostown, NJ: General Learning Press.

Volbert, R. & Pieters, V. (1993). Zur Situation kindlicher Zeugen vor Gericht. Bonn: Bundesministerium der Justiz.

Wall, P.D. (1996). The placebo effect. In M. Velmans (Ed.), The science of conciousness: Psychological, neuropsychological and clinical reviews (pp. 162-180). London: Routledge.

Watson (1982). The actor and the observer: How are their perceptions of causality different? Psychological Bulletin, 92, 682-700.

Watzlawick, P., Beavin, J.H. & Lackson, D.D. (1990). Menschliche Kommunikation, Formen, Störungen, Paradoxien (8. Aufl.). Bern Huber.

Weiner, B. (1979) A theory of Motivation for some classroom experiences. Journal of Educational Psychology.

Weiner, B. (1980). Human motivation. New York: Holt Rinehart & Winston.

Weiner, B. (1985). "Spontaneous" causal thinking. Psychological Bulletin, 97, 74-84.

Weiner, B. (1986). Attribution, emotion and action. In R.M. Sorrentino and E.T. Higgins (Eds.), Handbook of motivation and Cognition. New York: Guilford.

Weiner, B. (1994). Sünde versus Krankheit: Die Entstehung einer Theorie wahrgenommener Verantwortlichkeit. In F. Försterling & J. Stiensmeier-Pelster (Hrsg.) Attributionstheorie (S. 1-25). Göttigen: Hogrefe.

Wicklund, R.A. (1975). Objective self-awareness. In L. Berkowitz (Ed.), Advances in experimental social psychology, Vol. 8 (pp. 233-275). New York: Academic Press.

Wicklund, R.A. & Frey, D. (1993). Die Theorie der Selbstaufmerksamkeit. In D. Frey & M. Irle (Hrsg.), Theorien der Sozialpsychologie, Band I: Kognitive Theorien (2. Aufl.) (S. 155-173). Göttingen: Hogrefe.

Wills, T.A. (1981). Downward comparison principles in social psychology. Psychological Bulletin, 90, 245-271.

Wills, T.A. (1987). Help-seeking as a coping mechanism. In C.R. Snyder & C.E. Ford (Eds.) Coping with negative life events (pp. 19-50). New York: Plenum.

Witte, W. (1960). Experimentelle Untersuchungen von Bezugssystemen I. Struktur, Dynamik und Genese von Bezugssystemen. Psychologische Beiträge, 4, 218-252.

Zajonc, R.B. (1965). Social facilitation. Science. 149, 269-274

Zajonc, R.B. (1968). Social facilitation in cockroaches. In E.C. Simmel, R.A. Hoppe & G.A. Milton (Eds.), Social facilitation and imitative behavior. Boston: Allyn & Bacon.

Zajonc, R.B., Heingartner, A. & Herman, E.M. (1969). Social enhancement and impairment of performance in the cockroach. Journal of Personality and Social Psychology, 13, 83-92.

Zajonc, R.B. (1980). Feeling and thinking: Preferences need no inferences. American psychologist, 35, 151-175.

Zajonc, R.B. (1984). On the primacy of affect. American Psychologist, 39, 117-123.

Zimbardo, P.G. (1995). Psychologie. (6. Aufl.). Berlin: Springer.

Buchtips

Ann Elisabeth Auhagen

Die Realität der Verantwortung

1999, 262 S., DM 69,– / sFr. 60,– öS 504,– • ISBN 3-8017-1277-X

Welche Gefühle und Gedanken haben Menschen, wenn sie sich verantwortlich fühlen? Wie kann die Übernahme von Verantwortung gefördert werden? Zur Beantwortung dieser und weiterer Fragen diskutiert die Autorin ausführlich den Begriff der Verantwortung und damit verbundene Aspekte des Erlebens und Verhaltens. Darauf aufbauend stellt sie einen eigenen innovativen Ansatz und dessen Überprüfung in vier empirischen Studien zur Erforschung von alltäglicher Verantwortung vor.

Franz Petermann

Psychologie des Vertrauens

3., korrigierte Auflage 1996, 144 Seiten, DM 36,– / sFr. 36,– / öS 263,– • ISBN 3-8017-0932-9

Vertrauen ist ein wichtiger Grundpfeiler für jede zwischenmenschliche Beziehung. Denn nur durch Vertrauen kann man Unsicherheiten und Ungewißheiten ertragen. Das vorliegende Buch liefert eine komprimierte Übersicht über aktuelle Konzepte und neue Forschungsergebnisse für diesen bedeutenden Bereich. Das Buch ist aber auch für die Praxis bestimmt, weshalb u.a. auf den Aufbau von Vertrauen im Rahmen von Kinderpsychotherapien und Arzt-Patient-Interaktion in der Klinik eingegangen wird.

Hogrefe - Verlag

Rohnsweg 25, 37085 Göttingen • http://www.hogrefe.de

Buchtips

Hermann-Josef Fisseni

Persönlichkeitspsychologie

Ein Theorienüberblick

4., überarb. und erw. Auflage 1998, XXII/549 Seiten, DM 79,–/sFr. 69,–/öS 577,– ISBN 3-8017-0981-7

Die Neubearbeitung des Lehrbuches bietet eine ausführliche, klar strukturierte und aktuelle Einführung in die Persönlichkeitspsychologie. Studierende finden in diesem Standardwerk der Persönlichkeitspsychologie eine unverzichtbare Wissensbasis für ihr Studium. Teil A umschreibt Leitbegriffe der Persönlichkeitspsychologie, Teil B gibt einen Überblick über eine Reihe von Persönlichkeitstheorien und Teil C erörtert Leitideen, an denen sich die Persönlichkeitsforschung immer wieder orientiert hat.

Alexander Thomas (Hrsg.)

Psychologie interkulturellen Handelns

1996, 476 Seiten, geb., DM 88,–/sFr. 85,– öS 687,– • ISBN 3-8017-0668-0

Die Ansprüche an die Qualität der interkulturellen Begegnung und die dabei zu erbringende interkulturelle Handlungskompetenz steigen zunehmend. Für die Psychologie ergeben sich aus dieser Entwicklung Probleme und Aufgabenstellungen, aber auch Forschungsmöglichkeiten, die bisher noch ungenügend genutzt wurden. Dieser Band behandelt u.a. folgende Themen: Kulturstandards, interkulturelle Eignungsdiagnostik, Auslandsorientierung als Zielsetzung der Personalentwicklung, Sprachroutinen und Vermeidungsrituale im Chinesischen.

Hogrefe - Verlag

Rohnsweg 25, 37085 Göttingen • http://www.hogrefe.de